Carl J. Richard

Zwölf Griechen und Römer, die Geschichte schrieben

Carl J. Richard

Zwölf Griechen und Römer, die Geschichte schrieben

Aus dem Englischen übersetzt von
Diana Sommer-Theohari

Wissenschaftliche Buchgesellschaft

Englische Originalausgabe:
Twelve Greeks and Romans who changed the World.
Rowman & Littlefield Publishers, Lanham, Maryland 2003

Die Herausgabe des Werkes wurde durch
die Vereinsmitglieder der WBG ermöglicht.
Satz: Setzerei Gutowski, Weiterstadt
Gedruckt auf säurefreiem und alterungsbeständigem Papier
Printed in Germany

Besuchen Sie uns im Internet: www.wbg-darmstadt.de

ISBN 3-534-18645-1

Inhalt

Vorwort

Dieses Buch ist keine Monographie, kein Fachbuch, das nur für Wissenschaftler geschrieben ist und sich ausschließlich speziellen Gesichtspunkten der Alten Geschichte widmet. Es ist ein breiter angelegtes Werk mit zweifacher Zielsetzung: Es möchte dazu beitragen, eine ausgewogene, behutsame Perspektive auf die abendländische Kultur wiederzugewinnen, und es möchte die Bedeutung der griechisch-römischen Antike als Grundlage dieser Kultur in Erinnerung rufen. Ausgehend von dem Gedanken, dass Geschichte Spaß machen kann, ohne dass man oberflächlich sein muss, bietet dieses Buch sowohl profunde Analysen wie auch, in Nachahmung der klassischen Geschichtsschreiber selbst, Anekdoten, welche die persönlichen Qualitäten jener Griechen und Römer illustrieren sollen, die Wesentliches zur abendländischen Kultur beisteuerten.

Das Buch konzentriert sich mit so viel Bedacht auf das, was die zwölf Griechen und Römer *beisteuerten* – darauf, wie sie die Welt veränderten –, dass es nicht wirklich als Sammlung von Biographien bezeichnet werden kann. Über das Leben mancher Personen (Homer etwa oder Thales) wissen wir so wenig, dass es unmöglich ist, Biographien über sie zu schreiben. Aber auch in den anderen Fällen habe ich solche biographischen Details ausgespart, die für die wichtigsten Leistungen dieser Personen nur geringe Bedeutung haben. Stattdessen habe ich dem jeweiligen historischen Kontext, in dem die zwölf Personen lebten, breiten Raum gegeben, weil ich ihn für die Fragestellung für wichtiger erachte, besonders für Leser, die über geringere Kenntnisse der Alten Geschichte verfügen.

Die Tatsache, dass alle zwölf Griechen und Römer, denen dieses Buch gilt, männlichen Geschlechts sind, ist nicht das Resultat männlichen Chauvinismus, sondern Folge des zu bedauernden Umstands, dass Griechen und Römer, wie praktisch alle antiken Völker, Frauen nur selten direkte politische Macht zugestanden. Man muss nicht alle Aspekte der griechisch-römischen Antike ausleuchten, um ihren Beitrag zur abendländischen Kultur würdigen zu können. Dennoch wird der Leser auf den folgenden Seiten auch verschiedene Beispiele mächtiger Frauen finden, wie etwa Artemisia, Aspasia, Olympias und natürlich Kleopatra.

Ich war bemüht, zwischen politischen und militärischen Führern einerseits sowie Künstlern und Intellektuellen andererseits das Gleichgewicht zu wahren. Eine langfristige Wirkung der antiken Historiographie war die

Gleichsetzung von Geschichte mit Politik und Krieg, eine Gleichsetzung, die erst in den 1960er Jahren einer neuen Betrachtungsweise wich. Doch ist in der jüngsten Vergangenheit der alte Mythos, Geschichte sei *nichts als* Schlachten, durch die gleichermaßen unglückliche Tendenz ersetzt worden, Schlachten vollkommen zu vernachlässigen. Gründe hierfür mögen in der Abscheu vor Krieg liegen oder in der falschen Annahme, militärischer Erfolg sei nichts weiter als eine Funktion wirtschaftlicher Stärke. Kriegführung ist aber sehr wohl wert, in Betracht gezogen zu werden, weil sie darüber entschied, welche Zivilisationen den Sieg davon getragen haben, so wie Politik wert ist analysiert zu werden, weil sie die gesellschaftlichen Rahmenbedingungen schuf, die künstlerischen Leistungen entweder förderlich waren oder ihnen entgegenstanden.

Ich möchte den Professoren Thomas McGuinn (Vanderbilt University), Amos E. Simpson (University of Louisiana, Lafayette) und David Tandy (University of Tennessee, Knoxville) meinen Dank aussprechen, weil sie alle etwas von ihrer knapp bemessenen Zeit geopfert haben, um eine frühere Fassung dieses Buches zu lesen und wertvolle Ratschläge zu seiner Verbesserung beizusteuern. Außerdem möchte ich Vaughan Baker, meiner Institutsleiterin, für ihre konstruktiven Vorschläge zum Format dieses Buches danken. Schließlich gilt mein Dank meiner Lektorin, Mary Carpenter, für ihre unablässige Ermutigung und ihren klugen Rat. Vor allem aber möchte ich meiner lieben Frau Debbie, meiner besten Freundin, für ihre nicht nachlassenden Gebete und ihre Unterstützung danken. Als man Aristoteles fragte: „Was ist ein Freund?“, erwiderte er: „Eine Seele, die in zwei Körpern wohnt.“

Einleitung

Der englische Dichter Percy Shelley schrieb einmal: „Wir alle sind Griechen." Jede Sprache des modernen Abendlands, darunter Englisch [und so auch das Deutsche – Anm. d. Übers.], enthält zahlreiche griechische Wörter. Die Griechen brachten die Grundlagen des modernen wissenschaftlichen und mathematischen Wissens hervor und entwickelten eben jene Methode, die es modernen Wissenschaftlern erlaubt hat, sie zu übertreffen. Sie begründeten die abendländischen Stilrichtungen in Drama, Dichtung, Prosa, Kunst und Architektur. Indem sie die wesentlichen metaphysischen und ethischen Probleme formulierten und eine erstaunliche Vielfalt an Lösungsvorschlägen anboten, legten ihre Philosophen den Grundstein für jede künftige philosophische Debatte. Sie erfanden die auf Forschungsergebnissen gründende Geschichtsschreibung. Sie formulierten die Theorien der Volkssouveränität, des Naturrechts und der Mischverfassung, die dem modernen demokratischen Staat zugrunde liegen. Die Griechen, so drückt es der Historiker H. D. F. Kitto aus, lehrten die Welt, wozu der menschliche Geist geschaffen war. Es ist die Kombination aus der griechischen Betonung der Vernunft und der jüdischen Betonung des ethischen Monotheismus, die dem abendländischen Geist seine unverwechselbare Gestalt verliehen hat.

Wie die Hebräer, so unterschieden sich auch die Griechen von anderen Völkern. Während die Hebräer die Welt in Juden und Heiden einteilten, trennten die Griechen sie in Griechen und „Barbaren". Das griechische Wort „barbaros" war nicht unbedingt abwertend gemeint. Im Gegenteil bewunderten die Griechen vieles an der ägyptischen oder persischen Kultur und waren sich dessen, was sie dem Orient verdankten, bewusst. Indem die Griechen sich selbst von den anderen absonderten, hielten sie lediglich einen wichtigen Umstand fest: Niemand dachte so, wie sie dachten.

Und doch: Wenn jemand einen alten Griechen fragen könnte, was ihn von einem Barbaren unterscheide, würde er nicht den erstaunlichen Siegeszug des griechischen Geistes an die erste Stelle setzen. Eher würde er sagen: „Die Barbaren sind Sklaven; wir Griechen sind freie Menschen." Damit würde er ausdrücken, dass – wie immer das Verfassungssystem im Einzelnen beschaffen sein mochte (und die Griechen brachten viele verschiedene Systeme zur Anwendung) – er frei von Willkürherrschaft war. Das Konzept der Volkssouveränität, die Idee, dass das Volk der Staatsform zustimmen müsse, ob es sich nun um eine Monarchie, Aristokratie oder

Demokratie handelte, war im alten Griechenland tief verwurzelt. Selbst Monarchen gründeten ihre Herrschaft nicht auf göttliches Recht (wie im Orient), sondern auf das Argument, dass das Volk dieser Staatsform seine Zustimmung gebe. Staatsangelegenheiten galten als öffentliche Angelegenheiten, nicht als privates Geschäft eines Despoten. Vor allem anderen beherrschte das Recht die Griechen. Der Dichter Pindar schrieb: „Das Recht ist der König aller, der Sterblichen wie der Unsterblichen." Selbst die Götter galten als dem Recht unterworfen. Bürger wurden als Glieder einer Gemeinschaft behandelt, nicht als hilflose Untertanen. Willkürherrschaft beleidigte Griechen, und die meisten barbarischen Gesellschaften kannten nur die Willkür. Barbarenkönige regierten nicht auf der Grundlage des Rechts, sondern ihres eigenen Willens. Die Griechen warfen sich nicht vor ihren Königen nieder und sahen in dieser Praxis einen Verstoß gegen die Menschenwürde.

Obwohl die Römer allgemein nicht so innovativ waren wie die Griechen, kann ihr Beitrag zur abendländischen Kultur als ebenso groß gelten, wenn nicht als größer. Zu den originären Leistungen der Römer in Verwaltung, Ingenieurwissenschaft und Recht kommt noch, dass sie den griechischen Theorien zu mehr Bodenhaftung verhalfen, sie modifizierten und in der gesamten westlichen Welt verbreiteten. Ohne die Eroberung durch Rom hätten die griechischen Ideen vermutlich in weiten Teilen des Westens kein Gehör gefunden. Außerdem hätte wohl, ohne die Fähigkeit der Römer, den Individualismus des hellenistischen Griechenland zu zügeln, die klassische Antike keinen Bestand gehabt. (Die Leistungsbilanz der hellenistischen Königreiche war nicht sehr ermutigend.) Wie viele Ehen, so war auch die Ehe zwischen der griechischen und der römischen Kultur in mancher Hinsicht eine Verbindung von Gegensätzlichem. Ihr Nachwuchs, die abendländische Kultur, besaß eine Ausgewogenheit, die zu ihrem Überleben beitrug. Welches Elternteil das Kind bevorzugt, bleibt, wie stets bei solchen Fragen, Gegenstand ewiger Diskussion.

Heute aber, da die abendländische Kultur den Höhepunkt ihres Einflusses in der Welt erreicht hat, ist es in der akademischen Welt Mode geworden, ihr all das anzulasten, was uns an der Moderne nicht passt. In gewissem Sinn ist das nichts Neues: Die Kritik an der eigenen Kultur ist ein Markenzeichen der abendländischen Tradition und reicht mindestens bis zu Sokrates zurück. Das heißt ausgerechnet, dass niemand westlicher ist als jene westlichen Wissenschaftler, die die westliche Welt kritisieren. Es gibt durchaus legitime Gründe, die westliche Welt anzugreifen. Ihre Repräsentanten waren oft Rassisten und Imperialisten. Dasselbe aber gilt für alle anderen, ein Umstand, den einige Wissenschaftler, die nichtwestliche Kulturen mit der Aura der Romantik umgeben, gern übersehen. Dieselben Wissenschaftler neigen dazu, die bedeutenden künstlerischen, philosophischen, naturwissenschaftlichen und politischen Leistungen zu ignorieren oder kleinzureden, welche die abendländische Kultur hervorgebracht hat.

Um zu einer ausgewogenen Perspektive auf die abendländische Kultur – eine Perspektive, die ihre Leistungen und Fehler gleichermaßen berücksichtigt – zurückzufinden, mag es nützlich sein, zwölf Griechen und Römer zu betrachten, die Wesentliches zu ihrer Herausbildung beitrugen und so die Welt insgesamt veränderten. Jede dieser Personen zeichnete sich, wie alle, die vor und nach ihnen lebten, durch Tugenden wie Laster aus. Ihr Vermächtnis an uns sind bedeutende Leistungen und tragische Fehler.

1 Homer

Begründer der abendländischen Literatur

Der Begründer der abendländischen Literatur – und, wie viele noch heute glauben, der größte Wortschmied, den die Welt je gesehen hat – war, der griechischen Legende nach, ein blinder Dichter von der Insel Chios. Die epischen Dichtungen Homers nahmen nicht nur das Werk späterer griechischer und römischer Dichter vorweg; sie beeinflussten auch die Entwicklung des griechischen Dramas, in dem wiederum Fernsehen und Film wurzeln, die beliebtesten Formen moderner Unterhaltung. Homer beeinflusste auch viele mittelalterliche wie moderne Dichter und Romanciers.

Griechenland vor Homer

Die Mykener

Um 2000 v. Chr. drangen die Mykener, ein indoeuropäisches Volk, von Norden auf das griechische Festland vor und gründeten verschiedene Königreiche, von denen das stärkste Mykene war. Um 1600 v. Chr. hatten die Mykener die geheimnisumwitterten Einheimischen, die von den späteren Griechen so genannten Pelasger, assimiliert, während sie selbst Elemente der minoischen Kultur in Kreta entliehen. So entwickelten die Mykener Linear B, eine Silbenschrift, aus dem minoischen Linear A. Zwar wurde die Linear-B-Schrift ausschließlich für administrative und technische Zwecke benutzt, doch wohnte ihr, mit ihren vierzig Schriftzeichen, die Klarheit und Disziplin inne, die das spätere griechische Denken kennzeichneten. Die Sprache hatte, wie ihr Abkömmling, das klassische Griechisch, eindeutige Regeln, war aber trotzdem flexibel genug, um unterschiedliche Bedeutungsnuancen auszudrücken.

Mykenische Schrifttafeln enthalten Namen etlicher späterer griechischer Gottheiten. Wie die Minoer bevorzugten die Mykener Götterstatuetten und kleine Altäre statt großer Standbilder oder Tempel. Doch war die mykenische Religion patriarchalischer als die minoische. Zwar kannten beide, Mykener und Minoer, einen Gott namens Zeus, doch unterschied sich der mykenische Zeus grundsätzlich von dem minoischen. Der minoische Zeus war einer Muttergöttin untergeordnet, die entweder seine Mutter oder Gattin war. Außerdem war der minoische Zeus nicht unsterblich: Tatsächlich war er gestorben. Kreter stießen später andere

Griechen vor den Kopf, indem sie ihnen das Grab des Zeus zeigten. Dagegen war der mykenische Zeus, den später die Griechen erbten, der bei weitem stärkste aller Götter: ein Himmelsgott, dessen Bote der Regenbogen war und dessen Hauptwaffe der Donnerkeil.Obwohl ihre Paläste zeigen, wie viel die Mykener den Minoern verdankten, waren beide Gesellschaften sehr unterschiedlich. Da mykenische Städte wie Mykene, Pylos und Tiryns feindlichen Angriffen gegenüber exponierter lagen als die Insel Kreta, hatten sie allesamt massive Befestigungsanlagen, die so genannten „zyklopischen Mauern“. Die späteren Griechen staunten so über die gigantischen Mauern, dass sie glaubten, der riesenhafte Zyklop der griechischen Mythologie habe sie errichtet. Durch unterirdische Kanäle mit der Stadt verbundene Wasserquellen und viele Lagerhäuser erlaubten den Mykenern, Belagerungen zu widerstehen. Jeder Palast war um ein *megaron* herum errichtet, eine riesige Halle, mit großem zentralen Herd, eingefasst von vier Säulen. Ein Bad nahe dem Vordereingang erlaubte dem Herrn oder seinen Gästen, bei der Ankunft zu baden. Der steinerne Fußboden fiel zu einem Entwässerungsgraben hin ab. Der Palast war ein Komplex aus königlichen Apartments, Vorratsräumen, Gesindeflügeln, Wagenschuppen und Altären.

Die mächtigen mykenischen Könige beherrschten prosperierende Reiche. Ihre Paläste und Friedhöfe, riesige Bienenstockgräber, die in Hügel und Berge geschlagen wurden, beherbergten Berge von Gold, Silber und Elfenbeinobjekten. Die Mykener erwarben ihren enormen Reichtum durch Handel, der königliches Monopol war, und Piraterie. Bis zur Zeit Homers (ca. 730 v. Chr.) galt Piraterie nicht als kriminell. Homers Achill bemerkt gelassen: „Der Überfall kann Vieh einbringen.“ Mykenische Gräber waren vollgestopft mit Bronzewaffen und Fresken, die ihre Besitzer beim Kriegführen und bei der Jagd darstellten. Sie enthielten auch Lehmfigurinen von Frauen und Tieren. Die Mykener trieben regen Handel mit Ägypten, Palästina, Anatolien, Syrien, Sizilien, Süditalien, Zypern, Kreta und den Ägäischen Inseln.

Das Dunkle Zeitalter (1180–750 v. Chr.)

Der Sturz der mykenischen Zivilisation bleibt von Geheimnissen umwittert. Während mehr oder weniger klar ist, dass Mykene, Tiryns und andere mykenische wie minoische Städte in den 1190er oder 1180er Jahren niedergebrannt wurden, wissen wir nicht, wer oder was diese Städte zerstörte. Die überzeugendste Hypothese, vorgebracht von Robert Drews, lautet: Die mykenischen Städte wurden zerstört von Räuberbanden, die gelernt hatten, mit Speeren und Schwertern zu kämpfen, während die Mykener hauptsächlich auf Wagenlenker mit ihren Kompositbögen vertrauten. Die Räuberbanden plünderten und zerstörten die Zentren mykenischer Kultur und kehrten in ihre Heimat zurück. Drews äußert den Verdacht, dass die Banden, die die mykenischen Städte Südgriechenlands plünderten, eigentlich die primitiveren Bewohner Nordgriechenlands waren – Griechen, die den äolischen Dialekt sprachen und früher den Südgriechen als Söldner gedient hatten. Außerdem glaubt Drews, dass es diese Nordgriechen waren – und nicht die ionischen Dialekt sprechenden Mykener Südgriechenlands –, die Troja, die berühmte Stadt an den Dardanellen, ein paar Jahrzehnte zuvor geplündert hatten.

Auf jeden Fall führte die Zerstörung mykenischer Zentren zum Zivilisationskollaps, der Jahrhunderte anhielt. Zentralisierte Herrschaft, Fernhandel, die monumentale Architektur und Schriftkultur brachen zusammen. Krieg, wahrscheinlich von Krankheit begleitet, dezimierte die Bevölkerung. Ein zypriotischer Dichter behauptete später, der Trojanische Krieg sei Folge der Überbevölkerung gewesen. Zeus habe beschlossen, die unter der Last der Menschheit stöhnende Erde dadurch zu entlasten. Zwar scheinen die Griechen während des Dunklen Zeitalters Kontakt mit Syrien und Phönizien gehalten zu haben, indem sie Olivenöl gegen Metalle tauschten, doch fand dieser Handel auf kleinster Stufe statt. Subsistenzlandwirtschaft stand auf der Tagesordnung. Viele Mykener flohen aus den zerstörten Städten in die Berge Arkadiens und auf die Insel Zypern. Binnen mehrerer Generationen besiedelten Sprecher des ionischen Dialekts außerdem diverse ägäische Inseln und das westliche Kleinasien, eine Region der griechischen Welt, die als Ionien bekannt wurde. Diese Wanderungen schufen ein Vakuum in Südgriechenland, das schließlich von den Dorern gefüllt wurde, primitiven, Griechisch sprechenden Gruppen aus Nordgriechenland. Sie wanderten Ende des 12. oder Anfang des 11. Jahrhunderts v. Chr. nach Südgriechenland ein.

In der *Ilias*, die Homer am Anfang der so genannten archaischen Periode, die dem Dunklen Zeitalter folgte, verfasste, berichtet er von Traditionen, die Ereignisse des späten mykenischen Zeitalters betreffen. Sie sind aber teilweise vom Lebensstil des aristokratisch geprägten Dunklen Zeitalters überlagert. Dessen Könige waren nur die Ersten unter Gleichen: Sie konnten andere Aristokraten nicht herumkommandieren. Das von den Notabeln erwartete Hauptmerkmal war *arete* (Tugend), von den Griechen definiert als Summe kriegerischer Qualitäten wie Männlichkeit, Stärke, Gewandtheit und Tapferkeit. Obwohl man Bauern der Tugend für unfähig hielt, hatten sie so manches Recht inne. Sie versammelten sich und stimmten über wichtige Angelegenheiten ab, wie die Entscheidung, in den Krieg zu ziehen. Obgleich das Dunkle Zeitalter die zivilisatorische Entwicklung in Griechenland für mehr als vier Jahrhunderte dadurch unterbrach, dass für einige Zeit die Kommunikation mit den Kulturen des Nahen Ostens eingeschränkt wurde, trug es zur gedanklichen Unabhängigkeit der neuen griechischen Kultur bei, die um 750 v. Chr. in Erscheinung trat. Wenn die Griechen auch bereitwillig von anderen Völkern lernten, so waren sie jetzt doch imstande, ihre eigene einzigartige Zivilisation aus vorher vorhandenen Elementen zu erschaffen.

Der Zusammenbruch der mykenischen Zivilisation zwang jede Gemeinde, sich gegen Räuberbanden selbst zur Wehr zu setzen. Die Bewohner der Ebene versammelten sich auf der *Akropolis* (befestigte Bergspitze), um sich gemeinschaftlich zu verteidigen. Die Akropolis wurde Wohnsitz des Königs, Versammlungsort und religiöses Zentrum. Da Handel und Kommunikation über die Berge im herrschenden Chaos schwierig wurden, waren griechische Poleis isoliert und selbst versorgend. Als der Handel wieder aufblühte und Marktplätze unterhalb jeder Akropolis entstanden, war die Polis schon politische und soziale Grundeinheit Griechenlands geworden. Einmal entstanden, profitierten die Poleis davon, dass die größeren Mächte Vorderasiens bis zum 5. Jahrhundert v. Chr. zu beschäftigt mit eigenen Unruhen waren, um die Griechen herauszufordern.

Die Schrift kam nach Griechenland gegen Ende des Dunklen Zeitalters zurück. Während die Sprache selbst Abkömmling des Mykenischen war, wurde das neue Alphabet, in dem sie ausgedrückt wurde, der phönizischen Schreibschrift mit ihren 22 Konsonanten angepasst. Das neue griechische Alphabet hatte 24 Buchstaben, einschließlich der Symbole für Vokale. Die kleine Zahl der Buchstaben machte die schnelle Verbreitung der Schriftlichkeit möglich. Tatsächlich wurde das ganze Alphabet im 8. Jahrhundert v. Chr. inschriftlich auf einigen Keramikgefäßen notiert. Im Gegensatz zu den Mykenern nutzten die klassischen Griechen das Schreiben sehr vielseitig. Ein frühes Beispiel des klassischen Griechisch wurde auf einem als Siegespreis ausgelobten attischen Gefäß gefunden: „Wer immer tanzt am schönsten, der wird mich kriegen." Graffiti, die von Heranwachsenden verfasst worden waren und auf einem Stein hinter einem Gymnasium gefunden wurden, bieten ein anderes Beispiel früher griechischer Schrift.

Die *Ilias* und die *Odyssee*

Die Griechen nutzten die Schrift auch, um überlieferte epische Dichtungen festzuhalten. Die Rezitation von Dichtung war ein üblicher Broterwerb unter Blinden. Homers Beschreibungen sind jedoch so lebhaft, dass es unwahrscheinlich ist, dass er blind geboren wurde. Er entwarf wahrscheinlich die *Ilias* um 730 v. Chr. und die *Odyssee* um 710 v. Chr., obwohl die Texte beider Epen wahrscheinlich bis um 650 v. Chr. nicht gänzlich fixiert waren. In beide Dichtungen flocht Homer frühere mündliche

Überlieferungen ein, vielleicht unter Anleihe älterer Verse, um so Werke von einmaliger Genialität hervorzubringen.

Ist die Handlung der *Ilias* während des Trojanischen Krieges angesetzt, so erzählt die *Odyssee* die Abenteuer des Helden Odysseus, als er versucht, zu Kriegsende nach Hause zurückzukehren. Wie der antike Philosoph Longinus formulierte, „ist Homer in der *Odyssee* wie die untergehende Sonne; es bleibt die Größe, aber nicht die Strahlkraft". Die *Ilias* bleibt die meistgepriesene Dichtung der abendländischen Literatur, die *Odyssee* die beliebteste. Die *Odyssee* zeichnet ein wohlwollendes Bild der armen Leute und beschäftigt sich mehr mit Ethik als die *Ilias*. Von der *Ilias* zur *Odyssee* verschiebt sich der Akzent von der physischen Tapferkeit Achills zur Klugheit, Geduld, Selbstbeherrschung, Findigkeit, intellektuellen Neugier und Treue des Odysseus. Zeus bestraft den monströsen Zyklopen für den Bruch des elementaren Gebots der Gastfreundschaft gegenüber Fremden, indem er Odysseus erlaubt, ihn zu blenden. Der Zyklop hatte einige der Leute des Odysseus verspeist, was ihn, nach dem homerischen Sittenkodex, als besonders schlechten Gastgeber auswies. Diese neue Betonung der Gastfreundschaft gegenüber Fremden war wahrscheinlich eine Reaktion auf das kommerzielle Wachstum, das häufigeres Reisen verlangte. Einfache Leute waren nicht mehr nur Spottobjekte, wie in der *Ilias*, sondern unter bestimmten Umständen respektwürdig. In der *Odyssee* wird Eumaios als großmütiger, tugendhafter Hirte dargestellt, der Odysseus hilft, seinen Thron wiederzugewinnen. Diese Entwicklung hatte vielleicht mit der Entstehung einer griechischen Mittelklasse zu tun, als Folge der Handelsexpansion während des archaischen Zeitalters.

In *Ilias* und *Odyssee* zeichnet Homer Frauen in ungewöhnlich günstigem Licht. Obwohl Helena, die untreue Gattin des Menelaos, als Verursacherin des Trojanischen Krieges dargestellt wird, wird Hektors Frau Andromache Tugendhaftigkeit attestiert. In der *Odyssee* verfügen Homers weibliche Charaktere, besonders die findige und treue Penelope, über gut entwickelte Persönlichkeiten. Homers Zeitgenosse Hesiod dagegen betrachtete, so wie die meisten späteren Griechen, Frauen als listige und gefährliche Wesen, die beherrscht werden müssen. In den *Arbeiten und Tagen* schrieb Hesiod: „Wer den Frauen vertraut, vertraut dem Betrug." Hesiod schrieb menschliches Leiden der Neugier Pandoras zu, die gegen alle Vorwarnungen eine Büchse voll von Übeln geöffnet und damit das Böse auf die Welt losgelassen hatte.

Wohl scheinen Homers epische Dichtungen manche Verse zu enthalten, die postum von professionellen Rezitatoren hinzugefügt wurden, doch widerspricht die thematische und stilistische Einheit der Dichtungen der Theorie, nach der „Homer" eigentlich eine lange Linie verschiedener Verfasser war. Manche modernen Forscher haben sogar überzeugend behauptet, dass bestimmte Passagen der Epen, die früher als störend für die thematische Einheit angesehen wurden, eigentlich gerade erst die Einheit herstellen.

Welche Eigenschaften machten Homer zu einem literarischen Genie? Erstens richtete Homer, so wie andere spätere griechische Künstler, seine Aufmerksamkeit vollkommen auf seine menschlichen Charaktere. Nichts interessiert Menschen mehr als Menschlichkeit. Homer spiegelte dieses Interesse auch bei der Beschreibung der Götter, die kaum mehr als außergewöhnlich mächtige menschliche Wesen zu sein scheinen. Wenn Homer ein Naturmerkmal beschreibt, so tut er es mit erstaunlicher Kunstfertigkeit, aber nur, um es mit irgendeiner menschlichen Handlung zu vergleichen.

Wie alle künstlerischen Genies verflicht Homer zweitens das Singuläre mit dem Universellen. In der *Ilias* ist Agamemnons Streit mit Achill eine einzigartige Kontroverse zwischen zwei einzigartigen Männern über einzigartige Missstände. Aber Homers Thema ist universal: Weil diese stolzen Männer einen törichten Zwist miteinander ausfechten, müssen viele Menschen sterben, und das ist der Gang der Welt.

Drittens macht Homer niemals viele Worte. Er erzählt stets seine Geschichte, bringt sein Argument an und fährt fort. Er predigt nicht; er zeichnet lediglich sein Porträt, im Vertrauen auf die Intelligenz seines Publikums, so dass sich gewisse Schlussfolgerungen von selbst aufdrängen. Die gesamte Handlung der *Ilias* spielt zu Ende des Trojanischen Krieges. Die Dichtung endet mit der Bestattung des trojanischen Helden Hektor. Er wurde aus Rache von Achill getötet, da er Achills lieben Freund Patroklos erschlagen hatte. Achill handelte so, obwohl er wusste, dass es ihm beschieden war, zu sterben, bald nachdem er Hektor getötet hatte. Homer macht keine Anstalten, den Fall Trojas und die von Odysseus ersonnene List des Trojanischen Pferdes zu beschreiben. Die Geschichte mit dem Wissen des Lesers zu schließen, dass Troja kurz vor dem Fall steht und Achill im Begriff ist, zu sterben, vermittelt ein viel größeres tragisches Gefühl als die Geschehnisse langatmig zu berichten. In der *Ilias* geht es nicht um den Trojanischen Krieg. Es geht um die fatalen Folgen von *hybris* (törichtem Stolz).Viertens war Homer ein Meister der Spannung – bemerkenswert für einen Dichter, der wohl bekannte Geschichten erzählt. Homers Technik des Spannunghaltens besteht darin, dass er seinen gesamten narrativen Plan nur stückchenweise enthüllt, mit jedem Stückchen nur ein bisschen mehr beleuchtend. Während er die allgemeine Richtung und den Zielpunkt der Handlung zeigt – in der *Ilias* gerade genug, um das Gefühl bevorstehenden Unglücks, das im Kern einer Tragödie liegt, zu vermitteln –, lässt er den genauen Weg dahin im Dunkeln. Fünftens sind Homers Beschreibungen lebhaft. John A. Scott bemerkt: „Die Größe Homers bestand darin, dass er Dinge und Menschen genau so sah, wie sie sind, und sie alle in so klarer und einfacher Sprache beschrieben hat, dass wir sie auch sehen können. Das ist der Grund dafür, dass ein Kind ihn begreifen kann, während der klügste Mann weiß, dass Homers Größe, mit ihrer Einfachheit, gerade über seinen Verstand geht."

Sechstens zeigt Homer große Menschlichkeit. Selbst eingefleischte Philologen sind berührt, wenn Homer von Hektors Abschied von Frau und Sohn berichtet, bevor dieser in die Schlacht zum Sterben zieht. Auch Odysseus' tränenreiches Wiedersehen mit seiner treuen Gattin Penelope nach zwanzig Jahren Abwesenheit (zehn im Krieg gegen die Troer, zehn beim Versuch zurückzukommen) spricht unmittelbar an, besonders unter Berücksichtigung der Frauenfeindlichkeit, die typisch ist für weite Teile der griechischen Kultur. Als liebevoller Familienmensch sagt Odysseus: „Die beste Sache in der Welt ist ein starkes Haus in Heiterkeit, wo Mann und Frau sich vertragen." Statt einfach den Tod eines Kämpfers zu registrieren, erklärt Homer: „Und seine Kinder würden nie ihn mehr ‚poppa' nennen, wie sie es taten, als sie vor seinen Knien saßen." Statt den griechischen Helden Diomedes sagen zu lassen: „Unselig sind alle die, die meiner Stärke widerstreben", legt Homer ihm in den Mund: „Unselig sind die, deren Söhne meiner Stärke widerstreben." Wer, wie Thomas Paine, behauptet, Homer sei ein Kriegshetzer gewesen, hat ihn nicht aufmerksam gelesen. Homer war weder ein Kriegshetzer noch ein Pazifist. Er schätzte die erhabenen Seiten des Kriegers (Mut, Tapferkeit, Erfindungsreichtum und Selbstdisziplin), war sich aber des schrecklichen Leides, das Krieg verursacht, gleichfalls bewusst. Für Homer war der Ruhm eines Menschen das Unglück eines anderen, und er hatte für Unglück ein genauso tiefes Gespür wie für den Ruhm.

Homer zeigt siebtens starke Neugier und eine ansteckende Liebe zum Leben. Odysseus war die Personifizierung der Neugier Homers, angesichts der Menschen und ihres Schaffens. Eigentlich brachte die Neugier Odysseus und seinen Männern stets Unglück, so als er in der Zyklopenhöhle verweilte, um zu sehen, was für ein Wesen an einem solchen Ort lebte. Das Leben konnte nur dann genossen werden, wenn man seine vielen Gefahren durchstand. Als jemand, der die Wahl hatte zwischen einem langen, unbedeutenden und einem kurzen, glorreichen Leben, traf Achill die griechische Wahl. Sokrates nahm später, vor seiner Hinrichtung, Achill zum Beispiel, weshalb er seine Überzeugungen nicht verraten konnte, um dem Tod zu entgehen.

Homers bleibender Einfluss

So wie die Schriften die Hebräer einten, verbanden die homerischen Epen die Griechen, indem sie Fragen über die Götter beantworteten und Kontroversen über Ethik schlichteten. Allen Streitigkeiten und Kriegen zum

Trotz wussten die Griechen sehr wohl, dass sie durch die Liebe und Verehrung für Homer zusammengehörten. Homer war das Kernstück griechischer Bildung: Er nährte die Vorstellungskraft griechischer Dichter, Dramatiker, Historiker, Philosophen, Bildhauer, Politiker und einfacher Leute auf Generationen. Kein Grieche, der nach Homer lebte, konnte seinem Einfluss entgehen, so tief waren seine Gedichte in der griechischen Kultur verankert. Deshalb spielte Homer mindestens eine indirekte Rolle in allen großen Errungenschaften des klassischen Griechenland. Wenn Platon schwindelnde Höhen der Eloquenz erreichte, so deshalb, weil er unaufhörlich versuchte, Homer gleichzukommen.

Homers Handlungen, Themen und Dialoge beeinflussten gründlich die Entwicklung des griechischen Dramas. Aischylos, einer der größten Tragödiendichter Griechenlands, nannte seine eigenen Stücke „Krümel von der großen Tafel Homers". Aischylos' *Die Perser* (472 v. Chr.), eine dramatische Erzählung des griechischen Sieges in den Perserkriegen, war insoweit durchaus homerisch, als sie das Ergebnis der Kriege der persischen Hybris zuschrieb. Dennoch schilderte Aischylos wie Homer die Schrecken des Krieges selbst im Sieg. Ebenfalls in Anlehnung an Homer benutzten Aischylos und die anderen Dramatiker oft die Kenntnis griechischer Mythen seitens des Publikums, um große emotionale Effekte zu erzielen, indem sie einen tragischen Gegensatz entwickelten zwischen dem Wissen des Publikums um das bevorstehende Unglück der Charaktere und der blanken Ahnungslosigkeit der Charaktere über das eigene Schicksal.

Homer gilt als Gründer der abendländischen Literatur, nicht nur weil er ihr erster und bedeutendster Autor war, sondern auch weil er direkten Einfluss auf fast jede große literarische Figur übte, die nach ihm kam. Die herausragende *Aeneis* des römischen Dichters Vergil war ein selbsterklärter Versuch, mit dem blinden Barden aus Chios zu wetteifern. Geoffrey Chaucer behauptete, Homer stünde unter den Dichtern „hoch auf einer Säule". Michelangelo jubelte: „Jedesmal wenn ich Homer lese, schaue ich auf mich selbst, ob ich nicht hoch in der Luft schwebe." John Milton rühmte Homer im *Wiedergewonnenen Paradies*. John Dryden meinte: „[Vergil und andere] sind nur insofern eigentliche Heldendichter, als sie auf Homers Fundamenten gebaut haben." Alexander Pope machte mit Blick auf Homer geltend: „Kein Mensch mit echtem poetischen Geist ist sein eigener Herr, wenn er ihn liest ... Lasst Homers Worte euer Studium und Vergnügen sein. / Lest sie am Tage und denkt nach in der Nacht. / Daher holt eure Urteile, daher eure Maximen, / und geht nach der Musen Spur, hoch zu deren Ursprung." Samuel Johnson erklärte: „Nationen über Nationen, Jahrhunderte über Jahrhunderte waren nicht imstande, viel mehr zu tun, als Homers Motive zu variieren, seine Charaktere neu zu benennen und seine Gefühle zu paraphrasieren." Thomas Jefferson rief enthusiastisch aus: „Ich danke auf meinen Knien Ihm, der meine frühe Erziehung leitete, dass er in meinen Besitz diese reiche Quelle von Freude brachte; und ich würde sie mit nichts tauschen, das ich damals hätte erwerben können und seitdem nicht erworben habe.“ Er nannte Homer „den Ersten der Poeten, so wie er für immer bleiben muss, bis eine ähnlich biegsame und fruchtbare Sprache wieder gesprochen wird.“ Jefferson fügte hinzu: „Wenn man jung ist, befriedigt einen jede Dichtung, die ein bisschen Gefühl, etwas Phantasie und etwas Rhythmus zusammenstellt, wie klein auch immer die Dosen sind. Aber wenn wir im Leben fortschreiten, verlieren diese Dinge nacheinander ihren Wert, und es scheint mir, dass wir am Ende nur mit Homer und Vergil bleiben, vielleicht bloß mit Homer allein.“ Johann Wolfgang von Goethe, Alfred Lord Tennyson, John Keats, Henry David Thoreau, Oliver Wendell Holmes, Matthew Arnold, Elizabeth Barrett Browning und Gilbert K. Chesterton, sie alle äußerten sich ähnlich zur Macht Homers. Samuel Coleridge schrieb über die *Odyssee*: „Sie zieht uns voll Kraft mit sich in angeschwollenen und grenzenlosen Wogen, nichts vor und nichts hinter uns als Himmel und Ozean.“ Ralph Waldo Emerson merkte an: „Jeder Roman ist Homer verpflichtet. [...] Dass Esprit und Freude eine Zunge finden mögen, und die Erde zahm wird, das sang Homer.“ Sogar Walter Bagehot, ein bekannter englischer Volkswirt, bemerkte: „Ein Mensch, der Homer nicht gelesen hat, ist wie ein Mensch, der den Ozean nie gesehen hat. Da gibt es etwas Unermessliches und Famoses, von dem er keine Ahnung hat.“ Schließlich fasste E. K. Rand zusammen: „Vor wie vielen Jahren genau Homer gelebt hat, [...] keiner kann es uns sagen. Dass er in Ewigkeit leben wird, das ist Gewissheit.“

Als Emerson schrieb, dass jeder Roman Homer verpflichtet sei, meinte er, dass es seit Homer keine neuen Handlungen mehr gegeben hat. Die Universalien der *conditio humana* sind sich gleich geblieben. Nur die Einzelheiten haben sich geändert. Im Grunde genommen besteht eine bemerkenswerte Ähnlichkeit zwischen der *Odyssee* und der ursprünglichen *Star-Trek*-Fernsehserie. In beiden Fällen führt ein Kapitän Schiff und Mannschaft durch zahlreiche Abenteuer und Gefahren, wobei sie stets auf fremde und sonderbare Geschöpfe treffen. Der Kapitän ist intelligent, aber außerordentlich eitel und überneugierig, und seine Neugier zieht oftmals den Tod seiner Gefolgsleute, allesamt entbehrliche Charaktere, nach sich. Homer ruft Staunen hervor durch die mythische Vergangenheit, *Star Trek* durch die mythische Zukunft. Auf diese Weise beeinflusst Homer immer noch die Volkskultur, selbst eine moderne Kultur, die er nicht verstanden hätte.

2

THALES

Begründer der abendländischen Wissenschaft

Thales aus Milet war derjenige, der die Suche nach den natürlichen Kräften aufnahm, die das physische Universum bestimmen. Obwohl er und seine griechischen Nachfolger bisweilen Irrtümern aufsaßen, legten sie naturwissenschaftliche Kenntnisse an den Tag, die, angesichts der primitiven Technologie, die sie zur Verfügung hatten, alle Erwartungen sprengen. Selbst dort, wo sich ihre Theorien als ungültig erwiesen, spürten die Griechen viele der wesentlichen Fragestellungen auf und brachten für die nachkommenden Forscher zahlreiche Probleme der Naturwissenschaft auf den Punkt, so die Frage nach den Bestandteilen der Materie, dem Wesen des Wandels, der Bewegung der Planeten, der Reproduktion und der Erblichkeit. Wichtiger noch, sie entwickelten die wissenschaftliche Perspektive und Methode, die es den modernen Wissenschaftlern ermöglicht, die menschliche Existenz gründlich zu verändern.

Thales' Leistung

Thales (625–546 v. Chr.) wurde oft als „Vater der Philosophie" bezeichnet. *Philosophia* ist ein griechisches Wort und bedeutet „Liebe zur Weisheit". Griechische Philosophen waren nicht nur, was wir heute Philosophen nennen (Menschen, die Metaphysik, Ethik, Logik, Erkenntnistheorie usw. als Gegenstand ihres Studiums haben), sondern auch Naturforscher, politische Theoretiker und manchmal sogar Dichter. Keinen Wissenszweig ließen sie links liegen. Das Spezialisierungskonzept war den Griechen fremd, obwohl der Grund teilweise darin lag, dass es auf jedem Feld des Wissens viel weniger zu lernen gab als heute. Griechische Philosophen waren die ursprünglichen „Renaissance-Menschen". Tatsächlich eiferten später Figuren der Renaissance Griechen und Römern nach. Griechenland stand im scharfen Gegensatz zu Vorderasien, wo Wissenschaft der ausschließliche Bereich einer mächtigen Priesterklasse war, die ihre Stellung geerbt hatte, und deren ökonomische wie ideologische Abhängigkeit von der Religion und ihren Dogmen ihren Forscherdrang stets hemmte. Dagegen waren griechische Wissenschaftler weltliche Menschen, die Wissenschaft aus Spaß trieben; Menschen, die unabhängig in ihrem Denken und ihren Taten waren und alle Fragen als diskussionswürdig betrachteten.

Es war kein Zufall, dass Milet, das Haupthandelszentrum von Ionien, gleichzeitig Geburtsort der Philosophie war. Die Griechen von Milet handelten mit den Phöniziern, Lydern und Milets eigenen Kolonien am Mittelmeer und am Schwarzen Meer, ungefähr siebzig an der Zahl. Aktiver Kontakt zu anderen Kulturen förderte vielleicht den Wunsch, konventionelle Gedankenmuster zu sprengen.

Thales war der Erste, der die Naturgesetze als die treibenden Kräfte des Universums betrachtete. Obwohl die meisten Griechen diese Meinung nie teilten, und Thales selbst an übermächtige und unsterbliche Götter glaubte, erwies sie sich als entscheidend für den Fortschritt der Wissenschaft. Der Legende nach sammelte Thales genug astronomisches Wissen, um eine totale Sonnenfinsternis im Jahr 585 v. Chr. vorauszusagen, Sonnenwenden zu berechnen und das Jahr in 365 Tage zu teilen. Er hatte genügend geometrische Kenntnisse, um die Entfernung eines Schiffes auf dem Meer zu berechnen und die Höhe eines Gegenstandes anhand seines Schattens. Er traf die berühmten Aussagen: „Erkenne dich selbst", „Tugend heißt, das zu unterlassen, was man bei anderen tadelt" und „Die ganze Welt ist der Geburtsort eines weisen Menschen".

Einer Anekdote zufolge schaute Thales eines Tages so konzentriert auf den Himmel, dass er in einen Brunnen fiel (der Prototyp des zerstreuten Professors). Aristoteles erzählt aber eine glaubhaftere Geschichte über den alten Wissenschaftler. Thales entschloss sich einst, seine Mitbürger, die ihn kritisierten, mit solch müßigen Beschäftigungen wie Wissenschaft Zeit zu verschwenden, mit einer Lehre zu strafen. Er benutzte seine Kenntnis, wie sich eine Olivenrekordernte vorausberechnen ließ, und kaufte stillschweigend sämtliche Olivenpressen in Milet und in mehreren benachbarten Stadtstaaten auf. Da jeder, der eine Presse für das Olivenöl brauchte, nun zu Thales kommen musste, wurde der Mann reich. Thales hatte den Leuten seine Lektion erteilt: Ein echter Wissenschaftler konnte Geld verdienen, wenn er es für der Mühe wert hielt.

Wie alle anderen Wissenschaftler, von der Antike bis zur Moderne, war Thales nicht frei von Irrtümern. Sein größter Irrtum war die Behauptung, die Erde bestehe aus Wasser, auf dem Land treibe. Zwar hatten die Ägypter dieselbe Theorie geäußert, sie entnahmen sie aber ihrem religiösen Weltbild. Thales dagegen gründete seine Theorie auf Logik, wie fehlerhaft auch immer sie war: Wasser war eine besondere Substanz, weil es in allen drei Aggregatzuständen zu finden, weil es besonders reichlich vorhanden und weil es lebenswichtig für alle Organismen war. Es musste demnach das ursprüngliche Element sein. Der Grund von Thales' Fehler lag in dem Glauben an ein einfaches Universum, das nur augenscheinlich komplex war, ein Glaube, den die meisten griechischen Philosophen teilten.

Thales' griechische Nachfolger

Anaximander (ca. 611–547 v. Chr.)
Thales' Schüler Anaximander schrieb *Über die Natur*, das erste Prosawerk in der Geschichte des Abendlandes. Anaximander zeichnete als einer der Ersten eine Landkarte und baute einen Globus. Er behauptete, die Erde sei einer von vielen im Weltraum schwebenden Himmelskörpern. Anaximander berechnete die Sonnengröße und ihre Entfernung von der Erde mit nur geringfügiger Abweichung. Er behauptete, Donner und Blitz würden von Windstößen verursacht, und nicht von Zeus' Donnerkeilen. Anaximander schuf das Konzept der Evolution mit der Behauptung, alle Lebewesen seien aus dem Wasser gekommen, als es durch die Sonne verdampfte, und die Menschen hätten sich aus den Fischen entwickelt. Anaximander formulierte diese Theorie, nachdem er die Säugetiermerkmale einiger Meereswesen beobachtet hatte.

Pythagoras (ca. 582–500 v. Chr.)
Um 530 v. Chr. zog Pythagoras, Sohn eines Gemmen-Graveurs aus Samos, nach Kroton, einer Kolonie in Südostitalien, um der Tyrannis des Polykrates zu entkommen. Der Geschichtsschreiber Herodot schrieb über Polykrates: „Er plünderte alle Menschen aus ohne Unterschied, weil er behauptete, seine Freunde seien dankbarer, wenn er ihnen ihr Hab und Gut zurückgibt, als wenn er es ihnen nie weggenommen hätte." Pythagoras war der Erste, der den Begriff „Philosoph" prägte. Er glaubte, das Universum funktioniere weitgehend nach mathematischen Gesetzen. Seine Antwort auf Denker wie Heraklit, die behaupteten, die Welt sei stets im Fluss, lautete: Mathematik sei ewig, vollkommen und unvergänglich. Unter der scheinbaren Komplexität und dem chaotischen Fluss des Universums liege ein Fundament von Einfachheit und unveränderlicher Ordnung. Pythagoras und seine Nachfolger übten enormen Einfluss auf Platon und durch ihn auf die abendländische Philosophie insgesamt. Ihre Betonung der Zahl als das das Universum zusammenhaltende Prinzip erwies sich als entscheidend für die weitere Entwicklung der Naturwissenschaft.

Die astronomische Theorie der Pythagoreer war weder geozentrisch (auf die Erde bezogen) noch heliozentrisch (auf die Sonne bezogen). Sie behaupteten, ein Feuerball – von ihnen Hestia genannt (nach dem Namen der Herdgöttin) – stehe im Zentrum des Universums, und um ihn herum drehten sich die Erde, der Mond, die fünf sichtbaren Planeten, die Sonne und die Sterne. Sie fügten hinzu, es gebe eine „Gegen-Erde" unter unserer Erde – oder, wie in manchen Darstellungen, auf der anderen Seite der Sonne – und die Bewegung der Himmelskörper verursache eine Harmonie, eine „wirkliche Musik der Sphären", die für die von Geburt an daran gewöhnten menschlichen Ohren wie Stille klinge. Wenn auch nicht heliozentrisch, so war diese Theorie doch revolutionär, indem sie die Erde als Zentrum des Universums abschaffte.

Die Pythagoreer *bewiesen* als Erste, dass die Summe des Quadrats der Katheten eines rechtwinkligen Dreiecks dem Quadrat der Hypotenuse entspricht, der so genannte Satz des Pythagoras, den früher bereits die Babylonier benutzt hatten. Die Pythagoreer waren auch die Ersten, die mathematisch bewiesen, dass die Tonhöhe eines Streichinstrumentes der Länge der Saite entspricht, und damit zeigten sie, dass selbst Musik sich von mathemathischen Gesetzen leiten ließ.

Xenophanes (spätes 6. und frühes 5. Jahrhundert v. Chr.)

Wie sein Lehrer Pythagoras verließ auch Xenophanes von Kolophon Ionien, um sich in Süditalien anzusiedeln. Dichter wie Philosoph, wird Xenophanes oft als „Vater der Geologie und der Paläontologie" bezeichnet, da er der Erste war, der eine Theorie über einen umfassenden geologischen Wandel formulierte. Xenophanes stützte seine Theorie auf die Existenz von Muscheln in den Bergen von Malta und die Abdrücke von Meeresalgen und Fischen in den Steinbrüchen von Syrakus. Er behauptete auch, Wolken würden von Wasserdampf erzeugt, der hoch in die Luft getragen werde.

Xenophanes war der Überzeugung, dass selbst in religiösen Angelegenheiten rationale Untersuchung zuverlässiger sei als Offenbarung: „Die Götter haben der Menschheit nicht alles von Anfang an enthüllt; nur durch Suche entdecken Menschen schließlich, was besser ist." Xenophanes bezweifelte, dass Götter den Menschen ähnlich seien: „Der Mensch schuf die Götter und stattete sie aus mit dem eigenen Körper, der eigenen Stimme und den eigenen Kleidern [...]. Wenn Pferde und Löwen Hände hätten [...], würden sie Porträts und Standbilder ihrer Götter nach dem eigenen Ebenbild schaffen [...]. Die Äthiopier behaupten, ihre Götter seien dunkelhäutig und stupsnasig, während die Thraker sich die ihren blauäugig und rothaarig vorstellen." Xenophanes begriff die griechischen Götter als minderwertige Gottheiten, aber er hatte eine theologische Vision: „Ein großer Gott unter den Göttern wie auch unter den Menschen, den Sterblichen weder ähnlich in Form noch im Geist. [...] Er sieht alles, er weiß alles, er hört alles und rettet jeden aus Ungemach. Er bleibt immer derselbe, nichts ändert ihn, weil es nicht angemessen ist, dass er sich ändert, weder in die eine noch in die andere Richtung." Xenophanes klagte: „Homer und Hesiod haben den Göttern alles Mögliche zugeschrieben, was für die Menschen als schmachvoll und verachtenswert gilt, Diebstahl, Ehebruch, Betrug [...]. Wir loben uns den Menschen, der nach Tugend sucht und uns keine Ansprachen hält über die alten Mythen von lärmenden Kämpfen der Titanen, Giganten [und] Zentauren. Diese Sachen sind nichts wert."

Empedokles (5. Jahrhundert v. Chr.)
Als Dichter, Staatsmann, Redner, Tragödiendichter, Magier und Arzt legte Empedokles von Akragas in Sizilien nicht nur Anaximanders Theorie der Evolution neu auf, er erklärte diese auch durch eine von ihm zur Diskussion gestellte Frühform der Theorie der natürlichen Auslese. Er meinte, nur der Zufall bestimme die physischen Attribute diverser Spezies, und ihre Anpassungsfähigkeit entscheide darüber, ob sie überlebten oder ausstürben.

Leukippos und Demokrit (5. Jahrhundert v. Chr.)
Im Gegensatz zu Empedokles' Hypothese, nach der die vier Grundelemente des Universums Erde, Luft, Feuer und Wasser waren, brachte Leukippos von Milet als Erster die Teilchentheorie auf, die von seinem Schüler Demokrit von Abdera wenig später weiterentwickelt wurde. Die Theorie lautete, alle Materie bestehe aus winzigen, unteilbaren und unzerstörbaren *Atomen* (das Wort selbst bedeutet „untrennbar"), die sich in Form, Größe und Gewicht unterschieden, nicht aber qualitativ. Unterschiedliche Kombinationen dieser gegensätzlichen, sich aber verbindenden Atome ergaben unterschiedliche Substanzen. Eine unendliche Zahl von Atomen war überall in einem unendlichen Universum zerstreut. Durch Zusammenstöße und Verbindungen fallender und ausweichender Atome im Weltall seien die Welten entstanden. Leukippos und Demokrit meinten auch, das Universum, das nur aus Materie und Leere bestand, funktioniere ausschließlich nach den physikalischen Gesetzen. Leukippos war berühmt für seinen Scharfsinn. Einer Legende nach grüßte er einst ein Dienstmädchen mit „Sei gegrüßt, Mädchen". Am nächsten Tag begrüßte er sie mit „Sei gegrüßt, Frau" – offensichtlich hatte er gemerkt, dass sie während der Nacht verführt worden war. Er schrieb auch Traktate über Dichtung, Musik, Landwirtschaft, Malerei und den Rüstungskampf.

Anaxagoras (5. Jahrhundert v. Chr.)
Um 480 v. Chr. zog Anaxagoras von Klazomenai nach Athen, wo er Lehrer von Perikles, Euripides und wahrscheinlich auch Sokrates wurde. Anaxagoras behauptete, die Sonne sei nicht der Gott Hyperion, sondern nur eine Masse glühend heißen Metalles „größer als die Peloponnes", eine Theorie die er formulierte, nachdem ein Meteorit in Aigospotamoi nahe den Dardanellen im Jahr 468 oder 467 v. Chr. aufgeschlagen war. Er fügte hinzu, die Sterne seien auch heiße Steine, wie die Sonne, aber zu weit weg, als dass man auf der Erde ihre Hitze spüren könnte. Der Mond bestehe aus

demselben Material wie die Erde, und sein Licht sei eine Widerspiegelung des Sonnenlichtes. Er deutete sogar an, es gebe Häuser auf dem Mond, Berge und Schluchten. Es existierten andere Welten, bevölkert von fremden Zivilisationen. Winde würden durch die Verdünnung der Luft durch die Sonne verursacht.

Hippokrates (5. Jahrhundert v. Chr.)

Hippokrates von Kos wird aus drei Gründen „Vater der Medizin" genannt. Er behauptete als Erster, alle Krankheiten hätten eine physische Ursache. Hippokrates selbst oder aber einer seiner Schüler schrieb über die Epilepsie, eine Krankheit, die man auf übernatürliche Kräfte zurückführte: „Mir scheint, diese Krankheit ist nicht göttlicher als irgendeine andere. Sie hat eine physische Ursache, so wie andere Krankheiten auch. Menschen denken, sie sei übernatürlich, weil sie sie nicht verstehen. Wenn sie aber alles, was sie nicht verstehen, als übernatürlich bezeichnen würden, würde es damit ja kein Ende nehmen." Er setzte hinzu, dass eine epileptische Ziege, als sie seziert wurde, „mit übelriechender Flüssigkeit gefüllt war – überzeugender Beweis dafür, dass die Krankheit und nicht die Gottheit dem Körper schadet". Obwohl die Hippokratiker nicht daran zweifelten, dass die Götter der letzte Grund aller Dinge seien, glaubten sie, dass die Unsterblichen sich eher der Naturgesetze als unmittelbarer Eingriffe in die Welt bedienten. Ein hippokratischer Arzt schrieb: „Jede Krankheit hat ihre eigene Natur und eigene Kraft, und keine Krankheit ist so unverwundbar, dass sie medizinisch unbehandelbar wäre." Der Arzt wetterte danach gegen jene, die magische Heilmittel verkauften.

Hippokrates und seine Anhänger betonten ferner, wie wichtig es sei, medizinische Theorien zu prüfen. Es stehe jenen, welche die undurchdringlichen Geheimnisse des Himmels und des Erdinneren erforschten, frei, sich auf nichts als Hypothesen zu verlassen, die Medizin aber sei ein „Handwerk" und müsse sich auf empirische Daten verlassen. Die Hippokratiker widersetzten sich der simplifizierenden Behauptung, nach der alle Krankheiten eine einzelne Ursache hätten, wie Hitze, Kälte, Trockenheit oder Feuchtigkeit. Sie hielten sorgfältig die Symptome ihrer Patienten und die Reaktionen auf jede Behandlung fest. Der Grad der Ausführlichkeit, wie ihn ihre Fallgeschichten an den Tag legen, blieb unübertroffen bis ins 16. Jahrhundert. Ihre Schrift *Winde, Wasser, Orte* legte den Grundstock zur Epidemiologie, indem sie den Einfluss der Wetterbedingungen auf die Gesundheit untersuchte. Sie erforschten auch die Anatomie, Physiologie, Gynäkologie, Pathologie und Chirurgie. Sie praktizierten Präventionsmedizin und riefen zu einer gesunden Diät und Lebensführung auf.

Die hippokratische Schule entwarf schließlich auch einen berühmten

Eid für Ärzte, in dem jeder versprach, seinen Lehrer zu respektieren (und, wenn erforderlich, ihm Geld zu leihen), seine Kenntnisse und Kunstfertigkeiten mit anderen zu teilen, die den Eid geschworen hatten, die Gesundheit der Patienten über alles zu stellen, einschließlich des eigenen Lebens (z.B. im Fall ansteckender Krankheiten), und das Vertrauen zwischen Arzt und Patient zu schützen. Ärzte schworen auch, Frauen keine Mittel zur Einleitung einer Fehlgeburt zu verabreichen, keinem zu helfen, Selbstmord zu begehen, und die eigene Position nicht zu nutzen, um Patienten, deren Angehörige oder Bedienstete zu verführen. Eine moderne Version des Hippokratischen Eides wird noch heute Ärzten in vielen Ländern abgenommen.

Obwohl Sohn eines Priesters des Asklepius, des Heilgottes, übte sein Lehrer Demokrit einen größeren Einfluss auf Hippokrates, wie sich in seiner Ablehnung übernatürlicher Erklärungen für Krankheiten offenbart. Die Hippokratiker veröffentlichten achtundfünfzig Werke über Medizin.

Moderne Historiker haben Hippokrates und seine Anhänger für ihre Fehler kritisiert. Der gravierendste Irrtum der Hippokratiker war ihre verhängnisvolle Theorie der vier Körpersäfte. Demnach bestand der Körper aus vier Flüssigkeiten (Blut, Schleim, schwarze Galle und gelbe Galle), die in vollkommenem Gleichgewicht seien. Krankheit sei Ergebnis eines gestörten Gleichgewichts zwischen den Flüssigkeiten. Einige von Hippokrates' Anhängern (hippokratische Quacksalber?) legten diese Theorie aus, um die Praxis des Ansetzens von Blutegeln zu rechtfertigen. Da kranke Patienten vermeintlich zu viel Blut hatten, sollten sie geschröpft werden, um das Gleichgewicht der Körpersäfte wiederherzustellen. Keiner aber ist frei von Irrtum, und der Arzt Galen charakterisierte Hippokrates später treffend mit den Worten: „Es gab eine einzige Regung in seinem Herzen, den Wunsch, Gutes zu tun, und im Laufe seines langen Lebens eine einzige Tätigkeit, die Hilfe für die Kranken.“

Herophilos (ca. 335–280 v. Chr.)

Als er die ihm von den hellenistischen Königen Ägyptens zur Verfügung gestellten Körper von Verbrechern sezierte (manche Quellen behaupten, die Verbrecher seien zu dieser Zeit noch lebendig gewesen), fand Herophilos, der „Vater der Anatomie“, heraus, dass das Gehirn das Zentrum des Nervensystems war, und die Arterien Blut statt Luft beförderten, wie gemeinhin angenommen wurde. Er maß als Erster den Puls und schrieb ihn dem Herzschlag zu, wodurch er die weit verbreitete Vorstellung korrigierte, dass der Puls von den Arterien selbst ausgehe. Er erweiterte auch das Wissen über Struktur und Funktion des Auges, des Zwölffingerdarms und der Fortpflanzungsorgane.

Erasistratos (ca. 304–250 v. Chr.)
Herophilos' Kollege Erasistratos von Keos, der „Vater der Physiologie", unterschied zwischen sensorischen und motorischen Nerven, erweiterte das Wissen über das Verdauungssystem und umriss die Rollen der vier großen Herzklappen. Herophilos und Erasistratos widersprachen der vorherrschenden Auffassung, nach der das Herz und nicht das Gehirn als Sitz der Intelligenz galt, vollbrachten es jedoch nicht, dieses Dogma abzulösen.

Euklid (spätes 4., frühes 3. Jahrhundert v. Chr.)
Um 300 v. Chr. veröffentlichte Euklid von Alexandria die *Elemente*, eines der wichtigsten Bücher, die je geschrieben wurden, weil es Flächengeometrie und Stereometrie systematisierte, indem es Sätze unwiderlegbar kanonisierte, die zuvor nur näherungsweise bewiesen worden waren. Euklid schrieb auch Traktate über Astronomie, Optik und Musiktheorie.

Aristarchos (ca. 310–250 v. Chr.)
Aristarchos von Samos entwickelte eine wirksame Methode zur Bestimmung der Entfernung von Sonne und Mond von der Erde. Allein unzureichende mathematische Kenntnisse und Instrumente verhinderten seinen Erfolg in diesem Bestreben. Wichtiger noch, er verschrieb sich dem heliozentrischen Weltbild, nach dem die Erde sich einmal am Tag um ihre Achse dreht und einmal im Jahr die Sonne umkreist. Er erklärte zutreffend, warum es keine Fixsternparallaxe gibt, warum also die relativen Sternpositionen, wenn sie von unterschiedlichen Punkten auf der Erdoberfläche betrachtet werden, unveränderlich sind, indem er vermutete, die Sterne seien extrem weit von der Erde entfernt.

Archimedes (287–212 v. Chr.)
Archimedes, der in Alexandria studiert hatte, aber in Syrakus wohnte, schrieb als Erster ein ausführliches Werk über elektrische Entladungen in der Atmosphäre. Er errechnete auch mit größerer Genauigkeit den Wert der Zahl Pi, die das Verhältnis des Umkreises eines Kreises zu seinem Durchmesser beschreibt, er erfand eine Terminologie, um Zahlen bis zu jeder Größe auszudrücken, und legte den Grundstock für die Berechnung der Integralen. Er lieferte strenge deduktive Beweise der Prinzipien, nach denen Hebelkraft funktioniert, und rühmte sich: „Gib mir einen Drehpunkt, und ich werde die Welt aus den Angeln heben." Er bewies, dass das Volumen einer Kugel zwei Drittel des Volumens eines sie umschreibenden Zylinders beträgt. Als klassischer zerstreuter Professor vergaß er einmal zu baden. Als Freunde ihn zu den öffentlichen Bädern mitschleppten, badeten und ölten, zeichnete er mit dem Öl auf seine Arme geometrische Figuren. Als Archimedes das Gesetz der Hydrostatik (das die Schwimm-

fähigkeit von Gegenständen im Wasser erklärt) entdeckte, indem er das von ihm verdrängte Wasser im öffentlichen Bad bemerkte, rannte er nackt durch die Straßen und schrie: „Ich hab‘s gefunden!“ Archimedes erfand auch den Flaschenzug, die Winde und die hydraulische Spindel, um Wasser zu heben.

Als die Römer Syrakus angriffen, brachte Archimedes ein erschreckendes Arsenal von Vorrichtungen gegen sie in Stellung. Katapulte warfen Steine von je zehn Talenten Gewicht (ca. 375 kg), die die römischen Sturmböcke zertrümmerten. Mit Greifhaken versehene Stangen, die mit Hebeln und Rollen verbunden waren und von den Stadtmauern ausgeworfen wurden, trafen einige der Schiffe und ließen sie kentern oder schmetterten sie gegen die Klippen. Inzwischen warfen über die Stadtmauern ragende Balken Felsblöcke oder Bleiklumpen auf römische Belagerungsmaschinen, die auf Booten aufgestellt waren, während kleine Katapulte die Matrosen mit eisernen Pfeilen aus der Nähe beschossen. Von Kränen heruntergelassene Greifhaken hoben römische Soldaten in die Höhe und ließen sie auf den Boden stürzen, so dass sie zu Tode kamen. Die Römer waren so erschrocken, dass sie glaubten, die Götter führten Krieg gegen sie. Sie ergriffen die Flucht, sobald sie ein einfaches Seil oder einen Balken auf der Mauer erblickten. Einer vielleicht apokryphen Legende nach soll Archimedes mit einem riesigen Stück polierten Glases die erste Laserwaffe der Geschichte gebastelt haben: Er konzentrierte damit gespiegeltes Licht auf die römische Flotte und setzte viele Schiffe in Brand. Trotz des Schadens, den Archimedes tagsüber unter den römischen Schiffen anrichtete, kehrten die Römer des Nachts zurück und nahmen Syrakus ein. Ein römischer Soldat tötete Archimedes, als dieser seinem Ruf nicht antwortete, da er in ein auf den Sand gezeichnetes Diagramm vertieft war. So versunken war Archimedes in seine Kalkulationen, dass er überhaupt nicht gemerkt hatte, dass die Stadt unter Beschuss stand.

Eratosthenes (ca. 276–196 v. Chr.)

Eratosthenes von Kyrene, Leiter der berühmten Bibliothek von Alexandria und Vormund Ptolemaios’ IV. Philopator, eines hellenistischen Königs von Ägypten, wird „Vater der Geographie“ genannt. Er veröffentlichte die *Geographica*, die eine große Landkarte der „bewohnten Welt“ (Europa, Vorderasien und Indien) enthielten, ein Werk angeregt durch die Eroberungen Alexanders des Großen. Es handelte sich um die erste Karte mit Breiten- und Längengraden. Eratosthenes deutete als Erster die Möglichkeit an, dass Seeleute von Europa aus Indien erreichen könnten, wenn sie in Richtung Westen führen. Er irrte sich nur deshalb, weil Amerika zwischen Europa und Indien liegt, wie Christoph Columbus später entdeckte. Eratosthenes berechnete auch den Erdumfang mit einer Abweichung von weniger als einem Prozent. Da er bemerkt hatte, dass die Mittagssonne am Tag der Sommersonnenwende eine Quelle in Syene (dem heutigen Assuan) vollkommen beleuchtete, also im Zenit stand, schickte er im nächsten Jahr einen Helfer nach Alexandria, um den Winkel eines dort geworfenen Schattens zu genau derselben Zeit zu messen. Der Winkel betrug 7,2 Grad. Angenommen, dass die Erde eine vollkommene Kugel war, und in Kenntnis der genauen Entfernung zwischen beiden Städten, wandte er die Geometriegesetze an, um den Erdumfang zu errechnen. Die leichte Abweichung ist so zu erklären, dass die Erde keine vollkommene Kugelgestalt besitzt. Die Griechen wussten schon seit langem, dass die Erde rund ist, wegen der Form des Schattens, den sie während einer Mondfinsternis auf den Mond wirft. Als tüchtiger Astronom stellte Eratosthenes auch einen Katalog mit über 1000 Sternen zusammen, in dem Position und Leuchtkraft eines jeden Sterns angegeben war.

Hipparchos (ca. 190–120 v. Chr.)
Leider konnte Aristarchos seine Kollegen von der Gültigkeit des heliozentrischen Weltbilds nicht überzeugen. Maßgebend für die ganze Antike und das Mittelalter hindurch war das geozentrische Weltbild, das Hipparchos von Nikaia wissenschaftlichen Kreisen in kunstvoll ausgearbeiteter Form unterbreitete. Dem geozentrischen Weltbild nach liegt die Erde im Zentrum des Universums und die Planeten, die Sterne und die Sonne drehen sich um sie herum. Hipparchos konnte seine Theorie den Beobachtungen der Planeten nur anpassen, indem er die Existenz von Epizyklen, kleineren Orbiten innerhalb der größeren Planetenumlaufbahnen um die Erde, postulierte. Erst im 16. Jahrhundert hat Nikolaus Kopernikus das heliozentrische Weltbild wieder belebt, nachdem er über Aristarchos an der Universität von Padua gelesen hatte.

Trotzdem verbesserte Hipparchos Techniken der astronomischen Beobachtung mit dem Astrolab, einem Gerät zur Vermessung der Himmelskörper, dessen Neuerfindung im 17. Jahrhundert ausgedehnte europäische Entdeckungsfahrten auf der Erde erlaubte. Außerdem kompilierte Hipparchos einen ansehnlichen Sternenkatalog, maß den Mondmonat und das Sonnenjahr mit bemerkenswerter Genauigkeit (eine Abweichung von nur sechseinhalb Minuten für das Sonnenjahr), entdeckte das Vorrücken der Tag- und Nachtgleiche und versuchte, eine internationale Kommission zu gründen, um eine Mondfinsternis im gesamten Mittelmeerraum zu beobachten, um so geographische Längen zu bestimmen. Schließlich war er in höchstem Maße für die Entwicklung der Trigonometrie verantwortlich.

Strabon (ca. 63 v. Chr. – n. Chr. 24)
Strabon von Pontus im nördlichen Kleinasien kompilierte eine neue Karte der bekannten Welt, die auf seinen eigenen ausgedehnten Reisen beruhte.

Seine Karte war die Erste, die die Bedeutung der Projektion zeigte, der Verzerrungen, die entstehen, wenn eine runde Oberfläche auf einer flachen abgebildet wird.

Dioskorides (ca. 40–90)
Als Armeearzt verfasste Pedanius Dioskorides eine Liste von Arzneimitteln und der Pflanzen, aus denen sie hergestellt wurden. Sein Werk *Über die Medizin* war der erste maßgebliche Text in Botanik und Pharmakologie.

Claudius Ptolemaios (ca. 100–170)
Claudius Ptolemaios von Alexandria versuchte, Himmel und Erde auf einer Karte darzustellen. Seine Karte der römischen Welt war außergewöhnlich genau und abbildgetreu, versehen mit Längen- und Breitengraden. Trotzdem verführten seine Unterschätzung des Planetenumfangs und die Überschätzung der Größe Asiens später Kolumbus zu der irrigen Annahme, er könne Indien in nur sechs Wochen erreichen, wenn er westlich über den Atlantischen Ozean segelte. Noch berühmter war sein irrtümliches Festhalten am geozentrischen Weltbild, einer Theorie, die zur Grundlage der mittelalterlichen Astronomie wurde. Abgesehen von diesen Irrtümern trug Ptolemaios wesentlich zur antiken Mathematik und Naturwissenschaft bei. Er verbesserte die Trigonometrie, baute Astrolaben und Sonnenuhren. Seine *Optik* untersuchte die Brechungskraft und Reflexion des Lichts.

Galen (ca. 129–199)
Galen von Pergamon, der in bescheidenen Verhältnissen aufwuchs, brachte es bis zum Arzt einer Gladiatorenschule und später des römischen Kaisers Commodus. Galen erklärte den Mechanismus der Atmung, demonstrierte, dass Venen und Arterien Blut transportieren, zeigte, dass ein herausgeschnittenes Herz außerhalb des Körpers weiter schlagen würde, und bewies, dass Verletzungen einer Seite des Gehirns Störungen auf der anderen Seite des Körpers verursachen. Er bemerkte die Funktionen von Blase und Nieren und erkannte sieben Paare von Schädelnerven. Er zeigte, dass das Gehirn die Stimme steuert, und beschrieb die Herzklappen. Er sezierte Ziegen, Schweine und Affen, um zu lernen, wie unterschiedliche Muskeln in unterschiedlichen Ebenen des Rückenmarks gesteuert werden. Galen war auch einer der wenigen antiken Ärzte, die den Einfluss des Geistes auf den Körper bemerkten.

Leider trug Galens biologische und medizinische Enzyklopädie dazu bei, die hippokratische Doktrin der vier Körpersäfte regelrecht als Heiligtum festzuschreiben. Daher empfahl Galen in manchen Fällen, Blutegel anzusetzen, um „überflüssiges Blut“ zu schröpfen. Ironischerweise glauben moderne Medizinhistoriker, dass Galens Empfehlung wirklich manche Römer kuriert haben könnte. Da die römische Speisekarte eisenarm war, könnte die Entziehung mäßiger Blutmengen manche Krankheitserreger ausgehungert haben, ohne den Patienten zu töten. Andere Patienten, vor allem im Mittelalter, als Galens Enzyklopädie zum Standardwerk der Medizin avanciert war und das Ansetzen von Blutegeln im Übermaß betrieben wurde, hatten nicht so viel Glück.

Es ist eine tragische Ironie, dass die astronomischen und medizinischen Theorien von Ptolemaios und Galen, die ihre Verfasser nur als Grundlage für weitere Forschung konzipiert hatten, später dazu verwendet wurden, diese Forschung zu unterdrücken. So wie der Historiker A. R. Burn einmal formulierte: „Es war nicht die Schuld dieser zwei großen Beobachter und Denker, dass spätere Jahrhunderte sie auf den Sockel unbestrittener antiker Autoritäten gestellt haben. Wenn ihr Werk nicht existiert hätte, wäre irgendetwas anderes, vielleicht schlimmeres, erfunden worden.“

Der Einfluss der Griechen auf die moderne Naturwissenschaft

Es ist kein Zufall, dass moderne Wissenschaft in der Renaissance einsetzte, als griechische Manuskripte, erstmals seit dem Fall des römischen Imperiums, in Europa überall erhältlich wurden. Mit wenigen beachtenswerten Ausnahmen, so Kopernikus' Wiederentdeckung des heliozentrischen Weltbilds des Aristarchos, war das, was moderne Naturwissenschaftler von ihren griechischen Vorgängern lernten, eher die wissenschaftliche Herangehensweise und Methode als die harten Fakten an sich. Sie verdanken den Griechen das Vertrauen in die menschliche Fähigkeit, die Naturgesetze, die das Universum lenken, zu enträtseln, und die Bereitwilligkeit, unorthodoxe Hypothesen aufzustellen, zu debattieren und zu verifizieren. Diese Eigenschaften, kombiniert mit der heutigen Bereitschaft, die Wissenschaft zu nutzen, um Technologien zu entwickeln, haben es den modernen Naturwissenschaftlern erlaubt, das menschliche Leben zu verlängern, es zu verbessern und, zum Bedauern mancher, zu komplizieren, und das alles innerhalb einer bemerkenswert kurzen Zeitspanne.

3 Themistokles
Verteidiger der griechischen Zivilisation

Themistokles, Führer des demokratischen Athen während der Perserkriege, rettete die griechische Zivilisation, indem er die persische Invasion Griechenlands verhinderte. Themistokles war es, der die Athener überredete, das aus den Bergwerken Laurions geförderte Silber zu nutzen, um jene athenische Flotte zu bauen, die dann die Perser bei der entscheidenden Schlacht von Salamis besiegte. Themistokles war es auch, der die Stadtstaaten zur Verteidigung Griechenlands organisierte. Schließlich sahen sich die Griechen dank Themistokles' Schläue dazu gezwungen, in Salamis auszuharren und zu kämpfen, wo die Enge des Sunds den Griechen zum Sieg verhalf. Die Perserkriege entschieden über das Schicksal der abendländischen Kultur. Wäre es den Persern gelungen, die griechischen Poleis ihrem ausgedehnten Reich einzuverleiben, hätten sie womöglich den griechischen Geist unter sich begraben. Die Errungenschaften des klassischen Griechenland hätten nicht überlebt, um die abendländische Kultur zu begründen. Obendrein erfüllte der wundersame Sieg gegen die Perser die Griechen mit einem überragenden Selbstvertrauen, das ihren Genius noch zusätzlich entfesselte.

Hintergrund: Sparta und Athen

Sparta

Während des archaischen Zeitalters entwickelten Sparta und Athen jene markanten politischen und sozialen Institutionen, die sie zu den zwei Supermächten Griechenlands machten. Sparta lag in Lakonien (oder Lakedaimon), dem südöstlichen Teil der Peloponnes, der Halbinsel Südgriechenlands. Vom Fluss Eurotas bewässert, verfügt Lakonien über einige der fruchtbarsten Böden Europas, und das im Gegensatz zu dem überwiegend kargen Rest Griechenlands.

Obwohl vieles im Unklaren bleibt, scheinen die Spartaner irgendwann im 10. oder 9. Jahrhundert v. Chr. eine benachbarte Polis namens Helos besiegt und ihre Bevölkerung versklavt zu haben. Zwar gestanden die Spartaner einigen der besiegten Völker, von ihnen *Perioiken* (Umwohnende) genannt, lokale Selbstverwaltung und Freiheit von Zwangsarbeit zu, zwangen aber die meisten, die so genannten *Heloten*, in die Sklaverei. Die Perioiken produzierten Kriegsmaterial oder andere Warenartikel für die Spartaner und dienten hin und wieder sogar als Reservisten in der spartanischen Armee. Die Spartaner bezahlten für ihre Erzeugnisse und erlaubten den Perioiken, den Überschuss an andere Poleis zu verkaufen. In gewissem Sinne lebten Perioiken bequemer als spartanische Bürger, denen es nicht gestattet war, mit anderen Poleis Handel zu treiben. Im Gegensatz dazu waren die Heloten, obwohl sie die Hälfte der Ernte für sich behalten durften, Besitz des Staates. Einige arbeiteten unmittelbar für den Staat, die meisten jedoch waren dem Land eines bestimmten Spartaners zugeteilt und durften es nicht verlassen. Selbst die, die einzelnen Spartanern zugeteilt waren, konnten jederzeit vom Staat zwangsweise eingezogen und nur vom Staat freigestellt werden.

Gegen Ende des 8. Jahrhunderts v. Chr. hatten die Spartaner, wie das übrige Griechenland, mit Überbevölkerung zu kämpfen. Um das Problem in den Griff zu bekommen, überfielen sie das fruchtbare Messenien im Westen, anstatt ferne Ufer des Schwarzen und Mittelmeeres zu kolonisieren, wie es viele andere Stadtstaaten bereits taten. Die Spartaner gründeten nur eine einzige Kolonie, Taras, an der Südspitze Italiens. Sie fielen in Messenien ein, annektierten dessen Territorium und schlugen seine Bürger der Gruppe der Heloten hinzu. Die Annexion des Territoriums einer ganzen Polis durch eine andere war selten in Griechenland, nicht nur weil die Griechen die Kleinheit ihrer Poleis schätzten, sondern vor allem, weil für solch eine Politik ein stehendes Heer erforderlich gewesen wäre. Tatsächlich wurden durch die militärische Expansion Spartas die Spartaner zur kleinen Minderheit im eigenen Lande, Herrscher über eine breite Bevölkerung unterdrückter Heloten. Entsprechend konnte Sparta nicht hoffen, sich in dieselbe Richtung zu entwickeln wie die anderen griechischen Poleis. Die fortwährende Notwendigkeit, die Heloten zu unterdrücken, erforderte die Entwicklung einer rigiden sozialen Disziplin und einen militarisierten Staat.

Die Auswirkungen der spartanischen Politik der Eroberung wurden sichtbar erst nach dem Messenischen Aufstand der Mitte des 7. Jahrhunderts v. Chr. Die Messenier waren, mit Hilfe der Arkadier, im Begriff, ihre Unabhängigkeit in diesem blutigen Aufstand zu gewinnen und die Spartaner zu vernichten. Es war zu dieser Zeit, dass der spartanischer Dichter Tyrtaios die anrührenden Zeilen schrieb:

„[...] tot sein nämlich ist schön, wenn man vorn bei den Ersten gefallen / als braver Mann um seine Vaterstadt im Kampf! / [...] / Wenn aber so dem, der umherirrt, kein Deut Achtung / entgegenschlägt, und kein Respekt, auch seinen Kindern nicht –, / mit Wut lasst uns um dieses Land dann kämpfen! Für die Kinder / sterben wir hin! [...] / [...] / Die Ältren aber, die schon keine flinken Knie mehr haben, / nein! lasst sie nicht im Stich, indem ihr flieht – die greisen Leut'! / Denn hässlich ist doch dies gewiss: Gefallen unter'n Ersten / liegt einer da, noch vor den Jungen, ein schon ältrer Mann – / weiß ist sein Haupthaar schon und grau der Kinnbart – / [...] / Drum auf! im Spreizschritt halt' man stand, mit beiden Füßen / gestemmt ans Erdreich! in die Lippe grab' sich ein der Zähne Biss!“[1]

Nachdem sie endlich den blutigen Aufstand der Messenier niedergeworfen hatten, wurde ihnen brennend bewusst, dass sie eigentlich eine kleine Minorität im eigenen Lande waren. Die Spartaner waren vor die Wahl gestellt, ihre Gesellschaft entweder in eine disziplinierte Militärmaschine umzuwandeln oder sich von den eigenen Heloten versklaven zu lassen. Auf dem Höhepunkt spartanischer Macht herrschten nur neuntausend spartanische Bürger über ungefähr einhunderttausend Heloten.

Der spartanischen Legende nach hatte ein Gesetzgeber namens Lykurg die einzigartigen politischen und sozialen Strukturen Spartas um 750 v.Chr. eingeführt, wobei er sich an den damals auf Kreta herrschenden Institutionen orientierte. Lykurg hatte sodann den Spartanern feierlich einen Eid abgenommen, dass sie nichts an seiner Verfassung ändern würden, bis er von seiner Reise nach Delphi zurückkehrte. Dort hungerte er sich absichtlich zu Tode und ließ sogar seine Asche ins Meer streuen, um in keiner Form nach Sparta zurückzukehren. In Wirklichkeit schufen die Spartaner ihre eigentümlichen Institutionen Ende des 7. Jahrhunderts v.Chr. nach dem Messenischen Aufstand, und Lykurg ist kaum mehr als eine mythische Figur.

Das politische System Spartas war, obwohl durchaus komplex, weitgehend eine Gerontokratie, eine Oligarchie, die von einer Ratsversammlung der Ältesten (Geronten) regiert wurde. Die Gerusie, eine Versammlung der zwei Könige von Sparta und achtundzwanzig Ältesten, Letztere von der Volksversammlung aus aristokratischen Familien gewählt, besaß das größte legislative Gewicht in der Stadt und einen Teil ihrer richterlichen und vollziehenden Gewalt. Die Mitglieder der Gerusie behielten ihr Amt lebenslang.

Spartas Doppelmonarchie, die sich in der Hand zweier angeblich vom Halbgott Herakles abstammenden Familien befand, zielte darauf, eine diktatorische Herrschaft zu verhindern und einen König in der Heimat zu belassen, um religiöse Rituale zu vollziehen, während der andere in den Krieg zog. Rivalität zwischen den beiden Königen hinderte sie meistens daran, die Gerusie effektiv in Schach zu halten.

Die Spartaner besaßen auch eine Volksversammlung, die Apella, die sich aus allen Bürgern über dreißig zusammensetzte. Aber die Apella war

[1] Tyrtaios, Distichen, in: Joachim Latacz, Archaische Periode, Stuttgart 1991, S.165–169, übersetzt von J. Latacz.

das Gespött Griechenlands. Sie entschied nur über die wenigen Angelegenheiten, die die Gerusie ihr übergab, und war nicht einmal imstande, über diese zu debattieren. Die Abstimmung in der Versammlung war so organisiert, dass jeder auf den eigenen Schild schlug; Gewinner waren die, die den größten Lärm veranstalteten. Eine Gruppe von Beamten, die in einer nahe liegenden Hütte eingeschlossen war, musste entscheiden, welche Seite am lautesten war.

Jedes Jahr wurden fünf *Ephoren* (Aufseher) in einem Prozess ausgewählt, der dem Loseziehen ähnelte. Ihre Aufgabe war es, die Könige, von denen jeder ständig einen Ephoren an seiner Seite haben musste, zu bespitzeln, die Legislation in der Gerusie zu eröffnen, einige der von der Gerusie oder Apella genehmigten Gesetze zu vollstrecken, mit ausländischen Regierungen zu verhandeln, die Armee zu mobilisieren und darüber zu entscheiden, wer in den Krieg ziehen sollte, Staatsgelder auszuzahlen, Sittenrichter zu spielen und Zivil- sowie (zusammen mit der Gerusie) Strafprozesse zu führen. Sie konnten Geldstrafen gegen die Könige verhängen oder sie bis zum Prozess in Gewahrsam nehmen. Jedes Jahr erließen die Ephoren eine offizielle Kriegserklärung gegen die Heloten, die als Rechtsbasis für die Hinrichtung möglicher Störenfriede unter ihnen diente. Monat für Monat leisteten die Könige einen Eid, ihre Kompetenzen nicht zu überschreiten, und die Ephoren schworen, die Monarchie nicht zu stürzen. Aber die Vorschrift, dass die Ephoren nach ihrem einzigen Dienstjahr nicht wieder dienen dürften, untergrub beträchtlich ihre Macht.

Sparta war eher für sein einmaliges Sozialsystem als für seine Regierungsform berühmt. Bei der Geburt wurde jedes spartanische Kind von den Ephoren auf Krankheitssymptome hin untersucht. Wenn das Kind schwach war oder irgendein Zeichen von Missbildung aufwies, wurde es vom Gipfel des Bergs Taygetos heruntergeworfen, eine grobe Form der Euthanasie.

Mit sieben begannen spartanische Mädchen ihr athletisches Training, und damit, dass sie in kurzen Röckchen herumflitzten, schockierten sie die meisten Griechen. Das Mädchentraining, einschließlich Laufen, Ringen, Diskus- und Speerwerfen, galt als besonders streng. Die Spartaner hofften, ihre Frauen physisch fit zu halten, damit sie die Geburt besser ertragen und gesündere Babys zur Welt bringen könnten. Zuvorderst wurden Mädchen trainiert, um Mütter von Kriegern zu werden. Zu besonderen Anlässen standen sie nackt vor Würdenträgern und sangen Lieder zum Lob oder Spott, die an bestimmte Jungen (die ebenfalls nackt waren) gerichtet waren, zum Ansporn für das spätere gute Verhalten der Jungen.

So erfolgreich war die Indoktrination der Mädchen, dass spartanische Mütter berüchtigt waren für ihren Patriotismus und ihre Kriegsliebe. Als eine spartanische Mutter sich nach dem Verlauf einer Schlacht erkundigte und davon in Kenntnis gesetzt wurde, dass ihre fünf Söhne alle gefallen waren, antwortete sie gereizt: „Ich habe nicht danach gefragt, gemeiner Sklave, sondern danach, wie es um unser Land bestellt ist." Spartanische Mütter sagten ihren Söhnen beim Abschied, wenn sie in die Schlacht zogen: „Kehr' zurück mit deinem Schild – oder auf ihm!"

Mit sieben wurden Knaben ihren Müttern weggenommen und in einem Ausbildungslager erzogen. Den „Knabenherden" wurden Lesen (aber „nicht mehr als nötig"), Rechnen, das Absingen patriotischer Lieder und die Rezitation Homers beigebracht. Keine lyrische Dichtung oder Philosophie wurden vermittelt, weil solche Fächer „Männer verweichlichten". Der sorgsam ausgewählte Lagervorsteher hielt strenge Disziplin mit Hilfe brutaler älterer Jungen. Den Kindern wurde beigebracht, ihre Nahrung hauptsächlich aus fremden Gärten und Speisesälen zu entwenden, als Training für Ausdauer und Tarnung: Wurden sie geschnappt, dann wurden sie geschlagen. Sie liefen barfuß, bekamen jährlich nur einen Mantel, badeten nur an ein paar Tagen im Jahr und schliefen auf Schilf. Sie wurden trainiert in Laufen, Schwimmen und Tanzen, wobei Letzteres ihrer Gewandtheit zugute kam. Das athletische Training in Sparta war so streng, dass Spartaner regelmäßig die meisten Preise bei den Olympischen Spielen abräumten. Die Knaben marschierten schweigend in einer Menge, die Hände in den Mänteln verborgen, die Augen nach vorne auf den Boden geheftet. Sie wurden ermutigt, ein wildes Spiel zu veranstalten, den „König des Berges", in dem der „König", ein Knabe, auf dem Gipfel eines Hügels seine Position zu verteidigen hatte, indem er alle anderen Herausforderer abwehrte, und sein Königreich auf jeden Preis behalten sollte.

Mit zwanzig gingen spartanische Männer in den Untergrund – die *Krypteia*, abgeleitet von derselben Wurzel wie „Krypta", „kryptisch" und „Kryptographie" –, ausgerüstet mit nichts anderem als einem Degen. Nur nachts durften sie ihr Versteck verlassen, um Nahrung zu besorgen und beliebige Heloten zu töten, die nach der Sperrstunde ausgegangen waren.

Mit einundzwanzig traten spartanische Männer in eine *Synousia* ein, eine „Gesellschaft" oder Bruderschaft aus fünfzehn Männern in der Armee. Jeder musste einstimmig von der Bruderschaft akzeptiert werden. Da Ablehnung den sozialen Tod bedeutete, diente diese Regel als starker Leistungsanreiz für spartanische Jungen, um täglich Mut, Ehre und Gehorsamkeit zu beweisen. Nur selten wurde jemand abgelehnt. Die Soldaten der Bruderschaft verbrachten ihre gesamte Zeit zusammen, sie aßen gemeinsam in einem Speisesaal und schliefen gemeinsam in einer Kaserne. Da spartanische Männer Berufssoldaten waren, war es ihnen verboten, irgendeine Art von Handwerk zu treiben. Von der Polis gestellte Heloten bearbeiteten ihr Land, das teilweise vom Staat zur Verfügung gestellt, teilweise ererbt war. Soldaten steuerten Getreide aus ihren Höfen für den eigenen Speisesaal bei. Das zu versäumen, oder Training abzulehnen, bedeutete Verlust der Bürgerschaft. Soldaten durften nach Einbruch der Dunkelheit keine Fackeln tragen: Sie mussten sich daran gewöhnen, furchtlos in der Nacht zu wandern. Jedes Jahr wurden die dreihundert besten Krieger ausgewählt, die neben dem König kämpfen durften. Jeder, der nicht ausgewählt wurde, konnte einen der 300 im Zweikampf herausfordern, um seine Position zu erlangen. Denjenigen, die Feigheit im Kampf zeigten, wurde das Bürgerrecht entzogen; sie wurden gezwungen, Mäntel mit bunten Flecken zu tragen und nur eine Wange zu rasieren, als Stigma ihrer Schmach. Als einmal ein spartanischer Soldat aus dem Kampf floh, tötete ihn seine Großmutter. Sogar die Götterstatuen der Spartaner wurden bewaffnet dargestellt.

Mit dreißig erhielten spartanische Männer das volle Bürgerrecht und schlossen sich der Volksversammlung an. Zwischen dieser Zeit und dem 45. Lebensjahr wurde erwartet, dass sie heiraten. Meist heirateten sie Frauen mit ungefähr 18 Jahren, im Gegensatz zu den meisten Griechen, die Mädchen heirateten, sobald sie die Pubertät erreicht hatten. Männer, die es nicht geschafft hatten, mit 45 zu heiraten, mussten ein Bußgeld zahlen und wurden gezwungen, jährlich an einem bestimmten Wintertag nackt über den Marktplatz zu laufen und ein Lied davon zu singen, wie gerecht ihre Schmach war, da sie dem Gesetz nicht gehorcht hatten. Wegen ihres Versagens, dem Staat keine kleinen Kämpfer geliefert zu haben, wurde diesen Männern auch der normalerweise älteren Menschen gebührende Respekt entzogen. Selbst dem Derkyllidas, einem der besten spartanischen Generäle, wurde der ihm in einer öffentlichen Versammlung zustehende Sitz von einem jungen Mann verweigert. Der Junge erklärte: „Du hast keinen Sohn gezeugt, der mir seinen Sitz anbieten wird." Die Hochzeit ging so vonstatten, dass der Mann die Braut gewaltsam entführte (zusätzliches Training in Kampftechniken). Nach der Hochzeit wohnten Männer weiter mit ihren Kumpanen in der Kaserne, und im Prinzip durften sie ihre Frauen nicht besuchen, obwohl eigentlich erwartet wurde, dass sie es taten. Es bestand stillschweigendes Einverständnis darüber, dass der Ehemann sich hin und wieder nächtens zu seiner Frau stahl, immer darauf bedacht, nicht ertappt zu werden (zusätzliches Tarnungstraining). Es gab Männer, die Kinder zeugten, bevor sie ihre Frauen je bei Tageslicht gesehen hatten. Es gab andere, die ihre Frauen mit anderen „tugendhaften" Männern teilten – mit dem Segen des Staates. Ein spartanischer Ehemann würde nie daran denken, seine Frau einem anderen Mann zu verweigern, noch würde die Ehefrau daran denken, solch eine Bitte abzuschlagen, wenn der Bittsteller ein Ehrenmann war. Zweck war, mehr Kinder zeugen zu können, unter Vermeidung der leidenschaftlichen Fehden, die aus heimlichem Sex erwuchsen. Indem sie Ehebruch institutionalisierten, hofften die Spartaner, ihm seine die Gesellschaft destabilisierende Macht zu entziehen.

Mit fünfundvierzig durften spartanische Männer zu Heim und Frau zurückkehren. Dort lebten sie dann für den Rest ihres Lebens.

Mit sechzig durften spartanische Männer sich auf eigenen Wunsch vom Militärdienst zurückziehen. Die Oberhäupter der aristokratischen Familien wurden wählbar für die Gerusie. Die frisch gewählten Mitglieder der Gerusie erhielten das zweifelhafte Privileg, eine doppelte Menge an Suppe zu erhalten, wenn sie in öffentlichen Speisesälen aßen. Normalerweise reichten sie die Zusatzmenge an einen Freund oder ein Familienmitglied als Zeichen der Ehre weiter.

Sparta ließ keine Gelegenheit aus, jeder Generation ihre lebenswichtige Rolle für den Erhalt der Polis einzuimpfen. Bei Feierlichkeiten sang ein Chor älterer Männer: „Wir waren mal tapfere junge Männer" und ein Chor junger Männer: „Aber wir sind die Tapferen jetzt; lasst es uns zeigen, wenn ihr wollt", während ein Chor von Jungen sang: „Wir werden aber viel tapferer."

Wie jedes soziale System hatte das spartanische klare Vor- und Nachteile. Die schädlichen Wirkungen des Systems liegen für den modernen Individualisten auf der Hand. Die spartanische Scheu vor fremden Ideen, die aus dem Bedürfnis entstand, ein einzigartiges System zu erhalten, schadete den Spartanern intellektuell und wirtschaftlich. Spartanern war es verboten, Handel zu treiben und zu verreisen, damit sie nicht von Ausländern korrumpiert werden konnten. Soldaten patrouillierten um die Polis-Grenzen, um Besucher abzuschrecken. Als einmal ein Fremder einen Spartaner fragte, wie viele spartanische Bürger es gebe, antwortete dieser: „Genug, mein Freund, um Unerwünschte fernzuhalten." Die wenigen geladenen Gäste wurden überallhin von einer Wache begleitet und manchmal ohne Erklärung verjagt. Folglich hinterließ Sparta, im scharfen Gegensatz zu Athen, der Nachwelt keine Kunst, auch nicht im weitesten Sinne des Wortes. Selbst spartanische Geschichte hat uns nur durch Vermittlung der Athener erreicht, da Spartaner keine Geschichte schrieben. Als ein athenischer Politiker Sparta wegen seines Bildungsmangels kritisierte, antwortete stolz ein spartanischer König: „Du hast es erfasst, schließlich sind wir die einzigen Griechen, die nichts Böses von euch Athenern gelernt haben." Besaß Athen eine raffiniert überwachte Währung, die sogar von den primitiven Stämmen Nordeuropas akzeptiert wurde, nutzten Spartaner zum selben Zweck sperrige Eisenstangen, weil sie die Verlockungen des Wohlstandes fürchteten.

Wegen des Bedürfnisses, Disziplin zu halten, ernährten und kleideten sich die Spartaner erbärmlich. Selbst das Wort „spartanisch" hat die Bedeutung von „genügsam und einfach" oder „anspruchslos" gewonnen.

Nachdem er die berüchtigte Schwarze Suppe von Sparta probiert hatte, rief ein Sybarite, der das Pech hatte, Gast in einem öffentlichen Speisesaal zu sein: „Jetzt weiß ich, warum ihr Spartaner keine Angst vor dem Tod habt!“ Das spartanische Gesetz schrieb vor, dass die Decke jedes Hauses mit nur einer Axt gebaut werden durfte, die Türen mit nur einer Säge, um Bescheidenheit bei der Ausstattung des Hauses zu fördern. Wer würde schließlich eine Hütte mit goldenen Pokalen und samtenen Stühlen schmücken? Folgerichtig fragte ein erstaunter spartanischer König seinen Gastgeber, als er einen luxuriösen Speisesaal in Korinth besuchte, ob das Holz dort quadratisch wuchs. Die Spartaner waren stolz darauf, dass sie in der Lage waren, trotz scheußlicher Nahrung und schäbiger Bekleidung zu überleben. Einer ihrer Könige, Agesilaos II., behauptete, der größte Nutzen des spartanischen Systems sei die vom System angeregte „Verachtung des Luxus“. Als Agesilaos einmal draußen mit einem persischen Satrapen (Provinzstatthalter) Friedensgespräche führte, kam der Satrap mit bestickten Teppichen und weichen Kissen daher, um seine prächtigen Gewänder vor Schmutz zu schützen. Der spartanische König plumpste einfach aufs Gras. Der Stolz der Spartaner auf ihren einfachen Lebensstil konnte bisweilen anstößig werden. Als der athenische Philosoph Diogenes der Zyniker einmal Rhodier mit ihren feinen Gewändern bei der Parade zu den Olympischen Spielen sah, spottete er: „Gehabe!“ Als er jedoch gleich danach die Spartaner in ihren Fetzen sah, rief er: „Noch mehr Gehabe!“ Aristoteles bemerkte, zwar hätte das zielbewusste Streben nach Mut den Spartanern erhebliche Sicherheit vermittelt, andererseits aber sie der „Fähigkeit, so zu leben, dass es wirklich wert ist“, beraubt. Indem sie persönliche Freiheit so vollkommen auf dem Altar der Sicherheit geopfert hatten, hatten sie die Sicherheit ihres Sinns beraubt, nämlich das Maß an Freiheit zu schützen, dessen es zur Selbsterfüllung bedarf. Mit demselben Mittel, mit dem sie Versklavung in den Händen von Fremden zu vermeiden suchten, hatten die Spartaner sich selbst versklavt.

Schließlich trug das kollektivistische spartanische System den einzelnen Individuen schwere Persönlichkeitsdefizite ein. Der Geschichtsschreiber Plutarch, der die Spartaner hoch schätzte, verglich sie, weil sie unfähig waren, ein Privatleben zu führen, mit Bienen, als „organische Teile ihrer Gemeinde, die sich um ihren Führer herum scharten, sich selbst vergaßen in ihrem Enthusiasmus und vollständig ihrer Heimat gehörten“. Spartaner waren berüchtigt für ihre Humorlosigkeit. Als ein Mann einen Spartaner fragte, ob er ihm beim Versuch, eine Nachtigall nachzuahmen, zuhören wolle, lehnte der Spartaner ab: „Ich hab’ die Nachtigall selbst gehört.“ Das Wort „lakonisch“, abgeleitet von der Landschaft Lakonien, wurde Synonym für „wortkarg“.

Das spartanische System hatte jedoch auch Vorteile. So ermutigte es zu einer in den meisten individualistischen Gesellschaften fehlenden Selbstlosigkeit. Als ein alter Mann bei den Olympischen Spielen einen Sitzplatz suchte und von anderen Griechen höhnisch weggejagt wurde, standen die Spartaner, mitsamt den Ältesten, geschlossen auf, um ihm einen Platz anzubieten. Der Alte seufzte: „Alle Griechen wissen, was richtig ist, aber nur die Spartaner tun es!"

Die lebenslange Disziplin der Spartaner schuf ferner gewandte, robuste, mutige und patriotische Soldaten. Um 550 v. Chr. war das spartanische Heer das beste in Griechenland. Im Verbund mit der athenischen Flotte retteten die Spartaner später Griechenland von der Unterjochung durch die Perser. So anstrengend war das spartanische Training, dass die Soldaten den Krieg als Urlaub von dessen Härte betrachteten. Die Spartaner waren das einzige Volk, das die Disziplin in Kriegszeiten tatsächlich lockerte. Plutarch bemerkte, Spartaner marschierten zu Flötenklang vollkommen geordnet, ruhig und auf sich selbst vertrauend, weder ängstlich noch verwegen, „als ob irgendeine göttliche Kraft sie im Griff hätte". Als er gefragt wurde, warum Sparta keine Mauer habe, zeigte König Agesilaos II. auf die spartanischen Soldaten und sagte: „Da sind die Mauern der Spartaner." König Agis bemerkte, Spartaner fragten nicht, wie zahlreich die Feinde seien, sondern nur, wo sie sich befänden. Ein Spartaner mit einem verkrüppelten Bein weigerte sich, die Armee zu verlassen, mit der Erklärung: „Was wir brauchen, um gegen unsere Feinde zu kämpfen, ist ein Mann, der auf seinem Posten steht, und nicht einer, der wegrennt." Spartaner waren berühmt für ihren Patriotismus. Als ein Fremder sich bei König Theopomp lieb Kind machen wollte, indem er behauptete, in seiner eigenen Polis als „Freund von Sparta" zu gelten, antwortete Theopomp finster: „Fremder, es wäre ehrenvoller für dich, Freund deiner eigenen Stadt genannt zu werden."

Das spartanische System brachte schließlich starke, unabhängige Frauen hervor. Als Mütter von Kriegern hatten spartanische Frauen einen viel höheren Status in der Gesellschaft inne als athenische Frauen. Die einzigen in Sparta, die Grabsteine auf ihren Gräbern haben durften, waren Frauen, die bei der Geburt, und Soldaten, die im Krieg gestorben waren. Da spartanische Männer in den Kasernen lebten und sich permanent nur auf Krieg vorbereiteten, mussten Frauen die Heloten beaufsichtigen. Als Managerinnen von Bauernhöfen, frei von jeglicher männlichen Kontrolle, entwickelten spartanische Frauen praktische Fertigkeiten und erhebliche geistige Unabhängigkeit.

Die Spartaner hatten ihre Bewunderer, selbst im rivalisierenden Athen. Sokrates und seine Schüler Platon und Xenophon bewunderten sehr ihre Bescheidenheit, Disziplin, Standhaftigkeit, ihren Mut und Patriotismus. Sie bewunderten die Spartaner vor allem dafür, dass sie ihren eigenen einzigartigen Lebensstil rational entworfen hatten, statt fügsam an einem überlieferten Modell festzuhalten. Was immer man vom spartanischen System hielt, es war keine unreflektierte Kopie eines anderen Modells. Ein Zeitgenosse machte jedoch die aufschlussreiche Bemerkung: „Dem allgegenwärtigen Lob für solch einen Verhaltenskodex zum Trotz möchte ihn keine einzige Stadt nachahmen."

Um 500 v. Chr. hatten die Spartaner den Peloponnesischen Bund gegründet, eine Allianz peloponnesischer (und ein paar anderer) Poleis, die sich zu gegenseitigem Beistand verpflichteten und entschieden waren, jede demokratische Regung in der Region zu unterdrücken. Spartaner fürchteten Instabilität, die sie mit Demokratie verbanden, mehr als jede andere Gefahr. Der Legende nach sagte Lykurg, nachdem er von einem Mann gedrängt wurde, die Demokratie in Sparta einzuführen: „Schaff zuerst einmal Demokratie bei dir zuhause." Der Mann nahm seine Forderung zurück.

Athen

Attika, das Territorium Athens, war bis ca. 700 v. Chr. fragmentiert, als zwölf kleine Poleis sich zusammenschlossen – ein Schlüsselereignis für Athens spätere Größe. Doch vor dem 6. Jahrhundert v. Chr. war Athen noch immer nur eine unbedeutende Polis.

So wie die meisten anderen Griechen der archaischen Zeit besaßen die Athener bis zum 7. Jahrhundert ein oligarchisches Regierungssystem. Ein Rat der Aristokraten mit lebenslanger Amtszeit, Areopag genannt, hatte die legislative und richterliche Gewalt inne. Mitglieder des Areopags waren frühere *Archonten* (Regierende), aristokratische Richter, die jährlich von der Volksversammlung gewählt wurden, um die Gesetze des Areopags zu vollstrecken. Die sechs minderen Archonten protokollierten offizielle Entscheidungen und wachten über öffentliche Dokumente. Der Archon Basileus („König") leitete religiöse Zeremonien, der Polemarch diente als militärischer Führer und der Archon Eponymos präsidierte über den Areopag. Der spartanischen Apella ähnlich, hatte auch die athenische Volksversammlung, Ekklesia genannt, wenig Macht inne.

So wie im übrigen Griechenland missbrauchten athenische Aristokraten ihre Macht. Der athenischen Legende nach entwarf 621 v. Chr. ein Aristokrat namens Drakon, der vielleicht eine mythische Figur war (der Name bedeutet „Schlange"), Athens erstes geschriebenes Gesetzbuch. Später „der in Blut geschriebene Kodex" genannt, waren Drakons Gesetze besonders streng gegen die Unterschichten, woraus sich das Wort „drakonisch" ableitet. Das Gesetzbuch schrieb Tod für eine breite Palette von Verbrechen vor, darunter Faulheit und Obstdiebstahl. Diejenigen, die ihre Schulden nicht zurückzahlen konnten, wurden versklavt und ins Ausland verkauft oder sie wurden gezwungen, ihre Kinder zu verkaufen. So wie im übrigen Griechenland auch, verwandelte die aristokratische Monopolisierung des Bodens kleine Bauern in Leibeigene oder Landarbeiter und die Landlosen in Sklaven. Darüber hinaus schloss das aristokratische Regierungssystem die entstehende Mittelschicht von der politischen Vertretung aus. Athen stand an der Schwelle einer Revolution.

Um 594 v.Chr. griffen athenische Aristokraten beherzt zur Tat, um eine Revolution zu verhindern. Sie beriefen einen Mann namens Solon für ein Jahr als einzigen Archon und erteilten ihm die Aufgabe, die Gesetze zu revidieren. Solon war berühmt geworden wegen seiner Dichtungen, welche die Gier und Ungerechtigkeit der Aristokraten bloßstellten. Er hob sofort die Drakon'schen Gesetze auf, annullierte alle Schulden, verbot die Schuldknechtschaft, befreite diejenigen, die wegen Schulden versklavt worden waren, und kaufte die ins Ausland Verkauften frei. Vielleicht die bedeutendste Reform Solons mit langfristiger Wirkung war, die Adligen zu überzeugen, Oliven anstatt Getreide anzubauen. Der attische Boden war ungeeignet zur Getreideerzeugung, aber ideal für den Anbau von Oliven. Die tiefen Wurzeln der Olivenbäume konnten das Grundwasser auch im Sommer erreichen. Statt zu versuchen, wie früher Selbstversorger zu sein und daran zu scheitern, wandten sich die Athener jetzt für ihren Lebensunterhalt dem Handel zu. Sie exportierten Olivenöl und Keramik und importierten Getreide. Handel erhöhte Athens Wohlstand und regte die Kreativität an, indem er die Athener in Kontakt zu fremden Kulturen treten ließ. Außerdem schuf die Olivenproduktion mehr Arbeitsplätze für die Armen. Solon ermutigte auch fremde Handwerker, sich in Athen niederzulassen, indem er ihnen das attische Bürgerrecht eröffnete. Fremden das Bürgerrecht auf breiter Basis anzubieten war beispiellos in der antiken Welt. Darüber hinaus baute Solon Keramikfabriken, die Staatsbesitz waren, um die attischen Exporte abwechslungsreicher zu gestalten und zu verhindern, dass die Armen gänzlich abhängig von den aristokratischen Olivenproduzenten wurden. Aus exzellentem Lehm hergestellt, war die athenische Keramik binnen kurzem überall in der mediterranen Welt heiß begehrt. Solon verkündete, jeder Bürger sollte dem eigenen Sohn einen Beruf und Schreiben beibringen. Er begründete das Recht jedes Bürgers, Gerichtsverfahren einzuleiten (auch im Auftrag von jemand anderem), und zwang Familien, sich auf das Gesetz zu stützen, wenn Familienmitglieder getötet wurden, statt sich auf Blutfehden einzulassen. Solon verwandelte den Areopag in ein schlichtes richterliches Gremium und übertrug seine legislativen Funktionen dem neuen Rat der Vierhundert, wo die entstehende Mittelschicht vertreten war. Gleichzeitig wurde das Archontenamt für die nichtaristokratischen Reichen geöffnet. Diese Reformen, die die Zahl der Amtsinhaber verdoppelten, zogen als wichtigen psychologischen Effekt nach sich, dass Status eher auf Reichtum als auf Geburt gegründet war. Athen war noch immer keine Demokratie, Solon hatte jedoch die ersten Schritte in dieser Richtung unternommen.

Wenige waren zufrieden mit Solons Reformen. Viele Aristokraten waren verärgert wegen der Annullierung der Schulden, viele Arme wegen seiner Ablehnung einer Bodenreform. Solon verglich sich mit einem „von Hunden bedrängten Wolf".

Am Ende seines Jahres als Archon verließ Solon vernünftigerweise Athen für zehn Jahre, unter dem Vorwand, seine Handelsinteressen zu pflegen. Gefragt, ob er den Athenern die besten Gesetze gegeben hätte, antwortete er: „Die besten, die sie akzeptieren wollten." Er ging nach Ägypten, wo ein Priester ihm von der legendären Insel Atlantis berichtete. Solon reiste auch nach Lydien, ein Königreich in Kleinasien, wo Kroisos herrschte. Kroisos versuchte, Solon zu beeindrucken. Nachdem er Solon seinen riesigen Schatz gezeigt hatte, fragte er ihn: „Welcher Mensch ist der glücklichste?" Kroisos erwartete die Antwort „Kroisos", stattdessen erwähnte Solon einen reichen alten Athener, der lange genug gelebt hatte, um sein Enkelkind zu sehen, und einen ehrenvollen Tod im Kampf zur Verteidigung seiner Polis gefunden hatte. Noch hoffnungsvoll, fragte Kroisos welcher Mensch der zweitglücklichste sei. Solon jedoch antwortete, das zweitgrößte Glück hätten zwei Brüder aus Argos. Diese einfachen Hirten waren, nachdem sie einmal bei den Olympischen Spielen gesiegt hatten, im Schlaf gestorben, nachdem sie sich unter das Joch gestellt hatten, um ihre alte Mutter, eine Herapriesterin, acht Kilometer weit zu einem Tempel zu tragen, wo an einem wichtigen Festtag eine Kulthandlung stattfand. Solon behauptete, da keiner die Zukunft vorhersehen könne, es könne auch keiner sich glücklich nennen bis zu dem Tag, da er einen ehrenvollen Tod gehabt hätte. Das wurde zu einer Prophezeiung, da wenig später die Perser Kroisos' Reich besiegten. Der Legende nach rief Kroisos, als er auf dem Scheiterhaufen lag, den seine persischen Henker in Flammen setzen wollten: „Solon, Solon, Solon!" Verwundert stoppte der persische König Kyros die Hinrichtung und fragte Kroisos, wer „Solon" sei, in ihm einen Gott vermutend. Als Kroisos die Geschichte von Solons Besuch erzählte, wurde Kyros bewusst, wie das Schicksal zuschlägt, und berührt ließ er Kroisos frei, der als verehrter Gast und Ratgeber für den Rest seines Lebens bei ihm blieb. In der ganzen abendländischen Geschichte gilt der Name „Solon" als Synonym für einen mit Weisheit und Tugend begabten Staatsmann.

Leider lösten Solons Reformen nicht die Klassenspannungen in Athen. Sie erwiesen sich als so groß, dass 590–589 v. Chr. und wiederum 586–584 v. Chr. Volksunruhen die Ernennung der Archonten verhinderten. Indem er die Streitigkeiten und das Chaos nutzte, konnte ein Aristokrat namens

Peisistratos, Solons Cousin zweiten Grades, die Alleinherrschaft (Tyrannis) dreimal erringen. 561 v. Chr. nutzte er einen Streit zwischen den Ebenen- und Küstenbewohnern Attikas, um die Macht zu ergreifen. Peisistratos organisierte einen Trupp von erbosten Armen. Eines Tages kam er in die Stadt mit Wunden, die angeblich von den Küstenbewohnern verursacht worden waren. Seine Kritiker glaubten, er hätte sie sich selbst zugefügt. Dank seines Status als Kriegsheld erhielt Peisistratos die Erlaubnis, einen Trupp von Leibwächtern zu unterhalten, fünfzig Mann, bewaffnet mit Keulen. Er nutzte danach diese Truppe, um die Macht zu erringen. Als die Ebenen- und Küstenbewohner ihre Unstimmigkeiten regelten, warfen sie Peisistratos aus Athen heraus. Das zweite Mal sandte Peisistratos Boten aus, um im Voraus zu melden, dass er mit Athena nahte, der Schützgöttin Athens. Und tatsächlich kam er mit einer 1,80 m großen Frau, die in einen strahlenden Panzer gehüllt war und auf einem Wagen fuhr. Ihr eigentlicher Name war Phye. Es ist zwar zu bezweifeln, dass viele Athener auf den Streich hereingefallen sind, viele jedoch empfanden ihn als gelungenen Scherz und akzeptierten Peisistratos wieder als ihren Tyrann. Dieser festigte seine Macht, indem er die Tochter des Megakles, eines wichtigen Führers, heiratete. Peisistratos zerstritt sich jedoch sogleich mit Megakles, der wütend wurde, als er entdeckte, dass Peisistratos „unnatürlichen Sex“ mit seiner Tochter trieb. Peisistratos wurde abermals aus Athen vertrieben und verbrachte zehn Jahre (556–546 v. Chr.) mit Goldförderung in Thrakien. Er kehrte zurück und ergriff, mit Hilfe thrakischer und makedonischer Söldnertruppen, abermals die Macht in Athen. Diesmal konnte Peisistratos die Tyrannis von 546 bis 527 v. Chr. behaupten, indem er viele Aristokraten zwang, die Polis zu verlassen, und ihre Söhne als Geiseln auf einer Reihe von Inseln hielt.

Peisistratos war ein energischer Tyrann. Er teilte das Land der geflüchteten Aristokraten unter die Armen auf und traf Vorsorge für die Älteren und die Invaliden. Er reduzierte die Steuern von 20 auf 10 Prozent und gab Kleinbauern Darlehen zu günstigen Zinsen. Die Bauern kauften bessere Pflüge und Ochsen und erhöhten dadurch die Produktion. Seine ambitionierten Bauprojekte schufen ein neues Athen. Er errichtete glanzvolle Tempel auf der Akropolis. Das größte dieser Bauwerke, der Tempel der Athena, der später, vor seiner Fertigstellung, von den Persern zerstört wurde, diente als Modell für den Parthenon. Peisistratos baute einen großen Aquädukt, um Athen mit Wasser zu versorgen. Er eroberte fruchtbare Teile Thrakiens, die wertvollen Silberminen des Hellespont (das Land zu beiden Ufern der Dardanellen) und die Insel Salamis. Er verwandelte durch die Förderung einheimischer und fremder Künstler, Bildhauer, Töpfer und Dichter Athen aus einer unbedeutenden Polis in ein kulturelles Zentrum. Er erweiterte das Fest des Dionysos, des Gottes der Natur und des Weins, und die Panathenäischen Festspiele, die jedes Jahr für acht Tage im Juli abgehalten wurden, um die Vereinigung Attikas zu feiern. Die Panathenäen zeichneten sich durch dramatische Wettbewerbe aus und die üblichen athletischen Spiele, Gedichtwettkämpfe und Rezitationen Homers. Peisistratos verhalf der neuen Kunstform des Dramas zu mehr Anerkennung und ließ auch die Armen daran teilhaben. Er förderte eine endgültige Schriftfassung der homerischen Gesänge und bewahrte die politischen Institutionen Solons, wenn er sie auch seinem Willen unterwarf.

Peisistratos' Sohn Hippias folgte ihm als Tyrann von Athen im Jahr 527 v. Chr. nach. Zu seinem Unglück lernte Hippias nie die Lehre, die Dionysios, der Tyrann von Syrakus, dem eigenen Sohn zu erteilen versuchte. Als Dionysios seinen Sohn wegen Frechheit gegenüber einem Bürger rügte und ihm sagte: „Ich benehme mich niemals so", antwortete der Sohn: „Ach was, du hattest keinen Tyrannen als Vater." Darauf erwiderte Dionysios: „Nein, und wenn du dich so benimmst, wirst du auch keinen Tyrannen als Sohn haben." 514 v. Chr. wurde Hippias' Bruder Hipparch bei den Panathenäischen Festspielen von einem Mann ermordet, den Hipparch in eine Liebesbeziehung zwingen wollte. Im Glauben, bei dem Anschlag handele es sich um einen gegen ihn selbst gerichteten politischen Mord, wurde Hippias zu einem grausamen Unterdrücker. In Verbindung mit einer wirtschaftlichen Rezession provozierte Hippias' Regime eine Volksrevolte, die ihn 510 v. Chr. zwang, nach Persien zu flüchten.

Die Spartaner, die den Athenern geholfen hatten, Hippias und seine Freunde aus Athen zu verjagen, versuchten, der Stadt eine Oligarchie von 300 athenischen Aristokraten aufzudrängen. Zwei Jahre Bürgerkrieg waren die Folge.

508 v. Chr. verjagten Kleisthenes und die demokratische Partei Athens den spartanischen König Kleomenes und eine kleine Truppe spartanischer Soldaten. Die Athener besiegten anschließend die Armeen der spartanischen Bündnispartner, die Chalkidier und den Boiotischen Bund, in zwei aufeinanderfolgenden Schlachten. Sparta war nicht entschlossen genug, Athen eine Oligarchie überzustülpen, da die Stadt keine peloponnesische Polis war, und beließ es dabei.

Es war zu dieser Zeit, nach dem Sturz des Hippias, dass in Athen das Wort „Tyrann" eine abschätzige Bedeutung erhielt. Dieser antidiktatorische Ton würde sich später in den Schriften des Aristoteles zuspitzen, der Tyrannen als Feinde des freien Wortes und der Versammlungen, als Auftraggeber für Spione, als Stifter von Misstrauen, Verursacher von Armut und Kriegstreiber bezeichnete.

So wie zuvor Solon wurde nun Kleisthenes für ein Jahr zum allein herrschenden Archon bestellt, um die Gesetze Athens zu revidieren. Kleisthenes schuf die erste große Demokratie der Weltgeschichte. Er begrenzte die Macht des Areopag und machte die Ekklesia, die Versammlung aller Bürger (erwachsene Männer ab zwanzig, Sklaven und wohnhafte Ausländer ausgenommen), zum höchsten Gesetz gebenden Organ Athens. Die Ekklesia verabschiedete alle Gesetze, und gegen ihre Entscheidungen konnte kein Einspruch erhoben werden. Die Ekklesia versammelte sich alle zehn Tage, um über die Gesetzgebung abzustimmen. Im Durchschnitt nahmen 5000 Bürger teil. Der neue Rat der 500 bereitete die Tagesordnung der Versammlung vor, vollstreckte ihre Gesetze, wickelte die öffentlichen Gelder ab und empfing ausländische Gesandte. Der Rat der 500 war der Ekklesia völlig verantwortlich. Da die Ratsmitglieder per Los bestimmt wurden, und Bürger nicht mehr als zweimal im Leben das Amt ausüben durften, hatte jeder Bürger die Möglichkeit, mindestens einmal im Leben im Rat zu sitzen. Kleisthenes schaffte die auf Blutsverwandtschaft fußende Vier-Stämme-Organisation ab, auf deren Basis die Athener ihre lokalen Führer wählten, da sie den Aristokraten zu viel Macht gab und die Polis nach Sippen und Regionen teilte. Er ersetzte das System durch zehn neue Stämme. Jeder Stamm bestand aus *Demen*, Unterteilungen, die Bürger aus jedem Teil Athens und aus unterschiedlichen Stämmen einschlossen. Das neue System zwang Athener aller Überzeugungen zur Kooperation und erhöhte dadurch die Einigkeit. Alle Athener fingen an, Athen als ihre Stadt zu betrachten, da die Stadt der logische Mittelpunkt der neuen, aus unterschiedlichen Regionen sich formierenden Stämme war. Jeder Stamm wählte einen *Strategos* (General). Als einzige gewählte Führer in Athen wurden die Strategen bald die einflussreichsten Führer der Polis und übernahmen allmählich die Zuständigkeiten der Archonten. Kleisthenes führte auch das Scherbengericht ein, das aber vor 487 v.Chr. nicht erfolgreich praktiziert wurde. Jedes Jahr im Frühling stimmten die athenischen Bürger für die Verbannung eines Atheners, den sie als den „Gefährlichsten" für die Polis erachteten. Vorausgesetzt, dass mindestens 6000 Personen ihre Stimme abgegeben hatten, wurde derjenige, der die meisten Stimmen erhalten hatte, zehn Jahre in die Verbannung geschickt, an einen Ort, der mehr als drei Tagesreisen von der Polis entfernt lag. Jeder Bürger schrieb seine Wahl auf ein *Ostrakon* (eine Keramikscherbe). Manche fügten sogar noch Sprüche und Karikaturen hinzu. Obwohl die Verbannung oft von einflussreichen, populären Führern, *Demagogen* (Volksführer) genannt, missbraucht wurde, um eigene Rivalen loszuwerden, war sie als Mittel konzipiert, um überambitionierte Aristokraten zu neutralisieren, die sonst die Demokratie hätten stürzen können.

Kleisthenes' Reformen vollendeten die Verwandlung Athens aus einer rückständigen Polis, zerrissen von wirtschaftlichem und politischem Hader, in einen blühenden Stadtstaat mit neuen Zielsetzungen, neuem

Selbstvertrauen und der ersten große Demokratie der Weltgeschichte. Diese Umwandlung erwies sich als lebenswichtig für die Verteidigung Griechenlands gegen eine groß angelegte persische Invasion.

Hintergrund: Griechische Eintracht und Zwietracht

Obwohl in eine Vielzahl von Poleis gespalten, fanden die Griechen hinreichend zusammen, um die mächtigste Armee der Welt zu schlagen. Abgesehen von der Angst, sich von den Persern unterjochen zu lassen, einigten vier kulturelle Bande die Griechen. Sie teilten erstens eine gemeinsame Sprache, die freilich in die dorischen, ionischen, äolischen und andere Dialekte geteilt war. Sie teilten zweitens die Liebe zu Homers Dichtungen.

Die Griechen teilten, drittens, eine gemeinsame Religion. Sie verehrten zwölf Hauptgötter, unsterbliche Wesen mit Wohnsitz auf dem Berg Olymp, dem höchsten Berg Griechenlands: Zeus (den König der Götter), seine Frau und Schwester Hera (Göttin der Frauen), seine Brüder Poseidon (Gott des Meeres) und Hades (oder Pluto; Gott der Unterwelt), seine Schwester Hestia (Göttin des Herds) und seine Kinder Athena (Göttin der Weisheit, die ausgewachsen dem Haupt des Zeus entsprungen war), Apoll (Gott der Wahrheit, der Musik und des Bogenschießens), Hermes (Gott des Handels und Zeus' Bote), Aphrodite (Liebesgöttin), Hephaistos (Gott des Handwerks), Ares (Gott des Krieges) und Artemis (Göttin der Jagd). Die Griechen gaben ihren Kindern häufig Namen zur Ehre der Götter, so bedeutete etwa Herodotos „von Hera gegeben". Trotz ihres oft unsittlichen Benehmens faszinierten die Götter die meisten normalen Griechen, so wie moderne Leinwand-Berühmtheiten Otto Normalverbraucher auch heute faszinieren, trotz oder gerade wegen ihrer moralischen Fehltritte. Der Durchschnittsgrieche konnte stellvertretend in der Gesellschaft seiner Götter leben, die sich so benahmen, wie er es normalerweise nicht konnte.

Unterhalb der zwölf Hauptgötter gab es unzählige Halbgötter, von denen die bekanntesten Demeter (Zeus' Schwester und Göttin des Getreides), Dionysos (Gott des Weins) und Asklepios (Gott der Heilung) waren. Der griechischen Mythologie nach war Demeter, nachdem Hades ihre Tochter Persephone entführt und in die Unterwelt gebracht hatte, zu verwirrt, um ihrer Hauptarbeit nachzugehen, die darin bestand, das Getreide wachsen zu lassen. Folglich waren viele Menschen Hungers gestorben. Zeus regelte den Streit mit einem Kompromiss: Persephone sollte nur ein Viertel des Jahres bei Hades bleiben. Dieser Mythos lieferte eine Erklärung für die Wintermonate, die Zeit, in der Getreide nicht wächst. Eine Reihe von „Mysterien", geheime religiöse Zeremonien, sprossen um

Demeter und Dionysos. Einige der Frauen im Gefolge des Dionysos (die *Mänaden*) stiegen, wenn sie von dem Gott besessen waren, auf den Berg Parnass hinauf, rissen wilde Tiere mit bloßen Händen in Stücke und aßen das rohe Fleisch. Ein Mythos behauptete, dass die Titanen, eine Gruppe vollkommen verderbter Götter, Dionysos verspeist hätten, als er ein Knabe war. Nachdem Zeus die Titanen mit einem seiner Donnerkeile zerschmettert hatte, hatte er den Halbgott wieder zum Leben erweckt. Diesem Mythos nach entstand aus den glühenden Resten der Titanen das Menschengeschlecht. Daher waren die Menschen böse, aber sie hatten eine Spur des Himmlischen durch Dionysos mitbekommen, den die Titanen ja verdaut hatten. Die Feste der Demeter wie des Dionysos zeichneten sich oft durch obszöne Witze, Gesten und Gegenstände aus, wie zum Beispiel riesige Phalli. Die Griechen pilgerten zu den zahlreichen Heiligtümern des Asklepios, besonders zu seinem ursprünglichen Heiligtum bei Epidauros, um sich zu heilen. Obwohl alle dachten, Asklepios heile die Besucher, die in seinen Heiligtümern schliefen, indem er ihnen im Traum erschien und ihnen die richtigen Heilmittel anwies, verließen sich seine Priester bei Kos und Pergamon auch auf solche natürlichen Heiltechniken wie Diät, körperliche Bewegung und Kräuter. Die Griechen pilgerten ferner zu den wichtigsten panhellenischen Tempeln bei Dodona und Delos.

Die Griechen wandten sich, zusammen mit einigen Ausländern, an das Orakel von Delphi, wenn sie Rat suchten. Sie betrachteten das heilige Delphi als Zentrum des Universums, zum Teil wegen seiner Lage in Zentralgriechenland. Dort saßen in einem dunklen, unheimlichen Tempel eine Reihe jungfräulicher Priesterinnen, die stets den Titel „Pythia" trugen. Eingraviert auf dem Giebel über dem Eingang des Tempels standen die griechischen Maximen: „Erkenne dich selbst" und „Nichts im Übermaß". Der Legende nach inhalierte die Prophetin, nachdem der Besucher seine Frage an einen männlichen Amtsträger gerichtet und dieser sie an die Pythia weitergeleitet hatte, den aus einem Felsspalt ausströmenden Dampf. Berauscht von den Dämpfen, fiel das Medium in Trance und stieß wilde Schreie aus, welche die durch das Orakel sprechende Stimme Apolls darstellten. Der Amtsträger interpretierte sodann die oft wirr schrillenden Schreie und formulierte sie neu in Hexametern. Wie suspekt auch immer diese schillernden Details sein mochten – besonders der Felsspalt und der Dampf, die in den früheren Berichten gänzlich fehlen –, so ist doch klar, dass die Orakel reich und mächtig wurden durch Geschenke und Bestechungen sowie durch ihren beträchtlichen Einfluss auf das Handeln ihrer Besucher. So pflegten die Feinde einer bestimmten Polis kräftig zu zahlen, um zu erfahren, welchen Rat die Pythia den Gesandten dieses Stadtstaates gegeben hatte, da diese sich wahrscheinlich danach richten würden. Andere bezahlten das Orakel, damit es jemandem genau den von ihnen gewünschten Rat gebe. So bestachen Kleisthenes und andere athenische Feinde des Tyrannen Hippias die Pythia, damit sie jede Prophezeiung an die Spartaner, wie auch immer die Frage lautete, mit den Worten „Athen muss befreit werden!“ begann. (Die Spartaner halfen schließlich tatsächlich den athenischen Dissidenten, den Tyrannen zu verjagen, obwohl sie wohl eher von praktischeren Erwägungen als von der Wut gegen die Belästigung des Orakels getrieben wurden. Die Spartaner hofften vergebens, dass Athen dem Peloponnesischen Bund beitreten würde.) Die Orakel konnten einen beachtlichen Genauigkeitsrekord aufstellen, in erster Linie, weil ihre Prophezeiungen verschwommen waren, aber auch, weil der stetig strömende Fluss der Besucher aus der ganzen mediterranen Welt ihnen das nötige Quantum an Informationen zur Verfügung stellte, um genaue Voraussagen treffen zu können.

Bis auf das Orakel von Delphi und ein paar andere Seher übten die meisten griechischen Priester wenig Macht aus. Da von ihnen nicht erwartet wurde, außergewöhnlich weise oder tugendhaft zu sein, benötigten die Hausverwalter von Tempeln und Heiligtümern normalerweise keine besondere Ausbildung, die sie ohnehin nicht erhielten. Es gab kein institutionalisiertes System, das die Priester als Klerus verbinden, ihnen Ethik beibringen oder Doktrinen hätte formulieren können. Wie die meisten anderen Religionen der Zeit war griechische Religion mit äußeren Ritualen beschäftigt und nicht mit innerem Glauben. Die Griechen beteten niemals, ohne Opfer anzubieten, in der Erwartung, dass die Götter ihnen als Gegenleistung für ihre Geschenke helfen würden. Trotzdem glaubten sie, die Götter wiesen die Opfer von Meineidigen und anderen Taugenichtsen zurück. Man nahm allgemein an, dass Glückseligkeit und Strafe im Leben nach dem Tode nur einigen ausgewählten Helden beziehungsweise Bösewichten vorbehalten waren, während die Masse der Menschen im Hades endete, einem schattenhaften Ort, der weder Paradies noch vollkommene Hölle war. Aber selbst an diese vagen Vorstellungen wurde nur halb geglaubt, die meisten Griechen blieben, mit Blick auf das Leben nach dem Tode, agnostisch.

Die Griechen teilten schließlich gemeinsame athletische Spiele. Die berühmtesten und wichtigsten von ihnen waren die Olympischen Spiele, die fünf Tage lang jeden vierten Sommer in Olympia stattfanden, „zum größeren Ruhme des Zeus“. Bis zu 50000 Griechen nahmen an diesen Spielen teil, die angeblich 776 v. Chr. zum ersten Mal abgehalten wurden. Olympischen Siegern wurden Ölzweigkränze verliehen, die von einem heiligen Baum genommen wurden. Kriege wurden vorübergehend wegen der Spiele verschoben. Der erste Tag der Feierlichkeiten war der Opferung von 100 Ochsen auf dem Altar des Zeus gewidmet. Der Altar bestand aus einem Berg von Asche, die sich über Jahrhunderte hinweg gesammelt hatte. Der zweite Tag galt den Laufwettbewerben. An den nächsten Tagen folgten Faustkampf, Ringen, Pankration (eine Kombination aus Ring- und Faustkampf), Fünfkampf, Pferde- und Wagenrennen. Ursprünglich banden Faustkämpfer Streifen weichen Leders über die Finger als eine Art primitiven Boxhandschuhs, später jedoch wechselten sie zu härterem Leder, das manchmal sogar mit Metall bewehrt wurde. Ringer, die nackt kämpften (des besseren Griffs wegen?), mussten ihre Gegner dreimal zu Boden werfen, um zu gewinnen. Das Pankration dauerte, bis ein Teilnehmer die Niederlage eingestand. Der Pentathlon bestand aus Sprint, Weitsprung, Speerwerfen, Diskuswerfen und Ringen. Der beliebteste Wettkampf war das Wagenrennen. Um 248 v. Chr. gelang es einer Makedonin namens Belistiche, als einzige Frau diesen Wettkampf zu gewinnen. Das abschließende Ereignis der Spiele war ein Rennen in voller Rüstung. Knabenwettbewerbe im Faustkampf und Laufen sowie Frauenwettläufe wurden Jahre später eingeführt.

Olympische Sieger wurden von ihren Heimatpoleis als Helden gefeiert, sie erhielten üblicherweise Häuser, Land oder freie Mahlzeiten für den Rest ihres Lebens. Entsprechend groß war der Anreiz zu gewinnen, was bisweilen zu Schummeleien führte. Ein paarmal, ab 388 v. Chr., wurden Athleten dabei ertappt, wie sie ihre Rivalen bestachen. In solch einem Fall wurde dem Athleten seine Auszeichnung entzogen und er musste Bußgeld bezahlen, das dazu benutzt wurde, um eine Bronzestatue von Zeus mit einer Inschrift gegen Betrug zu machen. Nur vollblütige Griechen durften an den Olympischen Spielen teilnehmen, da die Spiele ein religiöses Ereignis im griechischen Maßstab waren.

Andere Spiele, die nach 600 v. Chr. gestiftet wurden, waren die Pythischen Spiele (abgehalten alle vier Jahre in Delphi zur Ehre Apolls; die Gewinner erhielten Lorbeerkränze), die Isthmischen Spiele (abgehalten alle zwei Jahre in Korinth zur Ehre Poseidons; die Gewinner erhielten Kiefernnadeln) und die Nemeischen Spiele (abgehalten alle zwei Jahre in der Argolis zur Ehre des Zeus; die Gewinner erhielten Petersilie). Anders als die Olympischen Spiele schlossen sie über die athletischen Wettkämpfe hinaus Wettbewerbe in Musik, Drama und Dichtung ein.

Diesen die Griechen einigenden kulturellen Bande zum Trotz lehnten es viele Poleis ab, ihren griechischen Landsleuten zu helfen, da sie sich unfähig fühlten, der Furcht einflößenden Macht der persischen Armee zu widerstehen, oder sie schlossen sich sogar den Persern an. Thessalien, Theben, Argos, Kreta, Korkyra, Syrakus, weitere italienische Stadtstaaten und diverse ionische Poleis blieben entweder neutral oder kollaborierten mit den Persern. Manche widersetzten sich der griechischen Allianz gegen Persien wegen langjähriger Feindseligkeiten mit anderen Poleis. Argos war ein traditioneller Feind Spartas und Theben ein Rivale Athens (Athen hatte dem winzigen Platää in einem Territorialkonflikt gegen die stärkeren Thebaner geholfen). Das mächtige Syrakus lehnte es ab, der griechischen Allianz beizustehen, es sei denn, man selbst übernehme die Führung der Gesamtstreitkräfte. (Karthago überfiel sogleich Syrakus und machte die syrakusanische Hilfe ohnehin unmöglich. Karthago, eine mächtige frühere Kolonie Phöniziens, das jetzt dem Persischen Reich untertan war, stimmte wahrscheinlich seinen Überfall auf Syrakus mit der persischen Invasion Griechenlands 480 v. Chr. ab.) Die Zahl der Griechen, die neutral blieben oder mit Persien kollaborierten, war so groß, dass das Griechenland der Nachkriegszeit in einen Strudel von Beschuldigungen und Gegenbeschuldigungen geriet, der bis zu den Ereignissen in Frankreich nach dem Zweiten Weltkrieg ohne Parallele blieb.

Hintergrund: Die Perser

Die Meder aus dem westlichen Iran hatten 612 v. Chr. den größten Teil des Nahen Ostens unter ihre Herrschaft gebracht, nachdem sie sich den Chaldäern angeschlossen hatten, um das Assyrische Reich zu unterwerfen. Um 550 v. Chr. jedoch entriss Kyros der Große, der König von Persien (Zentraliran), den Medern die Herrschaft über den größten Teil des Nahen Ostens. Die Perser waren verwandt mit den Medern, einem anderen indoeuropäischen Volk. In der Tat verwechselten oft irrtümlich die Griechen das Wort „Meder“ mit „Perser“.

546 v. Chr. annektierte Kyros das Lydische Reich in der jetzigen Zentraltürkei. Kroisos, der König Lydiens, hatte den fatalen Fehler begangen, Persien anzugreifen. Als Kroisos das Orakel von Delphi gefragt hatte: „Was wird geschehen, wenn ich die Perser angreife?“, hatte es geantwortet: „Ein großes Reich wird fallen.“ In der Annahme, dass das Orakel das Persische Reich meinte, hatte Kroisos Persien überfallen. Eigentlich hatte das Orakel aber Kroisos' eigenes Reich gemeint – so jedenfalls wurde später vermutet, nachdem sein Königreich untergegangen war. Auf jeden Fall fand Kyros, nachdem er das Lydische Reich besiegt hatte, kaum Zeit, um durchzuatmen: Unmittelbar danach schluckte er die undisziplinierten Poleis von Ionien, die inoffiziell schon unter der Herrschaft Lydiens gestanden hatten, sowie den Rest des westlichen Kleinasien. Kyros drängte den Ioniern Marionettendiktatoren auf. Mit der persischen Eroberung Lydiens und Ioniens stand das gewaltige Heer des Weltreichs unmittelbar vor der Türschwelle Griechenlands. Derselbe Kyros, der die hebräischen Propheten aus ihrer Babylonischen Gefangenschaft befreit hatte, bedrohte jetzt die griechische Freiheit.

529 v. Chr. starb Kyros, als er gegen die Skythen kämpfte, die wilden No-

maden Südrusslands, die ihn enthaupteten. Mit Hilfe von Kamelkarawanen, die er nutzte, um den Nachschub mit Wasser zu gewährleisten, erweiterte Kyros' Sohn Kambyses II. 525 v. Chr. die persische Herrschaft um Ägypten und die griechische Kolonie Kyrene im heutigen Ostlibyen. Um den ägyptischen Pharaonen nachzueifern, heiratete Kambyses sodann seine Schwester und fing an, sich wie ein Gott zu benehmen. Nachdem er wegen Wasserversorgungsproblemen daran gescheitert war, Nubien einzunehmen, verlor er gänzlich den Verstand und tötete sich 522 v. Chr.

Ein Jahr später folgte sein Verwandter Dareios I. Kambyses nach. Dareios erweiterte das Persische Reich rasch ostwärts bis vor die Tore Indiens. 513 v. Chr. besiegte er Ostthrakien, doch es gelang ihm nicht, nördlich weiter über die Donau hinaus vorzudringen. Dareios baute die berühmte „Königsstraße" von Sardis nach Susa und verkürzte damit eine dreimonatige, ca. 2400 Kilometer lange Reise zu einem Dreitagesausflug, vorausgesetzt, man setzte schnelle Pferde ein. Er erhöhte auch die Effizienz der Regierung, indem er das Reich neu organisierte und Untersuchungsbeamte in jede Provinz schickte. Die Perser errichteten ihre wesentlichen administrativen Zentren in Susa, Ekbatana, Persepolis und Sardis. Die ersten drei Städte lagen im heutigen Westiran, Sardis an der Westgrenze in Kleinasien. Auf seinem Höhepunkt umfasste das Perserreich mehr als 2,5 Millionen Quadratkilometer mit fast siebzig Millionen Menschen.

Die Perser waren fähige und verhältnismäßig milde Herrscher, vorausgesetzt, dass Untertanenvölker ihre Tribute entrichteten. Das Entstehen einer neuen ethischen Religion, die auf der Lehre des persischen Philosophen Zaratusthra basierte, mäßigte die persische Herrschaft. Da Ehrlichkeit die wichtigste Voraussetzung der Religion war, waren Zaratusthra-Anhänger wie Kyros schockiert angesichts der Unsittlichkeit des griechischen Marktplatzes (der *Agora*) und meinten, die Griechen besäßen „einen besonderen Ort, gut markiert, an dem sie sich treffen, um einander zu betrügen".

Doch waren persische Großkönige auch absolute Monarchen, die sich selbst als irdische Statthalter des höchsten Gottes Ahura Mazda betrachteten. Sogar ihre Satrapen (Statthalter) wurden „Sklaven" des Großkönigs genannt.

Die erste Phase der Perserkriege, 499–490 v. Chr.

Der Ionische Aufstand

499 v. Chr. erhoben sich, verstimmt über die persischen Steuern und Marionettendiktatoren, die Ionier gegen Persien. Den Ioniern gelang es, die meisten Tyrannen und die kleinen persischen Garnisonen, die sie an der

Macht hielten, zu verjagen. Die meisten ionischen Poleis ersetzten sodann die Tyranneis durch demokratische Regierungen. Weil sie der Sache der Ionier aus kulturellen und ideologischen Gründen wohlwollend gegenüberstanden und aus Sorge, dass die persische Kontrolle über den Hellespont die lebenswichtigen Getreidelieferungen aus dem Norden unterbrechen könnte, sandten die Athener zwanzig Kriegsschiffe, um Ionien beizustehen. Die Polis Eretria, nördlich von Athen auf der Insel Euboia, steuerte weitere fünf Schiffe bei. Hingegen lehnten es die Spartaner ab, ein Heer nach Ionien zu entsenden, aus Furcht, dass Argos die Abwesenheit der spartanischen Armee nutzen, Sparta überfallen und einen Aufstand der Heloten provozieren könnte. Im nächsten Jahr brannten die Ionier, mit Hilfe Athens und Eretrias, Sardis nieder. 494 v. Chr. warf Dareios den Ionischen Aufstand nieder und setzte Milet aus Rache in Flammen. Die überlebenden Männer von Milet wurden nach Mesopotamien deportiert, während Frauen und Kinder versklavt wurden. Im Versuch, die anderen Ionier zu besänftigen, erlaubte ihnen Dareios dennoch, ihre demokratischen Systeme zu behalten, obwohl sie in für das Reich wichtigen Angelegenheiten den Befehlen der Satrapen Folge leisten mussten.

492 v. Chr. sandte Dareios, der schon Interesse signalisiert hatte, Griechenland seinem Reich hinzuzufügen, eine persische Flotte gegen Athen und Eretria als Vergeltung für die den Ioniern geleistete Hilfe. Die Flotte wurde in den Ägäis-Stürmen zerstört, die die persischen Schiffe gegen die scharfen Felsen des Berges Athos drückten. Trotzdem vervollständigte Mardonios, der Flottenbefehlshaber, die Unterwerfung Thrakiens und überzeugte Makedonien, ein Bündnis mit Persien einzugehen. Dadurch erweiterte er den Einfluss Persiens nach Nordgriechenland.

Phase zwei, 490–480 v. Chr.

Immer noch entschlossen, sich an den Griechen zu rächen und Griechenland zu annektieren, schickte Dareios eine zweite Flotte über die Ägäis gegen Eretria und Athen (490 v. Chr.). Dank des Verrats einiger abtrünniger Splittergruppen der Stadt, die dem Feind eines der Stadttore öffneten, eroberten und brandschatzten die Perser Eretria und versklavten seine Bürger. Die Eretrier wurden nach Persien deportiert, wo sie in dem Dorf Arderikka festgehalten wurden. Ihre Verzweiflung schlug sich auf einem Grabstein nieder: „Wir, die einst die laut tosenden Gestade der Ägäis hinter uns ließen, liegen hier mitten in Ekbatanas Ebene. Leb wohl, berühmtes Eretria, unser verlorenes Vaterland; leb wohl, an Euboia grenzendes Athen; leb wohl, geliebtes Meer. Wir sind gebürtige Eretrier aus Euboia, doch liegen wir hier, bei Susa – ach! – so weit weg von unserer Heimat.“

Die Schlacht von Marathon (490 v. Chr.)
Nachdem die Perser Eretria geplündert hatten, führten sie eine tadellose Landung in Marathon durch, vierzig Kilometer nordöstlich von Athen. Die persischen Befehlshaber Datis und Artaphernes wählten auf Empfehlung des früheren athenischen Tyrannen Hippias hin Marathon als Landeplatz, da es einen geschützten Strand und flachen Boden für die persische Kavallerie besaß. Hippias hoffte außerdem, dass die Perser Hilfe von seinen früheren Anhängern erhalten würden, während sie Richtung Athen marschierten. Dareios hatte versprochen, Hippias zum Satrapen von Athen zu machen, sobald es besiegt sei. Die Athener aber hatten nicht die Absicht, die Perser über Athen herfallen zu lassen. Sie schickten unverzüglich ein Heer unter Führung des Miltiades. Die Perser waren verblüfft, als die zahlenmäßig unterlegenen, aber schwerer bewaffneten Athener ihre ruhmreiche Armee aufstellten. Indem Miltiades das Zentrum schwach hielt, verleitete er die Perser dazu, es zu attackieren, zu durchbrechen und vorwärts zu drängen. Die Perser fanden sich sodann umzingelt, nachdem die beiden Flügel der Athener die schwachen, aus ionischen Untertanen gebildeten persischen Flügel besiegt hatten und sich um sie herum schlossen. Die Perser flohen rasend vor Panik und ließen von insgesamt 30000 Mann 6400 Tote zurück, während die Athener nur 192 von 10000 Soldaten verloren. Die Spartaner erschienen zu spät auf dem Schauplatz, weil sie wegen eines wichtigen religiösen Fests zurückgeblieben waren, brummten ihren Beifall angesichts des athenischen Sieges und kehrten heim.

Nach dem Krieg befahl Miltiades dem Pheidippides, einem geübten Langstreckenläufer, von Marathon nach Athen zu laufen und den Sieg kundzutun. Der Legende nach lief Pheidippides die vierzig Kilometer nach Athen, rief: „Wir haben gesiegt!“, sackte in sich zusammen und starb. Zur Ehre dieser Tat führten die modernen Olympischen Spiele den „Marathonlauf“ ein.

Der phänomenale Sieg der Athener bei Marathon zerschlug den persischen Nimbus der Unbesiegbarkeit und verlieh den Athenern ein ungeheures Gefühl von Selbstvertrauen. Der Sieg überzeugte die Athener, dass ihr drastisches Experiment in Sachen Demokratie tatsächlich Erfolg haben könnte.

Der Aufstand Ägyptens gegen Persien (487–485 v. Chr.) und der Tod des Dareios (486 v. Chr.) fielen zusammen und verzögerten so die nächste, bei weitem größte persische Invasion Griechenlands. Dareios war so besessen von seinem Streben nach Rache, dass er einen Sklaven beauftragte, dreimal jeden Abend, beim Servieren des Abendessens, in sein Ohr zu flüstern: „Herr, vergiss nicht die Athener!“ Xerxes I., sein Nachfolger, kümmerte sich ursprünglich kaum um Rache, bis sein Schwager Mardonios, der Satrap über ganz Griechenland sein wollte, anfing, ihn bis zur Weißglut über die erniedrigende Niederlage von Marathon zu provozieren.

Themistokles (ca. 524–459 v. Chr.)
Inzwischen leistete Themistokles, Stratege und Führer von Athen, zwei lebenswichtige Beiträge zum griechischen Sieg in den Perserkriegen. Er überzeugte die Athener, neue Gelder zum Ausbau der athenischen Flotte von 70 auf 200 Schiffe aufzuwenden. Als die Minen in Laurion, südlich von Athen, 483–482 v. Chr. eine außergewöhnliche Menge Silber erbrachten, schlugen einige athenische Führer vor, das Geld unter die Bürger zu verteilen, da kaum einer die Rückkehr der Perser erwartete. Themistokles gelang es, das athenische Volk zu überzeugen, seinen Alternativvorschlag für die Erweiterung der Flotte zu unterstützen, indem er mit den verbreiteten Ängsten vor dem traditionellen Feind Athens, Aigina, spielte und die Bürger überzeugte, seine Interpretation einer wichtigen Prophezeiung zu akzeptieren. Als eine athenische Delegation das Orakel von Delphi um Rat über die persische Bedrohung gefragt hatte, hatte die Pythia ausgerufen, dass sie „bis ans Ende der Welt flüchten" sollten – und damit hatte sie gemeint, dass sie Griechenland den Persern überlassen und eine Kolonie im westlichen Mittelmeer gründen sollten, am Ende der bekannten Welt. Die sturen Athener aber wollten nicht gehen, bis die Pythia ihnen „ein besseres Orakel über unser Land" offenbart hatte. Die Pythia hatte sodann geantwortet, dass Athen zugrunde gehen werde. Aber sie hatte hinzugefügt: „Auch weiter wird die hölzerne Mauer euch und eure Kindern schützen. … Heiliges Salamis, du wirst die Nachkommenschaft der Menschheit zerstören." Während einige Athener diese Prophezeiung als Rat interpretierten, sich hinter die „hölzerne Mauer" der Akropolis zu kauern, überzeugte Themistokles die meisten Athener davon, dass die „hölzerne Mauer" auf die Flotte anspielte, eine Interpretation, die durch die Erwähnung von Salamis gestärkt wurde, eine der athenischen Inselbesitzungen. Da die Priesterin die Bezeichnung „Heiliges" statt „Grausames Salamis" verwendet hatte, argumentierte Themistokles, dass es den Athenern bestimmt war, dort einen wichtigen Sieg zu erringen. Wahrscheinlich wusste Themistokles seit langem, dass die kleine Meerenge zwischen Salamis und Attika der ideale Ort war für eine Schlacht mit der persischen Flotte. Er könnte sogar einen Hinweis auf Salamis in seine Frage eingestreut haben, um der Antwort der Priesterin eine Richtung in seinem Sinne zu geben. Auf jeden Fall bedeutete der Aufbau einer so großen Flotte, dass die athenischen Schiffe überwiegend durch vom Staat bezahlte Ruderer bemannt werden mussten. Die Unterschichten hatten nie zuvor eine so wichtige Rolle in der griechischen Kriegführung gespielt. Es war die zwischen 483

und 480 v. Chr. erweiterte athenische Flotte, die sich als Schlüsselfaktor für den griechischen Sieg gegen die Perser erwies.

Themistokles spielte außerdem eine führende Rolle bei der Versöhnung vieler streitbarer Städte Griechenlands und schmiedete sie zu einer Konföderation gegen Persien zusammen. 481–480 v. Chr. trafen sich Vertreter von einunddreißig griechischen Poleis in Korinth, um Verteidigungspläne auszuarbeiten. Die Athener stimmten zu, Sparta die Führung der Bundesarmee und der Marine zu überlassen, obwohl Athen mehr als die Hälfte der griechischen Flotte beisteuerte. Themistokles begriff, dass dieses Zugeständnis nötig war, um gefährliche Zwistigkeiten zu vermeiden. Athen und viele andere Poleis wandten sich jedoch entschieden gegen den spartanischen Vorstoß, die gesamte griechische Armee am peloponnesischen Isthmos zu stationieren, ein Plan, der ganz Nord- und Zentralgriechenland den Persern preisgegeben hätte. Die Spartaner argumentierten, dass die persische Armee zahlenmäßig dem griechischen Fußvolk so überlegen war, dass die einzige Hoffnung der Griechen für einen Sieg darin bestand, Stellung an einem engen Ort wie dem Isthmos zu beziehen. Da die anderen Griechen aber nicht bereit waren, ihre Heimat den Persern zu übergeben, waren die Spartaner gezwungen, einem Kompromissplan zuzustimmen, der vorsah, den größten Teil der Armee am Isthmus bereitzuhalten, aber ein griechisches Kontingent an einem Gebirgspass in Nordgriechenland, den Thermopylen, zu stationieren.

Phase drei, 480–479 v. Chr.

Die persische Invasionsstreitmacht war die größte, die Griechenland je gesehen hatte, mit ungefähr 200000 Mann und 1000 Schiffen. Die bunte Armee des Reiches bestand aus Persern und diversen unterworfenen Völkern sowie Söldnern, einschließlich Äthiopiern, die Steinwaffen trugen und sich selbst vor der Schlacht rot und weiß bemalten, einer arabischen Kameltruppe und iranischen Reitern mit Lassos. Obwohl er sich dessen bewusst war, dass die unterworfenen Völker ihm weniger treu als seine eigenen Perser waren, betrachtete Xerxes sie als brauchbar, weil sie entbehrlicher waren und mit ihrem fremden Aussehen und Habitus den Feind einschüchtern würden. Die griechische Armee war viel kleiner als die persische, und die griechische Flotte bestand aus nur 450 Schiffen.

Nachdem sie im Mai 480 v. Chr. von Sardis aus aufgebrochen war, marschierte die persische Armee in Richtung Hellespont. Die Perser überquerten die stürmische Meerenge, indem sie die Schiffe zusammenbanden, um eine Brücke zu errichten. Das Heer musste Mauern an beiden Seiten der Brücke aufrichten, um zu vermeiden, dass die Tiere der Expedition während der Überquerung durch den Anblick des Wassers in Angst versetzt würden. Im Juni marschierten die Perser durch Thrakien und fegten ganze Wälder hinweg, um eine Straße für ihr gigantisches Heer zu bauen. Im Juli und August durchquerten sie Makedonien und Thessalien. Inzwischen sammelten persische Abgesandte von den erschrockenen Griechen genug Schüsseln mit Erde und Wasser, um einen Ringkampf im Schlamm zu veranstalten. Nach persischem Brauch musste ein sich ergebendes Volk dem imperialen Abgesandten eine Schüssel mit Erde und eine mit Wasser überreichen, als Symbole der persischen Herrschaft über Land und Wasser des sich ergebenden Volkes. Jede Polis, ausgenommen Athen und Sparta, tat den Persern diesen Gefallen. Die Athener warfen ihren Abgesandten in eine Grube und rieten ihm, seine Erde selbst zu holen; die Spartaner warfen ihn in einen Brunnen und rieten ihm, sein Wasser selbst zu holen.

Die Thermopylenschlacht

An seiner schmalsten Stelle ist der Gebirgspass der Thermopylen nur fünfzehn Meter breit und damit eine vollkommene Verteidigungsstellung für eine geringe Zahl von Menschen. Die Perser würden nicht in der Lage sein, ihre zahlenmäßig überwältigende Überlegenheit zur Geltung zu bringen, indem sie die Griechen umzingelten, da sie nur eine bestimmte Zahl von Truppen auf einmal auf dem Schlachtfeld einsetzen konnten. Außerdem würde eine so kleine Fläche es den Persern nicht erlauben, ihre Überlegenheit an Reitern und Bogenschützen auszunutzen. (Herodot nach hatten die Perser nur gelernt „zu reiten, zu schießen und die Wahrheit zu sagen.") Nur 7000 Griechen, angeführt von König Leonidas I. und seinen 300 Spartanern, warteten in der Augusthitze auf die gewaltige persische Streitmacht. Leonidas hatte einen der beiden Throne Spartas bestiegen, nachdem sein Halbbruder König Kleomenes den Verstand verloren und angefangen hatte, würdige Aristokraten mit seinem Spazierstock zu schlagen. (Als er wegen seines Wahns verhaftet wurde, starb Kleomenes eines geheimnisvollen Todes, den die Spartaner Selbstmord nannten.) Leonidas' Armee bei den Thermopylen hätte größer sein sollen, die meisten seiner Truppen aber erschienen zu spät wegen der Olympischen Spiele.

Als Xerxes' Späher über die spartanischen Soldaten berichteten, dass sie herumlagen und ihre Haare kämmten, lachte der persische König über ihre Verweichlichung. Demarat aber, ein früherer spartanischer König, der durch eine Verschwörung seines Kollegen Kleomenes entthront worden war und in Persien Zuflucht gefunden hatte, riet Xerxes, dass er nicht lachen solle. Die Spartaner achteten immer darauf, sich vor einer Schlacht zu pflegen, weil sie bereit waren zu sterben und beim Sterben eine gute Figur abgeben wollten. Xerxes ließ sich kaum beeindrucken. Er konnte nicht glauben, dass irgendjemand es wagen würde, seiner gewaltigen Armee entgegenzutreten, besonders die Griechen, die keine Könige hatten, um den Soldaten richtige Angst und Gehorsamkeit einzuflößen. Demarat erkannte aber scharfsinnig den Ursprung griechischer Macht und Disziplin: „Sie sind frei, aber auch nicht vollkommen frei, weil das Gesetz ihr Herr ist, und sie fürchten es mehr als deine Leute dich. Sie tun, was immer es ihnen befiehlt, und es befiehlt immer dasselbe: Sie dürfen nie dem Schlachtfeld entfliehen, wie zahlreich auch immer ihre Feinde sind; sie sollen ihre Stellung halten und dort wird von ihnen verlangt, entweder zu siegen oder zu sterben." In der Tat gab es keine einzige größere Schlacht, die ein besiegter griechischer General überlebte. Als ein spartanischer Soldat von dem Gerücht berichtete, nach dem die Perser so zahlreich seien, dass ihre Pfeile die Sonne verdeckten, bemerkte Leonidas: „Wie angenehm, dass wir sie im Schatten bekämpfen werden."

Erstaunt, dass eine so kleine Abteilung es wagen würde, seiner gewaltigen Armee zu trotzen, befahl Xerxes seinen Soldaten, die griechische Armee *gefangen* zu nehmen. Die Spartaner aber, die an der Spitze der griechischen Linien kämpften, wehrten nacheinander drei Angriffe ab und warfen jedesmal die persischen Linien zerschmettert zurück. Kochend vor Wut rief Xerxes sodann seine Elitetruppe herbei, „die Unsterblichen", um die griechischen Linien anzugreifen. Behindert von ihren kürzeren Speeren, starben die meisten der Unsterblichen. Am dritten Tag der Schlacht jedoch zeigte ein Grieche namens Ephialtes den Persern einen geheimen Pass, der hinter die griechischen Linien führte. Als dann eine persische Abteilung hinter ihm auftaute, begriff Leonidas, dass seine Armee umzingelt und niedergemetzelt werden würde. Er befahl allen, außer seinen 300 Spartanern, sich zurückzuziehen. 700 Thespier blieben bei den Spartanern und weigerten sich, das Schlachtfeld zu verlassen. Leonidas empfahl den 1000 Griechen zu frühstücken, da das Abendessen im Hades auf sie wartete.

Obwohl Spartaner und Thespier gut kämpften, einen Teil der Perser ins Meer warfen und zwei der jüngeren Brüder des Xerxes töteten, wurden, bis auf zwei, alle Spartaner und die meisten Thespier erschlagen. Die zwei überlebenden Spartaner waren in solche Ungnade gefallen, dass sie später Selbstmord begingen. Einer von ihnen, ein Blinder, wurde Feigling genannt, da er um Erlaubnis gebeten – und sie erhalten hatte –, sich wegen seiner Behinderung zurückzuziehen. Die Spartaner behaupteten, ein Soldat brauche dort, wo der Kampf so nahe war und der Feind Ziele im Übermaß darbot, keine Sicht. Auf jeden Fall enthaupteten die wütenden Perser Leonidas' Leichnam und pfropften seinen Kopf auf eine Stange.

Warum wählte Leonidas bei den Thermopylen den Tod? Jemand musste den Rückzug der übrigen Armee decken. Außerdem hatte das Orakel von

Delphi prophezeit, dass die Perser entweder Sparta zerstören oder einen spartanischen König töten würden. Mit diesem Wissen war Leonidas bereit, sein Leben für seine Stadt zu opfern. Der Gefährlichkeit seiner Aufgabe vollkommen bewusst, hatte er zu den Thermopylen nur solche Spartaner mitgenommen, die lebende Söhne hatten, damit ihre Sippen im Fall ihres Todes weiterbestehen würden. Nach dem Krieg wurde bei den Thermopylen ein Monument zur Ehre der spartanischen Toten errichtet. Das Denkmal trug folgende berühmte Grabinschrift: „Wanderer, kommst du nach Sparta, so verkündige dorten, du habest uns hier liegen gesehn, wie das Gesetz es befahl" (Übersetzung Friedrich Schiller).

Die Perser verloren in der Thermopylenschlacht 20000 Mann gegen 4000 auf griechischer Seite. Xerxes' ungeschickter Versuch, diese Tatsache vor seinen eigenen Soldaten zu verheimlichen – indem er heimlich 19000 der persischen Gefallenen in einer dürftig getarnten Grube bestatten ließ –, täuschte niemanden. Die persische Moral war schwer angeschlagen, und Xerxes wurde misstrauisch gegenüber seinem ionischen Kontingent. In der Hoffnung, so seinen Verdacht zu bestärken, hatte Themistokles den Ioniern auf Felsen in Griechisch gekritzelte Botschaften hinterlassen. Die Thermopylenschlacht spornte die Griechen an und wurde zu einem dauerhaften Symbol für Mut in anscheinend hoffnungsloser Situation. Um nur ein Beispiel zu erwähnen: Die Texaner erinnerten sich bei Alamo an die Thermopylen. Die Schlacht gab außerdem den Griechen die nötige Zeit, den Persern bei Artemision eine ernste Niederlage zur See beizubringen, die ihrerseits den entscheidenden Sieg bei Salamis ermöglichte.

Die Schlacht von Artemision

Etwa gleichzeitig mit der Thermopylenschlacht führte die griechische Flotte unter dem Spartaner Eurybiades einen heftigen Kampf gegen die persische Flotte beim benachbarten Artemision. Die Perser hatten allein bei der Überquerung der wegen ihrer Stürme berüchtigten Ägäis schon 200 ihrer 1000 Schiffe verloren. Laut Herodot gelangte ein Grieche namens Ameinoklos zu großem Reichtum dank der persischen Pokale, die auf sein Grundstück am Strand geschwemmt wurden.

Viele Griechen wollten Artemision verlassen, um die dort stationierten 271 Schiffe nicht gegen die restlichen 800 der Perser zu riskieren. Themistokles bestach jedoch Eurybiades und einen anderen führenden General, so dass sie darauf bestanden, dass die Flotte bleiben und kämpfen sollte. Dann machten die Perser einen fatalen Fehler. Sie waren sich des eigenen Sieges so sicher, dass sie 100 Schiffe nur mit der Absicht von der Flotte trennten, flüchtende griechische Schiffe aufzugreifen. Als sie von dieser Taktik erfuhren, entschieden sich die Griechen für einen Überraschungsangriff gegen den Hauptteil der persischen Flotte. Die Schlacht an sich, die mit Unterbrechungen drei Tage dauerte, endete unentschieden: Griechen und Perser verloren je 100 Schiffe. Die persische Abteilung der 100 Schiffe aber, deren Aufgabe es war, eine griechische Flucht zu verhindern, wurde von einem Sturm vollkommen zerstört. Die Niederlage der Armee bei den Thermopylen zwang die griechische Flotte dennoch, sich südwärts in Richtung Salamis zurückzuziehen.

Die Zerstörung Athens

Das persische Heer marschierte sodann nach Südgriechenland. Die Soldaten des Xerxes fanden nur wenige Menschen im größtenteils evakuierten Athen vor. Frauen und Kinder waren nach Troizen auf der Peloponnes geflohen, und die Männer hatten sich fast alle der Flotte in Salamis angeschlossen. Die übrigen Männer weigerten sich, die Stadt zu verlassen und bestanden darauf, dass die „hölzerne Mauer“ der Pythia die Mauer um die Akropolis war. Leider wurde diese hölzerne eine lodernde Mauer, nachdem die Perser sie mit Brandpfeilen unter Beschuss genommen hatten. Trotzdem wollten die mutigen Athener sich nicht ergeben. Sie löschten die Feuer und rollten Felsen auf die Perser hinab. Als die Perser jedoch einen Tempel außerhalb der Akropolis fanden, der nah genug war, um ihnen das Hinaufklettern zu ermöglichen, wurde die Lage für die Athener hoffnungslos. Einige töteten sich, andere wurden getötet. Schwelgend in ihrer Rache brannten die Perser Athen bis auf die Grundmauern nieder. Xerxes sandte einen Boten nach Persien, um den lange erhofften Sieg zu melden. Die Athener begruben später die Reste ihrer Tempel, die als geschändet galten, und bauten sie wieder auf. Zum Glück für die Archäologen erhielt sich so eine große Menge früher athenischer Architektur und Skulptur.

Die Schlacht von Salamis (480 v. Chr.)

Die griechischen Flottenbefehlshaber in Salamis stimmten dafür, zum Isthmus von Korinth zu segeln, um dort die Armee zu unterstützen, die im Begriff stand, zur Verteidigung gegen die Perser eine Mauer quer über die Landenge zu bauen. Themistokles aber wurde bewusst, dass die Befehlshaber, sobald man sie ließe, in panischer Flucht in Richtung der eigenen Polis verschwinden würden und Griechenland versklavt würde. Selbst wenn die Befehlshaber zum Isthmus segeln würden, hätten sie gegen die Perser im offenen Meer kämpfen müssen, wo diese ihre Überzahl und bessere Manövrierfähigkeit für sich hätten nutzen können. Deshalb überzeugte Themistokles Eurybiades, diesmal ohne ihn zu bestechen, eine zweite Ratsversammlung einzuberufen. Dort unterstrich Themistokles, wie vernünftig es sei, den Persern in den engen Gewässern des Sunds von Salamis die Stirn zu bieten. Als Adeimantos von Korinth Themistokles verbieten wollte, überhaupt zu sprechen, weil er nun, da Athen in Ruinen lag, keine Polis mehr zu vertreten habe, erwiderte Themistokles, dass Athen eine größere Polis als Korinth sei, da es mit seinen Schiffen und Soldaten jede beliebige Polis einnehmen könne. Schließlich warnte Themistokles davor, dass die Athener nach Siris in Italien auswandern würden, wenn die griechische Flotte nicht in Salamis bliebe und kämpfte. Ohne die athenische Flotte würde Griechenland gewiss in die Hände der Perser fallen. Themistokles' Drohung überzeugte die anderen Kapitäne, noch eine Weile in Salamis zu verweilen.

Bald jedoch begannen die peloponnesischen Kapitäne in ihrer Angst, von der Heimat abgeschnitten zu werden, für eine dritte Ratsversammlung zu agitieren. In der Tat schien es, dass sie sogar ohne Erlaubnis hätten wegfahren können. Um ihre Flucht zu verhindern, sandte Themistokles einen vertrauten Sklaven zu Xerxes, um ihm zu sagen, dass er zur persischen Seite überlaufen wollte und dass die Perser Salamis umzingeln sollten, um der griechischen Flotte die Flucht zu verwehren. Seine Mitteilung übertrieb auch dass Maß der Uneinigkeit innerhalb des griechischen Lagers und deutete einen leichten Sieg der Perser an.

Xerxes schluckte den Köder. Als die Nachricht die griechischen Kapitäne erreichte, dass Xerxes Salamis umzingelt hatte, blieb ihnen nichts übrig, als aufzustehen und zu kämpfen.

Obwohl mit 370 Schiffen gegen 600 zahlenmäßig in der Minderheit, hatten die Griechen zwei entscheidende Vorteile auf ihrer Seite, die ihren Sieg in der Schlacht von Salamis erklären helfen. Die Enge des nur 1,5 Kilometer breiten Sunds hinderte die Perser, ihre Überzahl und Manövrierfähigkeit zu nutzen, um die Griechen zu umzingeln, und erlaubte den Griechen, ihre Sturmböcke mit großer Wirkung zum Einsatz zu bringen. Die Griechen waren ferner höher motiviert als die Perser. Während die Griechen für ihre Familien, ihre Poleis und ihre Freiheit kämpften, hätten die eingezogenen phönizischen, ägyptischen und ionischen Matrosen, die den Großteil der persischen Flotte ausmachten, wenig Nutzen aus der Eroberung Griechenlands gezogen. Das ist es, was Herodot meinte, als er schrieb: „Freie Menschen kämpfen besser als Sklaven."

Die Schlacht verlief verheerend für die Perser. Immer dann, wenn die persischen Kapitäne gezwungen waren, sich zurückzuziehen, konnten sie es nicht, da das Wasser hinter ihnen vollgestopft war mit anderen persischen Schiffen. In einer solchen Falle gefangen, wurden die persischen Schiffe von den griechischen Trieren gerammt. Die persischen Schiffe sanken, und ihre Besatzungen ertranken in den meisten Fällen, zappelnd in ihren langen Roben. So rammte die scharfsinnige Königin Artemisia von Karien (Südionien), im verzweifelten Versuch, einem athenischen Sturmbock zu entfliehen, ein persisches Schiff, das ihrer Flucht im Wege lag, und versenkte es. Dieses „friendly fire“ seitens der Königin, die in der Schlacht fünf Schiffe unter ihrem Befehl hatte, gereichte ihr zum Vorteil, da keines der Besatzungsmitglieder des unseligen Schiffes überlebte. In der Annahme, dass Artemisia von den Persern abtrünnig geworden war, unterbrach der Kapitän des sie jagenden athenischen Schiffes seine Verfolgung, und Xerxes, der annahm, dass das von ihr versenkte Schiff ein athenisches war, überschüttete sie mit Lob. Überwältigt von Enttäuschung und Ärger angesichts der sich abzeichnenden Katastrophe, verkündete Xerxes, der die Schlacht von einem auf einem attischen Hügel errichteten Thron aus betrachtete: „Meine Männer haben sich benommen wie Frauen, meine Frauen wie Männer!“ Später setzten die Athener, die am chauvinistischsten unter allen Griechen waren, eine Belohnung von 10000 Drachmen auf Artemisias Gefangennahme aus, da, wie Herodot es ausdrückte, „man sich sehr empört fühlte, dass eine Frau in Waffen gegen Athen angetreten war“.

Da die Schlacht von Salamis das Ergebnis der Perserkriege entschied, die ihrerseits über das Schicksal der abendländischen Zivilisation bestimmten, gehört sie zu den wichtigsten Schlachten der Weltgeschichte. Die Griechen versenkten mehr als 200 persische Schiffe, töteten nicht weniger als 40000 Perser, darunter einen anderen Bruder des Xerxes, während die Griechen nur 40 Schiffe verloren. Da es lebenswichtig war, die gigantische persische Armee mit Nahrung und anderem Nachschub zu versorgen und die Verkehrswege zum Perserreich offen zu halten, war das Gros der persischen Flotte schon in Rückmarsch gesetzt worden. Xerxes gab seinen übrigen Schiffen den wütenden Befehl, sich nach Persien zurückzuziehen.

Mardonios' Schlussoffensive

Besorgt um sein Schicksal – immerhin war er derjenige gewesen, der Xerxes gedrängt hatte, nach Griechenland einzufallen –, bat Mardonios Xerxes, mit einer großen Armee in Griechenland verbleiben zu dürfen. Xerxes stimmte zu. Nachdem er in Thessalien überwintert hatte, bereitete sich Mardonios im Frühjahr 479 v. Chr. darauf vor, die Kriegshandlungen wieder aufzunehmen.

Mardonios sandte den Makedonenkönig, einen alten Freund Athens, zu den Athenern, um sie dazu zu überreden, eine Allianz mit Persien einzugehen. Alarmiert schickten die Spartaner ihre eigenen Gesandten nach Athen, um die Athener davon zu überzeugen, das persische Angebot abzulehnen. Der Makedonenkönig berichtete, Xerxes würde den Athenern jedes Land in Griechenland geben, das sie wollten, und ihre Stadt wiederaufbauen, wenn die Athener sich ihm anschließen würden. Wenn die Athener hingegen keine Allianz mit den Persern eingehen würden, könnten sie erwarten, dass die Perser gezielt zu weiteren Repressalien gegen sie greifen würden. Die Spartaner appellierten an den Ruf der Athener als freiheitsliebendes Volk und die gemeinsamen Bande der griechischen Kultur. Schließlich boten die Spartaner an, Athen mit Nahrungsmitteln zu versorgen, da Xerxes die Ernte zerstört hatte, und versprachen sogar, den Athenern eine neue Heimstatt auf der Peloponnes zu geben, die sich besser gegen künftige persische Überfälle schützen ließe.

Herodot nach antworteten die Athener dem Makedonenkönig:

„Wir wissen selbst, dass die Macht des Perserkönigs um ein Vielfaches größer ist als unsere eigene. Darüber sind verletzende Worte nicht nötig. Trotzdem werden wir nach Freiheit verlangen und sie verteidigen, wie wir nur können. Lass deinen Versuch, uns zur Versöhnung mit dem Barbaren zu überreden! Wir werden dir nicht folgen. Für jetzt melde dies dem Mardonios als Antwort der Athener: Solange die Sonne ihre jetzige Bahn zieht, werden wir uns mit Xerxes nicht aussöhnen, sondern ihm beherzt entgegentreten, indem wir auf die Hilfe der Götter und Heroen vertrauen, auf die er keinerlei Rücksicht nahm, als er ihre Häuser und Bilder gottlos verbrannte. Du aber lass dich nicht ein zweites Mal mit einem solchen Auftrag in Athen blicken und rate uns nicht zu unrechten Handlungen in der Meinung, uns gute Dienste damit zu leisten. Du bist unser Gastfreund und Freund. So möchten wir nicht gern, dass die Athener dir unfreundlich begegnen.“[2]

Den Spartanern antworteten die Athener:

„Die Furcht der Lakedaimonier, wir könnten uns mit dem Barbaren aussöhnen, ist durchaus menschlich. Trotzdem ist diese Furcht wenig ehrenvoll. Ihr kennt doch die Haltung der Athener, dass wir nicht um alles Geld der Welt, nicht um das schönste und trefflichste Land persisch würden und Griechenland in die Sklaverei brächten. Wir haben viele und schwer wiegende Gründe, die uns daran hindern, auch wenn wir es wollten. Zunächst und am gewichtigsten sind die niedergebrannten und zerstörten Tempel und Götterbilder [...] Dazu haben wir gleiches Blut und gleiche Sprache mit den Griechen, die gleichen Heiligtümer und Opfer, die gleich gearteten Sitten. [...] Sollt ihr es jetzt wissen! Solange noch ein einziger Athener am Leben ist, gibt es keine Aussöhnung mit Xerxes. Wir bewundern eure wohlwollende Fürsorge für uns, dass ihr im Verlust unseres Hab und Guts für uns sorgen wollt, indem ihr unsere Angehörigen ernährt. [...] Wir aber wollen so bleiben, wie wir sind, ohne euch zur Last zu fallen.“[3]

Im Frühjahr 479 v. Chr. überfiel und zerstörte Mardonios Athen abermals. Trotzdem lehnten die Athener das Angebot einer Allianz ab und

[2] Herodot, Historien, München 1988, Band II, S. 1161, übersetzt von Josef Feix.

[3] Ebd., S. 1161–1163.

töteten sogar eines der eigenen Ratsmitglieder, das gewagt hatte, vorzuschlagen, es in Betracht zu ziehen.

Die Schlachten von Platää und Mykale (479 v. Chr.)

Die athenische Ablehnung von Xerxes' Angebot einer Allianz machte eine andere Schlacht unvermeidlich. Diese letzte Schlacht wurde in Platää, an den Ausläufern des Berges Kithairon, geschlagen, wo das Terrain zu unwegsam für die persische Reiterei war. Unter Führung des Spartaners Pausanias, Leonidas' Enkel, trat ein großes griechisches Heer einem noch größeren persischen Heer entgegen. Jeder griechische Soldat schwor vor der Schlacht: „Ich werde bis zum Tode kämpfen und ich werde mein Leben nicht für wertvoller als die Freiheit erachten." Nachdem sie einem heftigen Angriff der persischen Bogenschützen standgehalten hatten, stürmten die Spartaner gegen das persische Zentrum an. Mardonios wurde getötet, zusammen mit 50000 seiner Soldaten. Die Perser flüchteten in Panik, fast alle wurden auf dem Rückzug aus Griechenland niedergemetzelt. Pausanias befahl sodann, die von den Persern zuvor bereitete üppige Mahlzeit den eigenen Leuten zu servieren und rief aus: „Bei den Göttern, was für gierige Typen diese Perser waren, mit solch einem Essen unserem Gerstenbrot hinterherzurennen!" Am selben Tag überfiel eine griechische Flotte von 110 Schiffen unter Leotychidas aus Sparta und Xanthippos aus Athen die Reste der persischen Flotte, die in Mykale, vor der Küste Kleinasiens, auf den Strand gesetzt waren. Die Griechen schlugen die persischen Marineinfanteristen zurück und setzten die Flotte in Brand.

Der griechische Dichter Simonides verfasste zwei der bedeutendsten Grabinschriften der Geschichte für diejenigen, die die griechische Freiheit verteidigend in Platää gestorben waren. Für die athenischen Toten schrieb er: „Geeilt um Griechenlands Freiheit zu sichern, liegen wir hier und genießen zeitlosen Ruhm." Und für die spartanischen: „Obwohl sie gestorben sind, sind sie nicht gestorben, da ihr Mut sie in Ruhm aus den Räumen des Hades erhebt."

Exil und Tod

Themistokles jedoch konnte den Ruhm seines Sieges nicht lange auskosten. 471 v. Chr. gelang es seinen Rivalen, ihn verbannen zu lassen. Themistokles beklagte sich, die Athener hätten ihn wie eine Platane behandelt: Solange es stürmisch war, rannten sie, um unter ihren Zweigen Schutz zu finden, sobald der Sturm sich aber gelegt hatte, rupften sie sogleich ihre Blätter aus und hackten ihre Äste ab. Bei anderer Gelegenheit verwendete er eine drastischere Analogie, um die Unbeständigkeit des athenischen Volkes ihm gegenüber auszudrücken: „Ich bewundere nicht solche Menschen, die denselben Behälter als Weinkrug und Nachttopf benutzen."

Themistokles lebte mehrere Jahre in Argos, bis er nach Athen zurückgerufen wurde, um vor Gericht zu erscheinen, unter der lächerlichen Anklage, mit Persien Verrat gegen Athen auszuhecken. Die Beschuldigung ging nicht nur auf die Rivalen des Themistokles in Athen zurück, sondern auch auf die Spartaner, die seine Anwesenheit in Argos, Spartas traditionellem Feind, beargwöhnt haben mögen. Die Spartaner übten Druck auf Athen aus, Themistokles zu zwingen, sich vor einem allgemeinen griechischen Kongress, der von den Spartanern beherrscht war, und nicht vor einem athenischen Gericht, zu verantworten.

Im Bewusstsein, dass er in einem solchen Gerichtsverfahren keine Chance hätte, setzte sich Themistokles nach Persien ab, ironischerweise den einzigen Zufluchtsort, der sicher war vor seinen griechischen Feinden. Der kluge Athener lernte die persische Sprache binnen eines Jahres und gewann großen Einfluss am Hof des Artaxerxes, des Sohnes des Xerxes, der nach der Ermordung seines Vaters 465 v. Chr. den Thron bestiegen hatte. Entzückt, den Athener, der Persien solch eine große Niederlage beigebracht hatte, unter seinem Schutz zu haben, schenkte Artaxerxes Themistokles drei Städte in Kleinasien, darunter Magnesia, wo Themistokles um 459 v. Chr. starb.

Das Vermächtnis des Themistokles

Ohne Frage war Themistokles anmaßend, skrupellos und habgierig. Nach dem Krieg versuchte er, sich zu bereichern, indem er die athenische Flotte als Drohmittel nutzte, um Geld von diversen anderen Poleis zu erpressen. Trotzdem steht außer Frage, dass Themistokles mehr als jeder andere zum griechischen Sieg in den Perserkriegen beitrug. Als sämtliche griechischen Befehlshaber sich nach dem Krieg trafen, um festzustellen, wer am meisten zum Sieg beigetragen hatte, nannte jeder Befehlshaber sich selbst an erster und Themistokles an zweiter Stelle.

Die Siege in den Perserkriegen gaben den Athenern ein starkes Gefühl von Stolz und Selbstvertrauen. In den Augen der Athener hatte ihre Stadt die ihr mit Recht gebührende Führung der griechischen Flotte aufgegeben, das verlockende Angebot einer persischen Allianz abgelehnt und zweimal die schreckliche Rache des Xerxes erlitten – alles der griechischen Freiheit wegen. Athens Demokratie hatte große Stürme überstanden und, indem sie ihren Bürgern viel abverlangte, große Menschen hervorgebracht. Dadurch, dass sie das Ergebnis der Perserkriege als Sieg der Demokratie über die Monarchie deuteten, begannen die Athener, ihr Regierungssystem als den Ursprung ihrer Stärke zu betrachten, und machten sich entschlossen daran, die Macht der Mehrheit noch weiter auszudehnen.

Der Sieg der winzigen griechischen Republiken über das vermeintlich unbesiegbare Perserreich spornte zahllose Republikaner durch die Jahrhunderte an – besonders die amerikanischen Revolutionäre über zwei Jahrtausende später, als sie ebenfalls einen scheinbar hoffnungslosen Kampf gegen das größte Reich ihrer Zeit aufnahmen. Die Gründerväter lasen mit Bewunderung Herodots „Historien" und Plutarchs Leben des Themistokles. Sie akzeptierten ohne Reserve Herodots Schlussfolgerungen mit Blick auf den Ursprung des griechischen Sieges über die Perser: „Freie Menschen kämpfen besser als Sklaven." Dieses Verständnis ließ die Gründerväter glauben, dass sie die Briten besiegen und die amerikanische Unabhängigkeit erlangen könnten, zu einer Zeit, als nur wenige vorurteilslose Beobachter diese Meinung teilten. Nachdem die Zwangsgesetze (Coercive Acts) 1774 verabschiedet wurden, verlieh John Adams einer allgemeinen Auffassung Ausdruck: „Die griechischen Gemeinwesen waren der heroischste Bund, der je existiert hatte. ... Die Zeit ihrer höchsten Blüte reichte von der Niederlage des Xerxes bis zum Aufstieg Alexanders. Wir wollen uns nicht versklaven lassen, mein lieber Freund, weder von Xerxes noch von Alexander." Als Thomas Jefferson Adams, dem Verfechter einer starken amerikanischen Marine, ein Kompliment machen wollte, verglich er ihn mit Themistokles, dessen Erfolg beim Aufbau einer athenischen Flotte Griechenland den Sieg in den Perserkriegen eingebracht hatte.

4 Perikles
Demokratischer Reformer

Unter der Führung des Perikles erreichte die athenische Demokratie ihren Höhepunkt. Athen wurde eine wirkliche Demokratie, in der normale Bürger ein beispielloses Maß an Macht beanspruchen konnten. Athen übernahm die Führung eines Bündnisses mit Mittelpunkt in der Ägäis, eines Reiches, das weitere Einfälle der Perser nach Griechenland verhinderte. Unter den Errungenschaften des perikleischen Athen finden sich Beispiele von Kunst und Architektur, die bis heute als Weltwunder gelten, die drei größten Tragödiendichter des antiken Griechenland, der berühmteste Philosoph der antiken Welt und die ersten Geschichtsschreiber. Der klassische Philologe C. E. Robinson schrieb einmal: „Athens Blütezeit dauerte weniger als achtzig Jahre, und die Zahl seiner erwachsenen männlichen Bürger überschritt kaum die Fünfzigtausend. Dennoch erlangte diese Handvoll Männer in einer breiteren Vielfalt von Bereichen mehr als jede Nation, groß oder klein, je in gleicher Zeitspanne erlangt hat.“ Das Athen des fünften Jahrhunderts markiert den Gipfel des archaischen Zeitalters Griechenlands und die Geburtsstunde der abendländischen Zivilisation.

Der Attische Seebund

Nachdem die Perser aus Griechenland vertrieben worden waren, hatte Sparta, eine Landmacht, weder den Antrieb noch die Möglichkeiten, Ionien zu befreien und die persische Bedrohung zur See zu beenden. Daher gründete 487 v. Chr. eine große Zahl von Poleis, die an die Ägäis grenzten, den Attischen Seebund mit Sitz auf der heiligen Insel Delos. Die Bundesgenossen kamen überein, eine Flotte mit 200 Schiffen zu unterhalten. Der Staatenbund wurde mit Beiträgen der Mitgliedspoleis und mit Geldern finanziert, die von Stadtstaaten beschlagnahmt wurden, die während des Krieges mit den Persern kollaboriert hatten. Von jeder Mitgliedspolis wurde, abhängig von ihrem Reichtum, gefordert, entweder eine bestimmte Zahl von bemannten Schiffen oder den Gegenwert in Geld beizusteuern. Da fast alle anderen Poleis die Geldzahlung vorzogen, lieferte Athen beinahe sämtliche Schiffe des Bündnisses.

Es war Aufgabe des athenischen Führers Aristeides, „des Gerechten“, den Reichtum jeder Polis zu schätzen und die jeweilige Steuer zu veranlagen. Aristeides war einer der Gründer des Attischen Seebunds. Keine seiner Steuerschätzungen wurde je angezweifelt. Viele Poleis mussten nur ein einziges Schiff stellen.

Legenden über die Tugenden des Aristeides wurden Teil des griechischen Sagenguts. Eine dieser Geschichten erzählt, dass ein Analphabet während der Abstimmung zu einem Scherbengericht den Staatsmann bat, den Namen „Aristeides“ für ihn auf seine Scherbe zu schreiben – ohne zu wissen, wen er vor sich hatte. Sehr überrascht fragte Aristeides den Mann: „Hat dieser Aristeides dir einmal Unrecht zugefügt?“ Der Mann antwortete, er kenne Aristeides überhaupt nicht, sei es aber satt, ständig das Lob von Aristeides, „dem Gerechten“, zu hören. Mit einem traurigen Kopfschütteln schrieb der ehrliche Aristeides den eigenen Namen auf die Scherbe des Mannes. (In der Tat wurde Aristeides im selben Jahr, 483 v. Chr., auf Betreiben seines Rivalen Themistokles, aus Athen verbannt. Später, als die Perser in Griechenland einfielen, wurde er jedoch zurückgerufen und zeichnete sich bei der Führung der Athener bei Plataä aus. Da er einer der führenden Widersacher von Themistokles' Plänen zum Aufbau einer Flotte war, schlug es Athen zum Vorteil aus, dass Aristeides 483 v. Chr. verbannt wurde. Tugend und Weisheit passen nicht immer zusammen.) Ein anderes Mal, als Aristeides gegen einen Gegner als Kläger vor Gericht auftrat und die Geschworenen den Angeklagten nicht hören wollten, sprang er auf und forderte, dass sie ihn anhörten. Als Aristeides indes einen Streit schlichtete, erinnerte ihn die eine Seite daran, dass die andere ihn einmal getadelt hatte. Aristeides antwortete: „Du brauchst mir das nicht zu erzählen. Erzähl besser, was er dir getan hat. Ich bin hier, deinen Fall zu verhandeln, nicht meinen.“ Vor der Schlacht von Marathon verzichtete Aristeides zugunsten von Miltiades auf die Führung des Heeres und überzeugte die anderen Generäle, dasselbe zu tun, da Miltiades der Fähigste sei. Als Aristeides nach der Schlacht beauftragt wurde, die Beute zu überwachen, nahm er für sich nichts davon. Trotz der unzähligen Gelegenheiten, Bestechungsgelder anzunehmen, die sein Posten als Steuerbeauftragter des Bundes ihm eröffnete, verließ Aristeides seinen Posten ärmer als er ihn übernommen hatte. In der Tat hinterließ er nicht einmal genug Geld, um die eigene Bestattung zu bezahlen, so dass der Staat dafür und für die Mitgift seiner Töchter einspringen musste.

Die Geschichte des Attischen Seebundes erreichte 465 v. Chr. einen Wendepunkt, als Thasos, eine Polis, die reich an Edelmetallen war, sich entschloß, den Bund zu verlassen. Obwohl Ionien befreit worden war und die persische Drohung sich erheblich reduziert hatte, betrachtete Athen Thasos' Abfall als Rebellion, die zu unterdrücken war. Die Athener erlegten der Polis wiederum die Bundessteuer auf, rissen ihre Stadtmauern nieder und beschlagnahmten eine Goldmine. Sodann drängte Athen einige ägäische Poleis, die noch nicht Mitglieder des Bundes waren, zum Eintreten, womit sich die Zahl der Mitgliedsstaaten auf ungefähr 140 erhöhte. Die Athener erklärten, dass Persien, müssten sie aus Geldmangel die Flotte reduzieren, erneut Griechenland bedrohen würde. Warum sollten nicht alle ägäischen Poleis, die ohnehin vom athenischen Schutz zur See profitierten, auch einen allseits als fair erachteten Preis dafür zahlen? Die Poleis, die es ablehnten, nutzten ihre Nachbarn aus.

Athen installierte demokratische Regierungen in den aufständischen Mitgliedspoleis und hielt sie am Leben. Die Athener erklärten, dass die den Bundesmitgliedern aufgedrängte Demokratie nur eine Maßnahme sei, um ihre künftige Loyalität gegenüber dem demokratischen Athen zu sichern und ihre Bürger vor machtgierigen Aristokraten zu schützen. (In der Tat errichteten etliche Poleis, die nicht zum Attischen Seebund gehörten, wie Argos und Syrakus, demokratische Systeme ohne den geringsten Druck Athens.) Den Athenern war es zu riskant, fremden Aristokraten zu erlauben, ihre Poleis weiterhin zu regieren, wenn sie sich einmal untreu gegenüber Athen gezeigt hatten. Sie verwiesen auf Sparta, das längst Oligarchien in den Poleis des Peloponnesischen Bundes eingerichtet hatte.

Als der Bund Ägypten 454 v. Chr. in einem misslungenen Aufstand gegen Persien zu Hilfe kam, verlegten die Athener die Seebundskasse von Delos nach Athen. Nach dem Verlust eines ganzen Heeres und zweier Flotten wollten sie sie so vor dem Zugriff einer auf Rache sinnenden persischen Flotte schützen. 445 v. Chr. verlangten die Athener, dass Streitigkeiten zwischen Bundesmitgliedern – auch diejenigen zwischen Athen und seinen Alliierten – vor attischen Gerichten zu schlichten seien. Die Athener erklärten, es sei besser, Unstimmigkeiten vor den relativ unparteiischen attischen Gerichten zu entscheiden, als durch innere Kämpfe, die den Bund zerstören müssten. Die meisten imperialen Mächte der Zeit hatten überhaupt keine Gerichte. Die Athener hielten den Spartanern vor, die meisten mächtigen Städte seien der Überzeugung, dass „wo Gewalt anzuwenden ist, Gerichte unnötig sind". Und tatsächlich betrafen die meisten Beschwerden der Bundesmitglieder nicht die Neutralität der attischen Gerichte. Stein des Anstoßes waren vielmehr die Unkosten, die Klägern entstanden, während sie in Athen auf gerichtliche Anhörungen warteten, eine Zwangslage, welche die gierigen Gastwirte der Stadt auszunutzen wussten. Zuletzt räumten die Athener jedem alliierten Bürger, der vor einem Todesurteil stand oder dem die Bürgerschaft der eigenen Polis entzogen worden war, das Recht ein, sich an attische Gerichte zu wenden. Einigen Bürgern von Mitgliedsstaaten, besonders Aristokraten, die wegen ihrer Entmachtung schon mit Athen haderten, lieferte dieses Handeln den klaren Beweis dafür, dass Athen eine tyrannische Macht und der Attische Seebund zu einem athenischen Imperium geworden war.

Die Athener gerierten sich tatsächlich als Imperialisten. Aristeides' Nachfolger erhöhten die Steuern der Bundesstaaten. Die Athener enteigneten das Land ihrer Bundesgenossen, um ihre eigenen Siedlungen zu errichten, die oft wenig mehr als Kasernen für die Überwachung eben dieser Bundesgenossen waren. Sie nutzten auch die Bundesflotte, um in Übersee eigene Kolonien zu gründen, und ihre Kontrolle über den Hellespont, um eine zehnprozentige Steuer auf Getreide zu erheben, das durch die Dardanellen exportiert wurde und nicht nach Athen gelangte. Sie verordneten den Gebrauch des attischen Münzfusses im gesamten Bund. Freilich entsprang diese Politik teilweise dem Wunsch, einen einheitlichen Silberstandard als Ersatz für das uneinheitliche Münzsystem der Alliierten einzuführen, mit seinen Abweichungen in Größe und Gewicht. Außerdem forderten sie von den Alliierten, dass jeder eine Kuh und eine vollständige Rüstung als Spenden zu den Panathenäischen Spielen der Stadt zu schicken hatte. Athen war das politische, militärische, ökonomische und kulturelle Zentrum der Ägäis geworden.

Kimon

Die mächtigsten politischen Führer in Athen waren die zehn Strategen, die einzigen gewählten Funktionäre. Einer der Strategen leitete normalerweise die prodemokratische, ein anderer die proaristokratische Fraktion. Da gewöhnliche Menschen in der Ekklesia, Athens gesetzgebender Körperschaft, wählen konnten, wuchs zuweilen dem Führer der prodemokratischen Fraktion eine solche Macht zu, dass er in der Lage war, seinen Rivalen mit Hilfe des Scherbengerichts zu verbannen. Die militärische Macht des Führers jedoch, und das galt auch für die anderen Strategen, war abhängig von seiner jährlichen Wahl, während seine politische Macht ausschließlich auf seiner Fähigkeit beruhte, Menschen zu überzeugen. Anders ausgedrückt: Die gesamte Macht des Führers war abhängig von der anhaltenden Unterstützung durch das Volk.

Kimon, ein Sohn des Miltiades, der sich bei Salamis ausgezeichnet hatte, folgte Themistokles als Führer Athens nach. Obwohl nicht besonders redegewandt, war Kimon mutig und gerecht und hegte eine Abneigung gegen Bestechungen. Es war Kimon, der die persische Bedrohung Griechenlands erheblich reduzierte, indem er 466 v. Chr. die Perser in einer Seeschlacht am Fluss Eurymedon, am Westufer Kleinasiens, besiegte und zweihundert ihrer Schiffe eroberte. Am selben Tag besiegte er das persische Landheer und befreite dadurch Teile Kleinasiens. Unter seiner Führung säuberte der Attische Seebund die Ägäis von Piraten. Er ordnete an, feste Mauern von der Stadt bis zum Piräus zu errichten, Athens bestem Hafen. Die Mauern sollten es Athen erlauben, Belagerungen zu widerstehen, da so die Stadt weiterhin Nahrungsmittel über See importieren könnte. Obwohl Kimon aus Sympathie für die Aristokratie dazu neigte, freundliche Beziehungen zu den Spartanern zu pflegen, und sogar seinen Söhnen spartanische Namen gab, blieben die Spartaner dem neu gegründeten Attischen Seebund gegenüber zutiefst mißtrauisch. (Schon 479 v. Chr. hatte ein besorgtes Sparta vorgeschlagen, dass alle Poleis außerhalb der Peloponnes ihre Stadtmauern schleifen und sich stattdessen auf die spartanische Armee verlassen sollten, weil die Mauern im Fall einer weiteren Invasion den Persern nützlich sein könnten. Die meisten Poleis hatten einfach den Vorschlag ignoriert. Themistokles aber hatte die Arbeit am Wiederaufbau der athenischen Mauern stillschweigend beschleunigt, Sparta vor vollendete Tatsachen gestellt und gemahnt, von nun an Athen als fähig zu betrachten, sich selbst zu verteidigen.)

Zwar war Kimon eine Zeit lang dadurch populär, dass er sein eigenes Geld, Nahrung und Kleidung unter den Armen verteilte, doch 461 v. Chr. trugen ihm seine aristokratischen Tendenzen und prospartanische Politik die Verbannung ein. Die spartanischen Heloten hatten, mit Unterstützung einiger Perioiken, ein verheerendes Erdbeben dazu genutzt, sich zu erheben. Daher hatte ein verlegenes Sparta um Athens Hilfe nachgesucht, um den Aufstand zu unterdrücken. Kimon hatte gefragt: „Wollt ihr Griechenland gelähmt sehen und Athen ohne seinen Partner?“ So war es ihm gelungen, die widerstrebenden Athener davon zu überzeugen, 4000 Soldaten nach Sparta zu entsenden. Die Spartaner waren jedoch vom demokratischen Geist der athenischen Soldaten alarmiert und in Sorge, dass diese auf die Seite der Heloten überlaufen könnten. Deshalb hatten sie ihre Meinung über die athenische Hilfe geändert und den Athenern mitgeteilt, ihre Dienste seien nicht mehr erforderlich. Sie schickten die Athener kurzerhand nach Hause, worauf die Athener Kimon die Schuld an dieser Demütigung gaben, da sie schon am Anfang den Spartanern nicht hatten helfen wollen.

Nach zehn Jahren Exil kehrte Kimon nach Athen zurück und fiel im Kampf gegen die Perser auf Zypern. Später machte Plutarch Kimon das zweideutige Kompliment, seine Leistungen seien außergewöhnlich eindrucksvoll, wenn man bedenkt, dass er außergewöhnlich faul und die meiste Zeit besoffen war.

Demokratische Reformen

Ephialtes

Ephialtes, Kimons Nachfolger, hatte die Athener kaum ein Jahr lang geführt, als ein von athenischen Aristokraten angeheuerter boiotischer Mörder ihn tötete. In seiner Amtszeit überzeugte Ephialtes die Ekklesia, die gesamte Gerichtsbarkeit vom aristokratischen Areopag auf die demokratische Heliaia zu übertragen, mit Ausnahme der traditionellen Befugnis des Areopags, Mordfälle zu verhandeln. Ursprünglich von Solon gegründet, aber mit wenig Macht versehen, war die Heliaia ein Gremium aus 6000 Geschworenen, das jährlich per Los unter den Bürgern über dreißig bestimmt wurde. Zwischen 101 und 2501 Geschworene (üblicherweise 501) wurden im Losverfahren aus den 6000 ausgewählt, um die einzelnen Jurys zu bilden. Wegen der Größe der Jurys war ein Mehrheitsvotum, in geheimer Abstimmung, ausreichend für eine Entscheidung. Ein Vorsitzender leitete das Gerichtsverfahren. Es gab keine Anwälte. Der Angeklagte musste seinen eigenen Fall darlegen, obwohl er einen Redenschreiber beauftragen durfte, ihm zu helfen. Wer immer die Anklage vorbrachte, fungierte als Ankläger. Jede Seite erörterte den eigenen Fall in sechs Minuten oder auch in einem Vielfachen von sechs Minuten. Die Zeit maß man mit Wasser, das aus einem eigens dafür bestimmten Gefäß tropfte. Wenn eine Geschworenenversammlung den Angeklagten eines Verbrechens für schuldig befand, für das es keine bestimmte Strafe gab, hatten die Geschworenen zwischen den von dem Angeklagten und dem Ankläger vorgeschlagenen Strafen zu entscheiden. Wenn ein Kläger einen so fragwürdigen Fall vorbrachte, dass er nicht einmal ein Sechstel der Geschworenenstimmen gewinnen konnte, wurde er bestraft. (Ähnlich der „Englischen Regel" im modernen Großbritannien, nach der ein Kläger, der einen Zivilprozess verliert, die Gerichtskosten des Beklagten bezahlen muss, bezweckte dieses Verfahren, leichtfertige Prozesse zu verhindern.) Bezeichnenderweise ließ Ephialtes die Ekklesia eine weitere Maßnahme ratifizieren, welche die Bezahlung der Geschworenen vorsah, und dadurch den Armen ermöglichte, als Geschworene zu dienen.

Perikles

Perikles, Sohn des Xanthippos (des Helden von Mykale) und Protegé des Ephialtes, führte Athen von 454, als er um die sechsunddreißig war, bis zu seinem Tod 429 v. Chr. Perikles zwang alle ausscheidenden Mitglieder des Rates der 500, der Versammlung einen offiziellen Rechenschaftsbericht vorzulegen. Solange der nicht vorlag, durfte das Ratsmitglied weder Athen verlassen noch Besitz verkaufen. Unter Perikles nutzte die Polis „überschüssige Gelder" aus dem Attischen Seebund, um Mitglieder des Rats der 500 eine Drachme pro Tag zu zahlen, wodurch auch die Armen an Ratssitzungen teilnehmen konnten. Er nutzte Bundesgelder auch, um die Tempel der Akropolis wieder aufzubauen und sie mit einigen der großartigsten Werke auszustatten, die Kunst je geschaffen hat. Diese öffentlichen Bauvorhaben schufen Arbeitsplätze, besonders für die im Frieden in Arbeitslosigkeit geratenen Ruderer, und sie lieferten ihren Beitrag zu

Athens Schönheit und Ruhm. Ein Kritiker, der später vom Volk verbannt wurde, stellte in Frage, ob die Nutzung von Bundesgeldern zu solchen Zwecken statthaft sei, und fügte hinzu, Perikles schmücke Athen „wie eine eitle Frau, mit edlen Steinen, Statuen und 1000-Talente-Tempeln". Perikles erwiderte, da Athen seine Tempel im Krieg gegen dieselben Perser verloren habe, gegen die der Bund gerichtet sei, sei es auch angemessen, dass der Bund Athen für seine Verluste entschädige. Er nahm der Kritik den Wind aus den Segeln, indem er anbot, eigenes Geld für einige der Bauvorhaben aufzuwenden, wenn die Menschen seine öffentlichen Ausgaben als übertrieben erachteten. Das Volk lehnte sein Angebot ab. Perikles schuf prestigereiche Ämter (die *Litourgiai*) für die Reichen, die von ihren Inhabern verlangten, für Schiffe, Schauspiele, Statuen und andere öffentliche Dienste zu zahlen, die dann mit ihrem Namen verbunden sein würden. Auf dieser Weise ließ Perikles die Reichen miteinander um die Ehre wetteifern, Athen zu stärken, zu bilden und schön zu machen.

Perikles fühlte sich stets in seinem Element, ganz gleich, ob es darum ging, Feinheiten der Poesie zu diskutieren oder in die Schlacht zu stürmen. Als Mann von unerschütterlicher Würde ignorierte Perikles einmal den ganzen Tag lang den Spott eines Querulanten, während er seinen Geschäften auf der Agora nachging. Der Querulant folgte ihm sogar gegen Abend, noch immer schimpfend, bis nach Hause. Inzwischen war es dunkel geworden, und so schickte Perikles einen Diener mit einer Fackel, um den Mann nach Hause zu geleiten. Perikles ging niemals zu Einladungen, weil er seine ganzen Energien für Staatsangelegenheiten aufsparte. Er war sehr sparsam, zum Leidwesen seiner Schwiegertöchter. Perikles war auch ein großer Redner. Spottzeichnungen stellten ihn so dar, dass seine Zunge einen Donnerkeil schwang, und ein politischer Rivale, der Gefallen am Ringen fand, münzte auf Perikles' Wortgewandtheit den Ausspruch: „Jedesmal, wenn ich ihn beim Ringen niederwerfe, schlägt er mich, indem er erwidert, dass er niemals unten lag, und er kann es sogar den Zuschauern einreden." Perikles sprach jedoch nur über wichtige Dinge und ließ seine Freunde über kleinere Angelegenheiten zur Wort kommen, damit die Menschen seiner nicht überdrüssig wurden.

Ungeachtet seiner Leistungen verfolgte Perikles eine harte Linie Sparta gegenüber, die sich schließlich als fatal für Athen erwies. Athenische und spartanische Streitkräfte lieferten sich zwischen 460 und 446 v.Chr., zusammen mit einigen ihrer Alliierten, eine Reihe von Scharmützeln in Boiotien, ein Konflikt, der von einigen Historikern als der „Erste Peloponnesische Krieg" bezeichnet wird.

Perikles war im Notfall jederzeit bereit, zu Bestechung als Mittel der Politik zu greifen, wenn es im Interesse Athens lag. 446 v.Chr. zog sich ein riesiges spartanisches Heer, das soeben im Begriff stand, Athen anzugreifen, einfach zurück. Im selben Jahr, als Perikles seine Revision der Ratsversammlung vorlegte, gab es einen Punkt seines Rechenschaftsberichts, über den er nicht sprechen wollte: zehn Talente „für notwendige Zwecke". Da jeder wusste, was zuvor passiert war, und da jeder wusste, dass Perikles nie Geld unterschlagen würde (er kümmerte sich so wenig um Reichtum, dass er seinen eigenen Besitz bis zum Ruin vernachlässigte), hakte keiner nach. Die wütenden Spartaner richteten den königlichen Ratgeber hin, den Perikles bestochen hatte, um König Pleistoanax zum Rückzug zu veranlassen, und erlegten dem König eine so hohe Geldstrafe auf, dass er sich gezwungen sah, aus Sparta zu fliehen. Der Ausdruck „für notwendige Zwecke" war auch noch eine Generation später auf Athens humoristischer Bühne gut für Gelächter.

War Athen eine Demokratie?

Einige moderne Kritiker haben Athens Anspruch auf das Prädikat „erste große Demokratie" in Zweifel gezogen. Die Athener verliehen das Bürgerrecht höchstens an 50000 erwachsene Männer, bei einer Gesamtbevölkerung von ungefähr 250000, und schlossen damit Frauen, Kinder, *Metoiken* („diejenigen, die mit uns leben" – in Athen wohnhafte Ausländer) und Sklaven vom Bürgerrecht aus.

Keine Gesellschaft verleiht jedoch Kindern oder wohnhaften Ausländern politische Rechte. Freilich wurde es im Grunde nach 451 v. Chr. für die Metoiken unmöglich, athenische Bürger zu werden, als die Ekklesia Perikles' Gesetz verabschiedete, nach dem die athenische Abstammung von Mutter wie Vater Voraussetzung für das Bürgerrecht war, ein Schritt, den vielleicht ein starker Zustrom von Metoiken provozierte. Solche Beschränkungen waren jedoch typisch für die alten Griechen, die ihre Poleis als erweiterte Familie betrachteten. Bemerkenswerter ist die beispiellose Lockerheit der athenischen Einbürgerungsgesetze von Solons Zeit (594 v. Chr.) bis 451 v. Chr. Zwar durfte ein Metoike auch damals nicht Land besitzen, vor Gericht sprechen oder einen Bürger heiraten, wenn man aber durch die Straßen Athens ging und an einer florierenden Schild- oder Lederfabrik vorüberkam, hatte man keine Möglichkeit zu entscheiden, ob der Besitzer nun Bürger oder Metoike war. Wohlhabend und Athen gegenüber loyal, pflegten Metoiken ungehindert Umgang mit athenischen Bürgern. Beim Ausbruch des Peloponnesischen Krieges 431 v. Chr. umfasste Athens Bevölkerung 30000 Metoiken, von denen die meisten im Handel des Hafens Piräus tätig waren.

Gleichzeitig verfügte Athen über ungefähr 120000 Sklaven. Jede antike Gesellschaft hielt Sklaven. Die meisten von ihnen waren Kriegsgefangene, die entweder unmittelbar auf Feldzügen oder über Sklavenhändler vermittelt erworben waren. Kleinbauern, die ein paar Sklaven hatten, arbeiteten mit ihnen zusammen. Fast alle Herren wohnten mit den Sklaven unter einem Dach. Reiche Athener beschäftigten oft ihre Sklaven als Hausdiener oder vermieteten sie an andere Menschen oder die Polis. Auch besaß die Polis selbst einige Sklaven, die als Straßenbauer, Münzarbeiter, Sekretäre, Henker, Boten und sogar Polizisten beschäftigt waren. Skythische Sklaven dienten als Polizisten, um zu verhindern, dass athenische Bürger gewaltsam Hand an jemanden legten. Wenn die Zeit für die Zusammenkünfte der Volksversammlung gekommen war, gingen die Polizisten heraus auf die Agora und trieben die Bürger gleich einer Herde zur Versammlung: Sie liefen ihnen mit ausgespannten, in rote Farbe getauchten Seilen hinterher. Einige Sklaven erlernten und praktizierten einen Beruf, kauften sich mit dem Gewinn (sie bekamen ein Sechstel ihres Verdienstes) frei und bauten sich eine eigene Existenz auf; manche, die Händlern gehört hatten, führten Faktoreien ihrer Herren im Ausland. Tatsächlich war es manchmal unmöglich, einen Sklaven von seinem Herrn zu unterscheiden. Wie der athenische Redner Demosthenes einmal bemerkte: „Man sieht viele Sklaven in Athen, die ihre Meinung freier äußern, als es Bürgern in anderen Städten zusteht." Im Gegensatz zum verbreiteten Mythos war die Freizeit, die Athener und andere Griechen nutzten, um Philosophie, Naturwissenschaft, Kunst und Literatur zu revolutionieren, nicht hauptsächlich Produkt der Sklaverei, sondern eines sparsamen Lebensstils. Am härtesten traf es die Minensklaven, die den größten Teil ihres Lebens hunderte Meter unter der Erdoberfläche verbrachten. Viele Sklaven schickte man als Strafe für ein Vergehen in die Minen.

Obwohl es weder in Athen noch sonstwo in der antiken Welt jemals eine ernsthafte Bewegung zur Sklavenbefreiung gab, kritisierten einige Athener des 5. und 4. Jahrhunderts die Sklaverei an sich. Euripides verwies auf die Sklaverei als „jene üble Sache, übel schon in ihrem Wesen, einen Menschen zur Unterwerfung unter etwas zu zwingen, was kein Mensch erlauben sollte". Platon schrieb: „Ein Sklave ist ein peinliches Besitztum." Die Stoiker verurteilten die Sklaverei als unerträgliche Verletzung des Naturrechts.

Tatsächlich war auch der Status der Frauen in der athenischen Gesellschaft, wie in den meisten anderen griechischen Gesellschaften, nicht beneidenswert. Nur wenige waren gebildet, da ihre einzigen Aufgaben das Kindergebären und der Haushalt waren. Der Brauch zwang Frauen, in ihren eigenen Räumen im rückwärtigen Teil des Hauses zu bleiben, wenn ihre Ehemänner Gäste hatten. Aus Not arbeiteten athenische Frauen aus den Unterschichten als Spinnerinnen, Weberinnen und Verkäuferinnen, Frauen aus den höheren Schichten durften jedoch nicht außerhalb des

Hauses arbeiten. Frauen konnten Schauspiele besuchen, saßen aber separat in den hinteren Reihen. Athenische Frauen hatten wenige Rechte. Sie durften nur Kleider, Schmuck und Sklaven besitzen. Sie durften keine Geschäfte tätigen, die mehr als geringe Geldmengen betrafen. Reichere Männer hielten sich normalerweise eine gebildete, im Ausland geborene Mätresse, *Hetaira* (Gefährtin) genannt. Die Hetairen führten manchmal ihre eigenen Geschäfte und bewegten sich in der Stadt oft freier als die weltabgeschiedenen Ehefrauen, Schwestern und Töchter vieler Bürger, die das Haus nur während Feierlichkeiten oder zu anderen besonderen Anlässen verlassen durften. Im *Tereus* des Sophokles sagt Prokne, während sie sich aus Rache dafür, dass ihr Mann ihre Schwester verführt hatte, anschickt, ihren eigenen Sohn zu töten: „Wir [Frauen] sind nichts. Sobald wir die Pubertät und Vernunft erreichen, werden wir vor die Tür gesetzt. […] Manche gehen zu Häusern von Fremden, andere zu denen von Ausländern, manche zu freudlosen, manche zu feindlichen Häusern. Und sobald die Hochzeitsnacht uns mit unseren Ehemännern verbunden hat, müssen wir gute Miene zum bösen Spiel machen."

Es wäre trotzdem falsch anzunehmen, dass alle athenischen Frauen gefügig gewesen wären. Sokrates' Frau Xanthippe war berüchtigt für ihre Schroffheit gegenüber dem eigenen Mann – und Recht hatte sie, weil seine philosophischen Dialoge kein Geld erbrachten, um die Familie zu ernähren. Xanthippe fiel Sokrates sogar auf der Agora an und riss ihm den Mantel vom Leibe. Als seine Freunde ihm empfahlen zurückzuschlagen, schluckte er nicht den Köder, sondern antwortete: „Oh ja, bei Zeus, damit wir uns in den Haaren liegen und ihr euren Beifall mit ‚Bravo, Sokrates!' und ‚Toller Schlag, Xanthippe!' bekundet." Als Xanthippe Sokrates schalt und mit Wasser übergoss, bemerkte er: „Habe ich nicht gesagt, dass Xanthippes Donner mit Regen enden würde?" Als einer ihrer drei Söhne sich beim Vater bestürzt über das Gekeife seiner Mutter beklagte, bat Sokrates den jungen Mann, Geduld mit seiner Mutter zu haben, und erinnerte ihn an die schwere Zeit und die Mühe, die Xanthippe seinetwegen habe erduldet müssen, als er ein Baby war. Sokrates berichtete über das Schimpfen seiner Frau: „Ich habe mich daran gewöhnt, wie an das dauernde Klappern einer Winde." Als man ihn fragte, warum in der Welt er sie geheiratet habe, antwortete er, eines seiner Hauptziele im Leben sei es, mit Menschen gut auszukommen, und er dachte, wenn er mit ihr klarkäme, würde er es mit jedem anderen Menschen auch tun. Trotz dieser gutmütigen Scherze wird ihre Ehe kaum lieblos gewesen sein. Xanthippe weinte ausgiebig bei Sokrates' Hinrichtung.

Der Legende nach spielte Perikles' Mätresse Aspasia eine wichtige Rolle bei seinen öffentlichen Entscheidungen. Perikles hatte sich, unter beiderseitiger Zustimmung, von seiner Frau Jahre zuvor scheiden lassen, als er 445 v. Chr. Aspasia zur Mätresse nahm. Er war um die fünfundvierzig, und Aspasia fünfundzwanzig. Plutarch behauptete später, Aspasia sei verantwortlich gewesen für eine Entscheidung der Athener, ihrer Heimatpolis Milet gegen deren traditionellen Feind Samos beizustehen. Politisch gewandt, war Aspasia einst so etwas wie eine Diplomatin für den Perserkönig gewesen. Sokrates und andere athenische Philosophen besuchten sie oft, und sie schulte viele künftige Politiker in der öffentlichen Rede. Sokrates nannte Aspasia „die bewunderswerte Meisterin, die ich in der Redekunst habe – sie, die so viele gute Redner hervorgebracht hat, von denen einer der beste unter allen Griechen war – Perikles". Als Perikles' Feinde sie 430 v. Chr. wegen Gottlosigkeit vor Gericht zogen (das wirkliche Ziel des Verfahrens war politisch), musste Perikles in Tränen ausbrechen und energisch für sie plädieren, bis die Geschworenen für Freispruch stimmten, stets zufrieden, wenn sie ihre Führer in die Schranken verwiesen sahen.

Immerhin gewährte die amerikanische Verfassung Frauen das Wahlrecht erst 1920, und bis in die sechziger Jahre gelangten sie nicht einmal in die Nähe sozialer Gleichheit. In der Tat hebt die moderne kritische Beurteilung Athens als „undemokratisch" die Zweideutigkeit des Worts „Demokratie" hervor. Wenn Demokratie die politische Beteiligung aller Erwachsenen bedeutet, wie indirekt auch immer, dann ist Demokratie eine Erfindung des 20. Jahrhunderts. Wenn sie indes die direkte politische Teilhabe aller Bürger bedeutet, wie eng auch immer der Bürgerstatus definiert wird, dann war Demokratie ausschließlich eine Erscheinung der Antike, da jede moderne Demokratie repräsentativ ist und nicht unmittelbar.

Was immer, von der subjektiven Warte des modernen Wertekanons betrachtet, ihre Fehler waren, der direkte Charakter der athenischen Demokratie verhinderte doch die Entstehung einer ineffizienten, arroganten Bürokratie und brachte Bürger hervor, die vorzügliche Soldaten, Matrosen, Gesetzgeber, Administratoren und Richter waren. Athen verlangte so viel Talent von seinen Bürgern und gab ihnen so viel Freiheit, um ihrem Talent Ausdruck zu geben, dass die Stadt eine unerhörte Menge an Genies produzierte. Ein Athener empfand den Dienst an der Gemeinschaft ebenso als persönliche Aufgabe wie als Verpflichtung der Polis gegenüber.

Athenische Kunst und Architektur zur Zeit des Perikles

Perikles beauftragte Pheidias, die Aufsicht über das gigantische Projekt des Wiederaufbaus der von den Persern zerstörten Akropolis-Heiligtümer zu führen und gewährte ihm das enorme Budget von 5000 Talenten. Die Geschwindigkeit, mit der die Akropolis umgestaltet wurde – die ganze

Arbeit wurde innerhalb eines Jahrzehnts annähernd zum Abschluss gebracht –, war erstaunlich, wenn man bedenkt, welch geniale Leistung sie verkörpert. Viele Beobachter hatten erwartet, bis zur Fertigstellung des Projektes würden Generationen vergehen. Selbst Plutarch, der der athenischen Demokratie oft kritisch gegenüberstand, staunte später über die Anmut, Schönheit und Dauerhaftigkeit der Tempel. Er bemerkte, „sie wurden in so kurzer Zeit errichtet und doch für alle Zeiten" und strahlten „eine jugendliche Kraft aus, die sie bis heute noch so erscheinen lässt, als ob sie gerade erst gebaut wären". „Heute" war über fünf Jahrhunderte später.

Der berühmteste und eindrucksvollste der Tempel war der von Iktinos entworfene und vom Baumeister Kallikrates errichtete Parthenon, ein Tempel, der der Athena Parthenos (Athena die Jungfrau) geweiht und zwischen 447 und 432 v. Chr. errichtet worden war. Als größter dorischer Tempel in Griechenland misst das Gebäude 70 Meter Länge und 30 Meter Breite. Ein Photograph kann die Schönheit des Parthenon nicht einfangen. Er besitzt eine Großartigkeit, die über seine physische Größe hinausragt. Iktinos berechnete Stellung, Höhe und Krümmung der Marmorsäulen mit bemerkenswerter Genauigkeit. Er bezog zahlreiche unterschwellige Merkmale in die Struktur ein, die für ein Großteil seiner Wirkung auf das menschliche Fühlen verantwortlich sind. In der Erkenntnis, dass ein vollkommen symmetrisches Gebäude aus der Entfernung asymmetrisch wirkt, gaukelte er perfekte Symmetrie vor, indem er die Fassade der Gebäude um ein knappes Grad nach innen neigte (um ca. fünf Zentimeter) und den Durchmesser der Ecksäulen um ca. fünf Zentimeter vergrößerte. Er neigte auch das Podium des Tempels vom Zentrum zu den Ecken hin um mehr als zehn Zentimeter. Er plazierte acht Säulen an der Vorder- und Hinterfront, statt der üblichen sechs, und siebzehn Säulen an jeder Seite. Für den inneren Säulengang verwendete er ionische Säulen und verlieh so der massiven Pracht des dorischen Tempels eine elegante Note.

Das Hauptstück des Parthenon war Pheidias' 12 Meter hohes Kultbild der Athena, die mit Speer und Schild bewaffnet war und den Helm sowie ihren Zaubermantel aus Ziegenleder trug. Gesicht und Hände der Athena schuf er aus Elfenbein, während die Gewänder aus Gold gefertigt waren, das über eine Tonne wog. Die gesamten Kosten der Statue beliefen sich auf 750 Talente und entsprachen somit dem jährlichen Einkommen von 12750 Arbeitern. Trat man in den dunklen Tempel ein, so sah man zunächst nichts. Mit der Gewöhnung an die Dunkelheit fand man sich im Angesicht der gewaltigen Athena wieder, deren Bildnis sich in einem seichten Teich vor ihren Füßen spiegelte. Der Teich trug auch dazu bei, das Elfenbein durch höhere Luftfeuchtigkeit zu schützen. Leider wurde die Statue während eines Feuers im 5. Jahrhundert n. Chr. zerstört.

Der Parthenon wurde außerdem mit 92 außen angebrachten Metopen, diversen Giebelfigurengruppen und einem langen, inneren Fries versehen – insgesamt das größte Corpus erstklassiger Skulptur, das ein griechischer Tempel uns je hinterlassen hat. Ein kleines Heer von Bildhauern aus unterschiedlichen Teilen Griechenlands stürzte sich auf die Akropolis und bewegte sich unter der Aufsicht des Pheidias von einem Bauvorhaben zum anderen. Die Künstler beobachteten sich bei der Arbeit gegenseitig, tauschten Gedanken aus und wetteiferten miteinander um Ruhm. Die künstlerische Atmosphäre muss ähnlich der im Florenz der Renaissance gewesen sein. In nur wenigen Jahren setzten diese Bildhauer die Maßstäbe, nach denen die abendländische Kunst – florentinische Kunst der Renaissance eingeschlossen – auf Jahrhunderte beurteilt werden sollte.

Von vielen unterschiedlichen Künstlern von 442 bis 438 v. Chr. gemeißelt, zeigten die Metopen Schlachtszenen zwischen Göttern und Giganten sowie zwischen Griechen und Amazonen. Ein schöner Metope stellte eine trauernde Athena dar, mit ihrem Helm und dem dicken Wollkleid einer athenischen Adligen, schwer gestützt auf ihren Speer, den Kopf lesend über eine Verlustliste gebeugt, die unter ihr auf eine Stele gemeißelt war. Das gemeinsame Thema der Metopen war der Sieg der Zivilisation über die Barbarei, der Vernunft über die Irrationalität. Es war kein leichter Sieg; in manchen der Reliefs stehen die Heroen im Begriff zu verlieren.

Die Giebelfigurengruppen waren gleichermaßen eindrucksvoll. Die westliche Gruppe stellte die Schlacht zwischen Athena und Poseidon um die Herrschaft über Athen dar, die östliche Athenas Geburt aus dem Haupt des Zeus, das die Axt des Hephaistos gespalten hatte, um sie zu befreien.

Ein Endlosfries umlief die Wand innerhalb der Kolonnade. Der Fries war ein ein Meter hoher und 160 Meter langer Streifen und stellte den Panathenaien-Festzug dar. Der Festzug beginnt am West- oder Hintertor, führt um die Seiten herum und erreicht den Höhepunkt über dem Osttor, wo Priester, Älteste und die Götterfamilie – vom alten Zeus bis hin zum kleinen Eros (Cupido), geschützt unter dem Schirm seiner Mutter Aphrodite – auf die Kultgemeinde warten. Die Geschwindigkeit und Kraft der Pferde wird der olympischen Ruhe ihrer Reiter gegenübergestellt. Jede Figur ist für sich genommen interessant, doch ist jede ins Ganze eingebunden in der glorreichen Kombination des Einmaligen und des Universalen, die das Wesen jeder großen Kunst ausmacht.

Der Parthenon war Athenas Tempel neun Jahrhunderte lang, eine christliche Kirche zehn und eine Moschee fast vier Jahrhunderte lang. Nun ist er seit gut einem Jahrhundert eine Touristenattraktion. Er war bis 1687 in recht gutem Zustand. Damals wurde er durch die venezianische Artillerie schwer beschädigt, die ein Schießpulvermagazin beschoss, das die Türken in der Überzeugung, dass niemand es wagen würde, auf den Parthenon zu schießen, im Tempel untergebracht hatten. 1800 sicherte sich Lord Elgin, der britische Botschafter in der Türkei, die damals Griechenland beherrschte, von den Türken die Erlaubnis, einige Skulpturen aus den Giebeln und einige Reliefs des Parthenon nach London zu bringen, ins British Museum, wo sie noch heute untergebracht sind. Dies war zweifellos ein imperialistischer Akt, rettete jedoch die Reliefs vor den Stürmen der Zeit und vor der Luftverschmutzung, die das meiste entstellte, was auf der Akropolis in Athen noch übrig geblieben war.

Dem Parthenon gegenüber stand das Erechtheion, ein Athena, Poseidon und dem mythischen König Erechtheus geweihter Tempel, errichtet zwischen 421 und 405 v. Chr. Waren die östliche und nördliche Seite mit ionischen Säulenhallen versehen, so zeichnete sich die südliche Seite durch die berühmte Koren-Halle aus. Die Säulen dieser überdachten Vorhalle waren sechs Mädchenstatuen (die *Karyatiden*), die diesen Teil des Tempels auf ihren Köpfen zu tragen schienen. Außer einem von Apoll gepflanzten Olivenbaum und einem von Poseidon geschaffenen Salzwasserbrunnen beherbergte der Tempel eine vergoldete Statue der Athena aus Olivenholz. Diese hatten die Athener ausgegraben und glaubten von ihr, sie sei vom Himmel herabgefallen. (In Wirklichkeit war die Statue von anderen Athenern Jahrhunderte zuvor gefertigt worden. Athener des 5. Jahrhunderts wussten nicht, dass ihre Vorfahren Holz geschnitzt hatten.) Jedes Jahr während des Panathenäen-Festes brachte das Volk der morschen Statue ein neues Gewand dar, gewebt und gestickt von den Mädchen und Frauen Athens in fast neunmonatiger Arbeit. Alle vier Jahre gab es ein größeres Panathenäen-Fest, in dem für Athena ein viel größeres Gewand von professionellen männlichen Webern hergestellt wurde, die einen Wettbewerb gewonnen hatten.

Ein anderer Tempel auf der Akropolis war der Tempel der Athena Nike (Siegesgöttin Athena), errichtet in den 420er Jahren. Der elegante, wohlproportionierte Kleinbau beherbergte geflügelte weibliche Figuren in hautengen, vom Winde verwehten Gewändern, die den Sieg im Kampf symbolisierten.

Zunächst angeklagt, Gold unterschlagen zu haben (eine bald widerlegte falsche Anschuldigung), und dann, sich selbst und Perikles unter den Kämpfern auf dem Schild seines gigantischen Athena-Kultbildes abgebildet zu haben, verließ Pheidias Athen und ging nach Olympia. Dort schuf er ein berühmtes Monumentalbild des Zeus, ebenfalls aus Elfenbein und Gold. Das Kultbild war so riesig, dass die Griechen behaupteten, Zeus müsse notgedrungen sitzen, sonst würde er beim Aufstehen das Dach des gigantischen Tempels, in dem er untergebracht war, sprengen. Eines der sieben Weltwunder der antiken Welt, die majestätische Statue, stellte den größten aller Götter mit einem so erhabenen und zugleich liebenswürdigen Ausdruck dar, dass man behauptete, die Statue könne die tiefsten Sorgen heilen. (Die Figur diente später als Modell für eine Monumentalstatue George Washingtons. Viele Beobachter fanden den riesigen, in antike Gewänder gehüllten Washington zum Lachen. Ein Anhänger Washingtons protestierte, der General sei zu vorsichtig mit seiner Gesundheit umgegangen, um halbnackt herumzulaufen. Ein Spaßvogel stieg auf die riesige Statue hinauf und steckte Washington eine „Plantagenzigarre" in den Mund.)

Der Zwang, der den griechischen Architekten und Bildhauern auferlegt wurde, da es nur drei Säulentypen und einen begrenzten Raum für die Metopen gab, steht entgegen dem menschlichen Streben nach Erhabenheit, allen Beschränkungen und der Kürze des Lebens zum Trotz. Die Grundelemente griechischer Kultur, die Betonung von Zurückhaltung, Würde und Symmetrie, sind allesamt gegenwärtig in der athenischen Kunst des 5. Jahrhunderts.

Drama zur Zeit des Perikles

Die Athener entwickelten das Drama, den Ursprung vieler moderner Formen der Unterhaltung, aus den religiösen Zeremonien des Dionysoskultes. In diesen Zeremonien sang und tanzte ein Männerchor. Obwohl das attische Drama sich schließlich über die wenigen Dionysosgeschichten hinaus entwickelte, wurde auch in späteren Zeiten eine Statue des Dionysos auf dem Festzug von einem Tempel außerhalb der Stadt bis zum Theater getragen, damit er die Vorführungen zu seinen Ehren sehen konnte.

Um 534 v. Chr. führte Thespis einen Sprecher ein, der mit dem Chor in Wechselrede trat – der Anfang des dramatischen Dialogs (daher die Begriffe „Thespisjünger" und „Thespiskarren"). Indem er unterschiedliche Masken trug, konnte der Sprecher jedesmal unterschiedliche Charaktere spielen, wenn er die Bühne betrat. In einem großen Theater mit ausschließlich natürlichem Licht waren Masken besser sichtbar als das Gesicht des Schauspielers, und sie wirkten überdies wie ein Megaphon und verstärkten die Stimme des Schauspielers. Leider wirkten Masken emotionaler Expressivität entgegen, da der Schauspieler die ganze Szene hindurch denselben Gesichtsausdruck tragen musste. Dementsprechend mussten die Charaktere oft Gefühle beschreiben, die sich sonst über die Mimik hätten ausdrücken lassen.

Nicht jeder Athener war ein Drama-Liebhaber. Ein Politiker hatte angeblich prophezeit: „Wenn wir uns erlauben, solche Heuchelei zu preisen und ehren, werden wir sie demnächst in unsere ernsten Angelegenheiten kriechen sehen."

Das 5. Jahrhundert v. Chr. sah die Perfektion beider Typen des Dramas, der Tragödie und der Komödie, die zusammen am neuen Theater des Dionysos unterhalb der Akropolis inszeniert wurden. (Früher wurden Schauspiele auf der Agora um einen Wagen herum veranstaltet.) Tragödien wurden in Tetralogien gespielt, drei Tragödien, auf die eine kürzere Komödie folgte. Letztere heißt „Satyrspiel", wegen des Chores, der aus Satyrn bestand – jenen saufenden, sexbesessenen, feigen, derben, pferdeschwanztragenden und ziegenohrigen Kumpanen des Dionysos. Was die Tragödien so bemerkenswert machte, war ihre disziplinierte Inszenierung tiefer Gefühlsregungen. Gewalt fand, obwohl ein wichtiger Bestandteil der Tragödie, stets außerhalb der Bühne statt. Zwar verwiesen die Charaktere auf vergangene Geschehnisse, doch spielte die gesamte Handlung des Stücks innerhalb von 24 Stunden. Wie auf Shakespeares Bühne zwei Jahrtausende später spielten männliche Schauspieler die weiblichen Rollen. Leider sind Musik und Chortänze (die „Choreographie"), die ursprünglich den Dialog begleiteten, für die Nachwelt nicht festgehalten worden.

Auf dem Höhepunkt des attischen Dramas versammelten sich nicht weniger als 30000 Menschen, um ein Schauspiel zu sehen. Dem Besuch waren keinerlei Grenzen von Alter, Geschlecht oder Bürgerrecht gesetzt. Der Staat finanzierte Honorar und Kostüme dreier Schauspieler für jedes Stück. So wie zur Zeit Shakespeares traten die Schriftsteller oft selbst in den eigenen Stücken auf, führten sie auf und inszenierten sie. Da Drama als Handwerk galt, folgten Söhne oft den Vätern im Beruf als Dramadichter nach. Wettbewerbe stellten typischerweise drei Tetralogien oder fünf Komödien einander gegenüber.

Aischylos

Die drei größten attischen Tragödiendichter waren Aischylos, Sophokles und Euripides. Aischylos führte einen zweiten Schauspieler ein, der auf- und abtrat und dabei unterschiedliche Rollen spielte, während der *Protagonist* auf der Bühne blieb. Aischylos führte auch Kostüme und Bühnenbilder im griechischen Theater ein. Bühnenbilder beeinflussten über Jahrhunderte intensiv die Wandmalerei in aristokratischen Häusern. Aischylos schrieb 99 Dramen, von denen nur 7 überlebt haben. Sie zeichnen sich durch einfache, aber lebendige Dialoge aus, die stets Emotionen erwecken. In Wettbewerben siegten seine Tetralogien dreizehnmal.

Aischylos war ein Kämpfer von Marathon, wo sein Bruder gefallen war, und Verfasser der *Perser* (472 v. Chr.), einer dramatischen Erzählung des griechischen Sieges in den Perserkriegen. Einige Historiker glauben, dass Aischylos das Stück in der Hoffnung schrieb, die Einigkeit der Kriegszeit in Athen wiederzubeleben und die Athener an die großen Leistungen des Themistokles zu erinnern, der politisch schwer angeschlagen war. (Perikles, der zu dieser Zeit ein junger Anhänger des Themistokles war, finanzierte die Produktion des Dramas.) Wenn es so war, dann scheiterte Aischylos mit seinem Ziel, denn Themistokles wurde, wie gesehen, verbannt. Ein damit verbundenes Ziel war die Glorifizierung der attischen Demokratie. Als die persische Königin Atossa sich über die Athener erkundigt, „Wer steht über ihnen als Hirte? Wer ist Herr dieses Heeres?", antwortet stolz der Chor: „Keines einzigen Herrn sind sie Untertanen oder Sklaven." Trotzdem füllte Aischylos die Perser mit tragischer Erhabenheit und machte den Geist des Dareios groß und weise.

Aischylos' *Gefesselter Prometheus* erzählt die Legende von dem Gott Prometheus, der von Zeus bestraft wurde, weil er den Plan des Zeus, die menschliche Rasse auszulöschen, zunichte machte. Prometheus hatte den Menschen das Feuer gegeben, ein Geschenk, das ihr Überleben sicherstellte. In der Tragödie lehnt Prometheus es ab, das Wort der Unterwerfung auszusprechen, das ihn befreit hätte. Seine letzten Worte lauten: „Schau mich an, mir geschieht Unrecht." Seine Festigkeit lässt ihn größer sein als das Universum, das ihm Unrecht zufügt. Aischylos' Vorstellung vom Schicksal war die eines würdigen Gegners, gegen den man kämpfen muss. Seine Helden sind stets blutverschmiert, aber nie gebeugt.

Aischylos begann damit, die drei Tragödien der Tetralogie zu einer einzigen Einheit zusammenzufügen. In seiner berühmtesten Trilogie, der *Orestie* (458 v. Chr.), tötet Agamemnons Frau Klytaimestra ihren Mann in der Badewanne, teilweise, um den Thron von Argos zusammen mit ihrem Geliebten, Agamemnons Cousin Aigisth, zu besteigen, und teilweise, um ihre Tochter Iphigenie zu rächen, die Agamemnon der Artemis geopfert hatte, um der griechischen Flotte günstige Winde in Richtung Troja zu sichern. (Die Griechen schauderten vor der Praxis des Menschenopfers.) Klytaimestra steigert sodann ihr Verbrechen, indem sie ihre Tochter Elektra misshandelt, weil sie ihren Vater betrauert, und ihren Sohn Orest zu töten versucht, dessen Rache sie fürchtet. Auf Apolls Gebot tötet Orest anschließend die Mutter, um seinen Vater zu rächen (sowie Elektra aus ihrer Gefangenschaft zu befreien und für sich den Thron zu gewinnen). Orest findet Einlass bei seiner Mutter, um die dunkle Tat zu verüben, indem er vortäuscht, Überbringer der Nachricht seines eigenen Todes zu sein, worüber sich die Mutter sehr freut. (Der Legende nach trug ein alter „Methode" – ein Schauspieler – in Elektras Rolle in der Szene, in der sie die Urne mit den angeblichen Überresten ihres angeblichen toten Bruders trug, die Überreste seines eigenen toten Sohns, um die gewünschten Emotionen hervorzurufen.) Trotz Klytaimestras Grausamkeit ist es nicht leicht für Orest, die eigene Mutter zu töten; er muss sich wappnen, wie beim ersten Mal, als er ein zitterndes Tier auf dem Altar geopfert hat. Er zögert. Seine Mutter bittet um Schonung. Elektra fordert ihn auf zuzustoßen. Er schlägt – mit Aigisths Schwert, demjenigen, mit dem seine Mutter seinen Vater getötet hatte. Als Aigisth erscheint, sagt ihm der getarnte Orest, der zugedeckte Körper vor ihm sei derjenige des Orest. Ein erfreuter Aigisth zieht die Decke weg, um darunter Klytaimestra zu finden. Das folgende Gefecht endet mit dem Tod des Aigisth durch dasselbe Schwert. Orest bemerkt: „Ich werde von einem durchgehenden Pferd fortgetragen." Ein Greis fasst zusammen: „Verbrechen gebiert Verbrechen, und Mörder werden ermordet." Die Erinyen, eine Gruppe von Rachegöttinnen, verfolgen Orest wegen des Mordes an seiner Mutter. Athena taucht schließlich auf und stiftet den Areopag, das athenische Gericht für Mordfälle, um die Rechtsprechung durch das Gesetz zu fördern. Die Erinyen klagen Orest an, während Apoll ihn verteidigt. Athena neigt das Stimmenpatt des Areopags zu Orests Gunsten. Sie beruhigt die Erinyen, indem sie ihnen ein Heiligtum in Athen anbietet, mit der Versprechung, sie würden für immer als nunmehrige Eumeniden (Wohlwollende) verehrt werden. Das Stück endet mit einer Prozession in der Dämmerung, in der die Eumeniden zu ihrer heiligen Grotte geführt werden.

Aischylos' Trilogie hatte zwei Themen. Obwohl Schuld Leiden hervorruft, erzeugt Leiden doch Einsicht. Aischylos schrieb: „Der Mensch kommt zur Einsicht durch bitteren Schmerz. [...] Gegen unseren Willen kommt uns die Einsicht durch Gottes erhabene Gnaden." Andererseits muss jedes Verbrechen bestraft werden, sonst würde es die Gesellschaft zerstören, aber es muss durch das Gesetz bestraft werden. Die Polis war die einzige geeignete Waffe der Justiz; private Rache hatte in der Gesellschaft nichts zu suchen. Dies war eine klare Botschaft, ausgegeben unmittelbar nach der Ermordung des Ephialtes. Die Verurteilung inneren Haders durch das Drama und seine Betonung der Rolle des Areopags in Mordfällen, eine Rolle, auf die er gerade durch die Reformen des Ephialtes beschränkt worden war, war ein angemessener Versuch zur Versöhnung und Befriedung.

Trotzdem mag die Ermordung des Ephialtes bei Aischylos' Entscheidung, nach Sizilien zu ziehen, eine Rolle gespielt haben, wo er 456 v. Chr. auch starb. (Ein kritischerer Bericht vermerkt, dass er Athen nach einem verlorenen Wettbewerb mit Sophokles in gedrückter Stimmung verließ.) Nach Aischylos' Tod stimmte die Ekklesia dafür, jedem Bürger, der eines seiner Stücke wieder zum Leben erwecken wollte, einen Chor zu geben.

Sophokles

Sophokles war vielleicht der am höchsten geschätzte der attischen Tragödiendichter. 24 von Sophokles' 41 Tetralogien erhielten den ersten Preis. Darunter war ein im Wettbewerb gegen Aischylos gewonnener Preis, zu einer Zeit, als Sophokles gerade 27 Jahre alt war. Er errang niemals weniger als den zweiten Platz bei einem Dramenwettbewerb. Im Gegensatz zu Aischylos fasste Sophokles nicht die drei Tragödien seiner Tetralogien in einer Einheit zusammen, sondern präsentierte jede einzelne als ein Stück für sich. Obwohl jedes Stück nur ungefähr eine Stunde lang war, kam doch keine Eile auf, da das Stück sich auf den Höhepunkt einer überlieferten Geschichte konzentrierte. Sophokles führte einen dritten Schauspieler ein, und schuf damit die Möglichkeit der Darstellung vielschichtigerer Situationen. Sein Stil war offen, klar und einfach.

Die zwei größten Tragödien des Sophokles waren *Antigone* (441 v.Chr.) und *Ödipus Tyrannos* (nach 429 v.Chr.). Die *Antigone* stellt zwei Verpflichtungen einander gegenüber: Gewissen und Familie einerseits, Gesetz und Vaterland andererseits. Das Stück beginnt nach dem Versuch des Polyneikes, seinen Thronanspruch in Theben von seinem Bruder Eteokles zurückzuerobern. Beide Brüder sind im Gefecht gefallen, und ihr Onkel Kreon hat den Thron bestiegen. Der strenge Kreon verweigert dem Rebellen Polyneikes ein angemessenes Begräbnis, sein Körper wird den wilden Tieren vorgeworfen. Kreon kündigt sogar an, dass jeder, der versuchen würde, Polyneikes zu begraben, hingerichtet werde. Die Tragödie wird durch die Verkündigung dieses Verbots eröffnet, das Polyneikes' Schwester Antigone in eine Zwangslage versetzt. Zwar ist es ihre schwesterliche Pflicht, den toten Bruder zu begraben, da ohne eine angemessene Bestattung seine Seele keine Ruhe finden kann; es ist aber auch ihre Pflicht, den Polisgesetzen zu gehorchen. Die leidenschaftliche, zu allem entschlossene Frau bestattet ihren Bruder und riskiert damit den Königszorn. Antigone beruft sich auf das, was die Philosophen später Naturrecht nennen sollten: „Kein Befehl kann die ungeschriebenen Gottesgebote übertreffen. Denn sie stammen nicht von heute oder gestern, sondern leben immer." Zur Weißglut getrieben, verurteilt Kreon Antigone zum Tod durch lebendiges Begraben in einem Felsengrab. Er verkündet seine Gründe: „Wen sich das Volk erkor, dem gilt's zu folgen im Kleinsten – ob gerecht, ob ungerecht. Zuchtlosigkeit, das ist das Allerschlimmste! Sie stürzt die Staaten, sie verheert die Häuser, sie reißt die Speergenossen auseinander zu feiger Flucht." Kreons Sohn Haimon, Verlobter seiner Cousine Antigone, erwidert: „Das ist kein Staat, der einem nur gehört. [...] Es ist der Geist der Eitelkeit, sich selbst allein als weise zu betrachten." Der starr an seiner Entscheidung festhaltende Kreon äußert: „Wenn's sein muss, besser, mich verdrängt ein Mann, dann heißt es nicht, ich lasse Weiber herrschen." Sein Stolz erlaubt ihm auch nicht, sich seinem Sohn oder der öffentlichen Meinung zu fügen: „Von diesem Jungen soll ich also noch, so alt ich bin, Vernunft mich lehren lassen! [...] Wird die Stadt *mir* zeigen, was ich tun soll?" Der Seher Teiresias hält Kreon eine letzte Mahnung entgegen: „Du hast eine lebende Seele ins Grab geworfen und einer Leiche ein Grab verweigert." Teiresias' Prophezeiung der Verdammung lässt Kreon endlich nachgeben, aber es ist zu spät. Antigone erhängt sich in der Höhle mit ihrem Gürtel und veranlasst damit die Selbstmorde Haimons und der Eurydike, Kreons Frau. Sophokles' Botschaft scheint zu sein, dass, obwohl Gehorsamkeit dem Gesetz gegenüber die heiligste Pflicht eines Bürgers ist, der Bürger nicht gezwungen ist, unzulässigen und ungerechten Gesetzen, die durch Befehl eines Diktators erzwungen werden, gegen die Stimme des eigenen Gewissens zu gehorchen.

Sophokles stellte nur selten von inneren Spannungen gequälte Charaktere dar. Er schilderte in seinen Dialogen lieber moralische Dilemmata von Charakteren, die widerstreitende Ansichten vertraten (so etwa Antigones Eintreten für das Gewissen gegen das ihrer Schwester Ismene für die Gehorsamkeit). Sophokles fasste das Erhabene und das Tragische des menschlichen Lebens zusammen: „Zahlreich sind die Wunder der Welt, und nichts ist so wundervoll wie der Mensch. [...] Sprache, windschneller Gedanke [...], diese Dinge brachte er sich bei, und wie er Schutz vor des Sturmes grimmigen Stacheln von Eis und Regen finden sollte. Er schreitet in die Zukunft, nichts macht ihn ohnmächtig. Nur dem Tod kann er nicht entgehen, obwohl er Heilmittel gegen Krankheiten ersonnen hat, die früher unheilbar waren. Klug, erfindungsreich, mit einem über die Vorstellung hinausgehenden Können, macht der Mensch seinen Weg, mal zum Bösen, mal zum Guten."

Im *Ödipus Tyrannos*, einem Stück, das später Aristoteles wegen seiner im Zaum gehaltenen Leidenschaft die vollkommene Tragödie nannte, wird dem König Laios von Theben prophezeit, dass einer seiner Söhne eines Tages den Vater töten und seine Mutter, Königin Jokaste, heiraten würde. Erschrocken schickt Laios einen Hirten, seinen kleinen Sohn Ödipus in den Bergen auszusetzen. Da er Mitleid mit dem armen Kind hat, vertraut der Hirte ihn einer Familie in Korinth an. Als Erwachsener verläßt Ödipus Korinth, weil ein Orakel ihm berichtet, eines Tages werde er seinen Vater töten und seine Mutter heiraten. Ödipus weiß nicht, dass seine Eltern in Korinth nicht seine biologischen Eltern sind. An einem Kreuzweg tötet Ödipus durch Zufall in Notwehr seinen wahren Vater, Laios. Jahre später wandert er nach Theben, wo er seine Mutter Jokaste heiratet und ein geliebter und respektierter König wird. Ausgerechnet die Maßnahmen, zu denen Laios und Ödipus greifen, um ihrem Schicksal zu entrinnen, machen dieses Schicksal zur Realität. Der allgegenwärtige Seher Teiresias warnt Ödipus vor dem „furchtbaren Netz, dem du nicht entgehen kannst". Doch könnte alles gut bleiben, wäre da nicht Ödipus' tragischer Fehler: Sein Bedürfnis, schonungslos nach der Wahrheit zu fahnden, lässt ihn schließlich entdecken, dass er das scheußliche Schicksal erlitten hat, das ihm prophezeit wurde. Ödipus betrauert nicht nur sein eigenes Schicksal, sondern auch das seiner Töchter-Schwestern: „Wenn bei jeder Feierlichkeit alle sich von ihnen fern halten werden, werden sie in Tränen nach Hause kommen. Und wenn sie heiratsfähig sind, welcher Mann möchte sie haben?“ Überwältigt von Abscheu und Qual blendet Ödipus sich selbst, und seine Mutter Jokaste begeht Selbstmord.

Ödipus Tyrannos hat zwei Themen. Selbst im komplexesten und scheinbar zufälligen Ereignisfluss gibt es einen Plan, obwohl die Menschen ihn nicht verstehen. Menschen können aber über die Verzweiflung siegen, trotz der schrecklichsten Leiden. Sie können zwar ihr Schicksal nicht ändern, doch können sie sich mit dem Guten verbinden und in Größe leiden und sterben. Trotz seines Leidens verleiht Ödipus' schonungslose und heroische Suche nach Wahrheit – selbst als ihm ihr Schrecknis zu dämmern beginnt – ihm eine tragische Würde. Ödipus hat alle Merkmale eines griechischen Helden. In den Worten von H. R. Joliffe ausgedrückt: Er ist „groß genug, um zu fallen, gut genug, um unsere Zuneigung zu gewinnen, verletzt genug, um uns Angst zu machen und ungerecht genug behandelt, um unser Mitleid zu erregen.“ Am Anfang des Folgestückes *Ödipus auf Kolonos* zeichnet Sophokles Ödipus in seiner ganzen tragischen Größe: „So stand Ödipus im Laufe seiner Jahre fest und kahl wie ein düsteres, windumtostes Kap, aus allen Richtungen von den Wellen gepeitscht, von einem sich an seinen Ufern brechenden Meer aus Leiden – von den Menschen verstoßen, den Göttern dadurch aber noch lieber.“

Als er seine Dramen schrieb, diente Sophokles gleichzeitig als Schatzmeister des Attischen Seebunds und als Stratege von Athen. Als Sophokles neunzig Jahre alt war, verklagte ihn sein Sohn. Da er es satt hatte, ewig darauf zu warten, dass der Vater sterben und ihm sein Vermögen hinterlassen würde, klagte der sechzigjährige Sohn auf Verwaltung des Vermögens aufgrund der Senilität seines Vaters. Um den Anspruch des Sohnes zu widerlegen, brachte Sophokles im Prozess eine Probe aus seiner jüngsten Dichtkunst dar. Beeindruckt von den aus *Ödipus auf Kolonos* stammenden Versen, wiesen die Geschworenen die Klage ab und belegten den Sohn mit einer Geldstrafe, da er eine leichtfertige Klage eingereicht hatte. Doch war Sophokles nunmehr selbst eine tragische Figur. Er schrieb: „Jugend hat Lebensgier. Alter wünscht sich Ruh. Und keiner sonst außer einem Narren würde sich eine zu lange Reihe von Winterjahren wünschen, mit wenig Freude und viel Gram.“

Euripides

Verfasst im späten 5. Jahrhundert v. Chr., kündigen die Tragödien des Euripides, des Letzten der drei großen attischen Tragödiendichter, das neue Drama an, das das griechische Theater im 4. Jahrhundert v. Chr. revolutionierte. Euripides arbeitete auf der Insel Salamis, in einer abgelegenen

Höhle, die als Arbeitszimmer eingerichtet war. Obwohl Verfasser von 92 Theaterstücken, gewann Euripides nur fünf Preise, weil seine Stücke die Menschen absichtlich beunruhigt und unzufrieden zurückließen, obwohl seine geistreichen, realistischen Dialoge und die Musik sehr beliebt waren. Sophokles sagte: „Ich zeichne die Menschen so, wie sie sein sollten. Euripides zeichnet sie so, wie sie sind."

Das Theater des Euripides betonte den Primat des Individuums vor der Polis. Er verkürzte die Rolle des Chors, der oft die Gesellschaft darstellte, und erweiterte die Rolle des einzelnen Charakters. Tatsächlich vermied es Euripides, selbst eine Rolle im öffentlichen Leben Athens zu spielen, im scharfen Gegensatz zu Aischylos, der in der Schlacht von Marathon gekämpft hatte, und zu Sophokles, der als Stratege gedient hatte. Statt sich mit Angelegenheiten der Gesellschaft oder der Polis zu beschäftigen, konzentrierte Euripides seine dramatische Handlung auf tragische, einmalige, sogar pathologische Charaktere. Euripides fügte mehr Spannung, Aktionen und komplizierte Handlungen hinzu, im Gegensatz zur überwiegenden Schlichtheit der Tragödie des 5. Jahrhunderts. Seinen leidenschaftlichen Stücken fehlte der übliche griechische Zwang und die allgegenwärtige Betonung der Universalien der *conditio humana*. In ihnen ging es um bestimmte Menschen, nicht um die Menschlichkeit.

Euripides ist „Dichter des Weltschmerzes" genannt worden. Einer seiner Charaktere fragt: „Hat jemals, seit es Leben gibt, vor den Augen Gottes ein glücklicher Mensch gestanden?" Anders als andere Tragödienschreiber verlieh Euripides dem Leid keine Erlösungsmacht.

Euripides schloss sich der wachsenden Gruppe jener Intellektuellen an, die die Irrationalität der überlieferten griechischen Religion verurteilten. Er schrieb: „Sag nicht, es gäbe Ehebrecher im Himmel. Seit langem hat mein Herz es gewußt, das ist nicht wahr. Gott, wenn er Gott ist, fehlt es an nichts. All dies sind tote, unglückliche Märchen. [...] Wenn die Götter Böses tun, sind sie auch keine Götter." Euripides verbannte praktisch die Götter aus dem Hauptteil seiner Dramen, um sie für die Schlussszene aufzusparen, wo oft ein göttliches Wesen auftrat, um verwickelte Handlungsstränge zu entwirren. Einer der Charaktere des Euripides, Bellerophon, ruft sogar: „Behauptet jemand, dass es Götter im Himmel gibt? Es gibt sie nicht, es gibt sie nicht – es sei denn, dass ein Dummkopf alten Überlieferungen folgen möchte. Schaut selbst – nehmt nicht mein Wort –, aber hört auf das, was ich sage. Die Tyrannen erschlagen die Menschen und berauben sie ihrer Güter, brechen ihren Eid und verwüsten ganze Städte. Trotzdem gedeihen sie besser als die Gottesfürchtigen und die Liebenswürdigen. Und ich kenne kleine Städte, die ihre Götter ehren, aber durch die Übermacht der Waffen größeren, nicht so frommen Städten untertan sind."

Ein anderer Aspekt im Werk des Euripides, der ihn von den meisten früheren Dramadichtern absonderte, war seine große Zuneigung für Frauen. In *Alkestis* (438 v. Chr.), dem frühesten erhaltenen Theaterstück des Euripides, erfährt König Admet von Thessalien durch die Moiren, Göttinnen, die verantwortlich sind für die Bestimmung der Lebensspanne eines jeden Menschen, dass seine Zeit abgelaufen ist. Die Moiren erlauben jedoch dem König, einen Ersatz zu finden, falls jemand an seiner Stelle sterben will. Nur seine Frau Alkestis, die ihn mehr als ihr Leben liebt, ist willens, als Ersatz zu dienen. Sie erklärt: „Ich könnte es nicht ertragen, dich von mir gerissen und unsere Kinder vaterlos zu sehen." Alkestis' Mut ist der beschämenden Feigheit ihres Mannes in scharfem Kontrast gegenübergestellt. Euripides lässt sogar Admet und seinen Vater Pheres, zur Verlegenheit der Zuhörer, die Bestattung der Alkestis mit einer drolligen Diskussion unterbrechen, welcher der beiden Männer der feigere ist, da sie sich zum Sterben nicht bereit erklärten. (Pheres: „Mir ist kein Gesetz in Griechenland bekannt, nach dem die Väter für ihre Söhne sterben müssen. [...] Tod ist lang und bitter; Leben ist kurz und süß. Du liebst das Tageslicht. Denkst du, dein Vater liebt es nicht auch?" Admet: „Ihr alten Männer seid Lügner, wenn ihr über das Alter klagt und um den Tod bittet. Lasst mal den Tod nahe kommen, dann weigert ihr euch zu gehen. Plötzlich ist Alter überhaupt keine Belastung." Pheres: „Ich feige? Schau mal, wer das sagt! Oh, du hast es sehr klug angestellt, um ewig zu leben. Nur überzeuge weiter deine Frauen, für dich zu sterben.") Admet begreift zu spät seine Torheit, eine so großmütige Frau geopfert zu haben. Er sagt zu ihr, als sie im Sterben liegt: „Es wird kein Vergnügen geben, wenn du fort bist. [...] Nur diejenigen ohne Frauen und Kinder sind glücklich. Denn der Tod kann sie nur einmal treffen." *Alkestis* hat jedoch ein glückliches Ende: Herakles ringt mit dem Tod, um Alkestis zu haben, und gewinnt sie zurück.

In der *Medea* (431 v. Chr.) zeigt Euripides mitleidiges Verständnis für Gewaltanwendung, zu der Frauen von sozialen Zwängen getrieben werden können. Medea hat Jason von Iolkos (in Thessalien) das Leben gerettet und ihm geholfen, das Goldene Vlies zu erlangen. Ihre leidenschaftliche Liebe zu ihm hat sie sogar veranlasst, ihren eigenen Vater zu verlassen und ihren Bruder zu töten. Medea ist anschließend mit Jason nach Griechenland zurückgekehrt und hat ihm zwei Söhne geboren. Ganz undankbarer Snob, beabsichtigt Jason, seine Versprechungen Medea gegenüber zu brechen, indem er sie verlassen und Kreusa, die Tochter Kreons, des Königs von Korinth, heiraten möchte. Als sie von seiner Absicht erfährt, stöhnt Medea: „Der eine Mann, der mir die ganze Welt war, hat sich als der gemeinste aller Menschen erwiesen." Erfüllt von kochender Wut plant sie ihre Rache, obwohl sie sich ihres zunehmenden Wahns bewusst ist. Sie vergiftet Kreusa und Kreon und tötet ihre zwei Söhne mit einem

Schwert, mit den Worten, „Ich, die ihnen das Leben gegeben habe, werde es ihnen nehmen.“ Medea wird sodann auf einem von Drachen gezogenen Feuerwagen fortgebracht, den ihr Großvater Helios, der Sonnengott, geschickt hat, um sie aus den Händen des wild gewordenen Jason zu retten. (Dem Mythos nach wanderte Jason danach verzweifelt umher, um sich später in seinem berühmten, aber bis dahin verfallenen Schiff, der *Argo*, niederzulassen, bis ein morscher Balken auf seinen Kopf fiel und ihn tötete.)

Durch den quälenden inneren Konflikt in einen blutrünstigen Dämon verwandelt, bekundet Medea die Wut, Frustration, Aussichtslosigkeit und Einsamkeit einer fremdstämmigen Frau in einer griechischen Stadt:

„Von allem, was auf Erden Geist und Leben hat, sind doch wir Fraun das Allerunglückseligste. Mit Gaben sonder Ende müssen wir zuerst den Gatten uns erkaufen, ihn als unsern Herrn annehmen; dies ist schlimmer noch als jenes Leid. Dann ist das größte Wagnis, ob er bieder ist, ob böse; denn unrühmlich ist's dem Weibe, sich vom Mann zu trennen, und sie darf ihn nicht verschmähn. Und freit in neue Sitten und Gesetze sie, muss eine, weiß sie's nicht von Haus, Prophetin sein, zu wissen, welchem Lose sie entgegengeht. Doch sind wir unter Mühen dann ans Ziel gelangt und trägt der uns Verbundne froh mit uns das Joch, ist unser Los zu neiden; sonst sei es der Tod! Auch kann der Gatte, wenn daheim ihn Ärger quält, auswärts vergessen seines Herzens Kümmernis bei Freunden oder einem, der mit ihm aufwuchs. Uns ist in eine Seele nur der Blick vergönnt. Sie sagen wohl, wir lebten sicher vor Gefahr zu Hause, während sie bestehn der Speere Kampf. Die Toren! Lieber wollte ich dreimal ins Graun der Schlacht mich stürzen als gebären einmal nur. […] Ich bin verlassen, ohne Heimat, bin verhöhnt vom Manne, der aus fremdem Lande mich geraubt; nicht Mutter hab ich, Brüder, Anverwandte nicht, zu denen fliehend ich entrönn' aus dieser Not.[1] […] Warum verliehst du, großer Zeus, uns sichere Merkmale, dass uns falsches Gold nicht täuschen kann, und drücktest kein Kennzeichen auf der Menschen Leib, an dem man wohl erkennen mag den schlechten Mann?[2]“

Medeas Zorn verwandelt sie jedoch vom Opfer zur Rächerin, und sie bekundet am Ende: „Halte mich nicht für ein armes, schwaches, schutzloses Weib, denn ich bin eine ganz andere Sorte Frau – nett zu meinen Freunden, aber eine rächende Furie denen gegenüber, die mir weh tun. Nur solch eine Frau ist des Ruhmes wert.“ Diese Zeilen waren zu ihrer Zeit allzu subversiv. Obwohl *Medea* heute als Klassiker der griechischen Literatur gilt, kam sie bei einem Wettbewerb nur auf den letzten Platz.

[1] Euripides, Medea, übersetzt von J. J. C. Donner, Stuttgart 1972, S. 13.

[2] Ebd., S. 22.

In den *Troerinnen* (415 v. Chr.), verfasst während des Peloponnesischen Krieges, unmittelbar nach dem athenischen Massaker von Melos, demonstrierte Euripides die Grausamkeit des Krieges, indem er die griechische Zerstörung Trojas durch die Augen der trojanischen Frauen darstellte, die vergewaltigt, versklavt und gezwungen wurden zu sehen, wie ihre Kinder über dem Grab Achills geopfert oder von den Stadtmauern heruntergeworfen wurden. Der Druck des Krieges hatte jedes Anstandsgefühl zunichte gemacht. Hekabe, Trojas Königin, bleibt trotzdem eine einsichtige und heroische Figur. Sie spricht über ihrer gefallenen Stadt aus: „Hätte Gott sich nicht bewegt und unsere Größe zu Boden geworfen, würden wir verscheiden, ohne den Menschen etwas zu geben. Sie hätten kein Thema für ihre Lieder in uns gefunden, noch ruhmvolle Gedichte aus unseren Leiden geschaffen."

In *Iphigenie in Aulis* (410 v. Chr.) bietet sich Iphigenie, die Tochter des Agamemnon, tapfer als Opfer für Artemis an, um die Winde zu bändigen, die die griechische Flotte daran hinderten, nach Troja zu segeln. Iphigenie spricht: „Ganz Griechenland ist nun auf mich angewiesen. Ich allein habe die Macht [...], Hellastöchter für immer von barbarischer Begierde zu befreien.[...] Dieser Körper ist mein, es steht mir frei, ihn zu geben, wem ich will. Ich gebe ihn Griechenland. [...] Griechenland darf nie sich den Barbaren beugen." Sie schreitet zuversichtlich, erhobenen Hauptes, zum Altar, um geopfert zu werden.

König Archelaos von Makedonien lud, kurz vor dessen Tod 406 v. Chr., Euripides an seinen Hof. Einer Legende nach wurde Euripides von Hunden in Stücke gerissen. Als Sophokles von Euripides' Tod hörte, erschien er im Trauerkleid bei den Dionysos-Feierlichkeiten.

Die Komödie und das perikleische Vermächtnis der Meinungsfreiheit

Ein vielleicht noch eindrucksvollerer Beitrag zum perikleischen Vermächtnis der Meinungsfreiheit als Athens große Tragödien war die selbst nach dem Tod Perikles anhaltende Toleranz gegenüber derben, ungehemmten Komödien, die oft erbarmungslos politische Führer verspotteten. Es gibt kein Anzeichen, dass Perikles sich von den Komödienschreibern Athens je beleidigt gefühlt hätte, obwohl sie sich oft über ihn lustig machten. Seine Toleranz gegenüber den sogar persönlichsten Kränkungen der komischen Bühne setzte einen Präzedenzfall für Meinungsfreiheit, den selbst Perikles' weniger tolerante Nachfolger nicht mehr rückgängig machen konnten.

Aristophanes
Obwohl Perikles nicht lange genug lebte, um die Komödien des größten attischen Komödiendichters, Aristophanes, zu erleben, sind seine Stücke Zeugnisse einer beachtlichen Meinungsfreiheit in der unter Perikles' Führung entstandenen Gesellschaft. Aristophanes verspottete jeden – andere Dramatiker, öffentliche Amtsträger, Philosophen, Feldherren, Kriege und die Menschen selbst. Seine Theaterstücke kombinierten Dichtung, Phantasie, Possen, Anstößigkeit, Wortspiele und Parodie. Sie überbrückten eine bemerkenswerte Spannungsbreite, vom raffiniertesten Humor zur obszönsten Spielart der Komödie. Seine Schauspieler trugen drollige Masken und gepolsterte Kleider, die männlichen Charaktere stellten oft riesige Lederpenisse zur Schau. Die Masken waren manchmal Karikaturen der von ihm verhöhnten berühmten Persönlichkeiten. Die Stücke enthielten jedoch oft schöne und ernste Verse. Während die *Babylonier* (426 v. Chr.) die Bundesgenossen als für Athen schuftende Sklaven darstellten, zeichneten die *Ritter* (424 v. Chr.) den athenischen Demagogen Kleon als Sklaven eines launischen *Demos* (des Volkes).

Die *Wolken* (423 v. Chr.), die auf einem Fest den dritten Preis erhielten, machten sich so über Sokrates lustig, dass der Philosoph später in seinem Prozess klagte, das Stück habe die Menschen gegen ihn voreingenommen. (Platon zufolge blieben jedoch der Komödiendichter und der Philosoph auch nach dem Erscheinen des Stückes jahrelang Freunde.) In der Komödie schickt Strepsiades seinen Sohn Pheidipides zu Sokrates' „Denkhäuschen", um zu lernen, „jeden Fall zu gewinnen, wie hoffnungslos er auch immer sein möge", damit Strepsiades, wenn er vor Gericht ziehe, die Rückzahlung seiner Schulden vermeiden könne. Ein exzentrischer Sokrates sitzt in einem hängenden Korb, um „hochragende Gedanken" auszubrüten. Er verkündet, Donner sei nicht von den Göttern verursacht, sondern vom Zusammenstoß dichter Wolken, was er mit den Blähungen eines Menschen vergleicht, der gerade eine reiche Mahlzeit verspeist hat. Er spottet über diejenigen, die an die Götter glauben. Der Plan des Strepsiades geht jedoch nach hinten los. Pheidipides lernt in Sokrates' Schule, dass es annehmbar ist, den eigenen Vater zu schlagen. Nun verkündet schamlos Pheidipides seinem erschrockenen Vater: „Es ist wunderbar, mit den heutigen Einsichten bekannt zu werden und auf die Konventionen herabsehen zu können. [...] Was ist das Gesetz letztendlich? Jemand muss es irgendwann gemacht haben, jemand wie du und ich." Ein wütender Strepsiades brennt das Denkhäuschen des Sokrates nieder. Aristophanes verleumdete Sokrates in diesem Stück dadurch, dass er ihn des Atheismus und moralischen Relativismus der radikaleren Sophisten bezichtigte. Aristophanes wählte Sokrates wegen dessen Berühmtheit als Philosoph, um die Sophistik, die er hasste, darzustellen: Alle Athener würden den Namen sofort erkennen. Entweder war es ihm gleichgültig, Sokrates' eigentliche Anschauungen kennenzulernen, oder es lag ihm nicht, sie präzise darzustellen.

Die *Wespen* (422 v. Chr.) sind eine Satire über die Streitsucht der athenischen Gesellschaft. Der Chor bestand aus alten, senilen Richtern, die Fleischspieße als Stachel trugen. Ein Sohn muss seinen Vater einsperren und das Haus von Sklaven bewachen lassen, um ihn von den Gerichten fernzuhalten.

Frauen waren genauso beliebt als Zielscheibe seines Spottes wie die Männer, obwohl Aristophanes ungewöhnliches Vertrauen in die Intelligenz mindestens einiger von ihnen zeigte. In der *Lysistrate* (411 v. Chr.) schwören Griechenlands Frauen einen Eid, den ehelichen Umgang zu verweigern, bis ihre Männer sich einigen, den Peloponnesischen Krieg zu beenden. Als der männliche Leiter des Chors den berühmten Spruch prägt, „Wir können nicht mit euch leben, und wir können nicht ohne euch leben", fragt Lysistrate, Leiterin der streikenden Frauen: „Ist es gerecht, dass uns nicht erlaubt wird, euch den winzigsten Vorschlag zu machen, wie unrichtig auch immer ihr die Stadtangelegenheiten handhabt? [...] Ich bin eine Frau, aber nicht dumm." Die einsichtige Lysistrate bringt rasch die athenischen und spartanischen Gesandten an den Verhandlungstisch: Sie markieren auf dem als Landkarte dienenden nackten Körper einer Frau die von ihnen ersehnten geographischen Gebiete und singen dabei Lieder aus den Perserkriegen, als Athener und Spartaner Seite an Seite für die Rettung Griechenlands gekämpft hatten. In den *Thesmophoriazusen* („Frauen während des Thesmophorienfestes", 411 v. Chr.) geht es um Frauen, die wegen Euripides' angeblicher Frauenfeindlichkeit eine Verschwörung gegen ihn aushecken, was Aristophanes zum Anlass nimmt, den Tragödiendichter zu verspotten.

Nicht einmal der Tod konnte Euripides vor den Sticheleien des Aristophanes schützen. In den *Fröschen* (405 v. Chr.) steigt Dionysos, Schutzgott des Dramas, entschieden, die athenische Bühne vom Kopf auf die Füße zu stellen, in die Unterwelt hinab, um den seiner Einschätzung nach größten Tragödiendichter wieder emporzuholen. Sophokles ist zu friedliebend, um an einem Wettbewerb teilzunehmen, so ist es an Aischylos und Euripides, miteinander um die Ehre zu wetteifern, indem sie ihre Verse gegenseitig belächeln. Aischylos ist der Sieger.

In den heiteren *Ekklesiazusen* („Weibervolksversammlung") (393 v. Chr.) entscheiden die Athener, die Regierung den Frauen zu übergeben, die den Sozialismus einführen. Im *Plutos* („Reichtum") (388 v. Chr.) ist Reichtum blind und gibt seine Zuwendung den falschen Leuten. Folglich fragt Chremylos das Orakel von Delphi um Rat, wie er seinen Sohn in einen solch „gemeinen, durch und durch korrupten Schurken" umerziehen könne, damit es der arme Junge in Athen zu etwas bringe. Apoll zeigt sodann dem Reichtum, dass Asklepios die Blindheit heilen kann. Als der Reichtum seine Sehkraft wiedererlangt, verliert eine reiche Frau ihren Gigolo, der jetzt ein eigenes Vermögen hat. Der Reichtum thront anschließend in seinem Heim aus guten alten Zeiten, der athenischen Schatzkammer.

Indem er Liebe zu bodenständigen, altmodischen Landbewohnern mit einer eindrucksvollen Energie und Ausgelassenheit kombinierte, zeigte Aristophanes seltene Menschenliebe und unwiderstehlichen Charme. Auf einem in Platons *Das Gastmahl* besprochenen Gelage erklärt Aristophanes durch folgendes Märchen den Ursprung der romantischen Liebe. Es gab einmal Menschen eines einzigen Geschlechts, die zwei Köpfe, vier Arme und vier Beine hatten. Die Götter fürchteten sie, mochten aber auch die Opfer, die die Menschen ihnen schenkten, so zerschnitt sie Zeus durch Blitzstrahlen in zwei Hälften. Aristophanes erklärte: „Nachdem nun die Natur entzweigeschnitten war, ging sehnsüchtig jede Hälfte ihrer anderen Hälfte nach, und sie umfingen sich mit den Armen und schlangen sich ineinander, um über das Begehren zusammenzuwachsen [...]. Seit so alter Zeit also ist die Liebe zueinander den Menschen eingepflanzt: Sie stellt die ursprüngliche Natur wieder her und versucht, aus zweien eins zu machen und die menschliche Natur zu heilen. [...] Ewig sucht jeder sein Gegenstück. [...] Unser Geschlecht wird auf diese Weise glücklich, wenn wir die Liebe vollenden und ein jeder den Geliebten gewinnt, der zu ihm gehört, in Rückkehr zu seiner ursprünglichen Natur."[3]

Zum Glück für Aristophanes gab es in Athen keine Verleumdungsgesetze. Als die *Babylonier* vor einem Publikum mit ausländischen Würdenträgern aufgeführt wurden, klagte ein wutentbrannter Kleon den jungen Dramendichter wegen Verleumdung der Stadt vor Ausländern an. Keiner konnte aber den Hofnarren von Athen berühren. Im nächsten Jahr kehrte er mit einem noch heftigeren Angriff gegen Kleon zurück (in den *Acharnern*) und nannte ihn „Feigling" und „Schwindler", dessen Lippen „einen Schwall von Abwassern ausspuckten". Obwohl Aristophanes das Stück vernünftigerweise unter einem Pseudonym veröffentlichte, muss die Identität des Verfassers offensichtlich gewesen sein. Als Anspielung auf Ausländer, die diesmal nicht im Publikum anwesend waren, bemerkt spitzbübisch einer der Charaktere: „Jetzt sind wir unter uns."

Furchtlos wie er war, verhöhnte Aristophanes jeden, von den Göttern bis zum Publikum selbst. Sogar mitten im Peloponnesischen Krieg, einem Kampf auf Leben und Tod gegen Athens Erbfeind Sparta, brachte Aristophanes stets Dramen gegen den Krieg selbst und gegen die allgemeine

[3] Platon, Das Gastmahl, übersetzt von Arthur Hübscher, München 1952, S. 33–36.

Kriegsneigung der Athener auf die Bühne. Er ließ sogar einen Charakter, der offensichtlich den Verfasser selbst darstellte, bekunden, dass die Spartaner „ziemlich viele berechtigte Gründe zur Klage gegen uns haben".

Der Chorleiter in Aristophanes' *Acharner* sagte die Wahrheit – freilich mit Ironie –, als er das Publikum über den Verfasser instruierte: „Haltet an ihm fest. Er wird jeden Missbrauch weiterhin angreifen, euch viele wertvolle Lehren erteilen und dadurch euch zu einsichtigeren, glücklicheren Menschen machen. [...] Auch werdet ihr nicht in überflüssigem Lob schwimmen, so wie alle anderen es euch spenden. Er sieht es als seine Aufgabe an, euch das beizubringen, was das Beste ist."

Geschichtsschreibung zur Zeit des Perikles

Herodot

Obwohl er kein Athener war, verbrachte Herodot von Halikarnassos (in Karien) vier lebensverändernde Jahre in Athen (447–443 v. Chr.), dessen große Geister ihn tief beeinflussten. Mit Recht „Vater der Geschichte" genannt, war Herodot der erste, der den Begriff *historia* (Erkundung) einführte, um dem Studium der Vergangenheit einen Namen zu geben.

Herodot unterschied sich von den Mythographen der vergangenen Zeiten in vielerlei Hinsicht. Obwohl er das Übernatürliche aus seinen *Historien*, einem Bericht der Perserkriege, nicht völlig verbannte, schrieb er die meisten vergangenen Geschehnisse natürlichen Ursachen zu. Er bezeichnete das menschliche Tun als Hauptbestimmungsgrund der Geschichte. Herodots Überzeugung, dass Themistokles' Weisheit und der Mut freier Menschen die Perserkriege gewonnen hatten, stand in krassem Gegensatz zur dauernden Einmischung der Götter in Homers *Ilias* und anderen griechischen Dichtungen. Herodot erörterte auch solche Fälle, in denen sich Prophezeiungen des Orakels von Delphi als unzutreffend erwiesen hatten oder das Orakel bestochen worden war, um eine Partei in einem Streit zu begünstigen.

Anders als die Mythographen gründete Herodot seine Geschichte auf echte Nachforschungen. Er leistete eine beachtliche Arbeit, indem er überall in der östlichen Mittelmeerwelt Beweismaterial sammelte und es in einen glaubhaften Erzählstrang verwob. Seine Genauigkeit war bemerkenswert, wenn man bedenkt, dass einige der von ihm berichteten Ereignisse Jahrhunderte vor seiner Zeit stattgefunden hatten, und er selbst für spätere Geschehnisse hauptsächlich auf mündliche Überlieferungen angewiesen war. Er übertrieb zwar die Größe des persischen Heeres, sein Fehler beruhte jedoch auf der Unzuverlässigkeit seiner persischen Quellen.

Anders als die Mythographen machte Herodot stets seine Quellen namhaft, selbst wenn er ihre Wahrhaftigkeit anzweifelte. Er schrieb: „Es ist meine Aufgabe, alles zu berichten, was gesagt wird; ich muss aber nicht an alles zugleich glauben – eine Bemerkung, die auf meine gesamte Historie angewandt werden kann." Tatsächlich fügte Herodot, nachdem er die berühmte Geschichte des Tauchers erzählt hatte, der 17 Kilometer unter Wasser schwamm, ohne je zum Atmen aufzutauchen, trocken hinzu: „Meiner Meinung nach nahm er diesmal ein Boot."

Der Unterschied zwischen Geschichte und Mythologie schlug sich außerdem in der Entscheidung Herodots und seiner Nachfolger nieder, Prosa statt Dichtung zu schreiben – bezeichnenderweise hatten viele der früheren ionischen Naturphilosophen dieselbe Entscheidung gefällt. Obwohl Herodots Werk höchst kurzweilig ist, war sein Hauptziel zu informieren und nur an zweiter Stelle zu unterhalten.

Als er 457 v. Chr. wegen seines angeblichen Widerstands gegen das Perserreich aus Halikarnassos verbannt wurde, bereiste Herodot den Großteil der damals bekannten Welt – Ägypten, Kyrene, Tyros, Mesopotamien, Arabien, das Schwarze Meer und die nördliche Ägäis – und sammelte Material für ein geographisches Werk. Schließlich landete er in Athen, wo Perikles und Sophokles ihn freundlich aufnahmen. Die Stadt an sich und die athenischen Erzählungen der Perserkriege beeindruckten Herodot dermaßen, dass er sich entschied, den Gegenstand seiner Studie zu ändern. Der erste Teil der *Historien* beleuchtete den Aufstieg des Perserreiches, der zweite die daraus folgenden Kriege gegen Griechenland.

Herodot war nicht nur der erste, sondern auch einer der unterhaltsamsten Geschichtsschreiber aller Zeiten. Seine launigen Exkurse über die vorderasiatischen Kulturen, Ergebnisse einer leidenschaftlichen Neugier und Lebenslust, sind eine Goldmine anthropologischer Forschung. In der Tat wird Herodot auch der erste Anthropologe, Soziologe und Archäologe genannt. Kein Stoff war ihm zu klein oder bedeutungslos, als dass er nicht sein Interesse geweckt hätte, nichts war zu langweilig, um nicht seine fruchtbare Imagination in Schwung zu bringen. Ein typisches Beispiel ist Herodots Erörterung der Annahme, dass ägyptische Schädel härter als die persischen seien. Als wahrer Empiriker konnte Herodot der Versuchung nicht widerstehen, die Hypothese zu überprüfen. Also reiste er zu einem Schlachtfeld, wo Ägypter und Perser vor kurzem gekämpft hatten, und bewarf die Totenschädel mit Steinen. Er fand heraus, dass ägyptische Schädel mit riesigen Felsen kaum zu knacken waren, die persischen sich hingegen selbst mit kleinen Steinen zerquetschen ließen. Sobald er die Hypothese überprüft hatte, entwickelte er eine für ihn typische, einfallsreiche Theorie, um das Phänomen zu erklären. Da die Ägypter ihre Köpfe rasierten und ohne jegliche Kopfbedeckung herumliefen, während die Perser ihre Haare lang und in einen Turban gewickelt trugen, brauchten die Ägypter dickere

Schädel, um der Sonnenhitze zu widerstehen. Das war fast eine Theorie der natürlichen Auslese.

Eine andere typische Erzählung Herodots ist der Bericht über die Thronbesteigung des persischen Großkönigs Dareios I. Als Kambyses, der vormalige Großkönig, ohne Erben starb, trafen sich die sieben führenden Edelleute Persiens, um zu entscheiden, wer ihm nachfolgen sollte. Die sieben entschieden, die Wahl den Göttern zu überlassen. (Alte Völker setzten oft das ein, was wir „Glücksspiel" nennen, um den Göttern zu erlauben, an wichtigen Entscheidungen teilzuhaben.) Die sieben persischen Adligen beschlossen, am nächsten Tag vor der Morgendämmerung ihre Lieblingspferde an einen bestimmten Ort zu reiten. Der Besitzer des Pferdes, das als Erstes nach dem Sonnenaufgang wiehern würde, würde der neue Großkönig sein. Dareios' Pferdepfleger fand einen Weg, den Wettbewerb zu entscheiden. Vor Sonnenaufgang machte er sich an den Genitalien der Lieblingsstute des Hengstes, auf dem sein Herr ritt, zu schaffen und steckte sodann die Hände in seinen Mantel, um den Geruch zu konservieren. Als die Sonne an der bezeichneten Stelle aufging, tat er so, als ob er das Gebiß des Pferdes befestigen wollte. Das Pferd roch seine Hände und wieherte. So wurde Dareios zum Großkönig von Persien, dem mächtigsten Mann der Welt. Die Geschichte ist typisch für Herodot, weil sie ein wichtiges Geschehnis erklärt, indem sie das Ergebnis eher einem klugen Menschen als den Göttern zuschreibt. (Eigentlich war es nicht ganz so einfach; Dareios musste einen kurzen, aber blutigen Bürgerkrieg für sich entscheiden, um seinen Thron zu sichern.) Herodot ist wie ein guter Erzählonkel – scharfsinnig, liebenswert exzentrisch und, vor allem, stets unterhaltsam.

Leider starb Herodot in der attischen Kolonie Thurioi 425 v. Chr., bevor er die *Historien* vollenden konnte. Ironischerweise wurde es demselben Mann, der Athen auf der Höhe seines Ruhms unsterblich machte, durch die Verschärfung des Einbürgerungsrechts, die sein Freund Perikles vornahm, versagt, athenischer Bürger zu werden.

Thukydides

Thukydides, ein Athener aristokratischer Abstammung, dessen Familie ergiebige Minen besaß, ist als „der erste wissenschaftlich arbeitende Historiker" bezeichnet worden. Er war der Erste, der endgültig übernatürliche Kausalitäten aus der Geschichte entfernte. Er begann auch, „Geschichte" mit politisch-militärischen Ereignissen in Zusammenhang zu setzen, eine Gleichsetzung, welche die westliche Geschichtswissenschaft bis in die 1960er Jahre hinein beherrschte, bis Herodots „Sozialgeschichte" wiederbelebt wurde – obwohl selbst Herodot seine weitschweifigen anthropologischen Exkurse mit dem Vorwand rechtfertigen musste, dass er einen

Hintergrund für sein Hauptinteresse, die Perserkriege, schaffen musste. Der Zusammenhang zwischen „Geschichte" und politisch-militärischen Ereignissen machte jedoch auf Jahrtausende die erwachsenen männlichen Aristokraten zum ausschließlichen Gegenstand von Geschichte und ließ wenig Raum, das Leben von Männern der unteren Schichten, Frauen, Kindern und Sklaven zu würdigen.

Thukydides begann seine *Geschichte des Peloponnesischen Krieges* mit der Bemerkung, obwohl sein Werk nicht so unterhaltsam sein werde wie das eines nicht erwähnten Vorgängers, an dessen Identität gleichwohl kein Zweifel bestehen konnte, hoffe er doch, es sei ein „Besitz für die Ewigkeit". Und es gelang ihm. Thukydides' Geschichte ist nicht nur ein Meisterwerk an Prägnanz und Genauigkeit, sie enthält eine Fülle von Einsichten, die so universal sind, dass sie immer noch von den besten Geschichtswissenschaftlern, Politologen und Militärstrategen gelesen und zitiert werden. Thukydides' Unterscheidung der Kriegsgründe zwischen äußeren Anlässen und tieferen Ursachen bestimmt immer noch das einschlägige Forschungsgebiet. Seine nüchterne und eindringliche Sprache vermittelt wirkungsvoll das Drama der Geschichte.

Thukydides glaubte, Geschichte verlaufe in zyklischen Bahnen. Wenn man eine Reihe wichtiger Ereignisse mit vielen Variablen auswählte und sie ganz genau erkundete, würde man in ihrem Geschichtsablauf ein Muster finden, das nützlich sein könnte, um zukünftige Abläufe vorherzusagen. Obwohl Thukydides glaubte, die menschliche Entwicklung vollziehe sich in Zyklen, deutet sein Vertrauen in die Nützlichkeit der Geschichte darauf, dass es Kenntnis der Vergangenheit den Menschen erlauben könnte, diese Zyklen zu durchbrechen.

Als der Peloponnesische Krieg ausbrach, war Thukydides 30 Jahre alt. Er glaubte, Geschichtsschreiber sollten nur über unlängst geschehene Ereignisse schreiben, da er die Genauigkeit der mündlichen Überlieferungen aus ferner Vergangenheit in Zweifel zog. Deshalb ist Thukydides manchmal als Journalist eher denn als Geschichtsschreiber bezeichnet worden, obwohl er gleichwohl mehrfach Geschehnisse aus vergangenen Jahrhunderten berichtete – hauptsächlich, um zu zeigen, dass frühere Kriege dem Peloponnesischen Krieg an Größe und Bedeutung nachstanden.

So wie Herodot und die meisten späteren griechischen und römischen Geschichtsschreiber pflegte Thukydides fiktionale Reden für historische Figuren zu schaffen, um so ihre Persönlichkeiten und Ideen zu vermitteln. Thukydides versicherte jedoch seinen Lesern, dass er in solchen Fällen das Möglichste tat, um wenigstens den Inhalt, wenn auch nicht immer den Wortlaut, von dem, was in Wirklichkeit gesagt worden war, wiederzugeben.

424 v. Chr. wurde Thukydides verbannt, weil er als Stratege zu spät kam, um die attische Kolonie Amphipolis gegen einen spartanischen Angriff zu

verteidigen. In Thrakien gelegen, war Amphipolis, die vom gewundenen Fluss Strymon „umgebene Stadt", eine wichtige Quelle von Holz und Metallen sowie ein wesentlicher Stützpunkt für den Schutz der Getreidelieferungen aus dem Schwarzen Meer.

Die hauptsächlich auf der Peloponnes verbrachte Verbannung ließ Thukydides viel Zeit, um sein Geschichtswerk zu schreiben. Das Exil verstärkte wahrscheinlich seine Bitterkeit gegenüber der attischen Demokratie, die er, mindestens in der späteren Kriegsphase, als die schlimmste Form der Mobherrschaft bezeichnete. Tatsächlich unterstützten seine Schriften eine antidemokratische Tradition, die die abendländische Literatur bis zur Entstehung der repräsentativen Demokratie im 19. Jahrhundert beherrschte. Selbst seine respektvolle Behandlung des Perikles war vielleicht ein Mittel, um ihn in Gegensatz zu den Demagogen zu stellen, die ihm folgten, von denen einer (Kleon) eine führende Rolle bei der Verbannung des Thukydides gespielt hatte.

Thukydides bewahrte sich trotzdem erkennbar die Liebe zu seiner früheren Polis und zeigte tiefes Mitgefühl für ihre Leiden. Wie stark auch immer das meiste von dem, was Thukydides schrieb, durch die eigene Erfahrung eingefärbt war, so war es doch wahrscheinlich auch wahr. Einige moderne Kritiker haben es sich so zu Herzen genommen, dass ein Geschichtsschreiber es überhaupt wagt, die negativen Seiten der Demokratie hervorzuheben, dass sie die Möglichkeit verpasst haben, durch Thukydides mehr über die Schwächen der Demokratie zu erfahren – eine Kenntnis, die wesentlich ist für ihren Erhalt und ihre Verbesserung. Glücklicherweise erkennen noch die meisten Historiker das ungewöhnliche Gleichgewicht in Thukydides' Erzählart an und versuchen, es zu erreichen. Obwohl er sein unmögliches Ziel der vollkommenen Objektivität nicht erreichte, war Thukydides vielleicht der größte aller antiken Geschichtsschreiber.

Thukydides kehrte nach dem Kriegsende 404 v. Chr. nach Athen zurück, starb jedoch vier Jahre später, bevor er die *Geschichte des Peloponnesischen Krieges* abschließen konnte. Das Werk bricht mitten im Satz 411 v. Chr. ab.

Ursachen des Peloponnesischen Krieges

Die drei tiefen Ursachen des Peloponnesischen Krieges waren Angst, Stolz und Fatalismus. Die Spartaner waren seit der Begründung des Attischen Seebunds immer misstrauisch und furchtsam gegenüber Athen gewesen und fühlten sich nun von seiner neugewonnenen Macht und seinem demokratischen System bedroht.

Die Beziehungen zwischen den beiden Poleis verschlechterten sich durch eine lange Handelsrivalität zwischen Athen und Korinth, Spartas

Hauptverbündetem im Peloponnesischen Bund. 434–433 v. Chr. führte Korinth Krieg gegen Kerkyra (Korfu), eine neutrale griechische Insel in der Adria, wegen eines Streits über Epidamnos, im heutigen Albanien, eine Kolonie, die beide Poleis gemeinsam gegründet hatten. 433 v. Chr., alarmiert wegen eines korinthischen Schiffbauprogramms, gab Kerkyra seine traditionelle Neutralitätspolitik auf und suchte in Athen um Hilfe nach.

Athen entschied sich aus drei Gründen, Kerkyra in seinem Konflikt mit Korinth beizustehen. Die Athener fürchteten das Ergebnis einer kerkyräischen Niederlage. Zu dieser Zeit waren die drei größten Seemächte in Griechenland Athen (300 Schiffe), Kerkyra (120 Schiffe) und Korinth (100 Schiffe). Sollte die kerkyräische Flotte in korinthische Hände fallen, würde der Peloponnesische Bund, schon zu Lande überlegen, seinen Rückstand auf den Attischen Seebund auch zur See verringern. Andererseits wurden die Athener vom Kerkyras-Angebot geblendet, sich dem Attischen Seebund anzuschließen, wenn die Athener ihnen in ihrem Krieg gegen Korinth helfen würden. Solch eine Allianz zwischen Athen und Kerkyra würde dem Bund vollkommene Seeherrschaft sichern. Auch Fatalismus trug zu Athens Entscheidung bei. Viele Athener betrachteten den Krieg gegen Sparta als unvermeidlich und versuchten, Athens Macht als Vorbereitung für den Konflikt zu stärken. Nach Thukydides bestärkten die Kerkyräer den Fatalismus der Athener, indem sie sagten: „Wenn einer unter euch glaubt, der Krieg, in welchem wir euch nützlich sein können, werde nicht eintreten, so irrt er und merkt nicht, dass die Lakedämonier (Sparta) aus Besorgnis über eure Macht den Krieg wollen.“[4] Perikles teilte diese Sicht, da er bezweifelte, dass Griechenland teils demokratisch, teils oligarchisch bleiben könne. Territoriale Kontroversen konnte man durch Verhandlungen beilegen, in ideologischen Differenzen aber konnte man keinen Kompromiss finden.

Obwohl Athen nur 30 Schiffe zur Hilfe Kerkyras sandte, musste Korinth gedemütigt den Rückzug antreten, da es keinen Krieg gegen Athen riskieren wollte. Trotzdem befahl Athen den Potidaiern, aus Furcht vor korinthischen Machenschaften in Potidaia, das korinthische Kolonie und zugleich attischer Bundesgenosse war, ihre korinthischen Gesandten auszuweisen und die Stadtmauer zur Seeseite hin niederzureißen. Die Athener erhöhten auch Potidaias Bundessteuer von sechs auf fünfzehn Talente. Als Potidaia sich erhob, schlossen die Athener die Stadt ein, mit den korinthischen Gesandten darin, die in der Falle saßen.

Korinth, das nun hinreichend erzürnt war, um den Krieg zu wollen, berief eine Versammlung des Peloponnesischen Bundes nach Sparta ein (432

[4] Thukydides, Der Peloponnesische Krieg, übersetzt von August Horneffer, Essen o. J., S. 28.

v. Chr.). Dort trieben die Korinther, wiederum laut Thukydides, ein gemeines Spiel mit dem Stolz und der Furcht der Spartaner: „Es heißt von euch, ihr wäret verlässliche Leute. [...] Wir sind im Kampfe mit den Athenern weit mehr durch ihre Fehler als durch eure Hilfe siegreich gewesen. Die Hoffnung auf euch hat schon manchen, der in seinem Vertrauen versäumt hat, sich gehörig zu rüsten, ins Unglück gebracht. [...] Lasst nicht eure Freunde und Verwandte in die Hände ihrer Todfeinde fallen! Sorget, dass wir nicht aus Unmut nach anderen Bündnissen Umschau halten!“[5] Die Drohung der Korinther war kaum zu übersehen.

Megara, ein anderer Verbündeter Spartas, klagte wegen Perikles' harschem Erlass, der den attischen Verbündeten verbot, mit den Megarern Handel zu treiben. Die Athener waren immer noch zornig auf die Megarer, die sich von den Athenern getrennt und 446 v. Chr. eine athenische Garnison massakriert hatten. Später hatten die Athener angenommen, die Megarer hätten einen athenischen Boten getötet.

Der geschickte spartanische König Archidamos warnte vor den Verwüstungen, die ein Krieg in Griechenland anrichten würde, und bemerkte, dass junge Männer oft den Krieg romantisch fänden, weil sie keine Erfahrung darin hätten. Archidamos' Rivalen stellten jedoch seine Einsicht als Feigheit hin, und Sparta erklärte Athen den Krieg.

Der Peloponnesische Krieg

Spartas Einfall nach Attika

Neun Monate später (431 v. Chr.) fiel das spartanische Heer in attisches Territorium ein, so dass die Landbevölkerung hinter die Stadtmauern fliehen musste. Obwohl die Spartaner die attische Ernte vernichteten, konnten die Athener sich trotzdem, solange sie die Kontrolle über das Meer behaupteten, weiter mit Nahrungsmitteln und anderen wichtigen Gütern versorgen. Athen und seine Bundesgenossen besaßen 600 Schiffe, Sparta und seine Verbündeten dagegen nur 150. Besser noch: Während die Athener 6000 Talente besaßen, war die spartanische Staatskasse praktisch leer.

Die Rede

Es war Sitte in Athen, alle gefallenen Soldaten der Stadt jährlich mit einem Staatsbegräbnis zu ehren. Jeder der zehn Stämme der Polis schaffte einen riesigen Sarg aus Zypressenholz mit den jeweiligen Gebeinen ihrer Toten in einem Leichenzug zum öffentlichen Friedhof am Stadtrand. Die Särge wurden auf Bahren gefahren, mit einer elften leeren Bahre als Sym-

[5] Ebd., S. 51–54.

bol für die im Krieg Vermissten. Das Staatsbegräbnis sah eine feierliche Rede vor, gehalten vom herausragendsten und angesehensten Bürger Athens. 430 v. Chr. wurde Perikles ausersehen, und er hielt eine der bedeutendsten Reden der abendländischen Geschichte.

Perikles begann seine Rede (so wie Thukydides sie erzählt) mit der Betonung seiner Unfähigkeit, die gefallenen athenischen Helden richtig zu ehren. Durch ihr höchstes Opfer hätten die Soldaten eher ihm und allen anderen Athenern Ehre gemacht. Perikles rühmte sodann die individualistische und demokratische Lebensführung, zu deren Verteidigung die Helden gefallen waren, und stellte sie in Gegensatz zum totalitären und oligarchischen System Spartas:

„Wir leben in einer Staatsverfassung, die nicht den Gesetzen der Nachbarn nachstrebt, sondern wir sind eher das Vorbild für andere als deren Nachahmer. Ihr Name ist Demokratie, weil sie nicht auf einer Minderzahl, sondern auf der Mehrzahl der Bürger beruht. Vor dem Gesetz sind bei persönlichen Rechtsstreitigkeiten alle Bürger gleich, das Ansehen eines jeden jedoch [...] richtet sich im Blick auf das Gemeinwesen weniger nach seiner Zugehörigkeit zu einer bestimmten Volksklasse, sondern nach seinen persönlichen Leistungen wird er bevorzugt. Auch dem Armen ist, wenn er für den Staat etwas zu leisten vermag, der Weg nicht durch die Unscheinbarkeit seines Standes versperrt. [...] Wir verargen es niemandem, wenn er tut, was ihm gefällt [...]. Aber bei dieser Weitherzigkeit im persönlichen Verkehr verbietet uns die Ehrfurcht vor dem Gesetz, die Gesetze zu übertreten. Wir gehorchen den jeweiligen Behörden und den Gesetzen, und zwar am treuesten denjenigen, die zum Schutze der ungerecht Behandelten gegeben sind [...]. Unsere Stadt ist jedermann offen, und es gibt keine Fremdenausweisungen, durch die wir jemanden hindern, sich zu unterrichten und zu schauen, mag auch ein Feind Nutzen aus dem Verzicht auf die Verheimlichung ziehen. Wir bauen nicht in erster Linie auf Rüstungen und listige Künste, sondern auf unseren persönlichen Mut zur Tat. Und auch in der Erziehung wollen die einen durch harte, mühevolle Übungen schon bei den Kindern männliche Gesinnung pflanzen; wir dagegen leben ungebunden und gehen trotzdem mit gleicher Tapferkeit einem ebenbürtigen Feinde entgegen. [...] Wir lieben die Schönheit und bleiben doch einfach; wir lieben die Weisheit und werden doch nicht schlaff und weichlich. Unser Reichtum dient der raschen Tat, nicht der prahlenden Rede, und was die Armut betrifft, so bringt es niemand Schande, seine Armut zu bekennen, wohl aber, sich ihr nicht durch Arbeit zu entwinden. [...] Auch das ist ein Vorzug unserer Natur, dass wir den höchsten Wagemut mit sorgfältigster Überlegung des zu Unternehmenden vereinigen [...]. Um es kurz zu sagen: unsere Stadt in ihrer Gesamtheit ist eine Bildungs- und Erziehungsstätte für Hellas; und es scheint mir, dass jeder einzelne Mann bei uns sich wohl in den mannigfaltigsten Formen und mit Anmut in höchster Gewandtheit zu einer unabhängigen Persönlichkeit ausbildet."[6]

In seiner Rede transformierte Perikles das traditionelle heroische Ethos, die Suche nach Unsterblichkeit durch Ruhm und Glanz, indem er es einer ganzen Stadt eher als einem einzigen Helden zuschrieb. Die neuen Heroen seiner Zeit, verkündigte er, kämpften nicht, wie Achill, um eigenen Ruhm zu erlangen, sondern für den unsterblichen Ruhm ihrer Stadt. Perikles' Grabrede ist ihrem Inhalt, wenn nicht ihrem Stil nach der Rede des Abraham Lincoln in Gettysburg ähnlich. Im Gegensatz zu Lincoln erwähnte Perikles nie die Götter, obwohl der Anlass ganz geeignet dafür gewesen wäre. Es ist nicht klar, ob dieses krasse Versäumnis der Religionslosigkeit des Perikles oder des Thukydides zuzuschreiben ist.

Die Seuche

Leider schuf die von der Einwanderung der Landbewohner in die Stadt verursachte Überbevölkerung die perfekte Brutstätte für die Seuche, die Athen 430–429 und wieder 427–426 v. Chr. heimsuchte. Die Seuche (vielleicht die Beulenpest), die auf einem Handelsschiff von Ägypten her Athen erreichte, zog auch Teile des Perserreiches in Mitleidenschaft. Thukydides, der sich die Seuche zuzog, sie überlebte und viele erkrankte Freunde pflegte, beschrieb die Symptome:

„Im Inneren aber war die Hitze so groß, dass die Kranken auch die dünnsten Kleider und feinsten Überwürfe nicht aushielten, sondern nackt sein wollten und sich am liebsten in kaltes Wasser stürzten – was viele unbewachte Kranke denn auch taten und in die Brunnen liefen –, dazu von unstillbarem Durst gequält waren. Dabei hatte es die gleiche Wirkung, ob man mehr oder weniger trank. Und völlige Ruhelosigkeit und Schlaflosigkeit befiel den Kranken."[7]

Die Ärzte waren unter den Ersten, die starben, da sie sich bei den ersten Opfern ansteckten. Manche entkamen dem Tod, indem sie befallene Gliedmaßen abtrennten. Selbst Raubvögel vermieden unbestattene Leichen oder starben, nachdem sie sie gefressen hatten. Thukydides fuhr fort: „Kein einziges Heilmittel, kann man sagen, fand sich, dessen Wirkung unzweifelhaft günstig war, denn was dem einen nützte, schadete dem anderen. Auch die Körperverfassung, ob stark oder schwach, hatte keinen Einfluss auf die Krankheit; sie raffte alle ohne Unterschied hin, mochte ihre Lebensweise auch noch so gesund sein."[8] Diejenigen, die erkrankten, ver-

[6] Ebd., S. 142–146.
[7] Ebd., S. 151–152.
[8] Ebd., S. 153.

loren jede Hoffnung. Die Athener gingen sich gegenseitig aus dem Weg, siechten aber trotzdem dahin. Thukydides schloss:

„Die Leichname lagen in Haufen da, die Sterbenden wälzten sich auf den Straßen und an den Quellen herum, halbtot vor Durst; auch die Heiligtümer, die als Wohnräume [für die Landbevölkerung] eingerichtet waren, lagen voller Toter, die in ihnen gestorben waren. Das Unglück war so übermächtig geworden, dass die Menschen, die nicht wussten, was aus ihnen werden würde, auch die göttlichen und menschlichen Ordnungen nicht mehr achteten. Alle Bräuche, die früher bei Bestattungen geübt worden waren, wurden vernachlässigt; jeder begrub seine Toten, wie er konnte. Viele verloren, weil ihnen durch die zahlreichen Todesfälle die Mittel zur Verbrennung der Leichen ausgegangen waren, alle Scham bei der Bestattung; entweder legten sie, wenn andere einen Scheiterhaufen errichteten, ihre eignen Toten vor jenem darauf und zündeten ihn an [...]. Dagegen wurde das, was im Augenblick Vergnügen machte, und jedes Mittel, das dem Zwecke des Vergnügens diente, gepriesen und gesucht. Man ließ sich weder durch die Furcht vor den Göttern, noch durch die Gesetze der Menschen in Zaum halten [...]. Um als Verbrecher zur Verantwortung gezogen und bestraft zu werden, glaubte man nicht mehr lange genug zu leben, da die Krankheit schon als eine viel größere Strafe über die Menschen verhängt sei."[9]

Ein Viertel der Bevölkerung Athens starb diesmal, Perikles eingeschlossen. Perikles war fast dreißigmal zum Strategen gewählt worden und behielt das Amt dreizehn Jahre ohne Unterbrechung, bevor er 430 v. Chr. verdrängt und mit einer Geldstrafe belegt wurde. Rasend vor Wut, hatte das Volk Perikles' Strategie des Rückzugs in die Stadt die Schuld für die Seuche gegeben. Perikles hatte natürlich keine Alternative gehabt; das an Zahl und Ausbildungsstand überlegene spartanische Fußvolk anzugreifen, hätte Selbstmord bedeutet. Von Reue übermannt, hatte das Volk Perikles 429 v. Chr. wieder eingesetzt. Inzwischen waren seine zwei Söhne aus erster Ehe, seine Schwestern, einige andere Verwandte, Freunde und seine Mitarbeiter alle an der Seuche gestorben, und Perikles selbst hatte sie sich zugezogen. Obwohl er die Krankheit überlebte, starb er im selben Jahr infolge von Entkräftung im Alter von sechzig Jahren. Kurz vor seinem Tod befreite die Ratsversammlung seinen Sohn von Aspasia von Perikles' eigenen Einbürgerungsbeschränkungen, so dass sein Geschlecht in Athens Bürgerschaft weiterleben konnte. Perikles' politische Nachfolger jedoch, unbedeutendere Menschen, denen es an Mut fehlte, dem Volk entgegenzutreten, wenn es unrecht hatte, sollten Athen zugrunde richten.

[9] Ebd., S. 154–155.

Niederlage

Alkibiades, ein solcher Nachfolger, überredete die Athener, 415 v.Chr. eine massive Invasion Siziliens in Angriff zu nehmen. Die Athener verloren in Sizilien 4500 eigene Soldaten, 40000 Verbündete und 200 Schiffe – ein Drittel ihrer Armee und den größten Teil ihrer Flotte. Die sizilianische Katastrophe rief Aufstände unter Athens Verbündeten hervor und veranlasste sogar einen Staatsstreich, der für kurze Zeit 411 v.Chr. in Athen selbst eine Oligarchie an die Macht brachte. Wichtiger noch, die Perser sahen jetzt ihre Stunde gekommen, endlich die lange aufgeschobene Rache an Athen zu nehmen, und begannen, den Bau einer großen spartanischen Flotte und die Bezahlung ihrer Mannschaften zu finanzieren. Die Zerstörung der athenischen Flotte auf dem sizilischen Feldzug, kombiniert mit dem Bau einer neuen spartanischen Flotte, erwies sich als Wendepunkt des Kriegs und bedrohte Athens Herrschaft über das Meer.

Trotzdem lehnte der athenische Führer Kleophon ein großzügiges Friedensangebot seitens der Spartaner ab, das den Status quo hätte erhalten können. Obwohl die Athener zur See bei den Arginusen noch einmal 406 v.Chr. siegten, verwandelte sich der Sieg bald in eine Niederlage, als die aufbrausende athenische Ratsversammlung die sechs siegreichen Generäle hinrichtete, weil sie versäumt hatten, ertrinkende Ruderer aus dem stürmischen Meer zu retten. 5000 Mann waren in dem großen Chaos jener stürmischen Nacht ertrunken. Die Griechen glaubten, dass die Seelen solcher Menschen ohne angemessene Bestattung nicht in den Hades eintreten könnten, sondern als Schatten auf der Erde herumirrten. Den Generälen, von denen einer der Sohn des Perikles und der Aspasia war, wurde ein regelrechtes Gerichtsverfahren verweigert. Sie reklamierten, dass sie einem Kapitän befohlen hatten, die an den Wrackteilen hängenden Menschen zu retten; aus naheliegenden Gründen bestritt der Kapitän, solch einen Befehl erhalten zu haben.

Stets optimistisch (oder stur), lehnten die Athener abermals ein spartanisches Friedensangebot ab, das ihnen einen Teil ihres früheren Reiches gelassen hätte. 405 v.Chr. überrumpelte der tüchtige spartanische Heerführer Lysander, hauptsächlich dank der Unfähigkeit athenischer Generäle (die Besten waren soeben hingerichtet worden), den Rest der athenischen Flotte auf dem Strand von Aigospotamoi am Hellespont. Nicht nur hatten die athenischen Generäle eine ungeeignete Position auf einem exponierten Strand gewählt, sie hatten auch den Ruderern erlaubt, nach Lust und Laune umherzustreifen, und hatten sogar versäumt, eine Wache zu stellen. Als Alkibiades, der aus Athen verbannt worden war, seine nahe gelegene Zufluchtsvilla verließ, um die Athener auf ihre Fehler aufmerksam zu machen, schnauzte einer der Generäle ihn an: „Wir führen das Kommando hier, nicht du.“ Die Spartaner zerstörten bzw. eroberten, bis auf neun, die letzten 170 Schiffe der athenischen Flotte. Sie fingen auch 3000 Ruderer, die sie alle töteten. Inzwischen hatte keine Seite mehr den geringsten Anspruch auf moralische Integrität. Die Spartaner hatten die prodemokratischen Führer in Milet massakriert, Athen hatte verordnet, die rechten Daumen aller Kriegsgefangenen abzuschneiden, so dass sie keinen Speer mehr in der Hand tragen konnten.

Die Spartaner hatten zum erstenmal die Kontrolle über Land und Meer. Sie nutzten ihre Überlegenheit, um Athen daran zu hindern, Nahrungsmittel zu importieren und Geld von ihren Verbündeten zu sammeln. Unterdessen verhinderten die spartanischen Truppen, die auf attischem Territorium stationiert waren, dass die Athener ihre eigenen Feldfrüchte anbauten und die Silberminen bei Laurion nutzten. Infolgedessen mussten Athener heilige Statuen des Goldes wegen einschmelzen und ihre berühmten Silbermünzen durch mit Silber plattierte Kupfermünzen ersetzen. Athenische Sklaven ergriffen die Gelegenheit zur Flucht, nur um von anderen versklavt zu werden. Um den Nahrungsmangel in der Stadt weiter zu verschärfen, schickte Lysander alle Gefangenen nach Athen zurück und ordnete an, dass jeder Athener, der außerhalb der Stadt gesehen wurde, zu töten war.

404 v. Chr. war Athen hinreichend ausgehungert, um zu kapitulieren. Laut Legende schrieb Lysander in seiner Aufregung über das Ende dieses 27 Jahre dauernden Krieges an die Ephoren daheim: „Athen ist eingenommen worden", worauf die Ephoren, verärgert über Lysanders unspartanischen Wortreichtum, antworteten, „'Eingenommen' hätte gereicht".

Ein Verbündeter Spartas (einem Bericht nach Theben, einem anderen nach Korinth) schlug vor, Athen dem Erdboden gleichzumachen und die gesamte athenische Bevölkerung als Sklaven zu verkaufen – so wie die schlaflosen Athener es auch erwarteten. Nachdem ein Mann aus Phokis jedoch einige Verse aus Euripides' *Elektra* sang, entschieden die Verbündeten, es sei eine Schmach, jene Stadt zu zerstören, die solch einen Dichter hervorgebracht hatte. Stattdessen rissen die Spartaner die Mauern Athens und die „langen Mauern" nieder, die die Stadt mit dem Piräus verbanden, und bis auf ein paar verschrotteten sie alle athenischen Schiffe. Sie ersetzten auch die attische Demokratie durch die Herrschaft der „30 Tyrannen", einer Gruppe rücksichtsloser athenischer Aristokraten, und installierten eine Garnison auf der Akropolis.

Ausgerechnet durch innergriechischen Zwist hatten die Perser endlich ihre Rache an Athen nehmen können, was sie eigenhändig in den Perserkriegen nicht vermocht hatten. Das persische Beispiel sollte in Makedonien und Rom Schule machen.

Das Vermächtnis des Perikles

Das perikleische Athen übte nicht nur einen enormen Einfluss auf das meiste, was anschließend in der westlichen Welt an Kunst, Architektur und Literatur produziert wurde, sondern stand seither auch Pate für demokratische Experimente in der gesamten Weltgeschichte. Obwohl die meisten Beobachter vor, während und nach dem perikleischen Zeitalter das politische System Athens für zu demokratisch und instabil hielten, begann sich dieses Urteil ab dem 19. Jahrhundert zu ändern. Die Griechenlandbegeisterung und besonders die Liebe zu Athen eroberten das Abendland nach und nach, während die Demokratie um sich griff und das Wahlrecht aufgrund von Besitz eingeschränkt oder abgeschafft wurde. Obwohl dem Lateinischen in der abendländischen Pädagogik nachgeordnet, nahm das Griechische, in der Form des attischen Dialekts, im Bildungssystem eine immer hervorstechendere Stellung ein. Geschichten der antiken Welt begannen, das perikleische Zeitalter als goldenes Zeitalter der Weltgeschichte zu zeichnen. Obwohl das nunmehrige Lob des politischen Systems von Athen, nicht anders als die vernichtende Kritik der früheren Jahrhunderte, manchmal zu weit ging, besteht an der Bedeutung Athens als der ersten großen Demokratie der Geschichte kein Zweifel.

Platon

Begründer der abendländischen Philosophie

Vor Platon waren griechische „Philosophen" hauptsächlich Wissenschaftler, welche die Naturgesetze des Universums studierten. Platon war derjenige, der eine verfeinerte Erforschung solcher Gegenstände wie Metaphysik, Epistemologie, Ethik und anderer Wissensgebiete in Angriff nahm, die das, was wir heute „Philosophie" nennen, ausmachen. Der Platonismus hat einen beträchtlichen Einfluss auf die gesamte Geschichte des Abendlands geübt. Mehr noch: Jede philosophische Richtung, die nicht mit ihm übereinstimmte, entstand entweder in Opposition zu ihm oder war doch wenigstens gezwungen, sich mit Platons Theorien auseinanderzusetzen. Platon war derjenige, der mehr als jeder andere Philosoph bis heute die Rahmenbedingungen des philosophischen Diskurses festgelegt hat. Die berühmte Übertreibung Alfred Lord Whiteheads, „Die gesamte abendländische Zivilisation ist nichts anderes als eine Reihe von Fußnoten zu Platon", wird zutreffender, wenn man „Zivilisation" durch „Philosophie" ersetzt.

Sokrates (ca. 470–399 v. Chr.)

Was wir vom sokratischen Philosophieren wissen, hat uns hauptsächlich über die von Platon, seinem herausragenden Schüler, verfassten Dialoge erreicht, so dass viele Kulturwissenschaftler die Frage aufgeworfen haben, ob man überhaupt von einer sokratischen Philosophie unabhängig vom Platonismus sprechen kann. In welchem Maße waren die Ideen, die Platon in seinen Dialogen dem Sokrates zuschreibt, wirklich sokratisch, und in welchem Maße stammten sie von Platon selbst? Was immer man darüber denken mag, es scheint sicher zu sein, dass Platon unter der Leitung eines charismatischen Mannes namens Sokrates studierte und dass Sokrates' Leben, Tod und Anschauung einen tiefen Einfluss auf Platon übten.

Ein Spruch des Orakels von Delphi führte anfangs Sokrates, den Sohn eines Steinmetzen und einer Hebamme, auf die Suche nach philosophischer Wahrheit. Als einer seiner Freunde das Orakel gefragt hatte, ob Sokrates der weiseste Mann der Welt sei, hatte das Orakel geantwortet: „Weise ist Sophokles, weiser ist Euripides, der Weiseste von allen aber ist Sokrates." Diese Aussage hatte Sokrates in Staunen versetzt. Er konnte nicht glauben, dass er der weiseste Mann der Welt war, er glaubte, er wisse gar nichts. Aber sicherlich konnte Apoll nicht lügen. Sokrates fing an, alle als weise bekannten Athener – Politiker, Dramendichter und Künstler – zu fragen, um herauszufinden, ob jemand klüger sei als er. Indem er die „sokratische Methode" verwendete, eine spitzfindige Art des Fragens, gerichtet auf die genaue Bezeichnung von Gegenständen und Ideen sowie auf die Verfeinerung von Aussagen durch Überprüfung ihrer logischen Folgen, zeigte Sokrates viele innere Widersprüche in der Beweisführung dieser „weisen Menschen" auf. Endlich beschloss Sokrates, die Aussage des Orakels müsse „eine Art Witz" sein: Sokrates war der weiseste Mensch, weil nur er seine eigene Unwissenheit erkannt hatte.

Indem er aber die führenden Menschen Athens zu Narren machte, zur Freude der Stadtjugend, die begann, Sokrates zu vergöttern und ihm nachzueifern (sie bewunderten auch seine Furchtlosigkeit im Kampf und seine Fähigkeit, Unmengen Wein ohne sichtbare Folgen zu trinken), trug Sokrates zu seinem eigenen Tod bei. Er schuf sich andere Feinde in der Stadt, indem er an der Demokratie herumkrittelte, den Erzfeind Sparta lobte und das überlieferte Götterbild tadelte. Im Gegensatz zu den Geschichten, welche die Dichter sangen, glaubte er, die Götter seien vollkommen tugendhaft und akzeptierten nicht die Opferhandlungen von moralisch verwerflichen Menschen. Wiederum anderen Kritikern des Sokrates fiel auf, dass der Verräter Alkibiades und der blutrünstige Tyrann Kritias beide seine Schüler gewesen waren. Einige Athener erinnerten sich, dass Kritias ein Gedicht mit der Behauptung geschrieben hatte, dass die Götter die Erfindung eines gewitzten Herrschers waren, der gehofft hatte, Übeltätern Angst vor einem allwissenden Auge einzureden. Obwohl nichts Sokrates' Überzeugungen ferner hätte liegen können und obwohl Sokrates einmal sein Leben riskiert hatte, indem er sich Kritias' Befehl, einen seiner politischen Gegner zu verhaften, widersetzt hatte, unterstellten Sokrates viele Athener, er sei verantwortlich für Kritias' Zynismus. Schließlich wurde Anytos, einer der mächtigsten Männer in Athen (einer der beiden Männer, die eine erfolgreiche Revolution gegen Kritias und die 30 Tyrannen angeführt hatten), ungehalten über Sokrates, der seinen Sohn gegen ihn aufgebracht hatte, indem er seinen Kopf mit Philosophie gefüllt hatte. Als Anytos seinem Sohn befahl, sich der Gerberei seiner Familie statt der sokratischen Philosophie zu widmen, wurde der Junge zum schweren Trinker.

399 v. Chr. wurde Sokrates wegen Gottlosigkeit und Jugendverführung verhaftet. Mit 281 gegen 220 Stimmen wurde er mit relativ knapper Mehrheit verurteilt. Selbst da noch hätte er den Tod abwenden können, wenn er als Strafe das Exil gewählt hätte. Stattdessen schlug er eine Geldbuße von 3000 Drachmen vor, die seine Freunde hätten zahlen müssen, da er selbst nur 100 hatte. Selbst diese Strafe bot er nur unter Zögern und zu spät an.

Sein erster Vorschlag war gewesen, *die Stadt hätte ihm* für seine erheblichen Verdienste als „Bremse“, welche die Bürger mit ihrem Stachel aus der Lethargie befreite, *zahlen müssen*. In der Tat hatte er ausgesagt: „Da ich überzeugt bin, keinem Menschen geschadet zu haben, werde ich doch auch nicht mir selbst schaden; ich werde keine Strafe gegen mich selbst verhängen und sagen, dass ich etwas Böses verdient habe.“ Empört von seiner Überheblichkeit wählte die Jury mit größerer Mehrheit als bei der Verurteilung die Todesstrafe (auf die der Ankläger plädiert hatte).

Sokrates' letzte Ansprache an die Jury, wie sie in Platons *Apologie des Sokrates* dokumentiert ist (Apologie bedeutete eine Erklärung oder Verteidigung; Sokrates entschuldigte sich niemals in seinem Leben), bleibt eine der wirkungsvollsten Reden in der abendländischen Geschichte.

Er warnte diejenigen, die ihn verurteilt hatten, sich nicht zu früh zu freuen:

„Ihr habt das getan in dem Wahn, ihr würdet nicht Rechenschaft geben müssen über euer Leben; es wird aber, so behaupte ich, sich ganz das Gegenteil davon für euch ergeben. Die Zahl derer, die von euch Rechenschaft fordern, wird größer werden: Bisher habe ich sie zurückgehalten, ohne dass ihr es gewahr wurdet. Sie werden euch umso gefährlicher werden, je jünger sie sind, und ihr werdet umso größeren Ärger davon haben. Wenn ihr nämlich glaubt, durch Hinrichtung von Menschen den Schmähungen gegen euren unlauteren Lebenswandel Einhalt zu tun, so seid ihr im Irrtum.“[1]

An diejenigen, die für einen Freispruch gestimmt hatten, richtete er seine letzten, herzlichen Worte:

„Aber auch ihr, meine Richter, sollt dem Tode mit froher Hoffnung ins Angesicht schauen und eines als unverbrüchliche Wahrheit anerkennen, den Satz nämlich, dass es für einen rechtschaffenen Mann kein Übel gibt, weder im Leben noch im Tode, und dass seine Sache von den Göttern nicht im Stich gelassen wird. […] Wenn meine Söhne erwachsen sind, so übt Vergeltung an ihnen aus, ihr Männer, indem ihr ihnen dasselbe Leid antut, das ich euch antat, sofern euch dünkt, dass sie mehr auf Gelderwerb und sonstigen Tand bedacht sind als auf Tugend. Und bilden sie sich etwas ein auf Dinge, von denen sie nichts verstehen, so haltet nicht zurück mit euerem Tadel gegen sie – wie ich damit nicht zurückhalte gegen euch –, wenn sie ihr Streben nicht auf das richten, was Not tut, und wenn sie wähnen, etwas zu sein, während an ihnen rein gar nichts ist. Wenn ihr dies tut, dann ist mir volles Recht von euch geworden, mir und meinen Söhnen.

Aber nun ist es Zeit, dass wir gehen, ich um zu sterben, ihr um weiter zu

[1] Platon, Apologie des Sokrates, übersetzt von Otto Apelt, Hamburg 1951, S. 60.

leben. Wer von uns beiden dem besseren Lose entgegengeht, das ist allen verborgen, nur der Gottheit nicht.“[2]

Sokrates lehnte sodann eine inoffizielle Abmachung ab, die ihm erlaubt hätte, aus Athen zu fliehen. Seinem Freund Kriton, der ihn zur Flucht drängte, entgegnete Sokrates, er wolle nicht in einer anderen Polis leben, seine Söhne aus der Stadt ausziehen lassen und das Leben und den Besitz seiner Freunde riskieren. Noch wichtiger sei, bemerkte er in typisch griechischer Denkweise, das „Gesetz“, das ihm Leben (seine Mutter und sein Vater hatten aufgrund des Gesetzes geheiratet) und Nahrung gegeben hatte, noch vor den eigenen Eltern zu respektieren, weil Gesetz das Herzblut der gesamten Polis sei. Dadurch, dass er als erwachsener Mann in Athen geblieben war, hatte er sich bereit erklärt, den Gesetzen der Stadt zu gehorchen. Sollte er dieses feierliche Abkommen jetzt brechen, nur um ein paar Jahre mehr zu gewinnen? (Er war 70 Jahre alt.) Und was für ein Leben wäre es? Ein Leben ohne Selbstachtung und die Achtung der anderen. Es war nicht das Gesetz selbst, sondern eine einfache Jury aus Menschen, die ihn getadelt hatte. Wenn er seine Hand gegen das Gesetz heben würde, würde er sich selbst ins Unrecht setzen, sein Lebenswerk zunichte und seine eigene Lehre über die Tugend zum Gespött der Leute machen. Wie konnte man ihm in irgendeiner anderen anständigen Polis vertrauen, wenn er die Gesetze der eigenen missachtete? Würde er nicht damit die ungerechte Entscheidung über ihn bestätigen? Würde es nicht glaubhaft erscheinen, dass ein Gesetzverderber auch ein Jugendverderber hätte sein können? Sokrates fragte: „Soll ich nicht den Gesetzen gehorchen, die mich bis jetzt geschützt haben? Im Heer habe ich dort ausgeharrt, wo meine Generäle mich aufgestellt haben; sollte ich jetzt nicht dort ausharren, wo die Götter mich aufgestellt haben?“

Sokrates wurde mit dem Schierlingsbecher hingerichtet. Er ging gelassen seinem Tod entgegen, mit der Bemerkung, er freue sich, alle die großen Persönlichkeiten der Geschichte zu treffen *und zu fragen*. Er vermute, sie würden ihn nicht aus dem Hades vertreiben, nur weil er Fragen stellte. Er versicherte seinen zu Tränen gerührten Freunden, dass nur sein Körper, der eine bedeutungslose Hülle sei, sterben würde. Der echte „Sokrates“ sei die Seele, nicht der Körper, und die Seele sei unsterblich. Er könne die ganze Wahrheit nur nach dem Tod erlangen, denn „bis wir den Körper auf unserer Suche mit uns tragen, und unsere Seele an solch ein großes Übel gebunden ist, werden wir niemals das erlangen, was wir anstreben, nämlich die Wahrheit“. Gerade Philosophen sollten den Tod überaus gerne annehmen: „Wenn ihr einen Menschen seht, der besorgt ist, weil er sterben muss, ist er kein echter Philosoph, sondern ein Philosom – kein Liebhaber der

[2] Ebd., S. 63.

Weisheit, sondern des Körpers." Sokrates gab zu verstehen, dass nur Philosophen, als Götterbegleiter im Leben nach dem Tod, sich des seligen Zustands vollkommener Weisheit erfreuen könnten. Obwohl viel weniger dogmatisch, deutete Sokrates ähnlich den Pythagoreern die Möglichkeit der Reinkarnation für andere Seelen an: durch „Sitte und Gewohnheit, aber nicht durch Philosophieren" gingen tüchtige Seelen in neue menschliche Körper ein, während die Unreinen in die Körper von Tieren eingingen oder schattige Gespenster wurden, die in der Welt umherirrten. Als einer seiner Schüler ihm ein schönes Gewand brachte, um zu sterben, erwiderte Sokrates: „Was, mein Kleid ist gut genug fürs Leben, sollte es nicht auch fürs Sterben reichen?" Sokrates' letzte Worte waren: „Kriton, wir sind Asklepios einen Hahn schuldig. Zahle ihn und vergiss es nicht." Die meisten Historiker glauben, Sokrates meine damit eine schwere Krankheit Platons, der gerade genesen war: Wenn man eine Krankheit überstanden hatte, wurde erwartet, dass man den Priestern des Asklepios, des Gottes der Heilung, ein Huhn schenkte. Es gibt aber eine andere, faszinierendere Möglichkeit – dass der Hahn für ihn selbst bestimmt war, dass Sokrates seinen Übergang von dieser erbärmlichen Welt in ein besseres Leben mit der Heilung einer Krankheit gleichsetzte. Sokrates' Hinrichtung machte ihn auf jeden Fall zum Märtyrer im Dienste der Phisosophie, Tugend und Meinungsfreiheit, ein fortdauerndes Beispiel für unzählige Menschen seit über 2400 Jahren.

Indem er die Pythagoreer heranzog, hatte Sokrates für die Existenz eines Naturrechts plädiert, eines universalen Ethikkodexes göttlichen Ursprungs, der zu allen Zeiten und für alle Gesellschaften gleichermaßen galt und sich durch menschliche Erkenntnis erkennen ließ. Er behauptete, dass es „ungeschriebene Gesetze" gebe, die von den Göttern formuliert und „gleichermaßen in jedem Land befolgt" würden. Die Pflicht, die Götter und die eigenen Eltern zu ehren, seien zwei von diesen Gesetzen. Die Menschen seien von Natur aus gut. Das Verständnis von Gut und Böse sei in der menschlichen Natur verankert und eher durch Erkenntnis zu erreichen als durch Vernunft (Logik) und Sinneswahrnehmung. Sokrates erklärte, der Körper sei dem Wissen ein „Hindernis". Er behauptete: „Am besten entwickeln sich die Gedanken, wenn die Seele von keinem dieser Sinne gestört wird – nicht vom Gehör, vom Blick, vom Schmerz oder Vergnügen; wenn sie den Körper verlässt, allein ist und ihr möglichstes tut, jegliche Berührung mit ihm zu vermeiden, nur dann streckt sich die Seele aus, um das, was wirklich echt ist, zu fassen."

Teilweise als Folge dieser Betonung des Primats der Erkenntnis über die Sinneswahrnehmung führte Sokrates ein völlig asketisches Leben. Er hatte Mitleid mit denjenigen, die ihr Leben unbedeutenden Dingen widmeten wie dem Geldverdienen. Er verkündete: „Ein Leben ohne Prüfung ist nicht lebenswert." (Bezeichnenderweise sagte er nicht: „Das ungeprüfte Leben ist nicht lebenswert", wie er oft falsch übersetzt worden ist. Es war genauso wichtig, andere zu prüfen wie sich selbst. Hätte Sokrates bloß sich selbst geprüft, hätte er keinen Ärger bekommen.) Er sagte einmal, andere Menschen schienen zu leben, nur um essen zu können, während er nur aß, um zu leben. As Sokrates einige Reiche zu sich in sein bescheidenes Haus einlud und seine Frau Xanthippe sich des Essens schämte, sagte er ihr: „Keine Sorge, wenn sie vernünftig sind, werden sie es sich gefallen lassen, und wenn sie nichtswürdig sind, brauchen wir uns nicht um sie zu kümmern." Als er einst über den Marktplatz ging, rief er: „Wie viele Dinge gibt's, die ich entbehren kann!"

Die sokratische (und platonische) Behauptung, dass Sinneswahrnehmung dem Wissen im Wege steht, stimmte freilich nicht mit Sokrates' ebenso berühmten Aussagen zur Bedeutung der Erziehung überein. Sokrates betonte (wie Platon) oft, dass Erziehung (ethische Übung, die Vernunft und Wahrnehmung in Anspruch nimmt) wesentlich für die Perfektionierung des angeborenen Guten im Menschen sei, eine Einsicht, die später das Kernstück des Stoizismus ausmachte.

Sokrates' Gleichsetzung von Tugend und Weisheit ließ auch das wesentliche Element der Willenskraft unbeachtet. Sokrates behauptete: „Gerechtigkeit und jede andere Form der Tugend ist Weisheit. [...] Derjenige, der das Schöne und das Gute kennt, wird nie etwas anderes wählen." Diese Formulierung schloss die Möglichkeit aus, dass man das Gute rational kennen, wegen der sinnlichen Verlockung des Bösen aber nicht erreichen könnte. So erzählt in Platons anrührendem *Gastmahl* ein rührseliger und durchaus berauschter Alkibiades dem Sokrates, er wisse, er solle tugendhaft sein, und er versuche es auch, schaffe es aber selten. Platon schien nicht zu merken, dass die Anekdote einen Denkfehler in der sokratischen und platonischen Theorie offenbart – einen Denkfehler, der nicht überrascht, da die griechische Überlieferung das jüdische Konzept der Erbsünde nicht kannte.

Platon (ca. 428–347 v. Chr.)

Zum Mindesten systematisierte und erweiterte Platon die sokratische Philosophie. Platon, ein Meisterringer (sein echter Name war Androkles; „Platon" war ein Spitzname, als Anspielung entweder auf seinen „umfassenden" Körper oder seine „breite" Stirn), war mit 20 Jahren Schüler des Sokrates geworden. Nach Sokrates' Hinrichtung verließ er Athen und reiste nach Süditalien und Sizilien. Dort lernte er von den Pythagoreern, besonders von Archytas von Tarent, die Bedeutung der Mathematik. Er kehrte anschließend nach Athen zurück, wo er 387 v. Chr. die Akademie gründete. In den Hainen ein paar Kilometer westlich von Athen gelegen, in unmittelbarer Nähe einer Kultstätte des örtlichen Helden Akademos, war die Akademie eine Schule höherer Bildung, die Philosophie, Astronomie, Biologie, Mathematik und politische Theorie unterrichtete. Sie blieb für fast ein Jahrtausend aktiv, bevor der byzantinische Kaiser Justinian sie 524 n. Chr. schloss.

Platonismus vereinigte in sich die Einsichten eines Heraklit mit denen eines Pythagoras. Platon behauptete, so wie früher Heraklit, die Sinnenwelt sei unvollkommen und befinde sich in ununterbrochenem Fluss. Die menschliche Kenntnis der materiellen Welt sei also begrenzt, nicht nur durch die Unvollkommenheit der Sinne, sondern auch wegen der fließenden Natur der Materie selbst. Platon glaubte jedoch auch, so wie Pythagoras, an eine andere, vollkommene Welt, an die „Welt der Formen", in der Ideen wie Schönheit und Gerechtigkeit ein reales und ewiges Leben führten. Die Sinnenwelt sei bloß ein Schatten, eine blasse Nachahmung der realen Welt, der Welt der Formen. Alle menschlichen Ideen, sei es von materiellen Gegenständen oder von abstrakten Konzepten, seien intuitive Darstellungen der immateriellen Formen, die auf einer anderen Ebene existierten. Ausgestreut über das ganze Universum, gestaltete der göttliche Geist unaufhörlich die Materie, in dem Bemühen, die schon vorhandenen Formen in der Sinnenwelt abzubilden. Durch ihre schon an sich unordentliche Natur widersetzte sich jedoch passiv die Materie der Ordnung, die der göttliche Geist zu schaffen versuchte; die materielle Welt, die sich so ergab, entsprach deshalb, obwohl sie die beste aller möglichen materiellen Welten war, nicht gänzlich der Formenwelt. Die menschliche Seele, unsterblich wie der göttliche Geist, die Formen und die Materie, war ein zergliedertes Stück aus dem göttlichen Geist, das vorübergehend einen aus Materie bestehenden Körper bewohnte.

Platons Ethiktheorie erwies sich als genauso Maßstab setzend wie seine Metaphysik. Sein System der vier Kardinaltugenden, Klugheit, Selbstzucht, Gerechtigkeit und Tapferkeit, ist nicht nur von den Platonisten, sondern auch von anderen philosophischen Schulen jahrhundertelang übernommen worden.

Enttäuscht von der demokratischen Regierung Athens, schon bevor sie seinen Mentor hingerichtet hatte, schrieb Platon 374 v. Chr. den *Staat*. In diesem Dialog legte er seine ideale Polis dar: Die Stadt wird von einer Aristokratie regiert, die aus hoch gelehrten „Wächtern" besteht und einen „Philosophenkönig" an ihrer Spitze hat. Da diese weisen Wächter fähig sind, das echte Gute (Wahrheit, Gerechtigkeit und Tugend, die nur durch philosophische Einsicht zugänglich sind) von dem falschen Guten (Reichtum, Macht und Prestige) zu unterscheiden, sehen sie in ihrer Regierungsfunktion eher eine Verpflichtung als eine Möglichkeit, sich zu bereichern.

Platon schrieb: „Jene Stadt, wo diejenigen, die sie regieren, am wenigsten geneigt sind, Herrscher zu sein, kann nicht anders als die bestgeführte sein.“ Die Wächter regieren im besten Interesse des Volkes, das in Krieger und Arbeiter geteilt ist. (Platon glaubte, Krieg sei Bestandteil des menschlichen Lebens, und schrieb: „Nur die Toten haben das Ende aller Kriege gesehen.“ Wenn man späteren Berichten glaubt, hatte Platon selbst im attischen Heer tapfer gekämpft.) Die drei Stände in Platons Staat entsprechen den drei Seelenteilen in absteigender Ordnung: Einsicht, Neigung zu Ehre und Neigung zur Begehrlichkeit. Platons System spartanischer Art stützt sich auf die Arbeitsteilung seiner Bürger, im Gegensatz zu der traditionellen griechischen Betonung der Vielseitigkeit.

Die Wächter kontrollieren alle Aspekte des Lebens, auch Ehe. Um Selbstsucht unter den Wächtern zu verhindern, wird ihr ganzes Hab und Gut in der Gemeinschaft geteilt; ihre Kinder werden ihnen bei der Geburt weggenommen und von allen Erwachsenen gemeinsam erzogen, so dass keiner wissen kann, welches das eigene Kind ist. Sobald Frauen nicht mehr gebärfähig sind, dürfen sie sich lieben, mit wem sie möchten. Alle unehelichen Kinder und die „fehlerhaft Geborenen“ werden bei der Geburt getötet. Die Wächter legen haargenau die angemessene Stellung jedes einzelnen Menschen in der Gesellschaft fest. Diejenigen, die in der Lage sind, die Natur der Formen zu begreifen und sie in konkreten Situationen zu verwenden – nämlich die Tugendhaften und die Weisen –, werden als zukünftige Wächter erzogen. Ihnen wird Mathematik und Logik beigebracht, welche die „reine Vernunft“ benutzen, um die unveränderliche Idee des Guten zu erfassen, sowie Sport, um physische Schwäche zu vermeiden. Ihnen ist verboten, „alles, was nicht perfekt ist“, zu lernen – nämlich alles, was mit der fehlerhaften und sich fortwährend ändernden materiellen Welt zu tun hat. Sie dürfen sich nicht betrinken oder faulenzen. Diejenigen, die bei den vielen intellektuellen und physischen Prüfungen, denen sie sich ihr ganzes Leben unterziehen müssen, scheitern, werden als ungeeignet zum Mitregieren zurückgestuft. Diejenigen, die alle Prüfungen bestehen, nehmen, wenn sie 35 Jahre alt sind, an der Stadtregierung teil. Mit 50 dürfen sie sich von den täglichen Verwaltungsgeschäften verabschieden. Die Starken und Tapferen werden zu künftigen Kriegern ausgebildet. Die Krieger haben keinen Privatbesitz und essen wie die Spartaner in gemeinsamen Speisesälen. Sie dürfen andere Griechen nicht als Sklaven nehmen oder ihren Besitz im Krieg brandschatzen. Der Rest der Bevölkerung wird in unterschiedlichem Gewerbe unterwiesen, je nach individueller Eignung.

Alle Bürger, Frauen eingeschlossen, fangen auf derselben Stufe an, um bis zur Grenze ihrer jeweiligen Fähigkeiten ausgebildet zu werden. Platon behauptete, Männer und Frauen „unterscheiden sich nur in einem Punkt, dass der Mann zeugt, während die Frau das Kind trägt". Er fügte hinzu: „Keine Handlungsweise oder Aufgabe im städtischen Leben gehört einer Frau als Frau an sich oder einem Mann als Mann an sich; die unterschiedlichen Begabungen sind unter beiden Geschlechtern gleich verteilt." Platon selbst hatte einige außergewöhnlich begabte Frauen in seine Akademie aufgenommen.

Um die Verbreitung der Sittenlosigkeit zu verhindern, wachen die Wächter über jedes Kunstschaffen, da Kunst das irrationale Element der Seele anspricht. Zwar ist Emotion an sich nicht schlecht, sie muss aber so gestaltet und genutzt werden, dass sie Tugend und nicht Laster hervorbringt. Zu diesem Zweck sollen die Götter als ehrlich, friedfertig, tugendhaft und unveränderlich gezeichnet werden. Kindern sollte immer beigebracht werden, dass Tugend zum Glück führt, Laster zum Unglück. Um Wächter und Krieger tapfer zu machen, muss man ihnen eintrichtern, dass das Leben nach dem Tod gut ist. Von den Musikinstrumenten sind nur die einfache Leier und die Harfe erlaubt, von den Liedern und Dichtungen nur Hymnen an die Göttern und Lobpreisungen des Guten. Maler, Architekten und sogar Möbelhersteller sollen ermahnt werden, damit ihre Werke Schönheit und Harmonie ausstrahlen. Platon bekundete: „Zu hassen, was man hassen sollte, und zu lieben, was man lieben sollte: das ist wahre Bildung."

Mit seinem Staat wollte Platon die Idealform der Polis entwerfen. Wegen ihrer Natur jedoch kann man Formen in der unvollkommenen Sinnenwelt nur nahe kommen. Trotzdem sind sie wichtig als Modelle. Die Rolle des Staatsmannes ist also, die Form oder das Ideal der Polis so zu nutzen, wie ein Maler seinen Gegenstand benutzt, um ein Ziel zu erreichen, obwohl es nie vollkommen in der materiellen Welt wiedergegeben wird. Um seinem Ideal auch nur nahe zu kommen, muss der Staatsmann, so wie der Maler, seine Materialien bis ins Detail kennen, samt ihren Begrenzungen und ihrer Verwendung. Obwohl Platon also bewusst war, dass sein idealer Staat nicht gänzlich in der Sinnenwelt reproduziert werden konnte, war er zuversichtlich, dass ein weiser Staatsmann unter günstigen Umständen sich ihm mindestens nähern konnte. In der Tat schloss Platon den *Staat* mit einer bedeutsamen Bemerkung über die Aussichten, einen Staat wie derjenige, den er gerade beschrieben hatte, zu errichten: „Wirklich schwer zu schaffen, aber irgendwie möglich." Platon erklärte, eine Polis wie sein Staat könne geschaffen werden, wenn man die Kinder von ihren Eltern im frühen Alter wegnehme und in die Landschaft bringe, um sie, wie es sich gehört, zu trainieren.

Auf Druck seiner Freunde nahm Platon 367 v. Chr. die Einladung Dionysios' I., des Tyrannen von Syrakus, an, als Tutor seinem Sohn Dionysios II. zu dienen. Entweder weil er der Rügen Platons über die Gefräßigkeit und Promiskuität des syrakusanischen Hofes überdrüssig wurde oder aber aus politischen Gründen verkaufte der Tyrann Platon in die Sklaverei. Ein Freund kaufte den Philosophen frei, und er kehrte heim.

Platon verfasste anschließend eine Reihe praxisorientierter Traktate über Politik, darunter die einflussreiche Theorie der Mischverfassung. In den *Gesetzen* legte Platon einen Gesetzeskodex für eine kleine Stadt dar, die angeblich in Kreta gegründet werden sollte. Er führte aus, es gebe drei Grundformen der Verfassung: Monarchie (Alleinherrschaft), Aristokratie (Herrschaft der Wenigen) und Demokratie (Herrschaft der Vielen). Jede dieser Formen zerfalle jedoch mit der Zeit. Die Monarchie entarte zu Tyrannei, Aristokratie zu Oligarchie und Demokratie zu Ochlokratie (Pöbelherrschaft). Platon schlug daraufhin vor, die beste Verfassung solle am ehesten eine gemischte sein, so dass sie die Macht des Einzelnen, der Wenigen und der Vielen im Gleichgewicht halte. Platons Theorie der Mischverfassung wurde eine der maßgeblichsten Theorien in der abendländischen Geschichte.

Obwohl die *Gesetze* von dem *Staat* darin abwichen, dass sie für eine Mischverfassung statt für eine Oligarchie der Wächter plädierten, behielten sie trotzdem ein Großteil der Strenge vom *Staat*. Bürger unter 40 durften nicht verreisen, damit sie nicht durch ausländischen Luxus verdorben werden könnten. Einzige Ausnahme waren die olympischen Athleten, da ihre Anstrengungen der Stadt Ruhm einbrachten. Atheismus und ritualistische Religionen sollten verboten sein; Religion würde sich nur auf den Glauben an die Götter und die Tugend stützen. Die Andersdenkenden würden, soweit sie gefügig zum Lernen waren, umerzogen werden, die Unnachgiebigen jedoch verhaftet oder getötet.

Platons literarisches Talent war so bemerkenswert, dass seine Prosa oft mit der Dichtung Homers verglichen worden ist, was eigentlich das Ziel war, dem er nacheiferte. Sein eleganter und vielseitiger Stil reichte vom Heiteren zum Erhabenen, mit häufigen poetischen Allegorien zur Vermittlung der sonst unsagbar tiefen Gedanken. Sein Lob des moralischen Lebens („Falls ich einmal entscheiden müsste, entweder andere zu tadeln oder selbst getadelt zu werden, würde ich mich dafür entscheiden, selbst getadelt zu werden.“) brachte ihm eine herausragende Stellung in der abendländischen Philosophie ein. Platons Schüler Aristoteles schrieb über ihn: „Er war der Einzige, mindestens der Erste, der durch seine Worte und durch seinen Lebenswandel zeigte, wie ein Mensch gleichzeitig gut und glücklich werden kann.“ Cicero fügte später hinzu, wenn Gott sich einmal entscheiden würde, in menschlichen Worten zu sprechen, würde er wie Platon schreiben. Platon wurde in einem Garten bei seiner geliebten Akademie bestattet.

Platons griechische Gegner

Alle Philosophen seit Platon haben sich mit seinen Ideen auseinandersetzen müssen. Manche haben sie sich zu Eigen gemacht, manche haben sie modifiziert und manche haben sie verworfen, keiner jedoch hat sie unbeachtet lassen können. Alle anderen einflussreichen Philosophien sind tatsächlich aus dem Versuch entstanden, Platon zu verwerfen.

Aristoteles (384–322 v. Chr.)
Aristoteles, Platons Meisterschüler, zog im Alter von 17 Jahren von Stageira (in Chalkidien) nach Athen. Sein Vater hatte Philipp II., dem König von Makedonien, als Arzt gedient. Aristoteles unterrichtete in der Akademie, bis Platon starb und die Akademie an Platons Neffen Speusippos überging. (Einige Historiker glauben, Aristoteles hätte Athen noch vor Platons Tod, wegen der antimakedonischen Stimmung in der Stadt, verlassen.) 335 v. Chr. kehrte Aristoteles nach Athen zurück und eröffnete das Lykeion, eine rivalisierende Schule in der Nähe des Tempels des Apollon Lykeios.

Aristoteles' Philosophie ist in zwei großen Werken dargelegt worden, der *Metaphysik* und der *Nikomachischen Ethik*. Von seinem Sohn Nikomachos herausgegeben, ist die *Ethik* der erste einschlägige Traktat, der je geschrieben wurde. Aristoteles' Vorstellung des Hauptantriebs oder der ersten Ursache war die einer vollkommenen, unsterblichen und unveränderlichen Einheit, nicht jedoch einer, die in die natürlichen Prozesse eingriff. Er behauptete, alles Wissen komme vom Lernen: „Es gibt nichts im Intellekt, das nicht vorher in den Sinnen war.“ Er bestritt die Existenz der Erkenntnis und des angeborenen Guten, indem er andeutete, Tugend sei das Ergebnis der rationalen Übung und Gewohnheit. Aristoteles behauptete: „Wir sind nicht von der Natur gut oder böse gemacht worden.“

Aristoteles bezeichnete Tugend allgemein als die „Goldene Mitte“, den rationalsten Punkt zwischen Extremverhalten (z.B. die Mitte zwischen Furchtsamkeit und Unbesonnenheit, Enthaltsamkeit und Zügellosigkeit, Selbstverachtung und Eitelkeit), obwohl er bemerkte, dass einige Emotionen (wie Neid) und Taten (wie Ehebruch) grundsätzlich falsch seien. Manchmal steht die „Mitte“ eigentlich einem Extrem näher; so steht die Tugend des Mutes der Unbesonnenheit näher als der Furchtsamkeit. Aristoteles gab zu: „Es ist nicht einfach, die Mitte zu finden. […] Darum ist das Gute selten, lobenswert und erhaben.“

Für Aristoteles bestand Tugend nicht aus der rigiden Anwendung jener vollkommenen moralischen Gesetze, nach denen Sokrates und Platon suchten, sondern aus einem schwierigen täglichen Kampf, die möglichen Folgen des eigenen Verhaltens in einem gegebenen Kontext zu erkennen. Eine Tat könne moralisch in einem Fall und unmoralisch in einem anderen sein. So sehr Aristoteles die Bedeutung des Kontexts hervorhob, war er doch kein extremer Relativist: Er glaubte, es sei, obwohl die Ethik kontextabhängig war, noch immer möglich, aus den konkreten Erfahrungen das angemessene Verhalten für jede bestimmte Situation herzuleiten. Er hing nicht dem extremen Relativismus an, nach dem jede Tat genauso moralisch oder unmoralisch ist wie die andere.

Aristoteles stimmte mit Sokrates und Platon überein, dass die Belohnung für Tüchtigkeit das irdische Glück durch Selbstachtung und Achtung der anderen sei; genauso sei Unglück die Strafe für Laster. Aristoteles behauptete: „Böse Menschen sind von Reue zerfressen." Während Aristoteles sich über die Existenz eines Lebens nach dem Tod nicht äußerte, betrachtete er offensichtlich das irdische Glück als die allerhöchste Belohnung.

Wenn irdisches Glück von Tugend und wenn Tugend von rationaler Übung und Gewohnheit abhängt, wie Aristoteles behauptete, dann müssen die Polis und der Freund dazu prädestiniert sein, dem Individuum bei seiner Suche, tugendhaft zu werden, mit der Ermunterung zu helfen, die angemessenen Gewohnheiten anzunehmen. Aristoteles fasste eine jahrhundertelange griechische Tradition zusammen, als er schrieb: „Gesetzgeber machen die Bürger gut, indem sie ihnen Gewohnheiten beibringen [...], und das ist es, was eine gute von einer schlechten Verfassung unterscheidet." Da Tugend so schwer zu erreichen wie unentbehrlich sei, sei das nur durch gegenseitige Hilfe zu erreichen. Die Polis, in der man wohne, und die Gesellschaft, die man pflege, seien entscheidend dafür, ob man tugendhaft, also glücklich, oder nicht werde. Diese Logik erklärt, warum antike Staatsphilosophen immer wieder das Verbot von unmoralischem Verhalten so stark betonten. Sittenlosigkeit galt ihnen als Krebsgeschwür, das wachsen würde, bis es die gesamte Gesellschaft ins Verderben stürzte, und das Individuum hätte dabei keine Möglichkeit, ein moralisches Leben zu führen. Es wäre absurd zu vermuten, dass individuelle Sittenlosigkeit keinen Einfluss auf gesellschaftliche Tugend hätte oder umgekehrt. Kein Mensch sei eine Insel. Aristoteles verkündete: „Der Mensch ist ein soziales Lebewesen, dessen Natur es ist, mit anderen zusammenzuleben." Die Gesellschaft komme vor dem Individuum. Die Polis sei ein Körper, jedes Individuum ein Glied. Tugendhafte Freunde seien „die größten äußerlichen Güter", weil sie einem helfen, Tugend zu erreichen. Aristoteles schrieb: „Wenn ein Freund böse wird, ist es nötig, ihn zurück zur Güte zu führen. Denn es ist eine bessere und liebevollere Tat, ihm zu helfen, seinen Charakter zu stärken, als ihm zu helfen, Reichtum anzusammeln." Freunde seien durch die engsten Bande einander verbunden. Als er gefragt wurde: „Was ist ein Freund?", antwortete Aristoteles: „Eine Seele mit Sitz in zwei Körpern."

Aristoteles' *Politik* machte Platons Theorie der Mischverfassung unsterblich. In seiner Analyse der politischen Systeme von 158 Poleis nannte Aristoteles zahlreiche konkrete Beispiele gemischter Systeme in der Antike. Als „Mischverfassung" bezeichnete Aristoteles das politische System von Sparta. Spartas Status als Mischverfassung ist jedoch fragwürdig, da die Macht der spartanischen Könige und der spartanischen Majorität nicht ausgereicht zu haben scheinen, um die Macht der Ältestenräte zu begrenzen. In der Tat scheint Aristoteles dies selbst verstanden zu haben, da er über die Ältesten bemerkt: „Die Entbindung davon, Rechenschaft für ihre Taten abzulegen, und ihre lebenslange Amtsdauer sind Privilegien, die ihre Verdienste übertreffen." Er fügte hinzu: „Die Tatsache, dass die Menschen, die kein Amt innehaben, stillhalten, ist kein Beweis für die Richtigkeit dieses Verfahrens."

Aristoteles' berühmte Weiterentwicklung von Platons Theorie der Mischverfassung steuerte in hohem Maße zur Etablierung eines Mischsystems in den USA unter den Auspizien der US-Verfassung bei. Auf der verfassunggebenden Versammlung riefen Alexander Hamilton und andere Gründerväter Aristoteles zum Zeugen an für die Notwendigkeit, eine Mischverfassung einzuführen. So tarierten die Staatsgründer die Macht der Bundesregierung zwischen dem Einen (dem Präsidenten), den Vertretern der Wenigen (dem Senat) und den Vertretern der Vielen (dem Repräsentantenhaus) aus.

Aristoteles behauptete auch als erster politischer Denker, dass eine breite Mittelschicht für ein republikanisches System von großer Bedeutung sei. Er meinte, denjenigen, die gerade durchschnittlich gute Einkünfte hätten, fehle es an der Arroganz der Reichen und dem Neid der Armen. Da sie obendrein „weder so viel Besitz haben, um die Muße ohne jegliche Arbeitssorgen zu genießen, noch so wenig, als dass sie von öffentlicher Hilfe abhängig wären", würden sie „eher danach verlangen, dass das Gesetz für sie herrscht", als dass sie die Gesetze ständig umstürzten. Sie hätten „kaum die Neigung, entweder ein Amt abzulehnen oder zu begehren, und beide Richtungen sind gefährlich für die Poleis". Aristoteles zeigte aber deutlich, dass die Mittelschicht, die er im Sinne hatte, aus Bauern bestand, nicht aus Kaufleuten und Händlern, die er wegen ihrer Profitgier verachtete.

Unglücklicherweise enthielt die *Politik* auch eine einflussreiche Verteidigung der Sklaverei. Für Aristoteles sind einige dazu geboren zu führen, andere zu folgen: „Derjenige, der aufgrund seiner Intelligenz fähig ist, den Blick in die Zukunft zu richten, hat selbstverständlich das Zeug zum Regieren und zum Herrschen; derjenige, der aufgrund seiner körperlichen Kraft fähig ist, die physische Arbeit zu verrichten, wird beherrscht, und das selbstverständlich in der Rolle von Sklaven." So wie der Sinn den Körper beherrschen solle, so sollten auch diejenigen mit dem tüchtigeren Verstand diejenigen mit dem tüchtigeren Körper beherrschen. Aristoteles koppelte Sklaverei mit der universalen Herrschaft der Menschen über Tiere, Erwachsene über Kinder, Männer über Frauen: allesamt Machtbeziehungen, die er als gleichermaßen natürlich und selbstverständlich erachtete. Gleichwohl gab er zu, die Herrschaft der Männer über die Frauen solle der Herrschaft eines Staatsmannes über seine Mitbürger näher stehen als derjenigen eines Monarchen über seine Untertanen. Die Sklaverei sei natürlich und vorteilhaft für die Sklaven: „Diejenigen, deren Funktion es ist, ihren Körper zu nutzen, wobei das Höchste, was man von ihnen erwarten kann, die physische Arbeit ist, sind von der Natur aus Sklaven, und das Beste für sie, wie für alle anderen untergeordneten Dinge, die ich erwähnt habe, ist es, beherrscht zu werden.“ Der Herr unterscheide sich von seinem Sklaven nicht nur durch seine größere Vernunft – obwohl Aristoteles eingestand, dass in der Praxis der Sklave manchmal klüger als der Herr war –, sondern auch durch seine stärkere Liebe zur Freiheit. Aristoteles meinte, dass, wer immer es zulasse, versklavt zu werden, anstatt sich das Leben zu nehmen, nicht die Leidenschaft zur Freiheit besitze, die den Bürger eines demokratischen Gemeinwesens auszeichne: „Wer in der Lage ist, einem anderen zu gehören, ist von der Natur aus ein Sklave, deswegen gehört er auch einem anderen.“ Manchmal schien Aristoteles, so wie Platon, anzudeuten, dass es, obwohl es nicht richtig sei, andere Griechen zu versklaven, doch angemessen sei, dasselbe mit „Barbaren“ zu tun, die „natürliche Sklaven“ seien – eine Doktrin, die Alexander, Aristoteles' Schüler, bei seiner Eroberung des Perserreiches von Nutzen war. Sklavenbesitzer in allen Epochen der abendländischen Geschichte fanden für sich eine mächtige Waffe in Aristoteles' Verteidigung der Sklaverei.

Aristoteles, der vielleicht der vielseitigste Philosoph der menschlichen Geschichte war, gestaltete eigenhändig den abendländischen Lehrplan und bestimmte seine unterschiedlichen Studienbereiche. Seine Besessenheit und sein ungeheures Talent für Kategorisierung erwuchsen aus seinem Glauben an die göttlich gefügte Ordnung des Universums und an ihre Erreichbarkeit durch die menschliche Vernunft. Sein *Organon* (Instrument oder Werkzeug) und seine *Rhetorik* sind für über zwei Jahrtausende die klassischen Lehrbücher für das Studium der Logik beziehungsweise Rhetorik gewesen. Der „Vater der Zoologie“ untersuchte Anatomie, Brutgewohnheiten und Wanderzüge von 540 Tierarten. Mit Recht wies er die verbreitete Meinung zurück, dass gewonnene Eigenschaften (wie Vergrößerung der Muskeln durch Anstrengung) erblich bedingt seien. Er war der erste Biologe, der Tiere in nennenswertem Umfang sezierte. Aristoteles schrieb über Mathematik, Astronomie, Physik, Meteorologie, Geologie, Chemie, Anatomie, Geschichte und Literaturwissenschaft. Seine *Poetik* war die erste systematische Abhandlung über Ästhetik.

Aristoteles' Stil erscheint bisweilen trocken und gewunden, weil die meisten seiner Werke, die uns erreicht haben, in der Form von Vorlesungsnotizen fixiert sind. Die Werke, die er für die Öffentlichkeit schrieb, seine Dichtungen und Dramen, haben nicht überlebt. Der gewundene Stil erwächst auch aus seiner äußersten Hingabe an die Wahrheit, die ihn veranlasste, ergebnislose Erörterung der Probleme künstlichen Ergebnissen vorzuziehen. Er erläuterte stets den Sachverhalt und wurde gleichzeitig seiner Komplexität gerecht, was die schwierigste Aufgabe eines Wissenschaftlers ist.

Es gibt kaum ein Wissensgebiet, das Aristoteles nicht beeinflusst hat. Ein antiker Autor schätzte die Zahl seiner Werke auf 400, ein anderer auf 1000, obwohl nur 47 bis heute überdauerten. Mittelalterliche Theologen, wie Thomas von Aquin, nannten Aristoteles „den Philosophen" und „den Meister derer, die etwas wissen". Im Mittelalter war sein Einfluss tatsächlich zu groß geworden: Die Suche nach der Wahrheit, der er sein ganzes Leben verschrieben hatte, wurde durch die fanatische Art gehindert, in der seine Nachfolger an seinen Fehlern in Astronomie und Physik festhielten. (Er behauptete, die Erde liege im Zentrum des Universums, Bewegung brauche eine dauernde Kraft und schwerere Gegenstände würden schneller als leichtere herunterfallen.) Im Gegensatz zu einigen seiner Nachfolger blieb Aristoteles stets bescheiden. Für sich schrieb er: „Zwar tragen wir als Einzelne wenig oder nichts zur Wahrheit bei, durch die Verbindung von uns allen jedoch kommt eine gute Menge zusammen."

Mit der Behauptung, die materielle Welt sei weniger real als die Welt der Formen, hatte der Platonismus die Reflexion über die Beobachtung gestellt. Dadurch, dass er die materielle Welt als endgültige Realität verkündete, die sich zwar entwickelte, aber doch nach regelhaften Gesetzmäßigkeiten, und deren Funktionsprinzipien von der menschlichen Vernunft wahrzunehmen und zu entdecken waren, stellte Aristoteles die Bedeutung des empirischen Wissens wieder her. Ralph Waldo Emerson schrieb einst, jeder Mensch sei entweder Nachfolger Platons oder Aristoteles'. Beide steuerten Außerordentliches zu den modernen Naturwissenschaften bei – Platon zu ihrer Betonung der Mathematik, Aristoteles zu ihrer Betonung der empirischen Beobachtung.

Die Stoiker

Zenon, ein großer, hagerer Phönizier aus Kition auf Zypern, der 310 v. Chr. während einer Handelsreise in Athen Schiffbruch erlitten hatte, gründete die Philosophie der Stoa. Der Name kommt von der Stoa Poikile (Bunte Säulenhalle), einer öffentlichen Halle in der Stadt, wo Zenon lehrte.

Die Stoiker glaubten, die gesamte Realität sei materiell. Während die Grundmaterie aber passiv sei, sei der Logos, oder die Weltseele, eine feinere Art von Materie, der aktive und Leben spendende Teil des Universums. Von Platon inspiriert, glaubten die Stoiker, dass menschliche Seelen Fragmente dieser gemeinsamen Weltseele seien, eines Bewusstseins, das sich durch das Weltall verbreitete, um das Universum zu schaffen und zu erhalten. Die Weltseele habe über die Jahrhunderte viele Namen erhalten, darunter „Gott“, „Schicksal“ und „Zeus“. Die Götternamen bedeuteten nur die unterschiedlichen Attribute der Weltseele. Die Seele jedes Einzelnen, die ein intuitives Verständnis der ewigen Wahrheiten der Weltseele habe, könne von der Weltseele nach dem Tod wieder völlig absorbiert werden, wenn man sie im Leben gut gepflegt habe. Die Weltseele schaffe und zerstöre das Universum in einem ewigen Zyklus; dann und wann werde das Universum durch Feuer zu Asche gemacht, und ein anderes Universum entstehe, in dem dieselben Ereignisse sich wiederholten.

Die Stoiker glaubten an die geistige Gleichheit aller Menschen. Während die meisten zeitgenössischen Religionen und Philosophien ihrer Natur nach hierarchisch waren, betrachteten die Stoiker Frauen und Sklaven als geistig den freien Männern gleichstehend.

Die Stoiker waren auch Fatalisten. Sie glaubten, das Universum sei eine unendliche Kette der Ursächlichkeit, wie ein Fluss, dem es beschieden ist, in eine bestimmte Richtung zu fließen. Da es zwecklos war, gegen den unerbittlichen Strom des Universums anzukämpfen, lautete die Devise der Stoiker, man müsse solche Schwierigkeiten wie Schmerz, Trauer und Tod duldsam ertragen.

Die Stoiker glaubten, irdisches Glück sei die Belohnung für Tugend. Der Mensch, der sich mit schlechten Taten gegen den natürlichen Fluss des Universums stemme, könne nicht in Frieden mit sich selbst und mit den anderen sein. Die Früchte der Tugend seien Selbstachtung und die Achtung des anderen – Grundbedingungen des menschlichen Glücks.

Indem sie auf das Werk von Pythagoras, Sokrates und Platon aufbauten, waren die Stoiker die ersten, die das Konzept des Naturrechts zur Reife brachten und seine Bedeutung hervorhoben. Kleanthes von Assos (ca. 331–232 v. Chr.), Schüler Zenons und früherer Ringkämpfer, der seinen Lebensunterhalt dadurch verdiente, dass er abends Gärten bewässerte und Getreide mahlte, lehrte, dass Tugend darin bestand, „in Harmonie mit der Natur zu leben und die richtige Vernunft zu üben“.

Die Stoiker nahmen im Hinblick auf das Funktionieren des Naturrechts eine mittlere Linie zwischen Platon und Aristoteles ein. Obwohl die Stoiker mit Platon übereinstimmten, dass die Menschen von Natur aus eine Empfänglichkeit für Tugend hätten, bestritten sie, dass das Naturrecht nur durch Erkenntnis erfassbar sei; Erkenntnis sei auf Vernunft angewiesen, die ihrerseits die Sinnesinformationen verarbeitete. Maryanne Cline Horowitz fasste diesen Aspekt der stoischen Philosophie treffend zusammen: „Sie glaubten, der Verstand sei von Geburt an empfänglich für bestimmte Ideen, die noch nicht bewusst geworden sind. Diese Ideen werden durch den Reiz der Wahrnehmungen und die Entwicklung der Vernunft hervorgerufen und entwickelt." Zenon beschrieb die menschliche Seele als einen Funken aus der „Großen Flamme" (Weltseele), die durch schlechte Erziehung gelöscht werden könne. Die Stoiker übten großen Einfluss auf die Römer und auf die Gründerväter der USA, deren Bill of Rights [die ersten zehn Zusatzartikel zur Verfassung – Anm. d. Übers.] das Ergebnis einer langen Tradition ist, die auf das stoische Konzept des Naturrechts zurückzuführen ist.

Die Epikureer

Sohn athenischer Eltern, zog Epikur (341–270 v.Chr.) von Samos um 307 v.Chr. nach Athen. Er stimmte mit dem Leitprinzip der platonischen, aristotelischen und stoischen Philosophien überein: Irdisches Glück sei die Belohnung für Tugend. In einem seiner drei erhaltenen Aufsätze, in Briefform verfasst, behauptete er: „Die Tugenden sind mit dem angenehmen Leben verwachsen und das gute Leben ist von ihnen untrennbar. [...] Der gerechte Mensch genießt die größte seelische Ruhe, während der ungerechte voll der höchsten Unruhe ist."

Wie Demokrit, der ihn sehr beeinflusste, bestritt Epikur jedoch die Existenz alles anderen außer Materie und Leere. Das Universum sei ewig, obwohl es viele sterbliche Welten berge, einige davon empfänglich für Leben und andere nicht. Epikur glaubte, die Götter seien materielle Wesen, obwohl sie aus einer derjenigen der Menschen überlegenen Art Materie bestanden, und mischten sich nicht in die menschlichen Angelegenheiten ein. Er sagte: „Das, was glücklich und unvergänglich ist, stört sich weder selbst noch stört es die anderen." So etwas wie Erkenntnis, Geist oder Seele gebe es nicht. Epikur schrieb: „Vernunft muss sich auf die Sinneswahrnehmung stützen, wenn sie versucht, das Unbekannte aus dem Bekannten abzuleiten." Auf der Basis der durch die sinnliche Wahrnehmung gewonnenen Informationen müssten Menschen ihre Vernunft einsetzen, um aus der Natur solche moralischen Gesetze abzuleiten, die wesentlich für irdisches Glück seien, und sie durch Erfahrung zu überprüfen.

Epikurs Lehrsatz, dass moralische Prinzipien überprüft werden müssten, um ihre Folgen festzustellen, führte ihn nicht zum moralischen Relativismus. Da das Universum wohlgeordnet sei, vermutete Epikur, dass menschliche Erfahrung auf natürliche Weise gewisse moralische Regeln anderen vorzöge. Durch Vernunft und Erfahrung (empirische Methode) also würden die Menschen in dieselbe Richtung gelangen – tatsächlich in die Richtung der vier Kardinaltugenden, die Platon benannt hatte.

Epikur stimmte mit den Stoikern darin überein, dass Glück durch einen Seelenzustand erreicht werden könne, der weder durch überflüssige Lust beunruhigt noch vermeidbaren Beschwerden und Schmerzen ausgesetzt ist, und er nannte ihn „Ataraxia“. Die Ataraxia ihrerseits kann nur dadurch erreicht werden, dass man den Körper vom Schmerz befreit, ein mäßiges Leben führt und die Seele von der Furcht vor den Göttern und dem Tode befreit. Versuchten die Stoiker, die Furcht vor dem Tod zu verringern, indem sie seine Unvermeidbarkeit (warum sich um etwas kümmern, das man nicht ändern kann?) und seine Güte (Tod bedeutete einfach Wiedervereinigung mit der Weltseele) betonten, so versuchte Epikur, dasselbe Ziel zu erreichen, indem er predigte, Tod sei bedeutungslos und deshalb nicht zu fürchten: „Der Tod, als das größte Übel [betrachtet], betrifft uns nicht. Solange wir da sind, ist der Tod nicht da, und wenn der Tod da ist, sind wir nicht mehr.“

Die Epikureer predigten ferner Rückzug von Geschäften, Politik und romantischer Liebe, da sie alle geeignet seien, die Seelenruhe zu stören. Epikur schrieb: „Man muss sich von dem Gefängnis der Politik befreien.“ (Trotz ihrer identischen Sorge, die Ruhe zu bewahren, bezweifelten die Stoiker, dass man sie bewahren könne, wenn man die eigene Verantwortung, am öffentlichen Leben teilzunehmen, missachtete.) Wie die Stoiker brandmarkten auch die Epikureer den Luxus, da sein Wegfallen zu Unglück führte, und traten für einen Glauben an moralische Gleichheit ein.

Anders als die Stoiker glaubten die Epikureer an den freien Willen. Nicht alles sei geplant; es gebe ein Element des Zufalls im Universum. Einzelne Atome wichen manchmal geringfügig, ohne einen Grund, von ihren üblichen Falllinien ab.

Kritikern der Philosophie Epikurs gelang es, sie als vulgären „Hedonismus“ zu brandmarken, als eine Apologie des körperlichen Vergnügens. Zwar trifft diese Charakterisierung das wahre Wesen seiner Lehre überhaupt nicht, doch lieferte seine Verwendung des Wortes „hedone“, das „Glück“ oder „Lust“ bedeuten kann, seinen Verleumdern willkommene Munition. Epikur selbst beklagte sich über diese Verleumdung:

„Wenn wir also sagen, die Lust sei das Ziel, dann reden wir nicht von den Vergnügungen der Schlemmer und von den Lüsten, die im Genuss liegen, wie einige Unwissende oder Gegner oder Böswillige meinen, sondern davon, dass man dem Leibe nach [durch mäßiges Leben] ohne Schmerzen und der Seele nach frei von Erschütterungen ist. Denn nicht Trinkgelage und lärmende Umzüge, nicht der Genuss von Knaben und Frauen, auch nicht der von Fischen und den übrigen Dingen, die eine prächtige Tafel bietet, erzeugen das angenehme Leben, sondern nüchterne Abwägung, die

die Gründe alles Verfolgens und Meidens aufspürt und die Meinungen vertreibt, aufgrund deren die meiste Unruhe die Seelen erfasst. [...] Es ist nicht möglich, angenehm zu leben, ohne vernünftig und schön und gerecht zu leben."[3]

Thomas Jefferson, John Stuart Mill und viele andere haben im Lauf der abendländischen Geschichte unterschiedliche Formen des Epikureismus angenommen.

Skeptizismus

Obwohl sie über diverse Fragestellungen, welche die Natur der Menschen und der Götter betrafen, voneinander abwichen, teilten die Philosophien von Platon, Aristoteles, den Stoikern und Epikur ihren Optimismus angesichts der Fähigkeit der Menschen, das Naturrecht zu begreifen und dadurch tugendhaft zu werden und irdisches Glück zu erreichen. Eine Minderheit von griechischen Philosophen, Skeptiker genannt, behauptete jedoch, Menschen könnten niemals die Wahrheit finden, sei sie moralisch oder nicht. Erkenntnis gebe es nicht, menschliche Vernunft sei hoffnungslos brüchig und die Sinne seien oft täuschend. Da das Universum stets im Fluss sei, und die Menschen eher untrennbarer Teil dieses Flusses als seine sachlichen Beobachter seien, sei es ihnen unmöglich, die wahre Natur des Universums kennen zu lernen. Menschen seien wie Schwimmer, die von Stromschnellen stromabwärts getrieben werden, während sie sich schmeicheln, dass sie ein genaues Bild im Kopf hätten, wie der gesamte Fluss von oben aussehen könnte.

Skeptizismus als Philosophie formulierten zum ersten Mal die Sophisten des 5. Jahrhunderts v. Chr. Die Sophisten waren wandernde Lehrer, die gegen ein Honorar unterrichteten. Sokrates, der nie Geld für seinen Unterricht annahm, nannte sie „Prostituierte der Weisheit". Sie hielten sich fern von den „nutzlosen Spekulationen" über das Universum und die Götter und unterrichteten stattdessen solche „praktischen" Fächer wie Rhetorik, Logik und Staatskunst. Sie waren sehr gefragt bei dem entstehenden Mittelstand, der sich seiner mangelnden Bildung bewusst war.

Die Sophisten waren moralische Relativisten. Protagoras von Abdera in Thrakien, einer ihrer führenden Philosophen, bekundete: „Der Mensch ist das Maß aller Dinge" – eine klare Aussage des moralischen Relativismus und der Ablehnung des Naturrechts. (Platon antwortete später: „Für uns ist Gott das Maß aller Dinge.") Protagoras war Freund des Perikles, der ihn auswählte, um die Verfassung für die Kolonie Thurioi auszuarbeiten. Protagoras' Behauptung, „Hinsichtlich der Götter kann ich nichts erken-

[3] Diogenes Laertius, Leben und Meinungen berühmter Philosophen, übersetzt von O. Apelt, Berlin 1967, S. 131–132.

nen, weder ob sie existieren noch ob sie nicht existieren noch von welcher Gestalt sie sind", trug zu seiner Verbannung aus Athen und zur Verbrennung seiner Schriften auf der Agora bei. Wiederum jedoch war der Beweggrund hauptsächlich politischer Natur; Perikles' politische Gegner verbannten fast alle seine Freunde, denn das war der einzige Weg, sich an ihm zu rächen. Protagoras bestritt die Existenz der platonischen Erkenntnis, indem er behauptete, das gesamte Wissen entstamme der Vernunft und der Sinneswahrnehmung, und beide seien unvollkommen.

Andere Sophisten lehrten, dass menschliche Gesetze willkürlich und wenig Respekt einflößend seien – ein radikaler Bruch mit der griechischen Wertschätzung des Gesetzes. Gorgias von Leontinoi behauptete erstens, dass es nichts gibt; zweitens, dass selbst wenn es etwas gäbe, die Menschen es nicht verstehen würden; und drittens, dass selbst wenn sie es verstünden, sie es nicht würden mitteilen können. Er lehrte Rhetorik und lachte über diejenigen, die behaupteten, Tugend zu lehren. Antiphon, ein anderer Sophist, schien solchen Relativismus seiner logischen, geradezu machiavellistischen Schlussfolgerung entgegenzuführen, als er verkündete: „Es ist sehr nützlich, sich gerecht zu verhalten, wenn Zeugen dabei sind; wenn aber keine Möglichkeit besteht, ertappt zu werden, braucht man nicht gerecht zu sein."

Diogenes der Kyniker (ca. 412–323 v. Chr.), der berühmteste Skeptiker, war Sohn eines reichen Bankiers aus Sinope auf der Halbinsel Krim. Vater und Sohn begaben sich nach Athen, nachdem sie wegen „Währungsmanipulation" aus der Heimat vertrieben worden waren. Diogenes war der Erste, der den berühmten Satz prägte: „Habsucht ist der Ursprung [Mutterstadt] aller Übel." (Der Apostel Paulus paraphrasierte dies folgendermaßen: „Die Wurzel aller Übel ist die Habsucht", in Tim. 6: 10.)

Diogenes sagte den allgemeinen Bräuchen und Werten den Kampf an und lebte in einem großen Tonfass. Die Idee entnahm er der selbstgenügsamen Schnecke. Der Name „Kyniker" kam in der Tat von dem Wort *kyon*, das „Hund" bedeutete. Es war Stadtgespräch, dass Diogenes wie ein Hund lebte. Als er einst ein Kind sah, das aus seinen hohlen Händen trank, warf er seinen Becher weg. Als man ihn mahnte, er solle seinen flüchtigen Sklaven verfolgen – der wahrscheinlich deshalb geflüchtet war, weil er es nicht mehr aushalten konnte, wie ein Hund mit seinem Herrn zu leben –, antwortete Diogenes: „Es wäre absurd, könnte Manes ohne Diogenes leben, aber Diogenes nicht ohne Manes." Er befürwortete ferner die freie Liebe und trat gegen Heirat ein.

Diogenes hatte eine düstere Meinung von der menschlichen Natur. Er streifte oft auch tagsüber mit einer brennenden Laterne durch die Straßen und meinte, er sei auf der Suche nach einem ehrlichen Menschen. Als jemand ihn fragte, warum man den Bettlern statt den Philosophen Geld gebe, antwortete er: „Weil die Menschen fürchten, eines Tages lahm oder blind zu sein, aber sie keinesfalls erwarten, Philosophen zu werden." Dem Sohn einer Prostituierten, der Steine auf die selbstgerechte, ihn anstachelnde Menge warf, riet Diogenes: „Vorsicht, triff nicht deinen Vater."

Diogenes machte aus seiner Verachtung der griechischen Religion keinen Hehl. Als Amtsträger eines Tempels einen Mann wegen Diebstahl eines Kelches aus dem Tempel verhafteten, rief Diogenes: „Die großen Diebe entführen den kleineren."

Diogenes stand der Macht der menschlichen Vernunft ähnlich skeptisch gegenüber. Er nannte Platons *diatribe* (Vortrag) eine *katatribe* (Zeitverschwendung). Er behauptete, jedesmal wenn er einen Steuermann oder einen Arzt bei seiner Arbeit sehe, glaube er, die Menschen seien die intelligentesten aller Tiere; wenn er aber Traumdeuter, Seher, eingebildete und reiche Leute sehe, betrachte er die Menschheit als die dümmste Spezies.

Nur wenige Menschen imponierten Diogenes. Als Alexander der Große Korinth besuchte, wo Diogenes sich zu jener Zeit aufhielt, machte sich der Feldherr auf die Suche nach dem Philosophen. Er fand ihn endlich beim Sonnenbad liegend. Er stellte sich von seiner Entourage umringt förmlich vor, doch Diogenes blieb stumm. Alexander bat daraufhin, er solle ihm doch sagen, ob er etwas brauche. Darauf stützte sich Diogenes auf einen Ellenbogen, starrte den Eroberer Griechenlands an und antwortete: „Ja, geh mir jetzt ein wenig aus der Sonne!" Alexander ging weg, schüttelte den Kopf und sagte einem Adjutanten: „Wenn ich nicht Alexander wäre, würde ich gerne Diogenes sein."

Diogenes stimmte mit Epikur überein, dass der Tod ein Nichts sei. Er fragte: „Warum sollte der Tod schlecht sein, wenn wir ihn nicht merken?"

Die Athener liebten den alten Exzentriker. Als ein jugendlicher Täter Diogenes' Tonfass zerstörte, straften die Athener den Jungen und gaben Diogenes ein neues. Als er starb, wahrscheinlich weil er einen rohen Oktopus gegessen hatte, setzten seine Anhänger die Marmorstatue eines Hundes auf sein Grab. Seine Anweisung, dass sein Körper den wilden Tieren als Fraß vorgeworfen werden solle, wurde nicht beachtet.

Andere Skeptiker bekundeten die Bedeutungslosigkeit des Lebens und stellten die Existenz der Götter in Frage. Pyrrhon von Elis (ca. 360–272 v. Chr.) bestritt, dass es an sich ehrliche oder unehrliche, gerechte oder ungerechte Taten gebe, da die Gewohnheit, die unendlich schwankend war, das menschliche Verhalten diktiere. Einst meinte er: „Es spielt keine Rolle, ob ich lebe oder sterbe." Ein Zwischenrufer (Philosophen zu piesacken war ein Lieblingszeitvertreib der Griechen) rief ihm zu: „Warum bringst du dich dann nicht um?" Nach einer Weile antwortete Pyrrhon: „Weil es keine Rolle spielt." Wie David Hume, der erste große moderne Skeptiker, stellte Pyrrhon sogar die Realität der Ursächlichkeit selbst in

Frage. Pyrrhon war in der Tat das seltene Beispiel eines Skeptikers, der seine eigene Philosophie wirklich in die Praxis umsetzte. Der Legende nach wurde er vom Schaden durch Verkehr, Abgründe und Hunde nur durch die Wachsamkeit seiner weniger skeptischen Freunde gerettet. Euhemeros (*Heilige Geschichte*) machte geltend, dass jeder Gott früher ein Mensch gewesen sei, der seiner Gesellschaft in irgendeiner Weise solche guten Dienste geleistet hätte (Dionysos etwa sei der Erste gewesen, der Wein machte), dass sie ihn nach seinem Tod als Gott verehrte.

Der anhaltende Einfluss des Platonismus

In der späteren römischen Kaiserzeit blühte der Platonismus wieder auf. Der einflussreichste der Neoplatonisten war Plotin (205–270 n. Chr.), ein gebürtiger Ägypter, der nach Rom zog. Plotin glaubte, dass das Absolute Wesen seine Macht durch *Nous* (puren Intellekt) übertrug, aus dem die Weltseele floss und aus dem ihrerseits die menschlichen und tierischen Seelen flossen. Plotin riet seinen Anhängern, die materiellen Interessen zugunsten der intellektuellen Meditation zurückzustellen, um sich zur Erkenntnis des Nous aufzuschwingen und anschließend zu einer vollkommenen, ekstatischen Vereinigung mit dem Absoluten Wesen zu gelangen. Plotin behauptete, er habe die Ekstase solch einer Vereinigung ein paarmal in seinem Leben genossen. Plotins Betonung der inneren Einkehr über die Taten und der metaphysischen Doktrinen über die Moral sonderte ihn von den meisten Philosophen seiner Zeit ab. Er hatte kein Interesse an der Politik, zeigte sich ihr manchmal sogar feindlich gegnüber. Elemente seiner neoplatonischen Philosophie beeinflussten den christlichen Theologen Augustin.

Im späten 18. Jahrhundert erweckte Immanuel Kant (*Kritik der reinen Vernunft*) den Platonismus wieder zum Leben. Idealismus, eine moderne Form des Platonismus, wurde große Mode in Deutschland und beeinflusste Friedrich Hegel unter vielen anderen. Aus sich heraus und vermittelt durch die deutschen Idealisten übte der Platonismus auf die amerikanischen Transzendentalisten des 19. Jahrhunderts starken Einfluss aus. In den 1960er Jahren vermengte sich diese Strömung mit dem östlichen Mystizismus und brachte die religiöse Bewegung des New Age hervor. Der platonische Glaube an das angeborene Gute im Menschen und an die Macht der Erkenntnis, universelle Wahrheiten zu begreifen, hat eine führende Rolle bei der Entstehung des modernen Utopismus gespielt, darunter der Bewegungen für eine globale Regierung und für die Vereinigung der Weltreligionen. Zwar kann ein solcher Utopismus katastrophale Folgen haben, er kann aber auch das gleichermaßen gefährliche Extrem des Zynismus mildern.

Selbst Skeptiker, welche die Realität der platonischen Welt der Formen ablehnen, haben oft einige Elemente des Platonismus als sehr nützlich empfunden. So können viele der Argumente, die von den pragmatischen Philosophen des späten 19. und frühen 20. Jahrhunderts vorgebracht wurden, über die Veränderlichkeit der materiellen Welt, die Einschränkungen der menschlichen Vernunft und die Unzulänglichkeit der menschlichen Sprache, das Wissen auszudrücken, zurückgeführt werden auf Platons Analyse der Sinneswelt.

Indem Platon die Theorie des Naturrechts förderte und die Theorie der Mischverfassung begründete, lieferte er dem modernen Abendland seine Hauptschutzvorrichtungen gegen die Exzesse genau jenes Utopismus, den seine Theorie der menschlichen Natur selbst in mancherlei Beziehung inspiriert hatte. Moderne Staatsphilosophen wie John Locke leiteten vom Naturrecht die Existenz der natürlichen Rechte ab – insbesondere die unveräußerlichen, individuellen Rechte von Leben, Freiheit und Besitz. (Thomas Jeffersons Ersetzung von „Besitz" durch „Streben nach Glück" beabsichtigte nicht, das Besitzrecht anzuzweifeln, sondern die Definition des natürlichen Rechtes zu erweitern.) Dieselben modernen Staatsdenker leiteten von Platons Theorie der Mischverfassung das Bedürfnis her, innerhalb einer Regierung nicht nur die Macht der unterschiedlichen ökonomischen Klassen auszutarieren, sondern auch die Staatsgewalten Legislative, Exekutive und Judikative sowie das bundes- und das teilstaatliche Element ins Gleichgewicht zu bringen. Obwohl sie generell auf einem Staatsverständnis aufbauten, das antiken Menschen völlig fremd gewesen wäre, weil sie in kleinen Gemeinwesen mit starker direktdemokratischer Komponente lebten, waren Föderalismus wie Gewaltenteilung direkte Abkömmlinge der Mischverfassungstheorie und ihrer Betonung der Notwendigkeit eines Regierungssystems, das widerstreitende Interessen ausglich. Die Langlebigkeit der amerikanischen Verfassung ist zum großen Teil dem Scharfsinn zu verdanken, mit dem die Gründerväter die zwei antiken Theorien des Naturrechts und der Mischverfassung den einmaligen Bedürfnissen einer modernen Gesellschaft anpassten.

ALEXANDER DER GROSSE
Vorkämpfer der griechischen Kultur

6

Alexander der Große schuf das bis dato größte Reich der Geschichte. Seine Eroberungen vermittelten anderen Völkern im Mittelmeerraum und in Vorderasien die griechische Kultur, auch wenn ihre Unterwerfung die griechische Kultur selbst veränderte.

Griechenland im 4. Jahrhundert

Spartanische Vorherrschaft
Mit ihrem Sieg im Peloponnesischen Krieg setzten die Spartaner Marionettenoligarchien im gesamten ehemaligen attischen Reich und in Theben ein und mischten sich in die inneren Angelegenheiten anderer griechischer Staaten. Diese Oligarchien waren so grausam, dass der spartanische König Pausanias nach nur ein oder zwei Jahren die Wiedereinsetzung der Demokratie in diesen Poleis erlaubte, um einem Flächenbrand vorzubeugen.

Trotz dieser Zugeständnisse war das soziale System Spartas ungeeignet für die imperiale Politik, die es jetzt verfolgte. Der aus der Vorherrschaft über Griechenland fließende Reichtum verdarb die nach Luxus lechzenden spartanischen Führer, die insgeheim anfingen, gegen das staatliche Verbot von Privatbesitz zu verstoßen. Ein Kriegsheld, Gylippos, versteckte Gold unter seinen Dachziegeln. Als ein Diener ihn mit dem Hinweis anzeigte, es gebe „Eulen", die sich unter jenen Dachziegeln niederhockten (Athenas heilige Eule zierte die attischen Münzen), wurde Gylippos gezwungen, Sparta in Ungnade zu verlassen.

Schlimmer noch: Der dauernde Krieg hatte die Zahl der spartanischen Bürger dramatisch verringert, und Griechenland blieb aufsässig. Sogar Korinth, Spartas ehemaliger Verbündete, schloss sich, mit finanzieller Unterstützung Persiens, Athen, Theben und Argos in ihrem Aufstand gegen Sparta ein. Diesem so genannten Korinthischen Krieg (395–386 v. Chr.), in dem Lysander, Spartas größter Feldherr, sein Leben verlor, folgte ein weiteres Jahrzehnt andauernder Geplänkel. Die zahlreichen Kriege des 5. und frühen 4. Jahrhunderts v. Chr. forderten vom spartanischen Heer solch einen Blutzoll, dass um 371 v. Chr. nur noch 1200 Bürger am Leben waren.

Die Schlacht von Leuktra

Mit verringerter Stärke und geschwächter Disziplin erlitten die Spartaner im selben Jahr in der Schlacht von Leuktra eine verheerende Niederlage gegen die Thebaner. Obwohl die spartanischen Truppen in Leuktra den Thebanern und deren Verbündeten mit 11000 gegen 6000 Mann zahlenmäßig überlegen waren, waren nur 700 davon spartanische Bürger. Der Rest der Truppe bestand aus Verbündeten und Perioiken. Als Epameinondas, einer der gewählten Führer der Thebaner, die rechte spartanische Flanke zu umfassen versuchte, mussten die Spartaner ihre Truppen neu aufstellen. Pelopidas, ein anderer thebanischer Führer, schlug im selben Moment blitzartig und mit großer Kraftanstrengung die rechte Flanke, vernichtete sie und verbreitete Verwirrung und Panik im ganzen spartanischen Heer. Dadurch konnten die Thebaner die Spartaner vernichtend schlagen und töteten 400 ihrer Bürger, darunter König Kleombrotos. Noch erniedrigender für Sparta war, dass die Überlebenden schmählich vom Schlachtfeld flüchteten. So viele waren geflohen, dass die Spartaner zeitweilig ein Gesetz aufheben mussten, das ihnen das Bürgerrecht wegen Feigheit entzogen hatte.

Die Thebaner und ihre Verbündeten fielen sodann mit 70000 Mann in die Peloponnes ein – das erste Mal in der spartanischen Geschichte, dass ein fremdes Heer Lakonien betrat. Das Heer plünderte und brandschatzte das Land, befreite einige Heloten und gab Messenien seinen früheren Bewohnern zurück; dadurch besiegelte Theben das Schicksal der spartanischen Macht und seiner traditionellen Kultur.

Theben sollte Griechenland jedoch nicht auf lange führen. Der Führer Epameinondas, auf den die Polis angewiesen war, wurde 362 v. Chr. bei Mantineia, im Kampf gegen die seltsame neue Koalition zwischen Athen und Sparta, tödlich von einem Speer getroffen, als der Sieg schon mit Händen zu greifen war. Pelopidas starb wenig später in einer anderen Schlacht.

Philipp II. von Makedonien

Unterdessen war die Macht Makedoniens, praktisch unbemerkt, im Wachsen begriffen. Die Makedonen waren ein relativ primitives, in Stämmen organisiertes Volk, das den Griechen eng verwandt war, aber eindeutig eine eigene Kultur besaß. Makedonien war nicht in demokratische und oligarchische Poleis gegliedert wie der Rest Griechenlands, sondern wurde von einer einzigen, zentralen Monarchie beherrscht. Um das 4. Jahrhundert v. Chr. war Makedonien reich genug geworden, um Städte und eine hellenisierte Aristokratie hervorzubringen.

359 v. Chr. bemächtigte sich der tüchtige Philipp II. im Alter von 22 Jahren des Throns, während er nach dem Tod seines Bruders auf dem

Schlachtfeld Vormund für seinen minderjährigen Neffen war. Nachdem er als Fünfzehnjähriger 367 v. Chr. von den Thebanern als Geisel genommen worden war, um den thebanisch-makedonischen Bund zu garantieren, hatte Philipp die Kriegskunst von Epameinondas selbst gelernt. Kaum hatte er die Macht in Makedonien ergriffen, ordnete er an, dass sein Fußvolk in komplexen taktischen Manövern und im Exerzieren trainiert werden musste und schickte es auf Märsche von über 50 km Länge. Er engagierte ferner ausgezeichnete Söldneroffiziere aus allen Teilen Griechenlands. Philipp verbesserte Epameinondas' Phalanx, indem er die standardisierte 2,50 Meter langen Lanzen auf 5,50 Meter verlängerte und diese *Sarissa* mit einer schwereren eisernen Spitze und einer dickeren Bronzespitze am unteren Ende versah. Wenn man sie in einem Abstand von 2 m vom Ende hielt, stand die 7 kg wiegende Sarissa noch 3,50 Meter über und machte es so möglich, die Schilde der Soldaten um zwei Drittel zu verkürzen und ihre bronzenen Brustpanzer und Helme durch leichteres Leder zu ersetzen. Die größere Länge der Lanze bedeutete auch, dass vier oder fünf statt der üblichen drei ersten Schlachtreihen ihre Lanzen schleudern konnten. (Das Hauptproblem der Phalanx Philipps war es, die Lanzen von der zerstörten Ausrüstung und den verstümmelten Leichen des Feindes frei zu halten.) Der Phalanx fügte Philipp Reiterei hinzu (Pferde, die in Südgriechenland schwer zu finden waren, grasten zahlreich im Weideland des Nordens), die bewaffnet waren mit Lanzen und breiten, scharfen Schwertern. Philipp, der aus dem Erfolg der „Heiligen Schar" von Theben die Bedeutung des Korpsgeistes innerhalb von Eliteeinheiten gelernt hatte, gründete eine berittene Elitetruppe, die als „die Gefährten" bekannt wurde. (Der Name „Philipp" bedeutet „Pferdeliebhaber".) Philipp lernte, seine Reiterei so zu nutzen, dass sie den Feind in die langen Speere seiner Phalangen zwang, eine Hammer-und-Amboss-Taktik, die sich als hochwirksam erwies.

Sobald er die Drohung, die von den primitiven Illyrern aus dem heutigen Jugoslawien ausging, beseitigt hatte, eroberte Philipp 357 v. Chr. die attische Kolonie Amphipolis und andere Orte im goldreichen Thrakien. Die thrakischen Gold- und Silberminen, die jährlich 1000 Talente erwirtschafteten, lieferten Philipp die Mittel, sein Heer auszubauen. Im folgenden Jahr suchten die Thebaner bei Philipp um Beistand nach in ihrem heiligen Krieg gegen Phokis, einen Verbündeten Athens, bei dem es um die Herrschaft über das heilige Delphi ging. Philipp half nur allzu gern und erweiterte dadurch seinen Einfluss in Zentralgriechenland. 355 v. Chr. gewann er die Kontrolle über Thessalien, indem er sich während eines Bürgerkriegs mit einigen der Konfliktparteien verbündete.

Indes konnten nicht einmal die außergewöhnlich redegewandten und leidenschaftlichen Reden des Demosthenes (*Philippika*, 351–341 v. Chr.)

die Athener überzeugen, Philipp entgegenzutreten. Demosthenes, der Sohn eines Schwerte-Herstellers, hatte eine Sprachbehinderung überwunden, um einer der größten Redner in der abendländischen Geschichte zu werden. Er inspirierte in den 1930er Jahren sogar Winston Churchill, Adolf Hitler entgegenzutreten, zu einer Zeit, da nur wenige den Mut dazu hatten. Demosthenes hatte angefangen Rhetorik zu studieren, um die Vermögensverwalter seines verstorbenen Vaters wegen Veruntreuung vor Gericht zu ziehen. Da er nur einen Teil seiner Erbschaft zurückgewinnen konnte, hatte er sich der Abfassung von Gerichtsreden gewidmet, um seinen Lebensunterhalt zu bestreiten. Monatelang hatte er sich in einem Kellerraum eingeschlossen, nur um Reden zu schreiben und sich darin zu üben, sie vor einem großen Spiegel vorzutragen. Er hatte sogar eine Wange rasiert, um der Versuchung zu widerstehen, auszugehen und sein rhetorisches Training zu vernachlässigen. Demosthenes stellte jetzt der Apathie und Korruption des Athens seiner Zeit das ruhmvolle Athen des Jahrhunderts zuvor gegenüber, ein Athen, das Bestechungen verachtet und die Einfälle eines anderen Barbarenvolkes, der Perser, überstanden hatte. Demosthenes warnte vor „der rastlosen Tätigkeit, die Teil von Philipps wahrer Natur ist, und ihm nicht erlauben wird, sich mit dem Erreichten zufrieden zu geben und stillzuhalten“. Er schloss:

„Dieser Friede, von dem er spricht, ist ein Friede, den ihr nur aus Philipps Sicht betrachten sollt, wobei er ihn aber nicht aus eurer Sicht betrachtet. […] Wenn wir jetzt nicht gegen ihn in seinem Land kämpfen, werden wir das vielleicht in unserem Land tun müssen. […] Nur mit Taten und nicht mit Worten kann man eine Politik der Expansion aufhalten. […] Die Griechen sehen den Ereignissen zu und erdulden sie, starren sie wie einen Hagelschauer an, und jeder betet, dass er nicht in seine Richtung ziehen möge, aber keiner versucht, etwas dagegen zu tun. […] Möge jene Zeit nicht kommen, wenn die Wahrheit meiner Worte in aller Schärfe auf die Probe gestellt wird.“

Trotz der Warnungen des Demosthenes wandten die Athener sich der Beschwichtigungspolitik zu. Philipp bestach einige athenische Führer und redete anderen ein, dass er ein Freund ohne weitere territoriale Ansprüche sei. Einige Athener begrüßten sogar Philipps Führung für einen gemeinsamen Überfall auf Persien. Sie betrachteten die griechische Einheit als wichtiger als den Widerstand gegen die Tyrannei. Andere waren einfach des Kriegs und der hohen Steuern, die man dafür zahlen musste, überdrüssig.

349–348 v. Chr. eroberte Philipp viele Städte des Chalkidikischen Bundes in Nordgriechenland, von denen etliche Athens Verbündete waren. Als er Olynth, die Bundeshauptstadt, mit Hilfe von Verrätern einnahm, verkaufte Philipp die gesamte Bevölkerung in die Sklaverei. 348 v. Chr. setzte er mit Hilfe bestochener Verräter und militärischer Gewalt Marionettendiktatoren in Euboia ein. Im selben Jahr eroberte er den Rest Thrakiens. 346 v. Chr. handelte der Athener Philokrates, der auch Philipps Brot aß, ein verhängnisvolles Friedensabkommen mit Makedonien aus, in dem Athen den Verlust von Amphipolis akzeptierte, das historische Äquivalent des Münchener Abkommens von 1938 zwischen Neville Chamberlain und Hitler. Da Athen nicht mehr auf dem Posten stand, besiegte Philipp im selben Jahr Phokis. Jetzt errang er das Prestige, als Hüter der heiligen Stätte Delphi zu fungieren. Als Philipp Byzantion angriff, und damit den Getreidenachschub Athens aus dem Schwarzmeergebiet gefährdete, schlossen sich Athen, Theben, Korinth und ein paar andere Poleis endlich zusammen, um ihm Einhalt zu gebieten.

Die Schlacht von Chaironeia

Es war dennoch zu spät. 338 v. Chr. zerstörte Philipp in einem Überraschungsangriff die Reservetruppe der Koalition mit ihren 10000 Söldnern. Anschließend griff er in der entscheidenden Schlacht von Chaironeia in Boiotien das Hauptheer der Koalition an. Beide Seiten verfügten über ungefähr 30000 Mann. Philipp ließ den rechten Flügel seines Heeres den Rest der Truppe überholen. Er griff die Athener an, die seit 20 Jahren kein Heer mehr aufs Schlachtfeld gebracht hatten, und zog sich in Schlachtordnung auf einen Hügel zurück. Die unerfahrenen Athener dachten, sie hätten den Feind in die Flucht geschlagen und rückten unbedacht vor, bis sich eine Bresche zwischen ihnen und den Thebanern auftat. Philipps Reiterei, die unter der Führung seines 18-jährigen Sohnes Alexander auf der linken Seite stand, schlug die Thebaner auf ihrer nunmehr entblößten Flanke. Inzwischen wandte Philipp sich um und stürmte im Gegenangriff vom Hügel herab gegen die Athener. Die Makedonen töteten 1000 Soldaten und nahmen weitere 2000 gefangen. Der Rest der Koalitionstruppen flüchtete. Das makedonische Fußvolk eilte sodann der Reiterei zu Hilfe, um die mutigen Thebaner, die sich geweigert hatten zu flüchten, niederzumetzeln. Fast die gesamten 300 Mann der Heiligen Schar, einer Einheit, die nie zuvor besiegt worden war, wurden bei Chaironeia getötet. Philipp weinte über ihren erschlagenen Körpern, die dort aufgetürmt lagen, wo sie in ihrem aussichtslosen Versuch, sich gegenseitig zu schützen, gefallen waren. Er bestattete sie an Ort und Stelle, militärisch in sieben Reihen angeordnet.

Philipp zeigte sich großmütig Athen gegenüber, einerseits, weil er nichts davon hielt, weitere Geldmittel für eine Belagerung der Stadt auszugeben, andererseits weil er die athenische Kultur bewunderte. Er organisierte die griechischen Poleis im von ihm beherrschten „Korinthischen Bund“. Jede Polis war dazu verpflichtet, Soldaten und Versorgungsmaterialien für einen groß angelegten Angriff auf das Perserreich beizusteuern.

Philipp sollte jedoch den Einfall nach Persien nicht mehr erleben. 336 v. Chr. erstach ihn ein makedonischer Adliger auf dem Hochzeitszug seiner Tochter. Die Speere von drei Verfolgern töteten den Mörder, bevor man ihn verhören konnte. Während einige Zeitgenossen meinten, die Perser, die den geplanten Überfall auf ihr Reich fürchteten, hätten den Mörder gedungen, glaubten andere, eine der Frauen Philipps, die Königin Olympias von Epirus, habe den Mörder angeworben, weil sie fürchtete, der Sohn aus seiner jüngsten Ehe mit der jungen Kleopatra – nicht zu verwechseln mit der berühmteren Kleopatra, die drei Jahrhunderte später lebte – würde die Thronbesteigung ihres Sohnes Alexander gefährden. In der Tat ergab es sich, dass alle drei Verfolger, die den Mörder töteten, enge Freunde Alexanders waren. Aufschlussreicher noch war, dass Olympias auf die Leiche des Mörders eine Krone setzte, sie bestattete und die Mordwaffe (ein kurzes Schwert) dem Apoll weihte. Kurz danach ließ Alexander Kleopatras mächtigen Onkel stillschweigend umbringen und ermunterte seine Mutter, Kleopatras Sohn, seinen Thronrivalen, der noch im Säuglingsalter stand, zu töten. Olympias, die kaum Ermunterung brauchte, übererfüllte ihren Auftrag und briet den Säugling und eine Tochter Kleopatras auf einer Kohlenpfanne. Anschließend zwang sie Kleopatra, sich aufzuhängen. Als Mänade im Dionysoskult schlief sie regelmäßig in einem mit großen Schlangen gefüllten Bett, eine unbeabsichtigte Form der Verhütung, die Philipp längst aus ihrem Bett vertrieben hatte. Man nährte ferner den Verdacht, sie habe dem Kind einer anderen Frau Philipps hirnschädigende Drogen eingeflößt.

Die Siege Alexanders des Großen

Die Niederschlagung der griechischen Aufstände

Alexander III. war nicht einmal 20 Jahre alt, als er den Thron Makedoniens bestieg. Er hatte blonde Haare gleich einer Löwenmähne, ein graublaues und ein dunkelbraunes Auge und spitze Zähne. Er hatte eine laute Stimme und lief schnellen Schrittes, mit dem Kopf leicht zur linken Seite emporgeneigt.

Binnen 15 Monaten hatte Alexander der Große, einer der größten Feldherrn der Geschichte, die von Persien finanzierten Aufstände in Thessalien, Illyrien und Theben unterdrückt. In Theben schlachtete er 6000 Bewohner hin und verkaufte die übrigen 30000 in die Sklaverei. Er machte jedes Gebäude der Stadt dem Erdboden gleich, mit Ausnahme der Tempel und des Hauses, wo der Dichter Pindar gelebt hatte.

Nun wollten Alexanders Generäle, dass er heirate, um einen Erben zu zeugen. Alexander fürchtete jedoch, dass die adligen Familien, deren

Töchter er verschmähte, einen Aufstand organisieren könnten, während er weit weg in Persien war. Seine Entscheidung, die Zeugung eines Erben auf später zu verschieben, sollte verhängnisvolle Folgen für sein Reich haben.

Der Einfall ins Perserreich

334 v. Chr. überschritt Alexander die Grenze zu Kleinasien mit ungefähr 37000 Fußsoldaten und 6000 Reitern. Weitere 60000 Mann waren als Reserve vorgesehen und warteten auf seinen Befehl zum Einrücken. Die Perser wiesen den weisen Vorschlag eines griechischen Söldners, die Taktik der verbrannten Erde zu verfolgen, zurück, eine Taktik, die Alexander aus Vorratsmangel zurück über den Hellespont hätte treiben können.

Die Schlacht vom Granikos

Alexander erzielte sogleich einen Sieg beim Fluss Granikos im Nordwesten Kleinasiens. 30000 Mann persisches Fußvolk und 15000 Reiter hatten jenseits des tiefen und rasch-fließenden Flusses auf einem Steilufer über tiefem Schwemmland Stellung bezogen. Auf Anraten des Parmenion, seines besten Generals, marschierte Alexander im Schutz der Dunkelheit den Fluss hinab, durchwatete ihn und hatte die meisten seiner Fußsoldaten übergesetzt, bevor die Perser es merkten. Leicht zu erkennen an seiner prächtigen Rüstung und den langen weißen Federn auf seinem Helm, wurde Alexander im grimmigem Reiterkampf fast getötet. Ein Speer durchbohrte seinen Brustpanzer, und eine Axt spaltete seinen Helm und legte seine Kopfhaut bis zum Knochen bloß. Das persische Fußvolk jedoch, der Reiterei weit unterlegen, löste sich auf und flüchtete. Die Perser verloren in der Schlacht 2500 Mann, die Makedonen nur 150. Nach der Schlacht metzelte Alexander 15000 bis 18000 griechische Söldner nieder, die es gewagt hatten, mit den Persern zu kämpfen, und schickte weitere 2000 als Sklaven nach Makedonien.

Der Sieg am Granikos gab das gesamte Kleinasien der makedonischen Eroberung preis. Alexander hatte jedoch kein Geld mehr, seine Ruderer zu bezahlen, da Philipp ihm 500 Talente Schulden hinterlassen und Alexander selbst sich weitere 800 geliehen hatte, und war gezwungen, seine Flotte zurückzuschicken.

Die Schlacht von Issos

333 v. Chr. errang Alexander einen entscheidenden Sieg bei Issos, im Grenzgebiet zwischen Kleinasien und Syrien. Nachdem er seine Flanken zwischen Meer und Hügeln sicher aufgestellt hatte, so dass die Perser ihre überlegene Reiterei und größere Zahl nicht zu ihrem Vorteil nutzen konnten, umfasste Alexander die linke Flanke der Perser, schlug sie vernichtend und daraufhin floh das ganze Heer. Dareios III., der gerade nach der

Ermordung Artaxerxes' III. den persischen Thron bestiegen hatte, flüchtete und ließ seine Mutter, seine Gemahlin, seine Kinder und viel Reichtum hinter sich zurück. Die Perser verloren zwischen 50000 und 100000 Mann.

Belagerung von Tyros

Bald danach fielen Syrien und die meisten phönizischen Häfen. Da Tyros auf einer Insel lag und von 45 m hohen Mauern umgeben war, nahm die Belagerung der Stadt sieben Monate in Anspruch. Die Eroberung von Tyros 332 v.Chr. gab Alexander die Herrschaft über den Hauptteil der persischen Flotte und damit die Möglichkeit, einen Überfall Persiens auf Griechenland in seiner Abwesenheit zu verhindern. Alexander tötete sodann um die 9000 Tyrer, davon 2000 am Kreuz (Alexander war derjenige, der die Kreuzigung in die westliche Welt einführte), und verkaufte weitere 30000 in die Sklaverei.

Die Plünderung von Gaza

Da er bei der Belagerung von Gaza in Palästina ernstlich verwundet wurde, schickte Alexander sich an, 10000 der männlichen Stadtbewohner niederzumetzeln und verkaufte Frauen und Kinder in die Sklaverei. Er ließ den Gouverneur von Gaza bis zum Tode um die Stadt herum schleifen.

Ägypten

Alexander verschonte Ägypten, da die Provinz sich ohne Widerstand ergab. Die Ägypter riefen ihn zum Horus und Sohn des Osiris – nämlich zum Pharao – aus. Diese Proklamation, die in Ägypten eher gewöhnlich war, faszinierte Alexander, weil sie die Geschichte, die seine Mutter ihm vor seiner Abreise aus Makedonien erzählt hatte, zu bestätigen schien. Olympias hatte gemeint, sein echter Vater sei nicht Philipp, sondern ein Gott. Begierig, mehr über seinen göttlichen Ursprung zu erfahren, ließ Alexander sein Heer 500 Kilometer durch die Libysche Wüste marschieren, um das Orakel des Zeus-Ammon in der Oase Siwa zu befragen. Obwohl Alexander das Orakel allein traf und behauptete, er könne dessen Spruch nur seiner Mutter mitteilen, benahm er sich seitdem so, als habe ihn das Orakel zum Sohn des Zeus-Ammon erklärt, ein anstößiger Anspruch in den Augen der Griechen, die keine lebenden Menschen als Götter verehrten. Die Makedonen weigerten sich sogar, ihren Generälen Titel zu geben; der einfachste Soldat nannte den König schlicht „Alexander". Für solch ein Volk war Alexanders Verhalten unerhört.

Die Schlacht von Gaugamela

331 v.Chr. marschierte Alexander über 1600 km in nordöstliche Richtung, ins Herz des Perserreiches, um dem Hauptheer Dareios' III. bei Gaugame-

la am Tigris entgegenzutreten. Daraufhin bot ihm Dareios sein ganzes Reich westlich des Euphrat, 30000 Talente, die Hand seiner Tochter und seinen Sohn als Geisel an. Als Parmenion ihm riet: „Wenn ich Alexander wäre, würde ich dieses Angebot annehmen", erwiderte Alexander: „Ich auch, wenn ich Parmenion wäre." Obwohl die Perser mit ihren 100000 Mann Fußvolk und 50000 Mann gepanzerter Reiterei zahlenmäßig überlegen waren (Alexanders Heer bestand nunmehr aus etwa 47000 Mann, davon nur 7250 Reiter), mochte Alexander in der Nacht keinen Überraschungsangriff unternehmen, wie Parmenion vorgeschlagen hatte, weil er entschieden war, die Perser dadurch zu demoralisieren, dass er sie bei Tageslicht und in offener Feldschlacht besiegte. Trotzdem ließ er Parmenions Plan bei den Persern durchsickern, so dass sie die ganze Nacht wach blieben und erschöpft waren, als am nächsten Tag die Schlacht gekämpft wurde.

In der kurzen, aber mörderischen Schlacht von Gaugamela zeigte Dareios seinen Widerwillen gegen das Fußvolk, indem er es in der Reserve hielt. Alexanders glänzende, später von John Churchill, dem ersten Herzog von Marlborough, in Blenheim und von Napoleon Bonaparte in Austerlitz übernommene Taktik war es, so viel wie möglich von der persischen Reiterei in den Kampf gegen seinen linken Flügel, Parmenions Phalanx, zu ziehen, den er schwächer scheinen ließ als er eigentlich war, um anschließend das geschwächte persische Zentrum zu zerschmettern. Die Synchronisation musste perfekt sein: Wenn er das Zentrum zu früh überfiel, war es nicht ausgedünnt genug, und der Angriff musste verpuffen. Wenn er aber zu lange wartete, konnte sein linker Flügel unter dem persischen Ansturm einbrechen. Die linke Seite der Makedonen hätte wohl umzingelt werden können, wenn die persische Rechte so viel Energie auf dieses Ziel verwendet hätte, wie auf das Plündern des makedonischen Feldlagers. Alexander wartete geduldig, und als sich eine Bresche in der persischen Front öffnete, stürmte er an die Spitze der Gefährten. Binnen zwei oder drei Minuten wendete sich das Schlachtenglück. Die Gefährten brachen durch das persische Zentrum. In der Furcht, umzingelt zu werden, zog sich die persische Linke zurück. Dareios flüchtete abermals und mit ihm das Fußvolk. Alexander kehrte dann zurück, um den rechten Flügel der Perser niederzumachen, die skythische und baktrische Reiterei, die jetzt zwischen Alexanders Reiterei und Parmenions Phalanx eingeklemmt war – abermals war die Hammer-und-Amboss-Taktik zur Anwendung gelangt. Während Alexander nur etwa 500 Mann einbüßte, verloren die Perser um die 50000, samt des Großteils ihrer Reiterei. Trotzdem musste Alexander jetzt an seine Soldaten großzügige Belohnungen verteilen, um sie dazu zu bewegen, weiter gen Osten zu marschieren. Sie sträubten sich, sich weiter und weiter von der Heimat zu entfernen.

Die Eroberung des östlichen Perserreichs

330 v. Chr. besiegte Alexander 25000 Perser bei der Pforte von Susa, dem Bergpass nach Persepolis, im heutigen Westiran. Die Perser zwangen zunächst die Makedonen zum Rückzug, indem sie ihnen Felsblöcke entgegenrollten. Dadurch aber, dass die Makedonen einen anderen Pass fanden, der hinter die persischen Linien führte, konnten sie die Perser von zwei Seiten aus angreifen. Nur 700 der persischen Reiter entkamen.

Alexander besetzte und brandschatzte sodann Persepolis, eine der bedeutendsten Städte des Perserreiches. Gleichzeitig nahm Dareios' eigener Satrap von Baktrien (Teile des heutigen Afghanistan, Usbekistan und Tadschikistan) den König als Geisel und durchbohrte ihn mit Speeren, als er sich weigerte, mit dem Satrapen fortzureiten. Alexander ließ dem Satrapen Nase und Ohren abschneiden und ihn anschließend öffentlich hinrichten – die persische Strafe für Königsmörder. Er ließ es zu, dass der Leichnam des Dareios in den Gräbern der Perserkönige bestattet wurde.

Alexander nahm sodann einige Perser in den Kreis der Gefährten auf und begann, sich wie ein Perserkönig zu kleiden, mit blau-weißem Diadem, weißem Gewand und Schärpe. Durch seine Bemühungen, die Perser mit seiner Herrschaft auszusöhnen, war er aber im Begriff, die eigenen makedonischen Soldaten gegen sich aufzubringen. Zwischen 330 und 327 v. Chr. eroberte er gleichwohl Parthien, im heutigen Ostiran, und Baktrien in blutigem Guerillakrieg in den Bergen.

Paranoia

Alexander litt unter zunehmendem Verfolgungswahn und ordnete deshalb die Ermordung des Parmenion und seines Sohnes Philotas, des Führers der Gefährten, wegen Verrat an. Parmenion wurde erdolcht und enthauptet, Philotas gefoltert und anschließend vor den Truppen gesteinigt. Der heißblütige und oft berauschte Alexander stach sogar Kleitos nieder, als dieser (seinerseits im Rausch) ihm vorwarf, vornehm zu tun. Kleitos hatte sich, als Alexander Kind war, um ihn gekümmert und am Granikos sein Leben mit Hilfe einer Lanze gerettet.

Der indische Feldzug

327 v. Chr. schlug Alexander, trotz Gewitters und seiner ersten Begegnung mit Kriegselefanten (Dareios hatte die 15 Elefanten, die er nach Gaugamela gebracht hatte, nicht eingesetzt), Poros, den König des Punjab im Westen Indiens, beim Fluss Ihelam. Die makedonischen Pferde wagten es nicht, den Elefanten nahe zu kommen, die viele Soldaten zu Boden stürzten, durchbohrten und traten, bis die Makedonen die Elefanten umzingelten, ihre Reiter mit Pfeilen überhäuften und die Elefantenfüße mit Speeren und Äxten durchstachen. Alexanders Heer tötete in dieser Schlacht 20000 von Poros' Soldaten.

Im nächsten Jahr wollte Alexander tiefer nach Indien vordringen und lobte wieder große Belohnungen aus, seine Soldaten jedoch, die um die 30000 km Marsch und viele Schlachten hinter sich hatten, wollten sich nicht mehr rühren. Ein alter Soldat erhielt auf einer Offiziersversammlung stürmischen Beifall, als er Alexander sagte: „Herr, wenn es etwas gibt, was ein erfolgreicher Mann vor allem anderen wissen sollte, dann, wann Schluss ist." Obwohl Alexander auf „schlechte Vorzeichen" als Ausrede für die Rückkehr zurückgreifen konnte, war er wütend auf seine Männer.

Seine Enttäuschung und sein Zorn über die erzwungene Rückkehr, die noch durch den Widerstand grimmiger Stämme gesteigert wurde, zeigten sich, während man die Flüsse Ihelam, Chenab und Indus herabfuhr. Einmal metzelte er indische Söldner nieder, mit denen er eine Waffenruhe vereinbart hatte. Dann wieder hängte er etliche Brahmanen, welche die Inder aufgestachelt hatten, ihm Widerstand zu leisten. Alexander mag bis zu 80000 Menschen in den Städten des Südpunjab getötet haben.

Der Rückkehr nach Susa

Alexander und sein Heer segelten dann vom Indischen Ozean zum Persischen Golf und marschierten von dort nordwärts. Auf dem Marsch zurück nach Susa (325 v.Chr.) starben unter heftigen Sandstürmen, an giftigen Pflanzen und Schlangen, Durst und einer plötzlichen Wüstenflut die meisten in Alexanders Heer.

Opposition

Inzwischen setzte Alexander seine Politik der Verschmelzung der makedonischen und persischen Eliten fort. Seit 330 v.Chr. verlangte er, dass makedonische Offiziere sich vor ihm nach persischer Sitte zu Boden warfen. Er schmetterte einem neu angekommenen Makedonen den Kopf gegen die Wand, weil er über die Perser lachte, die sich vor ihrem König zu Boden warfen. 324 v.Chr. organisierte Alexander, gleich einem makedonischen Reverend Moon, eine Massenhochzeit von 92 seiner höchsten Offiziere mit persischen Frauen in einer traditionellen persischen Zeremonie. Er selbst nahm Stateira, die Tochter der Dareios, zur Frau. (Die meisten der von Alexander erzwungenen Ehen wurden nach seinem Tod aufgelöst.)

Trotz der phantasiereichen Behauptungen von Geschichtsschreibern wie Plutarch, dass Alexander „die Brüderlichkeit der Menschen" zu verwirklichen versuchte, war sein Ziel eigentlich praktischer Natur – er wollte persische Offiziere in seine Führungsstruktur integrieren und eine neue persomakedonische Verwaltungsklasse schaffen. Aus diesem Grund erteilte er 30000 persischen Knaben militärisches Training nach makedonischer Art.

Alexanders Plan, Perser in sein Heer aufzunehmen, provozierte jedoch

324 v. Chr. bei Opis am Tigris einen Aufstand unter den Makedonen. Als Alexander bekundete, makedonische Soldaten heimkehren zu lassen und sie durch Perser zu ersetzen, höhnten die Truppen: „Nein! Lass uns alle gehen! Bleibe du nur hier und kämpfe deine Schlachten mit deinen Persern und deinem Vater!" Aufgebracht ließ Alexander die Rädelsführer hinrichten. Mit einer anrührenden Rede erinnerte er seine Männer an das Elend, das er neben ihnen durchgestanden hatte: „Jeder Teil meines Körpers – außer meinem Rücken – ist mit Narben übersät, und es gibt keine Hand- oder Wurfwaffe, die nicht ihr Zeichen in meinem Fleisch hinterlassen hat." Er erinnerte sie auch daran, dass er für sich wenig Reichtum behalten und damit hauptsächlich seine Soldaten überhäuft hatte. Waren sie bereit, nach Makedonien zurückzukehren und seinen Bürgern zu berichten, sie hätten den König im Stich gelassen, der ihnen Ehre und Ruhm gebracht hatte? Überwältigt von Reue, brachen die Soldaten in Tränen aus und baten darum, bleiben zu dürfen. Alexander verzieh ihnen gerne und erhöhte ihren Sold.

Der Tod Alexanders

Inzwischen war Alexanders Reich das größte der Welt und erstreckte sich von der Adria im Westen bis zum Indus im Osten und vom Kaspischen Meer im Norden bis zum Oberlauf des Nils im Süden. Die einzige Schlacht, die Alexander verlor, war die gegen ein geheimnisvolles Fieber, das sich durch eine in Indien ihm beigebrachte Wunde und übermäßiges Trinken, eine makedonische Sitte, verschlimmerte. Einige Historiker glauben, das Fieber sei durch eine Strychnin-Vergiftung verursacht worden, die Antipatros, der Statthalter Makedoniens in Alexanders Abwesenheit, angestiftet habe. Antipatros hatte gerade den Befehl Alexanders erhalten, in Babylon zu erscheinen, offensichtlich, um hingerichtet zu werden. Nicht einmal 33 Jahre alt, starb Alexander 323 v. Chr. in Babylon. Er war dabei, einen Tempel bauen und das Kaspische Meer erkunden zu lassen. Er hatte geplant, sein Reich um die Arabische Halbinsel zu erweitern. Unter dem Verdacht, sie hätten ihren Sohn vergiftet, ließ Olympias viele Männer hinrichten.

Die Verbreitung griechischer Kultur

Alexanders Eroberungen setzten einen Prozess in Gang, durch den die griechische Kultur überall in sein riesiges Reich vermittelt wurde. Alexander selbst hatte griechische Kultur seit seinem dreizehnten Lebensjahr in sich aufgenommen, als Alexanders Eltern Aristoteles, den größten lebenden Philosophen Griechenlands, zu seinem Tutor bestellt hatten. Er nahm die von Aristoteles kommentierte Ausgabe der *Ilias* mit sich nach Persien und bewahrte sie unter seinem Kissen neben seinem Degen. Alexander beschwerte sich, dass er keinen Homer habe, der seine Großtaten erzählen könne. Während des Marsches durch Kleinasien machte Alexander, der sich für einen zweiten Achill hielt, dort Halt, wo man Achills Grab in Troia vermutete, und legte einen Kranz darauf. Unter dem Einfluss des Aristoteles interessierte er sich auch für Naturwissenschaften. Er ließ Geographen, Biologen und Zoologen an seiner persischen Expedition teilnehmen.

Alexander gründete etwa 35 griechische Kolonien in ganz Vorderasien. Die meisten dieser Siedlungen waren einfache Kasernen mit Soldaten, die an strategischen Punkten lagen und dafür vorgesehen waren, Schutz gegen die fremden und inneren Feinde des Reiches zu bieten. Einige der neu gegründeten Städte aber entwickelten sich später zu kulturellen Zentren. Das größte dieser griechischen Zentren, Alexandria (ein Name, den viele dieser Kolonien teilten), befand sich an der nordwestlichsten Spitze des Nildeltas, an der Stelle eines kleinen Fischerdorfes. Da es zwei sehr gute Häfen hatte, wurde Alexandria die Hauptstadt Ägyptens, die größte Stadt der griechischen Welt und ein Zentrum der Gelehrsamkeit, Finanzen und des Handels. Alexandria wurde der Transithafen für Afrika und das Rote Meer sowie ein Produktionszentrum für Tuche, Juwelen, Kosmetika, Papyri und Glas. Von dem Makedonen Deinokrates entworfen, war die Stadt voller Gärten, Parks und Fontänen. Die Straßen Alexandrias waren außergewöhnlich breit (3 Meter) und von Geschäften gesäumt. 200 v. Chr. hatte die Stadt eine Bevölkerung von 500000 Menschen, darunter eine jüdische Bevölkerung, die groß genug war, um drei Synagogen zu füllen. Viele dieser Juden waren Grundbesitzer, die auch als Steuereintreiber oder Feldherren wirkten. Als eines der sieben Weltwunder der antiken Welt galt Alexandrias 100 Meter hoher Leuchtturm auf der Insel Pharos am Hafen der Stadt. Sein Lichtstrahl war ungefähr 30 km weit zu sehen. (Ein Erdbeben zerstörte den Leuchtturm im 14. Jahrhundert n. Chr.) Antiochia und Pergamon, in der heutigen Türkei, waren die beiden anderen großen Handelszentren der hellenistischen Zeit, die auf Alexanders Tod folgte. Der Handel blühte im gesamten Reich, als Alexander riesige Mengen persischen Goldes in die Wirtschaft fließen ließ und das Münzsystem standardisierte.

Koine, eine vereinfachte Variante vom attischen Dialekt des klassischen Griechisch, wurde die Standardschriftsprache des vorderasiatischen Adels. Das Neue Testament wurde später in einer lokalen Form der Koine mit semitischen Beimischungen geschrieben.

Griechische Kultur verdrängte jedoch nicht ganz die Kulturen Vorderasiens. Die Ptolemäer etwa, die makedonischen Herrscher Ägyptens, ließen sich mit ägyptischen Trachten darstellen, stifteten Tempel in der architektonischen Tradition Ägyptens, nahmen an ägyptischen religiösen Ritualen teil und heirateten sogar, wie die Pharaonen, ihre eigenen Schwestern. Unterdessen verwendeten Amtsträger des Seleukidenreiches vorderasiatische Sprachen wie Aramäisch und Keilschrift-Akkadisch für die Abfassung einiger Dokumente.

Teilung und Zerstörung

Als Alexander starb, war sein einziger Thronfolger ein Embryo. Das Kind wurde später, als es 13 Jahre alt war, ermordet. Auf seinem Sterbebett gefragt, wem er sein Reich vermachen wolle, flüsterte Alexander: „Dem Stärksten." Nach 40 Jahren blutiger Kriege zwischen seinen früheren Feldherren um die Herrschaft über das Reich wurde es in drei Teile geteilt, jeder davon unter der Herrschaft eines Feldherrn. Ptolemaios, Alexanders persönlicher Adjutant und sein Statthalter in Ägypten, herrschte über diese Provinz. Antigonos der Einäugige, der einst Alexanders Nachschubwege in einer wichtigen Schlacht gerettet hatte, herrschte über Makedonien und einen Großteil Griechenlands. Der tüchtige Seleukos, der Alexanders Fußvolk geführt hatte, herrschte über den Rest des Alexanderreiches.

Der am weitesten im Osten gelegene Teil des Seleukidischen Reiches wurde bald von einem indischen Herrscher erobert. Der Rest des östlichen Seleukidischen Reiches wurde in unabhängige Staaten zerstückelt, die von den Parthern im 2. Jahrhundert v. Chr. absorbiert wurden. Der westliche Teil des Reiches wurde gleichfalls zerstückelt und fiel an Rom. Ägypten wurde im 1. Jahrhundert v. Chr. von Rom erobert. Griechenland erhob sich gegen die Antigoniden, wurde in viele Staaten aufgesplittert und anschließend von den Römern erobert.

Einer dieser griechischen Staaten, der Achäische Bund, war ein frühes Modell des föderativen Systems. Der Bund wurde 280 v. Chr. als Nachfolger einer lockereren Variante von vier peloponnesischen Poleis neu gegründet. Er wurde von einer Ratsversammlung regiert, die ihrerseits von den erwachsenen Männern jeder Mitgliedspolis gewählt wurde. Die Ratsversammlung traf sich viermal im Jahr, um eine gemeinsame Außenpolitik zu formulieren und Wirtschaftsgesetze zu erlassen, zum Beispiel solche, die das Münzsystem betrafen. Auf seinem Höhepunkt vereinigte der Bund in sich erfolgreich bis zu 60 unterschiedliche Poleis in relativer Gleichheit und Harmonie, unter einer einzigen Regierung und Währung. Frühere Bündnisse waren Reiche gewesen, die von einem einzigen Mitglied beherrscht wurden, und nicht Föderationen gleichrangiger Staaten. Ein anderer Bundesstaat, der Aitolische Bund in Zentral- und Nordwestgriechenland, machte die Vertretung abhängig von der Zahl der Bevölkerung. Die Gründerväter der Vereinigten Staaten nannten diese beiden Bundesstaaten bei der Aussprache in der Verfasssunggebenden Versammlung als Vorbilder.

Das Vermächtnis Alexanders

Alexanders Eroberungen vergrößerten erheblich den Umfang und die Reichweite der griechischen Zivilisation. Doch so wie die Eroberungen zur Verbreitung der griechischen Kultur über eine riesige Fläche führten, modifizierten sie diese Kultur auch. Das Ideal des vielseitigen Menschen, wie es von Perikles verkörpert wurde, trat zurück hinter der zunehmenden militärischen und wirtschaftlichen Spezialisierung. Die neue militärische Taktik, die mit Reiterei, Gebirgskriegführung und Präzisionsrudern verbunden war, benötigte eine lange Ausbildung. Der normale Bürger konnte eine solche Ausbildung nicht absolvieren und gleichzeitig seine tägliche Arbeit verrichten. Soldaten wurden daher zu Spezialisten, und die Kernverbindung zwischen Bürgersein und Schutz der eigenen Polis, eine Verbindung, die ein Kernbestandteil der griechischen Kultur war, wurde durchtrennt. Zwar brachte die Explosion des Fernhandels mehr Wohlstand, doch untergrub sie auch die Vielseitigkeit, zu der die Polis traditionell angeregt hatte. Je mehr Artikel durch Import billig zu haben waren, desto weniger brauchten die lokalen Bürger sie selbst herzustellen und desto geringer wurden entsprechend ihre Fertigkeiten. Wachsender Umfang und zunehmende Komplexität des Handels veranlassten viele Bürger, weniger Zeit dem öffentlichen Leben und mehr den eigenen Geschäften zu widmen. Das empfindliche Gleichgewicht, das die Griechen zwischen individueller Freiheit und öffentlicher Verantwortung zu halten versucht hatten, war erschüttert worden. Das Individuum und, mindestens theoretisch, die Welt insgesamt hatten die mittlere Einheit, die Polis, als Bezugspunkt ersetzt.

Obwohl Alexanders Eroberungen Vorderasien teilweise hellenisierten, orientalisierten sie teilweise auch die griechische Welt. Demokratische Stadtstaaten traten nunmehr hinter prunkvollen Königen zurück, die in vorderasiatischer Manier oft Kulte gründeten, die der eigenen Verehrung gewidmet waren. Diese Veränderungen öffneten die griechische Welt der römischen Eroberung.

7 Scipio Africanus

Retter der römischen Republik

So wie Themistokles die griechische Zivilisation in der Schlacht von Salamis 480 v. Chr. verteidigt hatte, rettete Scipio Africanus 202 v. Chr. die römische Republik in der Schlacht von Zama. Dank seines Sieges war es Rom, nicht Karthago, das die westliche Welt beherrschen sollte. Es waren die Römer, welche die griechische Kultur modifizierten und vermittelten und schließlich das Christentum über die Mittelmeerwelt und Westeuropa verbreiteten. Aber die Römer dürfen nicht ausschließlich als Verbreiter der Errungenschaften anderer Völker gelten. Sie selbst leisteten einen erheblichen Beitrag zur abendländischen Zivilisation. Ihre Sprache, ihr Recht und ihre Architektur üben noch immer einen mächtigen Einfluss auf jede abendländische Nation aus.

Die Gründe für den Erfolg Roms

Wie konnte es dazu kommen, dass ein kleines Volk, das über relativ schlechte Böden und Häfen verfügte, zu Herren des größten Reiches der Welt wurde, das sich über viele Millionen Quadratkilometer ausdehnte und 50 Millionen Menschen umfasste? Die geographischen Vorteile der Römer und ihre Kultur spielten bei ihrem Erfolg eine wesentliche Rolle.

Geographie
Um 1000 v. Chr. wanderten verschiedene Stämme aus dem Balkan nach Mittelitalien ein und vermischten sich mit der einheimischen Bevölkerung. Wenn die Latiner auch mit der Eisentechnologie vertraut waren, so waren sie doch hauptsächlich Hirten und Viehzüchter. Im 9. Jahrhundert v. Chr. siedelten sich einige dieser Stammesgruppen auf dem Palatin und dem Esquilin an, zwei von Roms berühmten Sieben Hügeln, die eine günstige Furt über den Tiber überblicken, den zweitgrößten Fluss in Italien. Rom lag 30 km vom Meer entfernt. Diese Entfernung war gering genug, um Transport und Kommunikation sicherzustellen, aber groß genug, um die Stadt vor Überfällen von See her zu schützen. In der Nähe wertvoller Salzlager gelegen, waren Roms Hügel leicht zu verteidigen und sicher vor Überschwemmungen. Bezeichnenderweise lag Rom am Schnittpunkt zwi-

schen den Etruskern im Norden und den Griechen im Süden. Die Römer lernten viel von beiden Völkern.

Um 700 v. Chr. hatten sich die Etrusker in Etrurien niedergelassen, der Landschaft nordwestlich von Rom. Die Griechen nannten die Etrusker „Tyrrhener", daher der Name „Tyrrhenisches Meer" für den Golf, der Italien von Korsika und Sardinien trennt. Die genauen Ursprünge der Etrusker sind nicht sicher bekannt, aber ihre Sprache war nicht indoeuropäisch, und aller Wahrscheinlichkeit nach kamen sie aus Kleinasien. Die Etrusker waren berühmt für ihre Musik und ihre Kriegsbegeisterung. Sie hatten auch Freude am Tanz, an der Jagd, am Ringkampf, Jonglieren und Feiern. Anfangs äscherten die Etrusker ihre Toten ein, aber im späten 8. Jahrhundert v. Chr. gingen sie dazu über, die Toten in Steinsarkophagen zu bestatten. Im folgenden Jahrhundert schnitten sie massive, reiche Kammergräber aus unterirdischem Fels und bedeckten sie mit großen Erdhügeln. Die Wände der Gräber waren bemalt. Die Toten lagen auf Bänken oder wurden in Särgen vergraben, auf deren Deckeln Steinskulpturen der Verblichenen lagen. Die Etrusker brachten es zu einigem Wohlstand durch Landwirtschaft, Eisenbergbau und Piraterie. Sie tauschten wertvolle Keramik, Kandelaber, Schmuck, Spiegel, Streitwagen und Leder gegen Luxusartikel aus Griechenland, Phönizien und Ägypten. Ihre Städte waren säuberlich geplant und befestigt. Sie waren das erste Volk, das Zahnbrücken benutzte (die aus Gold hergestellt wurden), um einen künstlichen Zahn (aus Holz oder Elfenbein) zwischen zwei Zähnen zu verankern. Ihre Frauen genossen relativ hohes Ansehen und verkehrten mit Männern in einer Freizügigkeit, die für eine ehrbare griechische Frau undenkbar gewesen wäre.

Die Etrusker expandierten südwärts bis zum Golf von Neapel, vermischten sich mit der einheimischen Bevölkerung und organisierten weite Teile Nord- und Mittelitaliens sowie Gebiete in Süditalien in drei verschiedenen Konföderationen etruskisch dominierter Stadtstaaten. Um 625 v. Chr. herrschte ein etruskischer Abenteurer aus Tarquinia, der reichsten und mächtigsten Etruskerstadt (60 km nördlich von Rom), als König über Rom. Die Kontrolle, die Tarquinia über den Berg Tolfa übte, der große Eisen-, Zinn- und Kupferlagerstätten barg, trug wesentlich zu seinem Reichtum und seiner Macht bei. Diese Stadt von ca. 25 000 Einwohnern produzierte außerdem Metallerzeugnisse, Keramik und Stoffe und trieb ausgedehnten Fernhandel. Zu dieser Zeit herrschte große Freiheit und Mobilität zwischen Städten, und eheliche Verbindungen zwischen etruskischen und latinischen Adligen waren normal. Tatsächlich waren nicht wenige römische Familiennamen etruskischen Ursprungs.

Die Etrusker leisteten einen wesentlichen Beitrag zur römischen Kultur. Etruskische Könige verwandelten Rom aus einer Ansammlung von Hütten in eine echte Stadt mit Straßen, öffentlichen Gebäuden, Märkten und

Tempeln. Von den Etruskern stammten solche Begriffe wie „Roma", „Italia" (was so viel wie „Kalb-Land" bedeutete), „Toscana" (von „etruskisch") und „Adria" (von der etruskischen Siedlung „Hatria"). Die Etrusker steuerten auch einige Götter bei sowie die Sitte, Statuen von Gottheiten anzufertigen, und die Praxis, die Zukunft durch die Schau der Eingeweide von Opfertieren, durch Beobachtung des Vogelflugs und von Himmelskörpern zu deuten. Ihre Tempel, Schreine, Privathäuser, Aquädukte und Straßen beeinflussten erheblich römische Architektur und Ingenieurwissenschaft. Als einer ihrer Könige das Forum, Roms sumpfiges Mitteltal, das zuvor als Begräbnisstätte genutzt worden war, trockenlegte, war dies der erste Schritt hin zum späteren Ruhm des Forums als des größten Marktplatzes der Welt. Von den Etruskern stammten auch die Toga und die *fasces*, eine Axt, die in ein Bündel hölzener Ruten gewickelt war, als Symbol der ausführenden Gewalt. (Die Axt versinnbildlichte die Macht zu töten, die Ruten die Macht zu schlagen. In dem Versuch, Roms antike Glorie für seine Zwecke auszubeuten, benutzte der italienische Diktator Benito Mussolini die *fasces* als sein Symbol, wovon der „Faschismus" seinen Namen erhielt. Anderthalb Jahrhunderte vor Mussolini hatte Thomas Jefferson vorgeschlagen, die *fasces* ins Wappen des Staates Virginia aufzunehmen.) Von den Etruskern hatten die Römer auch den Gebrauch der Purpurfarbe, der etruskischen Staatsfarbe, als Symbol königlicher Würde übernommen. Schließlich führten die Etrusker Wagenrennen und Gladiatorenspiele ein.

Zwischen 750 und 500 v. Chr. kolonisierten die Griechen Süditalien und Sizilien und verwandelten Teile dieser Regionen in das, was die Römer die Magna Graecia („Großgriechenland") nannten. Von diesen Griechen übernahmen die Römer, vermittelt durch die Etrusker, das griechische Alphabet, das sie zum lateinischen Alphabet umformten und das heute im gesamten Abendland Verwendung findet. Die Römer nahmen praktisch die gesamte griechische Religion auf (ebenfalls über die Etrusker) und änderten lediglich die Namen der Götter. Zeus wurde Jupiter, Hera Juno, Aphrodite Venus, Athena Minerva, Ares Mars. Aus Hephaistos wurde Vulkan, aus Kronos Saturn, aus Poseidon Neptun, aus Artemis Diana, aus Demeter Ceres und aus dem Halbgott Herakles Herkules. Nur Apoll blieb Apoll. Mehr noch als die Griechen verknüpften die Römer Religion mit Vaterlandsliebe. Römische Götter schienen keine andere Existenzberechtigung zu haben, als Rom zu stärken und zu schützen. Die vom Staat ernannten römischen Priester waren wesentlich mächtiger als ihre griechischen Pendants. Die Römer übernahmen in ihrer Frühzeit auch Münzen und Keramik im griechischen Stil. Selbstverständlich nahmen die Römer später als Ergebnis ihrer Eroberung des östlichen Mittelmeerraums auch griechische Kunst, Literatur, Wissenschaft und Philosophie an.

Kultur

Auch Aspekte der römischen Kultur waren entscheidend für ihren Erfolg. Die Römer waren überzeugte Pragmatiker. Cicero bekundete einmal: „Während unsere Vorfahren in Friedenszeiten die Tradition hochhielten, verließen sie sich im Krieg allein auf ihre Erfahrung." Der Pragmatismus der Römer war nicht nur der Schlüssel zu ihrem militärischen Erfolg, sondern machte sie auch zu den namhaftesten Ingenieuren der antiken Welt.

Die Römer waren außerdem zäh und sparsam. Sie schätzten Stärke über Zartheit, Macht über Flinkheit und Nutzen über Anmut. Sie zogen *gravitas* (Ernsthaftigkeit) der *levitas* (Frivolität) vor. Sie erwarben ihre Zähigkeit auf beschwerlichem Wege, indem sie ihren Lebensunterhalt einem steinigen, unfruchtbaren Boden entwanden.

Römer ordneten sich selbst ihrer Familie und Rom unter. In der Abgeschiedenheit des Innenhofs ihrer Häuser bewahrten Adlige Wachsbüsten und -masken, die naturgetreu die Gesichter ihrer berühmten Ahnen darstellten. Wenn ein angesehenes Mitglied der Familie starb, wurden die Masken auf dem Trauerzug von jeweils dem Familienmitglied getragen, das dem Betreffenden am ähnlichsten sah. Dieses Familienmitglied kleidete sich sogar dem Rang entsprechend, den der Ahnherr bekleidet hatte. Die Totenrede hielt das prominenteste lebende Familienmitglied: Sie listete nicht lediglich die Verdienste des soeben Verschiedenen auf, sondern hielt auch penibel das von der gesamten Ahnenreihe Erreichte fest, die man, in Form ihrer Masken und Leihkörper, als gegenwärtig ansah. Dieses Ritual weckte in jungen Männern den Wunsch, Härten und sogar den Tod zu erleiden, um den Ruhm einer solchen Totenrede eines Tages für sich selbst gewinnen zu können.

Die Doktrin des *pater familias* (des Familienoberhaupts) beherrschte das römische Familienrecht. Der Patriarch einer Großfamilie besaß absolute Verfügungsgewalt über die gesamte Sippe. Theoretisch konnte er sogar jedes beliebige Familienmitglied töten oder seine Kinder als Sklaven verkaufen, obwohl ein solches Vorgehen äußerst selten war. (Gleichwohl bekam es einem römischen Sohn nicht gut, seinem Vater zu beichten, er habe den Familienwagen zu Schrott gefahren.) Wie in vielen Kulturen war das schlimmste Verbrechen der Vatermord. Jeder, der sich eines so ruchlosen Verbrechens schuldig machte, wurde mit einem Hund, einem Hahn, einer Schlange und einem Affen zusammen in einen Sack eingenäht und in den Fluss oder das Meer geworfen. Rom galt als Großfamilie, und es war nur ein kleiner Schritt von der Doktrin des *pater familias* zur Doktrin des *pater patriae* (Vater des Vaterlands), die später die Herrschaft der Kaiser legitimierte.

Den Römern stand eine große Sammlung anrührender Mythen zur Verfügung, um Mut, Selbstlosigkeit, Ehrgefühl und Vaterlandsliebe in ihren

Kindern zu wecken. Einer Sage zufolge hatte um 506 v.Chr. Horatius Cocles Rom vor einem etruskischen Heer gerettet, indem er mutterseelenallein die Etrusker abgewehrt hatte, während seine Kameraden eine Brücke zerstörten, die den Tiber überspannte. Da er nun keine Brücke mehr in seinem Rücken hatte, richtete Horatius ein Stoßgebet an Vater Tiber und stürzte sich selbst in den Fluss. Einer anderen Legende nach baten um 462 v.Chr. römische Offizielle Cincinnatus, einen Bauern, der gerade dabei war, seinen Acker von 120 Ar zu pflügen, für einen Zeitraum von sechs Monaten die Diktatur über Rom anzunehmen, um die Aequer zu vertreiben, einen latinischen Stamm, der das Dorf bedrohte. Schweiß und Schmutz abwischend legte Cincinnatus seine Toga an und machte sich daran, die Aequer in nur 15 Tagen zu besiegen. Er legte sogleich seine Diktatur nieder und kehrte an seinen Pflug zurück. (George Washington eiferte später Cincinnatus nach und forderte zum Vergleich heraus. Lord Byron nannte Washington den „Cincinnatus des Abendlands“.) Noch eine andere Erzählung berichtet, wie 340 v.Chr. Titus Manlius die Hinrichtung seines eigenen Sohnes befahl, weil er ohne Befehl einen leichtsinnigen Angriff gegen den Feind unternommen hatte. Manlius erklärte: „Du hast [...] die militärische Disziplin untergraben, auf der das Schicksal Roms bis zu diesem Tag beruht hat. [...] Es ist ein strenges Exempel, das wir statuieren, aber ein heilsames für die jungen Männer der Zukunft.“ Einer weiteren Legende nach durfte um 250 v.Chr. Marcus Attilius Regulus, ein römischer Konsul, den die Karthager gefangen genommen hatten, nach Rom zurückkehren, um über die Friedensbedingungen zu diskutieren und einen Austausch karthagischer Gefangener gegen sich selbst auszuhandeln; die Karthager ließen ihn schwören, dass er nach Karthago zurückkäme, falls er scheitere. Nach der Ankunft in Rom drängte Regulus den Senat, den Krieg fortzusetzen, und riet davon ab, den Gefangenenaustausch vorzunehmen, mit der Begründung, dass die karthagischen Gefangenen junge, fähige Offiziere seien, während er selbst alt und ausgebrannt sei. Entsprechend dem Wort, das er gegeben hatte, kehrte Regulus nach Karthago zurück, obwohl er wusste, dass die zornigen Karthager ihn zu Tode foltern würden. Wirklich töteten sie ihn durch Schlafentzug.

Der größte aller patriotischen Mythen Roms aber war die Gründungssage Roms, die der Dichter Vergil überliefert. Nach Vergils *Aeneis* hatte Aeneas, Sohn des trojanischen Aristokraten Anchises und der Göttin Venus, eine Handvoll Flüchtlinge aus Troja herausgeführt, bevor es den Griechen zum Opfer fiel. Die Flüchtlinge erlebten zahlreiche Abenteuer und durchlitten große Not, bis sie Italien erreichten, wo sie sich bei einheimischen latinischen Stammesgruppen niederließen. 13 Generationen später gründeten zwei von Aeneas' entfernten Nachfahren, Romulus und Remus, Rom. Romulus und Remus waren die Zwillingssöhne des Kriegsgottes Mars und der Rhea Silvia, einer Priesterin, die Keuschheit gelobt hatte. Rhea Silvias Onkel, der König von Alba Longa, war zornig über den Bruch ihres Gelübdes und glaubte ihr nicht, dass der Vater Mars sei. Er warf sie ins Gefängnis und ließ die Säuglinge am Tiberufer aussetzen. Dort fand eine Wölfin Romulus und Remus und säugte sie, bis ein Hirte die Brüder entdeckte und aufzog. Dem Mythos zufolge kehrten die Brüder 753 v. Chr. zu der Stelle zurück, wo sie als Säuglinge ausgesetzt worden waren, und Romulus zog mit einer Pflugschar die Stadtgrenze Roms. Er tötete Remus im Zorn über eine Beleidigung und wurde der erste König Roms. Dieser Mythos verschaffte den Römern eine edle Herkunft und Abstammung; sie leiteten sich von trojanischen Helden und vom Kriegsgott selbst her.

Aus solchen Mythen lernten die Römer Mut, Disziplin, Standhaftigkeit, Geduld, Selbstbeherrschung, Fleiß, Beständigkeit, Ehrgefühl, Frömmigkeit, Würde und Mannhaftigkeit. Die letztgenannte dieser Tugenden hieß *virtus*. Viele von ihnen waren Eigenschaften von Bauernsoldaten, die Langeweile, ungünstige Wetterbedingungen, unvorhergesehene Schicksalsschläge und harte Arbeit ertragen mussten. Soldaten kämpften nicht nur, sie mussten auch Gräben ausheben und Straßen bauen. Solche Eigenschaften waren in der Frühphase ausschlaggebend für den Erfolg im Kampf gegen die Naturgewalten und die Nachbarn. Tatsächlich hatte Mars seine Karriere als Fruchtbarkeitsgott begonnen; es waren die römischen Bauernsoldaten, die ihn in einen Kriegsgott verwandelten.

Vielleicht am wichtigsten war, dass die Römer ein Gefühl der Unbesiegbarkeit besaßen. Der römische Historiker Livius schrieb: „Es ist so selbstverständlich für die Römer, Schlachten zu gewinnen, wie für das Wasser, bergab zu fließen." Dieses Unbesiegbarkeitsgefühl leitete sich vom Glauben der Römer ab, dass die Götter sie bedingungslos unterstützten, solange sie die richtigen Rituale vollzögen. Jedes römische Haus besaß seinen eigenen kleinen Altar, der Statuetten der Laren enthielt, der Hausgötter. Wie die Bürger vieler anderer Reiche der Weltgeschichte empfanden sich die Römer als Träger göttlicher Sendung. Wenn ein römischer Feldherr einen Triumph feierte, schritt er in einem Prozessionszug quer durch die Stadt bis zum Tempel des Jupiter (später zum Tempel des Mars) und brachte dem Gott „die Errungenschaften Jupiters geschmiedet durch das römische Volk" dar.

Aus diesem Grund war vielleicht kein anderes Volk so besessen von Ritualen. Wenn die Römer einem anderen Volk den Krieg erklärten (ein häufiges Ereignis), dann vollzog einer der *fetiales*, ein spezielles Priesterkollegium, eine altertümliche Zeremonie. Nachdem der Feind römische Forderungen abgewiesen hatte, die bisweilen exorbitant waren, um ihre Ablehnung sicherzustellen, ging der Fetiale an die Grenze des Feindeslands und richtete in Anwesenheit dreier Männer im wehrfähigen Alter folgende Worte an die Götter: „Da die X feindliche Handlungen gegen das römische Volk begangen haben und das römische Volk angeordnet hat, dass es Krieg mit den X geben müsse, und der Senat des römischen Volkes verfügt, gebilligt und abgestimmt hat, dass es Krieg mit den X geben müsse, erklären ich und das römische Volk hiermit den X den Krieg.“ Der Fetiale schleuderte sodann einen Speer über die Grenze ins Feindesland, um den Beginn des Kriegszustands symbolisch zu markieren. Als das Römische Reich zu groß wurde, um diese Praxis zu vollziehen, separierten die Römer ein besonderes, eingefriedetes Gebiet außerhalb der Stadtgrenzen, das Marsfeld, welches das Feindesland im Ritual der Kriegserklärung symbolisierte. Die Römer begannen keinen Krieg, ohne das Ritual vollzogen zu haben.

Wenn während einer Ritualhandlung ein Fehler begangen wurde, fingen die Römer wieder von vorn an, wie viel Zeit das auch kosten mochte. Sie waren bereit, dasselbe Ritual so oft als nötig zu vollziehen, um einen fehlerfreien Ablauf zu gewährleisten. Es spielte noch nicht einmal eine Rolle, dass in manchen Fällen die Bedeutung des Rituals vollständig in Vergessenheit geraten war.

Viele dieser Rituale hatten ihren Ursprung in komplizierten Familienriten, die vom Vater an den Sohn weitergegeben wurden, um Bitten an Ceres (die Fruchtbarkeitsgöttin), Vesta (die Göttin des Herdes) und die Laren zu richten. Selbst das Familienmahl war eine religiöse Zeremonie, während deren die Römer beteten und den Göttern Weihrauch und Trankopfer darbrachten. Andere Hausrituale vertrieben böse Geister und besänftigten gute. Die Legende will es sogar, dass einst ein Römer durch die Reihen der verblüfften Gallier, die Rom belagerten, zum Quirinalshügel marschierte und dort ein traditionelles Familienopfer zelebrierte, das an diesem Tag vorzunehmen war. Nachdem die Gallier die Stadt in Schutt und Asche gelegt hatten (ca. 390 v. Chr.), rieten viele Stimmen, in die nahe gelegene Stadt Veii auszuwandern, aber Camillus überzeugte die Römer davon, dass es treulos sei, jene Orte zu verlassen, an denen Rituale vollzogen werden müssten. Livius zufolge erklärte Camillus: „Gewiss wäre es ehrenvoller, wie Landhirten mit alledem zu leben, was wir für heilig erachten, als ins Exil zu gehen und die Götter unserer Herzen und Häuser im Stich zu lassen.“

Militärische Siege bestärkten das römische Unbesiegbarkeitsgefühl, das im Gegenzug neue Siege hervorbrachte. Wenn sie denn einmal eine Schlacht verloren, glaubten die Römer, dass die Götter ihnen lediglich eine Lektion erteilen wollten, um sie davon abzuhalten, zu stolz zu werden. Fast alle römischen Autoren nannten Frömmigkeit als Schlüsselfaktor für den Erfolg ihrer Stadt.

Die römische Eroberung Italiens

Zwischen dem 6. und dem 3. Jahrhundert v. Chr. eroberten die Römer ganz Italien und begründeten eine Republik. Beide Entwicklungen, die von großer Tragweite waren, bedingten sich gegenseitig. Die wachsende Anerkennung der Rechte auch für einfache Leute schuf die innere Harmonie, deren es bedurfte, um äußere Feinde zu besiegen, und der permanente Krieg machte es notwendig, die einfachen Leute zufrieden zu halten, indem man ihre Rechte anerkannte.

Der letzte der sieben Könige, der von ca. 525 bis 509 v. Chr. über Rom herrschte, war Tarquinius Superbus („der Überhebliche"), ein Etrusker, der die Macht ergriffen hatte und ohne den Senat zu konsultieren regierte. 509 v. Chr. wurde Tarquinius aus Rom vertrieben. Nach einer römischen Legende führten Lucius Junius Brutus (ein Ahnherr des Caesarmörders) und Publius (ein Name, den die Verfasser von *The Federalist* später als Pseudonym wählten) den Umsturz an. Die Legende behauptet, dass die Römer gegen Tarquinius aufbegehrten, als Lucretia, die verheiratete Tochter eines prominenten römischen Adligen, sich mit einem Stich ins Herz umbrachte, weil sie von Tarquinius' Sohn vergewaltigt worden war. Nach dem Fall des Tarquinius versuchte Lars Porsenna, der König von Clusium, Vorteil aus dem Wirrwarr zu ziehen und Rom zu erobern, aber eine Koalition aus Latinern und Griechen unter Aristodemos besiegte den Sohn des Lars, Arruns, entscheidend bei Aricia und erlaubte so Rom, seine Unabhängigkeit wiederzuerlangen. Jedenfalls hassten die Römer Tarquinius so sehr, dass allein der Titel „König" ihnen zuwider wurde. Selbst Jahrhunderte später nahmen die römischen Kaiser, die mehr Macht hatten, als Tarquinius jemals zu träumen gewagt hätte, die Bezeichnung *imperator* („Oberbefehlshaber") an, um den Titel „König" zu vermeiden.

496 v. Chr. unterdrückte das römische Fußvolk eine Erhebung anderer latinischer Stämme, die den Latinerbund bildeten, indem es am See Regillus eine Streitmacht besiegte, die hauptsächlich aus Reitern bestand. 396 v. Chr. drangen die Römer unter Marcus Furius Camillus durch einen Tunnel in die Zitadelle von Veii ein, jener etruskischen Stadt, mit der sie um die Kontrolle der Salzlager an der Tibermündung rangen. Die Römer nahmen die rivalisierende Stadt ein und zerstörten sie. Veii, das an einer Tiberfurt lag, von der Straßen sternförmig in alle Richtungen ausgingen, war ein Handels- und Gewerbezentrum in nur 15 km Entfernung von Rom. Indem sie Veii eroberten, verdoppelten die Römer die Ausdehnung ihres Territoriums. Um 390 v. Chr. beherrschte der Latinerbund Mittelitalien.

Im selben Jahr bedrohten 30000 Gallier, wilde keltische Krieger aus dem heutigen Frankreich, die nach Italien eindrangen, Rom in seiner Existenz. Nachdem sie die Alpen überquert hatten und südwärts nach Italien gezogen waren, rieben die Gallier das römische Heer auf, das nach Veii entkam und den Weg nach Rom öffnete. Obwohl eine kleine römische Garnison auf dem Kapitol ausharrte, brannten die Gallier Rom zum größten Teil nieder. Nach sieben Monaten gelang es den römischen Patriziern, die Gallier zu bestechen, damit sie die Stadt verließen. (Die Gallier zogen auch ab, weil andere Stämme ihr nördliches Territorium bedrohten. Natürlich vermeldet die römische Sage, dass sie abzogen, weil Camillus sie in der Schlacht besiegt hatte.)

Obwohl die Römer ein halbes Jahrhundert benötigten, um sich vollständig zu erholen, bauten sie ihre Stadt wieder auf und schützten sie mit einer neuen Stadtmauer, die so massiv war, dass ein Teil von ihr noch heute steht. Zwangsläufig wurde die Stadt hastig und wahllos wieder aufgebaut, und deshalb war, Livius zufolge, noch 400 Jahre später, „der Stadtplan Roms eher der einer Räuberhöhle als der einer sorgfältig geplanten Stadt". Aber die Römer schworen, dass niemals wieder ein fremdes Heer Rom erobern solle. Tatsächlich dauerte es acht Jahrhunderte, bis dies geschah.

Die römische Entschiedenheit, Eroberungen zu widerstehen, schuf, in Kombination mit Bevölkerungsdruck, eine Politik, die manche Historiker als „defensiven Imperialismus" bezeichnet haben. Auf der Suche nach immer sichereren Grenzen eroberten die Römer schließlich ganz Italien.

Vier Völker, die Latiner, Samniten, Etrusker und Griechen, standen der römischen Eroberung Italiens im Wege. Obwohl sie von inneren Zwistigkeiten geplagt waren, erhoben sich die latinischen Stämme mehrfach und kämpften mit den Römern bis aufs Messer; der letzte Stamm wurde erst 338 v. Chr. unterworfen. Die Römer lösten den Latinerbund auf und zwangen jeden Stamm, einen separaten Friedensvertrag mit ihnen abzuschließen. Die Römer eroberten sodann Tarquinia (um 311 v. Chr.). Inzwischen, von 343 bis 290 v. Chr., waren die Römer in drei heftige Kriege gegen die samnitischen Stämme verwickelt, welche die Hügel der Campania (in Südwestitalien) bewohnten und entfernte Verwandte der Latiner waren. Obwohl die Samniten über wenige Städte verfügten, waren sie gut organisiert und hochgradig diszipliniert. Sie besaßen die doppelte Bevölkerung und Fläche Roms, konnten sich im Ernstfall in bergige Gegenden zurückziehen und erhielten einige Unterstützung von den Etruskern und Galliern. Dennoch überstanden die Römer zahlreiche Rückschläge und besiegten die Samniten und ihre Verbündeten entscheidend bis 290 v. Chr.

Während der Samnitenkriege rückten die Römer von der Phalanx ab, die sie über die Etrusker von den Griechen übernommen hatten, und gingen zu den beweglicheren Einheiten über, die sie später in die Lage versetzten, das gesamte Mittelmeerbecken und ganz Westeuropa zu erobern. Die römischen Heere waren nun um kleine Einheiten herum organisiert, die *Zenturien* hießen und von einem Zenturio geführt wurden. Eine Zenturie entsprach 60 bis 100 Mann. Zwei Zenturien bildeten ein *Manipel*. Drei Manipel entsprachen einer *Kohorte*. Zehn Kohorten (4000 bis 6000 Mann) und 300 Reiter formten gemeinsam eine *Legion*. Wenn eine römische Legion in den Krieg zog, marschierten ihre 60 Zenturien in drei Schlachtreihen, wobei jede imstande war, zu einem Truppenkörper zu verschmelzen oder sich in kleinere Einheiten aufzulösen. Zwei Schlachtreihen (die *principes* und die *triari*) beobachteten die Frontlinie (die *hastati*) aufmerksam, um Erfolge ausnutzen und Katastrophen vorbeugen zu können. Römische Soldaten schleuderten im Allgemeinen ihre Zwei-Meter-Speere und liefen dann los, um dem Feind mit ihrem rasiermesserscharfen, doppelschneidigen Kurzschwert (dem *gladius*) zu begegnen. Sie benutzten häufig ihre rechteckigen Schilde offensiv als Rammböcke. Die zweite Schlachtreihe schleuderte ihre Speere über dic Köpfe ihrer Kameraden, um den Feind vor ihnen zu vernichten.

Der römische Sieg über die Samniten machte aus den Griechen Süditaliens das letzte verbleibende Eroberungsziel. 282 v. Chr. versenkte die Griechenstadt Tarent aus Furcht vor der wachsenden Macht Roms eine römische Flottille und rief den tüchtigen griechischen Feldherrn Pyrrhus von Epirus zu Hilfe. 280 v. Chr. setzte Pyrrhus mit 25 000 Soldaten und 20 indischen Kriegselefanten über, um sich mit 15 000 Mann aus Tarent, Söldnern und seiner großen Flotte zu vereinigen. Nachdem er die Römer im Kampf erlebt hatte, erklärte der scharfsinnige Pyrrhus: „Sie mögen Barbaren sein, aber an ihrer Disziplin ist nichts Barbarisches."

Pyrrhus brauchte auch nicht lange, um die Überlegenheit der flexibleren Formationen der Römer über die starre Phalanx der Griechen zu bemerken. Inzwischen umfasste die Phalanx sich gegenseitig unterstützende Reihen von Kämpfern, die mit sieben Meter langen Lanzen bewaffnet waren. Zwar war die Phalanx bei der Kampferöffnung hocheffizient, erforderte aber ebenes Terrain zur Entfaltung und büßte im folgenden Kampf ihre Wirksamkeit ein, weil die Soldaten der Phalanx nicht einzeln oder in kleinen Einheiten operieren konnten wie die römischen Manipel, die sich herumwenden konnten, um der Gefahr in jeder Richtung zu begegnen.

Dennoch besiegte Pyrrhus die Römer im Jahr 280 v. Chr. und wieder im Folgejahr, wobei er jeweils weitaus weniger Männer verlor als die Römer. Aber Pyrrhus konnte sich ebenso wenig wie die Römer Verluste erlauben. Er konnte sich auf weit weniger Verstärkungen stützen als die Römer, und jede Niederlage schien die Römer nur verbissener und entschlossener zu machen. Als ein Freund Pyrrhus zu seinem zweiten Sieg gratulierte, bemerkte er: „Noch so ein Sieg, und die Römer werden uns vollständig vernichten." Hier liegt der Ursprung des Begriffs „Pyrrhussieg", ein Sieg, der so verlustreich ist, dass er den Keim der Niederlage in sich trägt.

Pyrrhus zog sich für drei Jahre nach Sizilien zurück, wo er den Griechen half, die Karthager zu bekämpfen. Nach seiner Rückkehr aufs Festland schlug sein Versuch fehl, den römischen Feldherrn Fabricius zu bestechen, und er war abermals zum Kämpfen gezwungen. (Fabricius war so ehrenhaft, Pyrrhus sogar darüber zu informieren, dass sein Leibarzt angeboten hatte, ihn für Geld zu vergiften.) Diesmal besiegten die Römer Pyrrhus und er kehrte nur noch mit einem Drittel seiner ursprünglichen Streitmacht in seine Heimat zurück. Drei Jahre später fiel Pyrrhus in einer Schlacht bei Argos, als eine alte Frau, erschreckt durch den Anblick des Pyrrhus, der sich einen Zweikampf mit ihrem Sohn lieferte, einen schweren Dachziegel auf ihn schleuderte, der ihn unterhalb des Helms traf und ihn bewusstlos schlug. Ein argivischer Soldat hieb sodann seinen Kopf ab.

Bis 275 v.Chr. hatte das römische Heer sämtliche griechischen Stadtstaaten des italischen Festlands unterworfen. Nur die Eroberung und Kolonisierung der Poebene, die kurz nach 200 v.Chr. erfolgte, fehlte noch, um die römische Kontrolle der Apenninenhalbinsel komplett zu machen.

Wie Rom die besiegten Italiker behandelte

Die Römer gewannen die Loyalität der unterworfenen Italiker durch milde Behandlung. Obwohl die meisten unterworfenen Staaten sich Roms Außenpolitik anschließen sowie Truppen für das römische Heer und 20 Prozent ihres Territoriums zur Verfügung stellen mussten (27 kleine römische Kolonien wurden bis 250 v.Chr. auf diesem Land gegründet und verringerten so Roms Bevölkerungsprobleme), forderten die Römer keinerlei Tribut und gewährten jedem Staat großzügig Autonomie. Einige Städte erhielten sogar das volle römische Bürgerrecht, einen Beuteanteil und Land. Solche Milde war in der antiken Welt außergewöhnlich. Wie wir gesehen haben, massakrierten oder versklavten die „aufgeklärten" Griechen häufig besiegte Völker. Aber die römische Milde in Italien erwies sich als außerordentlich hellsichtig. Während des Zweiten Punischen Kriegs (218–201 v.Chr.), als Hannibal und die Karthager in Italien einfielen, rettete das Scheitern ihres Versuchs, die Italiker zum Abfall von Rom zu bewegen, Rom und besiegelte das Schicksal Karthagos. Wie Camillus einst gesagt hatte: „Die bei weitem stärkste Herrschaft ist die, der die Menschen gern untertan sind."

Die Herausbildung der Republik

Bis 509 v.Chr. wurden die Römer von Königen beherrscht, die der Senat auswählte und denen das Volk seine Zustimmung gab. Der Senat war eine Ratsversammlung, die sich aus *Patrizier* genannten 300 ehemaligen Amtsträgern zusammensetzte, die den König berieten. Fast alle Senatoren waren Grund besitzende Adlige.

Nachdem die Römer Tarquinius vertrieben hatten, richteten sie eine Oligarchie ein. Theoretisch ersetzten zwei kollegial amtierende Konsuln den König als vollziehende und Gesetz gebende Gewalt der Stadt. (Tarquinius' Herrschaft hatte Furcht geweckt vor einer einheitlichen Exekutive.) Die Konsuln wurden jährlich vom Volk aus der Patrizierschicht gewählt, die Wahl war vom Senat zu ratifizieren. In Wirklichkeit aber lag die Macht in der römischen Republik beim Senat, dessen Mitglieder auf Lebenszeit berufen waren und der über die Richtlinien der Politik und die Finanzen entschied. Die Konsuln hingegen waren durch das Kollegialitätsprinzip (sie konnten gegen die Entscheidungen des Kollegen ihr Veto einlegen) in ihrer Macht stark eingeschränkt. Der Senat konnte sein Veto gegen jede von den Konsuln eingeleitete Handlung einlegen. Wenn die Konsuln uneins waren, konnte der Senat Entscheidungen treffen, welche die Exekutive betrafen. Der Senat diente auch als oberster Gerichtshof. In Notstandssituationen hatte der Senat die Macht, die Konsuln für die Dauer von sechs Monaten durch einen Diktator zu ersetzen. Einfache Römer, die *Plebejer*, hatten hingegen wenig Einfluss.

Republikanische Reformen

Über die Jahrhunderte bewegte sich Rom jedoch von einer Oligarchie hin zu einem eher republikanischen System, ein System, in dem auch einfache Leute über eine Stimme verfügten. 494 v. Chr. zogen sich die Plebejer im Zeichen einer Hungersnot und müde, Kriege zu Nutz und Frommen der Patrizier auszufechten, auf den Aventin zurück. Sie drohten mit Sezession und der Gründung einer eigenen Stadt. Als Kompromiss gestatteten die Patrizier den Plebejern die Wahl zweier *Volkstribunen*. Schließlich erhielten die Volkstribunen, die als Personen sakrosankt waren (sie zu schlagen, galt als politisches wie religiöses Vergehen), die Befugnis, jedem Senatsbeschluss, den sie als ungerecht erachteten, Einhalt zu gebieten, indem sie in den Senatssaal traten und riefen: „Veto!" – lateinisch für: „Ich verbiete!" Sie konnten jeden Magistrat daran hindern, sein Amt auszuüben. Sie mussten ihr Haus offen halten und durften Rom über Nacht nicht verlassen, damit die Plebejer jederzeit ihre Hilfe anrufen konnten. Die Zahl der Volkstribune erhöhte sich schrittweise von zwei auf zehn.

451 v. Chr. forderten die Plebejer ein Gesetzbuch, damit die Konsuln nicht länger das römische Gewohnheitsrecht nach Gutdünken auslegen konnten. Ausgearbeitet von zehn Adligen, den *decemviri*, wurde die Gesetzessammlung im darauf folgenden Jahr auf zwölf Tafeln festgehalten und auf dem Forum aufgestellt, wo alle sie sehen konnten. Römische Kin-

der lernten die Gesetze auswendig. Das Zwölftafelgesetz war der erste Meilenstein in der ruhmreichen Geschichte des römischen Rechts. Wie die meisten zeitgenössischen Gesetzessammlungen war der Codex, der größtenteils formalisiertes Gewohnheitsrecht war, streng. Er sah Versklavung bei Überschuldung vor. Aber seine bündigen Sätze sind der erste Hinweis auf die unerreichte Begabung der Römer zur juristischen Präzision.

445 v. Chr. erhielten die Plebejer das Recht, Patrizier zu heiraten. (In der Praxis war nur ein Plebejer, der es zu einigem Wohlstand gebracht hatte, für eine patrizische Frau annehmbar.) 421 v. Chr. wurde die Funktion des *Quaestors* (des „Finanzministers") zum Wahlamt und für Plebejer geöffnet. Zugleich wurde die Zahl der Quaestoren auf vier erhöht. (Zuvor hatten die Konsuln sie ernannt.) 367 v. Chr. wurde einer der Konsulate für Plebejer reserviert, 342 v. Chr. ihnen das andere geöffnet. 326 v. Chr. wurden Arrest und Versklavung als Strafen für Verschuldung abgeschafft. Livius bezog sich später auf diese Maßnahme als „Wiedergeburt der Freiheit", ein Satz, der später durch Abraham Lincolns Gettysburg-Rede unsterblich gemacht wurde.

In der Mitte des 4. Jahrhunderts v. Chr. wurden neue Ämter geschaffen und für Plebejer geöffnet. Die meisten der neuen Ämter besaßen Befugnisse, die zuvor die Konsuln innegehabt hatten. Ein Amt war das des *Aedils* (verantwortlich für Marktplätze, öffentliche Gebäude, Archive, Verkehr, Wasserzufuhr, Getreideversorgung, Gewichte und Maße sowie Sponsor von Spielen), während ein anderes das des *Prätors* war (verantwortlich für die Gerichtshöfe). Ein drittes neues Amt war das des Zensors (verantwortlich für den Zensus, der alle fünf Jahre abgehalten wurde, Steuerschätzer, Aufseher der öffentlichen Moral, verantwortlich für die Vergabe von Staatsaufträgen und die Abstammung von Senatoren). Etwa zur selben Zeit wurden einige reiche Plebejer (vor allem frühere Amtsträger) in den Senat aufgenommen.

Im Jahr 300 v. Chr. erhielt jeder Bürger das Recht, das Volk als Appellationsinstanz gegen die Todesstrafe anzurufen. Ungefähr zu dieser Zeit wurde auch das Priesterkollegium der Pontifices und Auguren für Plebejer geöffnet. Die Pontifices saßen Ritualhandlungen vor und bewahrten das Sagengut, während die Auguren Omen festhielten und die Zukunft deuteten.

Besonders bedeutsam war, dass im Jahr 287 v. Chr. der Diktator Quintus Hortensius die oberste gesetzgebende Gewalt vom Senat auf die *Tributskomitien* übertrug, eine der drei römischen Volksversammlungen. Die Plebejer hatten jede dieser Reformen erwirkt, indem sie die Abhängigkeit Roms von ihrer militärischen Unterstützung ausnutzten. Die Patrizier wussten, dass sie am Ende wären, würden die Plebejer es ablehnen, im

Heer zu dienen, oder ausziehen, eine neue Stadt zu gründen. Der gewachsene Reichtum einiger Plebejer tat zur Durchsetzung der Reformen ein Übriges.

Die Römer nannten das Verfassungssystem, das sich in ihrer Stadt entwickelte, *res publica* (Gemeinwesen). Sie hielten es für ein Mischverfassungssystem, ein System, in dem die Macht des Einen (in diesem Fall von zweien, den Konsuln), der Wenigen und der Vielen im Gleichgewicht zueinander standen. Der griechische Geschichtsschreiber Polybios bemerkte, dass die Konsuln auf ein gutes Verhältnis mit dem Senat angewiesen waren, weil der Senat im Krieg den Nachschub an Getreide, Kleidung und Geld abwürgen, sie mitten im Krieg, wenn ihr Amtsjahr abgelaufen war, ersetzen und Triumphzüge und andere prestigereiche Belohnungen verweigern konnte. Die Konsuln mussten auf ein gutes Verhältnis mit dem Volk bedacht sein, weil das Volk ihnen, wenn sie am Ende ihrer Amtszeit ihren Rechenschaftsbericht vorlegten, die Entlastung verweigern und die Verträge, die sie ausgehandelt hatten, ablehnen konnte. In ähnlicher Weise waren der Senat und das Volk aneinander gefesselt, der Kontrolle, die der Senat über lukrative Aufträge übte, und seiner Dominanz in der Rechtsprechung wegen und aufgrund der durch die Volkstribune ausgeübten Macht des Volkes, Senatsbeschlüsse mit einem Veto zu belegen. Auch das Volk musste auf ein gutes Verhältnis mit den Konsuln bedacht sein, weil es unter ihnen im Heer diente.

Obwohl also die politische Macht gewiss ausgeglichener war als sie es vor der Einleitung republikanischer Reformen gewesen war, besaßen die Wenigen doch immer noch wesentlich mehr Einfluss als die Vielen. Der Senat kontrollierte nach wie vor die Finanzen. Er konnte die Finanzierung von Maßnahmen verweigern, welche die Tributskomitien beschlossen hatten. Die Patrizier konnten auch die Kontrolle, die sie über den größten Teil des römischen Ackerlands ausübten, dazu nutzen, Druck auf viele Plebejer auszuüben – auch auf ihre eigenen Klienten (Abhängige, unter anderem Pächter, die patrizisches Land bestellten und dafür einen Teil der Ernte als Abgabe leisteten) –, so abzustimmen, wie es den Patriziern passte. Die Patrizier gaben ihren Klienten Arbeit, Protektion und Rechtsbeistand (wenn sie vor den Senat zitiert wurden) und verlangten als Gegenleistung Loyalität. Da die meisten Plebejer sich die Ausübung eines Amts nicht leisten konnten, weil Amtsträger keinen Lohn erhielten, kontrollierten die Patrizier die meisten Ämter. Selbst die Volkstribunen waren kaum frei von ihrem Einfluss. Der Umstand, dass die Volkstribunen und viele andere Amtsträger in dem Bewusstsein lebten, dass sie nach Verlassen ihres Amtes automatisch Mitglieder des Senats werden würden, verleitete sie oft dazu, aristokratische Interessen zu vertreten. Insofern kann man auch die Konsuln, die fast immer Patrizier waren, die ökonomischen Interessen dieses Standes teilten und die meist Verwandte im Senat hatten, kaum als effektives Gegengewicht gegen diese Körperschaft bezeichnen. Zudem war das Verhältnis zwischen den Konsuln und dem Volk von Ungleichheit bestimmt. Die Furcht eines Konsuls, dass ein von ihm geschlossener Vertrag abgelehnt werden könnte, kann man kaum mit dem Schrecken vergleichen, den es für Plebejer bedeutete, gegen jemanden zu opponieren, der als militärischer Befehlshaber die Macht über Leben und Tod haben würde. Tatsächlich war die Unausgewogenheit zwischen Patriziern und Plebejern just zu der Zeit im Wachsen begriffen, als Polybios und Cicero ihre Oden an die römische Republik komponierten, wie wir im folgenden Kapitel noch sehen werden.

Dennoch gab die Republik den Plebejern größere Rechte als sie sie jemals gekannt hatten. Daher gewannen diese die Überzeugung, dass mit dem militärischen Erfolg oder Misserfolg Roms auch für sie viel auf dem Spiel stand. Es ist kein Zufall, dass Staaten wie Athen, Sparta, Rom, Karthago, Frankreich nach der Französischen Revolution und die Vereinigten Staaten sich militärisch allgemein gut behaupteten.

Der Erste Punische Krieg (264–241 v. Chr.)

Karthago

Das Wort „punisch“ stammt von *poeni*, dem lateinischen Begriff für die Karthager, seit Karthago als phönizische Kolonie durch Siedler aus Tyros gegründet worden war. Die Phönizier hatten gegen 800 v. Chr. den westlichen Mittelmeerraum kolonisiert (das westliche Sizilien, Sardinien, Korsika, Spanien und Nordafrika). Gegen 500 v. Chr. war Karthago wohlhabend und mächtig genug, um die übrigen phönizischen Kolonien zu beherrschen. Die Hauptquelle des karthagischen Reichtums war der Fernhandel (besonders mit Metallen), und die Hauptquelle der karthagischen Macht war eine starke Flotte. 30 Handelsfürsten spielten die führende Rolle im karthagischen Staat. Der karthagische Senat, der vom Adel kontrolliert wurde, besaß einen Großteil der Macht. Die vom Volk gewählten Magistrate (*Suffeten* genannt) hatten nur einjährige Amtszeiten, und die Volksversammlung wurde nur hinzugezogen, wenn der Senat und die Suffeten keinen Konsens fanden. Die Karthager kannten kaum Kunst oder Literatur. Ihre Hauptgottheiten waren Baal, ein kanaanäisch-phönizischer Gott, dessen Verehrung die hebräischen Propheten des Alten Testaments anprangerten, und Tanit, eine Fruchtbarkeitsgöttin, die seit dem 5. Jahrhundert v. Chr. an Bedeutung gewann. Die, mit Rom verglichen, geringere Größe der karthagischen Bevölkerung zwang die Stadt, sich hauptsächlich auf Söldner zu verlassen.

Der Kriegsgrund

Rom und Karthago begannen miteinander in Konflikt zu geraten, als die Römer Süditalien erobert und so ihre Grenzen bis in die Reichweite des karthagischen Territoriums auf Sizilien ausgedehnt hatten. 264 v. Chr. brach der Erste Punische Krieg aus über einen Konflikt um die strategisch wichtige Stadt Messana (das heutige Messina) an der Nordostspitze Siziliens. Als der griechische König Hieron II. von Syrakus damit drohte, aus Messana eine Gruppe italischer Söldner, die Mamertiner, zu vertreiben, riefen diese Rom wie Karthago um Schutz an. Karthago sandte rasch Truppen. Die Römer befürchteten, dass eine karthagische Kontrolle der Straße von Messina, des schmalen Wasserwegs, der Sizilien vom italienischen Festland trennt, die Karthager in die Lage versetzen würde, ohne Vorwarnung nach Italien überzusetzen und Roms wichtigsten Wasserweg zu blockieren. Deshalb sandten die Römer ein Heer unter Appius Claudius, um Messana zu belagern. Aus Furcht vor diesem Heer lockten die Mamertiner die Karthager aus der Zitadelle und übergaben die Stadt den Römern. Nachdem Appius Claudius Hieron eine schwere Niederlage beigebracht hatte, fiel er auch zu den Römern ab und wurde so der erste von Roms zahlreichen Klientelkönigen.

Der Kriegsverlauf

Der Erste Punische Krieg war ein blutiges, 23-jähriges Ringen. Einige Zeitgenossen glaubten, dass die Karthager durch ihre wirtschaftliche und maritime Überlegenheit den Sieg erringen würden. Die Römer hingegen besaßen zu Anfang des Kriegs so wenige Schiffe, dass sie sich von den Griechen Süditaliens Schiffe leihen mussten, nur um ihr Heer nach Messana zu bringen. Dennoch schafften es die Römer, in nur ein paar Monaten eine Flotte aus dem Boden zu stampfen und Mannschaften auszubilden. Die römischen Schiffe waren den karthagischen nachempfunden, aber schwerer und langsamer, weil den Römern daran gelegen war, die Schiffe mit Soldaten zu bemannen, um feindliche Schiffe aufzubringen und zu entern.

Nachdem sie die Karthager mit dieser Taktik in der Seeschlacht bei Mylae besiegt hatten (260 v. Chr.), erlitten die Römer eine schwere Niederlage in Nordafrika (255 v. Chr.), von wo sie sich zurückziehen mussten. Die Römer verloren in einer Serie von Stürmen und Seeschlachten noch zwei vollständige Flotten mit 200 000 Mann, hauptsächlich Bundesgenossen.

Die sturen Römer gestanden sich die Niederlage aber nicht ein, sondern bauten jedesmal eine neue Flotte. Rom war wie ein Kampfhund, der seinen Biss ins gegnerische Bein nicht lockert, ganz gleich, wie oft man ihm auf den Kopf schlägt oder den Friedensknochen anbietet. 242 v. Chr. besiegte die dritte Flotte der Römer unter Gaius Lutatius Catulus die karthagische Flotte vor den Aegatischen Inseln unweit der Westküste Siziliens. Da sie von der falschen Annahme ausgingen, die Römer würden sich nicht von der Zerstörung ihrer beiden Flotten erholen, hatten die Karthager die Ausbildungsstandards ihrer eigenen Flotte gelockert. Inzwischen hatten die Römer ihre Lektion im Seekampf gelernt. Sie hatten alles von ihren Schiffen entfernt, was an Ausrüstung überflüssig war, und Anstrengungen unternommen, den Ruderschlag zu koordinieren. Daher waren die Römer bei den Aegatischen Inseln in der Lage, 50 karthagische Schiffe zu versenken und 70 Einheiten mit 100000 Mann zu erobern. Obwohl die Karthager im Verlauf des Krieges nur 500 Schiffe verloren hatten, gegen 700 der Römer, waren sie nun mit einer neuerlich drohenden Invasion konfrontiert. Karthago bat um Frieden zu den Bedingungen Roms.

Der Frieden

Der Frieden, den Lutatius aushandelte, zwang Karthago, Sizilien auszuliefern und über einen Zeitraum von zehn Jahren 3200 Talente zu zahlen. Einige Jahre später nahm Rom, das von einer gegen Karthago gerichteten Söldner- und Sklavenrebellion profitierte, Sardinien und Korsika im Handstreich und forderte weitere 1200 Talente. Die Karthager kochten vor Wut, waren aber nicht in der Lage, sich den Römern zu widersetzen.

Die Inseln Sizilien, Sardinien und Korsika waren die ersten von Roms überseeischen Provinzen, die es mit weniger Milde beherrschte als seine italischen Besitzungen. Die Provinzen wurden besteuert und entwaffnet. Sizilien und Sardinien wurden römischen Prätoren unterstellt. Einheimische Führer, die unter römischer Aufsicht agierten, durften weiterhin die Regierungsgewalt in den übrigen Provinzen bis 146 v. Chr. ausüben, als sie durch römische Militärgouverneure ersetzt wurden, die *Prokonsuln* hießen, weil sie „anstelle der Konsuln" handelten. Die Prokonsuln regierten in Übereinstimmung mit Vorkehrungen, die der Senat getroffen hatte, aber die vage gehaltenen Spielregeln schufen enorme Missbrauchsmöglichkeiten.

Der Zweite Punische Krieg (218–201 v. Chr.)

Die römische Republik erreichte ihren Höhepunkt während des Zweiten Punischen Krieges. In diesem Krieg gegen Roms größten Gegner, das reiche und mächtige Karthago, stellten die Römer ihre eindrucksvollste Eigenschaft unter Beweis: die Fähigkeit, auch in den dunkelsten Stunden Mut und Entschlossenheit zu bewahren. Die Niederlage Karthagos war entscheidend für das Überleben Roms und damit für die Übermittlung der griechisch-römischen Zivilisation an das westliche Europa. Der Sieg in diesem Krieg ermöglichte auch die Eroberung der restlichen Mittelmeerwelt durch Rom.

Die Gründe

Obwohl der Erste Punische Krieg Karthago geschwächt hatte, erholten sich die Karthager rasch. Zwischen 237 und 229 v.Chr. dehnte Hamilkar Barkas, Karthagos fähigster Feldherr, das karthagische Territorium in Spanien aus. (Als die Römer Hamilkar fragten, was er in Spanien mache, bemerkte er süffisant, er kämpfe, um das Geld zu verdienen, das Karthago brauche, um seine Schulden bei den Römern zu tilgen.) 229 v.Chr. fiel Hamilkar beim Versuch, einen Rückzug zu decken, der Hannibal, seinem tüchtigen Sohn, und Hamilkars Offizierskorps das Leben rettete. Bis 219 v.Chr. hatte Hannibal („Gnade des Baal") die karthagische Herrschaft weiter nach Norden ausgedehnt, bis zum Iberus (Ebro). Als die Nachricht Rom erreichte, Hannibal belagere Sagunt, eine bedeutende Stadt in Spanien, die mit Rom verbündet war, rasten die Römer vor Zorn. Als Karthago es ablehnte, sich für Hannibals Handeln zu entschuldigen und ihn den Römern auszuliefern, erklärte Rom den Krieg (218 v.Chr.).

Es fällt schwer zu entscheiden, welche Seite die größere Schuld am Krieg trug. Die Römer behaupteten, dass die Karthager mit ihrer Belagerung Sagunts den Friedensvertrag des Lutatius gebrochen hätten, in dem beide Seiten übereingekommen waren, nicht die Verbündeten der jeweils anderen Seite anzugreifen. Aber Sagunt war zu dem Zeitpunkt, als der Vertrag geschlossen wurde, noch kein Verbündeter Roms, und die Römer hatten, in einem anderen Vertrag, akzeptiert, dass das Gebiet südlich des Iberus karthagische Einflusssphäre war. Sagunt, das innerhalb dieses Gebiets lag, hatte andere Städte dazu aufgestachelt, Widerstand gegen Karthago zu leisten – aus Furcht vor der wachsenden karthagischen Macht und im Vertrauen, Rom würde ihm schon zu Hilfe kommen. Wenn aber die Untersuchung der Verträge zu dem Ergebnis führt, dass Rom technisch gesehen im Unrecht war, so ist doch auch zu berücksichtigen, dass die Karthager aufgrund der vorausgegangenen Erniedrigungen durch Rom ungemein verbittert waren und beide Seiten den Konflikt aufs Sehnlichste herbeiwünschten.

Hannibals Expedition

Man hatte angenommen, der Zweite Punische Krieg würde, wie der Erste, hauptsächlich zur See ausgefochten werden, mit einigen Landschlachten in Spanien. Niemand konnte vorhersehen, dass die Karthager Italien von Norden her angreifen würden. Aber die Römer hatten nicht mit der wilden Entschlossenheit Hannibals gerechnet. Als Hannibal erst neun Jahre alt war, hatte ihn sein Vater einen feierlichen Eid am Altar des Baal schwören lassen, er werde sein Leben dem Widerstand gegen Rom weihen.

Hannibal sammelte jetzt ein Heer, das aus 90000 Fußsoldaten, 12000 Reitern und 50 Kriegselefanten bestand. Er unterwarf die Stämme Nordspaniens in bemerkenswertem Tempo. Er ließ in Spanien ein Kontingent unter seinem Bruder Hasdrubal zurück, überquerte die Pyrenäen und gelangte sodann mit 50000 Fußsoldaten, 9000 Reitern und allen 50 Elefanten ins heutige Südfrankreich.

Eine der größten Herausforderungen, der sich Hannibal stellen musste, war die Überquerung der Rhone, wo die Volker, ein gallischer Stamm, sich ihm in den Weg stellten. Hannibal sandte heimlich eine Abteilung seiner besten Leute weiter stromaufwärts, um eine Brücke zu bauen und den Fluss zu durchwaten. Sie bewältigten die Aufgabe im Nu. Die Abteilung bewegte sich sodann flussabwärts in Richtung der Volker, die ihr Herannahen nicht bemerkten. Als die Abteilung Stellung bezogen hatte, informierte man Hannibal durch Rauchzeichen. Hannibal begann sodann die Überquerung des Flusses. In ihrer Begierde, die Karthager niederzumetzeln, während sie mit der schwierigen Flussüberquerung beschäftigt waren, eilten die Volker zum Ufer. Das karthagische Kontingent, das den Fluss durchwatet hatte, kam aus seinem Versteck hervor und griff die Volker im Rücken an, wodurch sie das gesamte Heer in Panik versetzten.

Hannibal war nun mit dem schwierigen Problem konfrontiert, seine verbliebenen 37 Elefanten über den Fluss zu führen. Die Elefanten folgten jedem Befehl ihrer indischen Treiber, außer einem: Sie weigerten sich, ins Wasser zu gehen. Also ließ Hannibal Flöße bauen und so an den Piers festmachen, dass sie wie bloße Verlängerungen der Hafenanlagen aussahen. Die Elefanten folgten voll Vertrauen ihren Treibern auf die Flöße bis zum Rand des Wassers. Man stelle sich ihre Überraschung vor, als die Flöße losgemacht wurden und über den Fluss zu treiben begannen. Einige gerieten in Panik und brachten die Flöße zum Kentern. Dennoch ertrank keiner der Elefanten, weil sie ihre Rüssel zum Atmen und Wasserausspucken über der Wasseroberfläche halten konnten. Viele der Treiber indes hatten nicht so viel Glück.

Hannibal und die Alpen

Hannibal rückte nun auf die italienischen Alpen zu. Entgegen einer verbreiteten Überzeugung lag der Grund für die Überraschung der Römer darin, dass Hannibal die Alpen überquerte, um sie *anzugreifen*, nicht darin, dass die Alpen unüberwindlich waren, obwohl ihre Überwindung fraglos große Probleme aufwarf. (Die Gallier überquerten die Alpen ständig.) Die Römer waren vielmehr überrascht, dass Hannibal es gewagt hatte, ein so großes Heer aufs Spiel zu setzen, indem er es durch eine

Bergregion führte, die von Galliern bewohnt war, welche die Römer für wild und heimtückisch hielten. Aber viele gallische Stämme, welche die Römer brutal behandelt hatten, bevorzugten die Karthager. Sie versorgten Hannibal mit Nachschub und wiesen ihm sichere Pässe durch das Gebirge. (Freilich lauerte ein Stamm, die Allobrogen, Hannibal auf und brachte ihm schwere Verluste bei. Verwundete Pferde, die mit Gepäck beladen waren, fielen von den Klippen oder stießen mit denen vor und hinter ihnen zusammen und mit entsetzten Soldaten, die in den Tod stürzten. Aber der listenreiche Hannibal besiegte den Stamm und nahm seine Stadt ein, wodurch er die Nachbarstämme so einschüchterte, dass sie mit ihm kooperierten.)

Nachdem sie die Alpen bestiegen hatten, waren die Karthager mit dem Problem konfrontiert, ihre steilen, eisigen Hänge herabzusteigen. Die Elefanten erwiesen sich als zweischneidiges Schwert: Sie erschreckten die Gallier, die niemals zuvor so gigantische Tiere gesehen hatten, aber sie waren nur unter Schwierigkeiten über die Bergpässe zu führen.

Hannibal erreichte den Po in Norditalien mit 20000 Mann Fußvolk, 6000 Reitern und ein paar bis auf die Knochen abgemagerten Elefanten. (Es hatte in den schneebedeckten Bergen nicht genug Gras gegeben.) Er hatte fünf Monate gebraucht, um von Neu-Karthago (dem heutigen Cartagena) in Spanien bis zu den Alpen zu gelangen, und nur 15 Tage, um das Gebirge zu überqueren.

Die Schlacht an der Trebbia

Nachdem Hannibal ein römisches Reiterheer besiegt hatte, meuterten Gallier, die im römischen Heer gedient hatten, und massakrierten römische Soldaten. Hannibal verstärkte sein Heer mit gallischen Verbündeten und rieb sodann am Fluss Trebbia 40000 Römer unter Tiberius Sempronius Longus auf (218 v. Chr.). In dieser Schlacht wandte Hannibal zum ersten Mal seine bevorzugte Taktik an: Er lockte Sempronius in einen Hinterhalt. Hannibal befahl einer kleinen Streitmacht, Sempronius anzugreifen und sich zurückzuziehen, um ihn so in eine Schlucht zu locken. Hannibals Hauptstreitmacht griff dann die Römer von allen Seiten von ihren Stellungen auf den Steilhängen aus an. Hannibal rüstete sein Heer mit den größeren Schilden und robusteren Schwertern aus, die er in der Schlacht von den Römern erbeutet hatte.

Die Schlacht am Trasimenischen See

Aus Furcht vor Anschlägen heimtückischer gallischer Häuptlinge (er trug sogar eine Kollektion verschiedener Perücken und andere Tarnungen, um ihnen vorzubeugen) marschierte Hannibal mit seinen Männern auf verschlungenen Pfaden, die durch Sumpfgebiete führten, nach Etrurien. Die

Männer marschierten vier Tage und drei Nächte lang, hatten mit wenig Schlaf auszukommen und fielen teilweise erschöpft auf tote Lasttiere, um sich über Wasser zu halten. Hannibal selbst erblindete wegen einer Infektion, die sich durch Schlaflosigkeit verschlimmerte, auf einem Auge.

Da er die Landschaft verwüstete, gelang es Hannibal, ein weiteres römisches Heer, unter dem Kommando des voreiligen Gaius Flaminius, dazu zu verleiten, ihn zu verfolgen und an einer vorbestimmten Stelle anzugreifen. Hügel lagen zur Linken, der Trasimenische See zur Rechten Hannibals. Flaminius glaubte, die Hügel böten ihm hinreichend Flankenschutz. Er täuschte sich. Im Schutze dichten Nebels hatte Hannibal seine Männer auf den Hügeln verborgen, die nun die Römer von der Seite und von hinten anfielen. 15000 Römer fielen, darunter Flaminius selbst, weitere 15000 gerieten in Gefangenschaft. Hannibal verlor lediglich 1500 Mann, hauptsächlich gallische Verbündete.

Hannibals Siege versetzten das römische Volk in Erstaunen und Entsetzen. Die Menschen waren so siegesgewiss gewesen, dass sie in großer Zahl dem Heer des Flaminius gefolgt waren, mit Ketten und Fesseln im Gepäck, in der Hoffnung, karthagische Sklaven fangen zu können. Zu Roms Glück fehlte es Hannibal an Gerät und Vorräten, um eine Belagerung durchführen zu können. Deshalb wandte er Rom den Rücken zu, überquerte den Apennin und suchte Italiens Adriaküste heim.

Die Strategie des Fabius

Die Römer nutzten die Atempause, um den Ausnahmezustand zu verhängen und den 58-jährigen Quintus Fabius Maximus zum Diktator zu ernennen. Fabius war religiös und verbesserte die öffentliche Moral dadurch, dass er die römischen Niederlagen fehlender Frömmigkeit zuschrieb, anstatt Feigheit oder Unfähigkeit. Fabius entschied klugerweise, dass Hannibal zu fähig und seine karthagischen Veteranen zu erfahren waren (er hatte viele Jahre lang in Spanien gegen Hannibal Krieg geführt), als dass sich die Römer ihnen in offener Feldschlacht hätten entgegenstellen können. Fabius' Strategie war es, Hannibal zu verfolgen, aber größere Treffen mit ihm zu vermeiden. Fabius wusste, dass die Römer zwei wichtige Trümpfe in ihrer Hand hielten. Erstens waren sie als einheimische Macht in Italien stets gut mit Vorräten versorgt, während die Karthager ohne Unterlass nach Nahrung stöbern mussten. Zweitens konnten die Karthager, anders als die Römer, nur unter Schwierigkeiten Verstärkungen nach Italien beordern. Deshalb hielt Fabius sein Heer zusammen und stürzte sich auf jede kleine Abteilung, die Hannibal abkommandierte, um zu fouragieren. Durch diesen Abnutzungskrieg dezimierte Fabius schrittweise Hannibals Streitmacht. Er hielt sich an Berge, von denen aus sich Hannibals Heer überblicken ließ – außerhalb der Reichweite von Hannibals überlegener Reiterei, aber nah genug, um sich auf karthagische Versprengte und Fouragierer stürzen zu können. Wohin auch immer der siegreiche Hannibal marschierte, Fabius folgte ihm.

Fabius' Strategie brachte Hannibal zur Verzweiflung. Hannibal konnte keine Streitmacht besiegen, die er nicht bekämpfen konnte. Die Verluste, die Fabius Hannibals Heer beibrachte, waren für die meisten Beobachter kaum wahrnehmbar, wohl aber für Hannibal, der die Weitsicht des Fabius teilte.

Fabius in der Defensive

Aber Fabius' Taktik war in Rom so unpopulär wie es George Washingtons fabianische Taktik in den Vereinigten Staaten während des Unabhängigkeitskriegs war. (In den frühen Kriegsjahren war Washington bewusst dem Vorbild des Fabius gefolgt, indem er größere Kämpfe mit den besser ausgebildeten und erfahreneren britischen Soldaten aus dem Weg gegangen war.) Zahlreiche Römer hielten Fabius für einen Feigling. Sie nannten ihn „Hannibals *paedagogus*" (ein *paedagogus* war ein männlicher Sklave, der die Kinder seines Herrn zur Schule brachte und sie von dort abholte). Als Fabius' Freunde ihn baten, eine Schlacht zu wagen, um sein Ansehen zu retten, antwortete er: „In diesem Fall wäre ich ein noch größerer Feigling als man es von mir denkt."

Hannibal war einer der wenigen, die verstanden, dass Fabius' Taktik die klügste und für sein Heer gefährlichste war. Deshalb verlegte er sich, um Fabius noch mehr bei den Römern in Misskredit zu bringen, auf die gerissene Taktik, den Landbesitz des Fabius zu verschonen, während er die umliegende Landschaft verwüstete. Wie Hannibal erwartet hatte, verdächtigten sofort einige Römer Fabius, er kollaboriere mit dem Feind. Fabius entkräftete gewitzt die Vorwürfe, indem er das Gut verkaufte und mit den Einnahmen zur Rückzahlung von Roms Staatsschulden beitrug.

Aber das römische Volk blieb missgestimmt. Als Fabius sich daranmachte, seinen voreiligen Untergebenen, den Reiteroberst Municius Rufus, dafür zu belangen, dass er den Feind ohne Befehl angegriffen hatte, ernannten die Römer Municius zum Mitdiktator des Fabius. Die Bestellung zweier kollegial amtierender Diktatoren war ohne Präzedenzfall.

Fabius bekommt Recht

Nun frei von Fabius' weisem Zügel, erlaubte Municius Hannibal, ihn bei Gerunium in einen Hinterhalt zu locken. Hannibal verbarg einige seiner Männer in den kleinen Gräben und Mulden einer Ebene. Als Municius seine Ködertruppe, die auf einem Hügel postiert war, angriff, kam die andere Abteilung aus ihren Verstecken und griff die römische Streitmacht von hinten und den Flanken aus an. Wenn Fabius sich nicht rasch in Bewegung gesetzt hätte, um Municius Verstärkung zu leisten, hätte dieser seine gesamte Streitmacht eingebüßt. Als er die Wucht von Fabius' erfolgreichem Gegenangriff erlebt hatte, sagte Hannibal zu seinen Adjutanten: „Habe ich euch nicht gesagt, dass die Wolke, die wir über die Berggipfel haben ziehen sehen, eines Tages in einen Tornado ausbrechen würde?"

Zur Ehre beider Männer muss man sagen, dass Fabius sich nicht in Häme erging oder krittelte, während Municius sich und die Reste seines Heeres dem Befehl des Fabius unterstellte. Die Strategie des Fabius, dem die Römer den Spitznamen „der Zauderer" verpassten, war aufgegangen.

Die Schlacht von Cannae (216 v. Chr.)

Hannibal errang seinen größten Sieg bei Cannae, an der südwestlichen Adriaküste, als ihm nur Lebensmittelvorräte für zehn Tage geblieben waren und seine spanischen Verbündeten darüber nachdachten, von ihm abzufallen. Die Römer hatten die Diktatur des Fabius und Municius beendet und die Kontrolle über das Heer den rechtmäßig gewählten Konsuln zurückgegeben, Lucius Aemilius Paulus und Gaius Terentius Varro. Obwohl Fabius Paulus von der Klugheit seiner Defensivtaktik überzeugen konnte, war Varro zu ehrgeizig, um Fabius' Warnungen zu beherzigen.

An einem Tag, da Varro das Kommando führte (die Konsuln lösten einander im Oberbefehl ab), griff er Hannibal bei Cannae mit 80000 Mann Fußtruppen und 6000 Reitern an. Hannibal verfügte nur über 40000 Fußsoldaten und 10000 Kavalleristen. Er postierte sein Heer mit dem Rücken gegen einen starken, schneidenden Wind. Das Gefecht war hitzig und erbittert, doch Hannibal rieb die Römer auf dieselbe Art und Weise auf, wie Miltiades die Perser bei Marathon vernichtet hatte. Er hielt sein Zentrum, das er mit Spaniern und Galliern füllte, schwach und seine Flügel, an denen er seine karthagischen Fußsoldaten und Reiter postierte, stark. Hannibal selbst führte das schwache Zentrum, so dass es lange genug standhielt, um sicherzustellen, dass sein Scheinrückzug nicht zu früh erfolgte. Als das karthagische Zentrum seinen vorsichtigen Rückzug vollführte, rückten die übertölpelten Römer viel zu schnell nach und erlaubten so den siegreichen karthagischen Flügeln, die von der hervorragend ausgebildeten numidischen Kavallerie angeführt wurden, sie einzuschließen und niederzumetzeln. Obwohl vorn und hinten wohlbewaffnet, waren römische Soldaten an ihren Flanken verwundbar, wo die Karthager mit ihren Speeren zuschlugen.

Anstatt seine große zahlenmäßige Überlegenheit auszuspielen und die Karthager einzuschließen oder eine Reservetruppe bereitzuhalten, die dort eingesetzt werden konnte, wo sie benötigt wurde, hatte Varro das Schwergewicht seines Heeres im Zentrum massiert, entlang einer Frontlinie von anderthalb Kilometern, und so die Möglichkeit seiner Soldaten, an den Feind zu gelangen und Hannibals Falle zu entrinnen, auf fatale Weise verringert. Varro verschlimmerte seinen Fehler noch dadurch, dass er an seinen Flügeln die am wenigsten erfahrenen Truppen postierte. (Wegen der vorangegangenen Katastrophen an der Trebbia und am Trasimenischen See mangelte es den Römern an erfahrenen Soldaten.)

Bei Cannae metzelten die Karthager 50000 römische Soldaten nieder (darunter einen verwundeten, im Stich gelassenen Paulus, der das Angebot eines römischen Soldaten ablehnte, ihm ein Pferd zur Flucht zu geben) und nahmen weitere 10000 gefangen. Erstaunlicherweise verloren die Karthager nur 4000 Gallier, 1500 Spanier und Karthager sowie 200 Reiter.

Die Römer sahen in der Niederlage von Cannae die größte Katastrophe ihrer Geschichte. Als sie nach den Ursachen für die göttliche Ungnade fahndeten, entdeckten sie, dass zwei ihrer Vestalische Jungfrauen genannten Priesterinnen keine solchen mehr waren; gegen eine von ihnen führten sie die vorgeschriebene Bestrafung aus, indem sie sie lebendig begruben, während die andere Selbstmord verüben durfte. Die Römer rangen so verzweifelt um die Gunst der Götter, dass sie sogar kurzzeitig die alte karthagische Praxis des Menschenopfers übernahmen und ein gallisches und ein griechische Paar auf dem Forum lebendig begruben. (Ironischerweise hatten die Karthager mittlerweile selbst die Praxis ihrer phönikischen Ahnen aufgegeben, dem Baal kleine Jungen zu opfern.)

Nur die gebieterische Präsenz des Fabius (und die Wachen, die er an den Stadttoren postiert hatte) hielt viele Bürger davon ab, Rom fluchtartig zu verlassen. Um den Vertrauensverlust nicht noch weiter voranschreiten zu lassen, verbot Fabius sogar öffentliche Trauer um die Toten. Er halbierte auch den Zensus für Fußsoldaten und bot sogar 8000 Sklaven die Freiheit an im Gegenzug für den Kriegsdienst, um das bei Cannae verlorene Heer zu ersetzen. Allerdings rückte Hannibal noch immer nicht gegen die Stadt vor, weil er nun weniger als 20000 Soldaten besaß und nicht für Belagerungskriegführung ausgerüstet war.

Die Schlacht von Cannae sicherte Hannibal seinen Platz in den Geschichtsbüchern als einer der größten Heerführer aller Zeiten. An Anekdoten über seine Genialität herrscht kein Mangel. Einmal gelang es ihm sogar, Fabius auszutricksen. Hannibal war Fabius in einem Tal bei Casilinum in die Falle gegangen, weil Hannibals einheimischer Führer ihn in die Irre geführt hatte, da dieser seinen karthagischen Akzent missverstanden hatte. Hannibal befahl, der Führer solle geschlagen und gekreuzigt werden. Es gab nur einen einzigen Pass, der aus dem Tal führte, und dort hatte Fabius eine Abteilung postiert, um ihn zu sperren. Hannibal aber nutzte den Einbruch der Dunkelheit und eine List, um sein Tun zu verbergen. Die List bestand darin, dass er einige Tausend Rinder, an deren Hörnern er Fackeln hatte befestigen lassen, in die Richtung von Fabius' Lager trieb.

Die Abteilung auf dem Pass, die von so vielen donnernden Hufen und dem Anblick so vieler Lichter zu der Annahme verleitet wurde, Hannibal hetze sein gesamtes Heer gegen Fabius, eilte Fabius zu Hilfe und ließ den Ausgang unbewacht. Daraufhin „schlüpfte" Hannibals Heer über den nun verlassenen Pass.

Die Loyalität der italischen Bundesgenossen

Aber Hannibals eindrucksvolle Siege erwiesen sich als ebenso nutzlos wie seine Verheerung Italiens. Die Römer stellten ihre gewohnte Entschlossenheit zum Durchhalten unter Beweis, und die meisten ihrer geübten italischen Bundesgenossen lehnten es ab, sich den Karthagern anzuschließen. Den Italikern war bewusst, dass sie bei einem Bündnis mit Karthago viel zu verlieren und wenig zu gewinnen hatten. Außer den gallischen Dörfern Norditaliens (das nicht als Teil Italiens galt) schlossen sich nur einige wenige italische Städte den Karthagern an. (Rom warf diese Aufstände 211 und 209 v. Chr. nieder. Fabius nahm Tarent ein und massakrierte seine Bewohner; Marcellus eroberte Syrakus in einer Festnacht, verschonte aber die meisten seiner Bewohner. Während dieser Belagerung brachte Archimedes seine teuflischen Erfindungen gegen die Römer zum Einsatz.) Neapel steuerte sogar freiwillig 40 Goldbarren zum römischen Staatsschatz bei.

Bemerkenswert und für den Ausgang des Zweiten Punischen Krieges entscheidend war der Umstand, dass es die große Mehrheit der Italiker vorzog, an Roms Seite Tod und Zerstörung zu erleiden, statt zum Feind überzulaufen. Ihre Loyalität machte, gemeinsam mit der schrittweisen Dezimierung von Hannibals Streitmacht, die karthagischen Kriegsanstrengungen zunichte.

Scipios spanische Siege

210 v. Chr. wurde der 24-jährige Publius Cornelius Scipio zum Prokonsul für Spanien gewählt. Der junge Mann hatte im Alter von 17 Jahren an seinem ersten Kampf teilgenommen. An der Spitze einer Reitereinheit hatte Scipio seinen verwundeten Vater vor der Einkesselung bewahrt. Scipio lehnte jede Belohnung für seine Heldentat ab mit den Worten: „Die Tat an sich war Belohnung genug." Er überlebte die Niederlage von Cannae, wo er in eine Versammlung demoralisierter Offiziere geriet, die – in der Überzeugung, Rom sei verloren – überlegten, nach Übersee zu entkommen, um irgendeinem König als Söldner zu dienen. Wie er es so oft tun sollte, hatte Scipio die Offiziere an ihre Pflicht erinnert und ihnen ihr Vertrauen zurückgegeben. Nach der Niederlage der Karthager und nachdem sein Vater in Spanien umgekommen war, war Scipio der Einzige, der sich freiwillig für den Oberbefehl in Spanien zur Verfügung stellte.

Scipio machte sich nun daran, dem römischen Volk, den römischen Soldaten in Spanien und den spanischen Verbündeten ihr Vertrauen zurückzugeben. Seine Großzügigkeit sicherte rasch die Unterstützung der meisten spanischen Stämme.

210 v. Chr. nahm Scipio Neu-Karthago ein, die bedeutendste Stadt der Karthager in Spanien und ihr wichtigstes Nachschubzentrum. Nachdem sie fast ganz Spanien erobert hatten, hatten die Karthager leichtsinnigerweise nur 1000 Mann zum Schutz der Stadt zurückgelassen. Nachdem er von einheimischen Fischern erfahren hatte, dass das Meer sich jeden Tag am späten Nachmittag weit zurückzog, erzählte Scipio seinen Männern, Neptun, der Meeresgott, sei ihm im Traum erschienen und habe Hilfe zugesagt. Scipio griff die Stadt über die normalen Zugangswege an und versuchte, ihre hohen Mauern zu erklimmen. Als dieser konventionelle Versuch scheiterte und die Stunde der Ebbe gekommen war, kommandierte Scipio eine Sondereinheit ab, um die Ostmauer zu erklimmen. Die Soldaten waren erstaunt von der Wucht, mit der sich das Meer zurückzog und ihnen so erlaubte, ihre Leitern aufzustellen und die Mauer zu erklimmen. Die Karthager hatten die Ostmauer praktisch unbemannt gelassen, weil sie keinen Angriff von dieser Seite erwartet hatten.

Scipio besiegte Hasdrubal 208 v. Chr. bei Baecula, einer Stadt im Binnenland in Südostspanien. In der Überzeugung, Scipio würde es nicht wagen, seine starke Stellung auf einem Gebirgskamm anzugreifen, hatte Hasdrubal seinen Männern erlaubt, in ihrer Vorsicht nachzulassen. Scipio ließ sein schweres Fußvolk Hasdrubals Flanken angreifen, während sein leichtes Fußvolk das Zentrum einnahm. Hasdrubal verlor ein Drittel seiner 25000 Mann.

Scipio errang einen weiteren bedeutenden Sieg bei Ilipa (206 v. Chr.). Gegen Abend eines jeden Tages führte er seine Soldaten in derselben Schlachtordnung aus ihren Quartieren: seine römischen Legionen im Zentrum, seine weniger verlässlichen Spanier an den Flügeln. Nachdem sie sich gegenseitig eine Weile beobachtet hatten, kehrte dann jedes Heer in sein Lager zurück. Eines Tages schließlich griff Scipio das karthagische Lager vor Sonnenaufgang an, mit den Spaniern im Zentrum und den Römern an den Flügeln. Die Karthager stellten sich in der gewohnten Schlachtordnung auf, mit den Karthagern im Zentrum und ihren spanischen Verbündeten an den Flügeln. So konnten Fußvolk und Reiter der Römer die spanischen Bundesgenossen der Karthager anfallen und aufreiben. Da ihre Flügel zerschmettert waren, mussten sich die Karthager zurückziehen. Die nachsetzenden Römer machten den Großteil der fliehenden Karthager nieder. Von ihrer ursprünglichen Streitmacht von 70000 Mann entkamen nur 6000 Karthager. Anders als vielen anderen, antiken wie modernen, Heerführern war Scipio die Bedeutung der Verfolgung bewusst.

Scipios Sieg bei Ilipa vertrieb die Karthager aus Spanien und provozierte den Abfall des Königs Masinissa von Numidien (Ostalgerien) zum römischen Lager. Scipio hatte sich seit der Schlacht von Baecula sehr um Masinissa, den tüchtigen Befehlshaber der numidischen Reiterei, bemüht. Nach der Schlacht hatte Scipio Masinissas jugendlichen Neffen freigelassen, der in Gefangenschaft geraten war, nachdem ihn sein Pferd abgeworfen hatte, und ihn auf einem Schlachtross zu seinem Onkel geschickt, angetan mit einem goldenen Ring und eleganter Kleidung als Geschenken Scipios. Zusammen mit Scipios spanischen Siegen und der wachsenden Verstimmung zwischen Masinissa und Karthago besiegelte Scipios geschickte Bearbeitung Masinissas ein Bündnis, das in Nordafrika noch reiche Früchte tragen sollte. Weil die Karthager ihre Bundesgenossen nicht so gut behandelten wie die Römer, erwiesen sich diese als weitaus weniger loyal.

Der Tod Hasdrubals

Nachdem man Hasdrubal aus Spanien vertrieben hatte, zog er nach Italien, um dort Hannibal zu unterstützen. 207 v. Chr. jedoch lauerten die Römer Hasdrubal am Metauros in Norditalien auf, nachdem sie eine Botschaft abgefangen hatten, die sein Ziel offenbarte, und schlugen ihn. Von 30000 Karthagern fielen 10000, darunter Hasdrubal selbst, gegen lediglich 2000 Römer. Weitere 10000 Karthager wanderten in Gefangenschaft. Hannibal erhielt dadurch nur geringe Verstärkung. Er bekam eine dunkle Ahnung von der Katastrophe, als Römer den Kopf seines Bruders vor seinem Außenposten auf den Boden schleuderten.

Der nordafrikanische Kriegsschauplatz

Die Römer waren nun darauf vorbereitet, ihren ersten direkten Schlag gegen Karthago zu führen. Der Senat gab Scipio, der gerade von seinen Eroberungen in Spanien zurückkehrte, widerwillig seine Zustimmung, mit einer Streitmacht in Nordafrika zu landen. Der vorsichtige (und vielleicht auch neidische) Fabius opponierte gegen die riskante Expedition so heftig, dass er keine Mittel für sie zur Verfügung stellte. Scipio musste das Unternehmen aus eigener Tasche bezahlen. Außerdem stellte der Senat Scipio nur ein kleines Kontingent zur Verfügung. Außer Scipios eigenen Rekruten gewährte der Senat ihm nur die Reste der aufgeriebenen 5. und 6. Legion, Legionen, die Hannibal bei der schmählichen Niederlage von Cannae dezimiert hatte.

Aber Scipio, der sich darüber im Klaren war, dass die Katastrophe von Cannae allein auf die Unfähigkeit Varros und nicht auf die Feigheit der Soldaten zurückzuführen war, war froh, diese kampferprobten Veteranen befehligen zu dürfen. Ein Meister darin, seinen Truppen Vertrauen einzuflößen, profitierte Scipio nun von dem inständigen Wunsch seiner Soldaten, ihre gefallenen Kameraden zu rächen, die persönliche Erniedrigung und den Schandfleck von Cannae zu tilgen sowie Scipios Vertrauen zu belohnen. Mit seinen eigenen Rekruten füllte Scipio diese vernachlässigten Legionen zum ersten Mal seit einem Jahrzehnt zu voller Stärke auf, ein Schachzug, der die Moral und den Korpsgeist der wiederauferstandenen Legionen noch weiter beflügelte.

Nach einem Jahr der Übung und Vorbereitung setzte Scipio nach Nordafrika über (204 v. Chr.). Er benutzte Friedensverhandlungen, um das karthagische Lager in Utica auszukundschaften, und entdeckte, dass die Soldatenunterkünfte Holzhütten waren, die dicht nebeneinander standen. Deshalb griff Scipio das Lager bei Nacht an, setzte die Gebäude in Brand und metzelte die orientierungslosen Soldaten nieder, von denen viele in dem Glauben, das Feuer sei Folge eines Unfalls, unbewaffnet aus ihren Unterkünften hervorkamen. Als ein zweites karthagisches Heer herbeieilte, um beim Löschen des Feuers zu helfen, geriet auch dieses in einen Hinterhalt und wurde vernichtet.

Scipio besiegte ein weiteres karthagisches Heer in der Ebene vor Karthago. Die Karthager waren so verwirrt und von Panik geblendet, dass sie Tunis, nur gut 20 km von Karthago entfernt, kampflos übergaben. Nach 16 Jahren phänomenaler Siege, aber letztlich ohne durchschlagenden Erfolg, musste Hannibal in die Heimat zurückkehren, um der gefährlichen Bedrohung zu begegnen, die von Scipios Heer ausging.

Die Schlacht von Zama

202 v. Chr. stand Hannibal Scipios Legionen bei Zama gegenüber, 130 km südwestlich von Karthago. Beide zählten ungefähr 40000 Soldaten, obwohl Scipios Streitmacht an Reiterei bei weitem überlegen war. Dass Hannibal als Befehlshaber bis dato unbesiegt war, schüchterte Scipio nicht ein, vielleicht deshalb, weil auch er noch keine Niederlage hatte einstecken müssen. Als karthagische Spione dabei erwischt wurden, wie sie im Lager umherstreiften, befahl Scipio sogar, man solle ihnen eine persönliche Führung durch die Örtlichkeit geben und sie zurückschicken, ein Bravourstück, das Hannibal beeindruckte.

Hannibal beabsichtigte, seine 80 Elefanten einzusetzen, um den Angriff zu eröffnen, in der Hoffnung, ihre Wucht werde die römischen Linien durcheinander bringen. Während seine karthagische und numidische Reiterei jener der Römer und Masinissas standhalten sollte, sollte das römische Fußvolk sich auf die Söldner und karthagischen Zivilisten stürzen, die Hannibal in der Frontlinie platziert hatte. (Da die Karthager, anders als die Römer, keinen Militärdienst kannten, waren die karthagischen Zivilisten, die nun zum Heeresdienst eingezogen wurden, erbärmliche

Kämpfer.) Sobald das römische Fußvolk von der schieren Anstrengung, die es kostete, all diese wertlosen Truppenmassen niederzukämpfen, erschöpft sein würde, wollte er seine geübten Veteranen auf sie loslassen.

Aber Hannibals durchtriebener und ruchloser Plan wurde durch einen gewitzten Strategen wie Scipio durchkreuzt. Er erinnerte sich, dass die karthagischen Elefanten bei Ilipa an einem bestimmten Punkt der Schlacht so verwirrt waren, dass sie sich auf das karthagische Zentrum stürzten. Deshalb ließ er die Trompeten entlang der Frontlinie eine markerschütternde Fanfare blasen, als Hannibals Elefanten loszustürmen begannen. Erschreckt von den Trompeten, wandten sich einige Elefanten um und stießen mit Hannibals numidischer Reiterei zusammen. Die übrigen Elefanten folgten dem Weg des geringsten Widerstands, jener halbkreisförmigen Linie, die Scipio mit Absicht für sie offen gelassen hatte, wo sie von römischen Pfeilen und Speeren bedrängt wurden, nur um wieder aus den römischen Reihen hervorzutreten und mit der karthagischen Reiterei auf der entgegengesetzten Seite zusammenzuprallen. Statt Verwüstung beim Feind anzurichten, hatten die Elefanten beide Flügel von Hannibals Reiterei aufgelöst. Scipios Kavallerie nutzte das Chaos aus und stürmte auf Hannibals orientierungslose Reiterei zu, trieb die Reiter vom Schlachtfeld und verfolgte sie, um sicherzustellen, dass sie nicht zurückkehrten.

Unterdessen entwickelte sich die Schlacht so, wie Hannibal es geplant hatte. Die römischen Soldaten erlahmten beim Niedermetzeln von Söldnern und karthagischen Zivilisten. Die Zivilisten erwiesen sich, indem sie die Söldner, die das Gros des römischen Angriffs aushalten mussten, im Stich ließen, sogar als so feige, dass sich die Söldner schließlich auf die Zivilisten stürzten und viele von ihnen umbrachten. So viele Leichen und abgetrennte Glieder lagen herum und der Boden war so blutgetränkt, dass die Römer sich kaum auf den Beinen halten, geschweige denn vorrücken konnten. Als sie schließlich doch nach vorne drängten, schlug Hannibal sie mit seinen ausgeruhten Veteranen.

Die Karthager waren nun im Vorteil, und der Sieg schien zum Greifen nahe, als Scipios Reiterei zurückkehrte. Von römischen Veteranen und Masinissas Reitern umzingelt, wurde das karthagische Fußvolk vernichtend geschlagen. 20000 Karthager fielen, gegen 1500 Römer, und fast ebenso viele wurden gefangen genommen.

Der Frieden

Nach den Bestimmungen des Friedensvertrags von 201 v.Chr. wurden 500 der 510 Schiffe der karthagischen Flotte auf hohe See geschleppt und in Brand gesetzt – der Scheiterhaufen der karthagischen Vormachtstellung. Die Römer zwangen die Karthager obendrein dazu, eine hohe Kriegskontribution in Höhe von 10000 Talenten zu zahlen, alle Kriegselefanten auszuliefern und Spanien sowie Südfrankreich Rom abzutreten. Außerdem durfte Karthago keine Kriege außerhalb Afrikas erklären und auch in Afrika nur mit römischer Zustimmung. So schwach war die karthagische Verhandlungsposition, dass Hannibal einen verblüfften karthagischen Senator mit körperlicher Gewalt von der Rednertribüne zerren musste, als dieser vorschlug, die Friedensbedingungen abzulehnen. Hannibal war erstaunt, dass die Römer nicht alle Karthager töteten oder versklavten, aus Rache für die von ihm in Italien angerichteten Zerstörungen. Rom beherrschte nunmehr das gesamte westliche Mittelmeer.

Hannibal machte sich daran, die Korruption im karthagischen Staat zu begrenzen und die Stadtfinanzen auf solidere Füße zu stellen. Korrupte Politiker und Richter in Karthago, die wegen seiner Angriffe gegen sie aufgebracht waren, verbanden sich mit römischen Senatoren unter Führung des älteren Cato und beschuldigten Hannibal der fortgesetzten Verschwörung gegen Rom. Gegen den Protest Scipios wurde Hannibal nach Rom zitiert, um sich wegen der Vorwürfe zu verantworten. Hannibal setzte sich ins Seleukidenreich ab, wo er nun tatsächlich zum Widerstand gegen die Römer hetzte. 183 v. Chr. verübte Hannibal Selbstmord durch Gift, als der König von Bithynien (in Kleinasien) sein Haus in der Absicht umstellte, in zu töten, um so die Gunst Roms zu gewinnen.

Scipio erhielt in Anerkennung seiner nordafrikanischen Siege den Ehrentitel „Africanus". Einige wollten ihn zum Konsul und Diktator auf Lebenszeit ernennen, aber er wies sie ab. Er lehnte es sogar ab, dass Statuen zu seiner Ehre errichtet wurden.

Nachdem er mitgewirkt hatte, den seleukidischen König Antiochos III. bei Magnesia zu besiegen, wurde Scipio später unter dem lächerlichen Vorwurf angeklagt, er habe gegen Bestechungsgeld Antiochos günstige Friedensbedingungen eingeräumt, eine Anschuldigung, die von seinem unversöhnlichen Gegner Cato dem Älteren erhoben wurde. Am ersten Tag des Prozesses, der ausgerechnet auf den Jahrestag der Schlacht von Zama fiel, stand Scipio auf und dankte, während aller Augen auf ihn gerichtet waren, den Göttern für seinen berühmten Sieg. Er erklärte sodann, dass er aufs Kapitol gehen und den Göttern opfern werde, um ihnen „dafür zu danken, dass sie mir an diesem Tag und zu vielen anderen Gelegenheiten den Willen und die Fähigkeit geschenkt haben, dem Gemeinwesen außerordentliche Dienste zu leisten". Er setzte hinzu: „Auch ihr, Römer, die ihr abstimmt, kommt mit mir und bekniet die Götter, dass ihr Befehlshaber wie mich haben werdet." Das gesamte Publikum folgte Scipio und ließ seine Ankläger allein auf einem verlassenen Forum zurück. Scipio lehnte es ab, dem restlichen Verfahren beizuwohnen, und die Vorwürfe wurden fallen gelassen. Er zog sich auf sein Gut bei Liternum zurück und kam niemals wieder nach Rom. Scipio hinterließ Anweisungen, dass sein Leichnam auf seinem Gut beigesetzt werden solle, wo er 183 v. Chr. starb – ausgerechnet im selben Jahr wie Hannibal, sein einstiger Gegner und Mitfeind Catos.

In schamloser Rachsucht gelang es Cato, Scipios Bruder Lucius mit derselben Anschuldigung, er habe Bestechungsgelder von Antiochos angenommen, zu verurteilen. Als der Prätor versuchte, die festgesetzte Strafe einzutreiben, die der unterstellten Bestechungssumme entsprach, fand er heraus, dass der Wert von Lucius' gesamtem Besitz nicht an das Strafmaß heranreichte – ein guter Beweis für die Unschuld des Bruders.

So wie Themistokles von seinen Rivalen ins Exil getrieben wurde, nachdem er die griechische Zivilisation bei Salamis gerettet hatte, so brachte Scipio, nachdem er die römische Republik bei Zama gerettet hatte, seine letzten Jahre im selbst auferlegten Exil zu, verursacht von den noch weniger zu rechtfertigenden Angriffen seiner eigenen Rivalen. Wie die demokratische Gesellschaft Athens scheint auch die römische Republik weitaus erfolgreicher darin gewesen zu sein, Retter hervorzubringen, als mit den Rückwirkungen ihrer Erfolge umzugehen. Unvermeidlich mussten Sieger auf der Suche nach militärischem Ruhm mit neidischen und misstrauischen Rivalen rechnen, Leuten, die entschlossen waren, jene zu stutzen, die so groß geworden waren, dass sie eine potentielle Gefahr für andere Ruhmsuchende und für die Republik selbst darstellten. Obwohl also niemand leugnen kann, dass die antiken Staaten ihren militärischen Helden gegenüber eine schamlose Undankbarkeit an den Tag legten, erwies sich doch die Undankbarkeit als weniger fatal als das andere Extrem: ihnen übermäßige Macht zu geben, ein Fehler, der am Ende eine Schlüsselrolle bei der Vernichtung der römischen Republik spielen sollte.

Das Vermächtnis des Scipio Africanus

Scipio Africanus hatte die römische Republik erfolgreich gegen die ernste Bedrohung verteidigt, die von Karthago ausging, und er hatte Rom den Weg zur Eroberung und Beherrschung der westlichen Welt gewiesen. Ironie des Schicksals: Ausgerechnet Scipios Erfolg – der römische Sieg im Zweiten Punischen Krieg – sollte schließlich zum Sturz der Republik beitragen und zum Aufstieg der Kaiser führen.

8 Gaius Julius Caesar

Totengräber der römischen Republik

Gaius Julius Caesar war es, der der wankenden römischen Republik den letzten Stoß gab, der sie über die Klippe des Despotismus stürzen ließ. Nachdem er für das Römische Reich Gallien erobert hatte, fand sich Caesar im Streit mit Pompejus wieder, der zu seiner Diktatur über Rom führte. Obwohl Caesar sich als fähiger Diktator erwies, mündeten seine Eitelkeit und sein Ehrgeiz in seine Ermordung, wodurch die Republik in weiteres Chaos stürzte, das erst mit der Thronbesteigung des Augustus als des ersten römischen Kaisers endete.

Die römische Expansion im östlichen Mittelmeerraum, 200–133 v. Chr.

Die Zerstörung der karthagischen Militärmacht während und nach dem Zweiten Punischen Krieg öffnete die Mittelmeerwelt der römischen Expansion. Als König Philipp V. von Makedonien während des Krieges ein Bündnis mit den Karthagern schloss und sogar 4000 Makedonen sandte, die mit Hannibal bei Zama kämpfen sollten, schlugen ihn die Römer und eroberten Illyrien. Nach dem Krieg reagierten die Römer mit Eifer auf das Gesuch von Pergamon und Rhodos um Hilfe gegen Philipp. 197 v. Chr. besiegte eine römische Legion unter Titus Flamininus Philipp bei Kynoskephalai in Thessalien, tötete 20000 Makedonen und nahm 11000 weitere gefangen.

Wie in den meisten Schlachten der Römer gegen Makedonen und Griechen war der Hauptgrund des römischen Sieges die Fähigkeit des Heeres, Vorteil aus der jämmerlichen Manövrierfähigkeit der Phalanx zu ziehen. Die Phalanx, die sich auf das sorgfältige Überlappen ihrer sieben Meter langen Speere verließ, war im Angriff hochgradig effizient, erforderte aber ebenen Boden ohne Hindernisse und eine perfekte Koordination zwischen den einzelnen Soldaten, welche die Römer, mit ihren leichter zu manövrierenden Manipeln, rasch zu stören lernten. Die Römer brandeten in die Lücken, die sich in der Phalanx im Kampf unweigerlich auftaten, und attackierten den Feind von der Seite und von hinten. Wenn die Feinde ihre sperrigen, schwerfälligen Speere herumdrehen mussten, um dieser Bedrohung zu trotzen, verloren sie unweigerlich ihre Geschlossenheit, von der die Phalanx abhing.

Als Ergebnis ihres Sieges bei Kynoskephalai waren die Römer imstande, Philipp einen Vertrag aufzunötigen, der sein Heer auf 5000 Soldaten begrenzte, ihn seiner Kriegselefanten beraubte und ihm eine Geldbuße von 1000 Talenten auferlegte. Außerdem verbot der Vertrag Philipp, ohne römische Erlaubnis Kriege außerhalb Makedoniens zu führen.

190 v.Chr. geboten die Römer einer seleukidischen Invasion in Griechenland Einhalt, die König Antiochos III. auf Anraten Hannibals und des Ätolischen Bundes gewagt hatte, der auf territoriale Zugewinne im römischen Protektorat Makedonien aus war. Obwohl sie mit 30000 gegen 74000 Soldaten in der Unterzahl waren, besiegten Scipio Africanus und sein Bruder Lucius Antiochos bei Magnesia in Kleinasien. Die Römer nahmen dem Seleukidenherrscher seine Flotte und seine Elefanten und ließen ihn eine hohe Geldsumme zahlen.

Im Jahr 168 v.Chr. besiegten die Römer unter Lucius Aemilius Paulus (einem Abkömmling jenes Paulus, der bei Cannae gefallen war) bei Pydna in Makedonien eine griechische Allianz unter Führung des Perseus, des Nachfolgers Philipps V. Vom Senat angewiesen, ein Exempel an den Aufständischen zu statuieren, verkaufte Paulus 150000 Einwohner von Epirus in die Sklaverei. Die Römer deportierten zudem 1000 führende Bürger des Achäischen Bundes nach Rom. Eine dieser Geiseln war der Geschichtsschreiber Polybios.

148 v.Chr. brannten die Römer Korinth nieder, als dort wegen der Senatspolitik, Oligarchien zu unterstützen, antirömische Ressentiments hochkochten. In der Folge verwandelten sie ganz Griechenland in eine Ansammlung römischer Provinzen, die von römischen Prokonsuln verwaltet wurden.

Unter dem Römischen Reich wandelte sich Griechenland von einem Ort mit politischer und militärischer Bedeutung in ein Zentrum des Studiums und des Tourismus. Lange nachdem die Spartaner ihr einzigartiges politisches und gesellschaftliches System aufgegeben hatten, unterließen sie es, ihre berühmtesten Gesetze formell aufzuheben, um damit wohlhabende römische Touristen anzuziehen. Römer reisten hunderte Kilometer, um zu sehen, wie der berüchtigte spartanische Brauch wiederbelebt wurde, Knaben so lange zu geißeln, bis sie in Ohnmacht fielen – eine uralte Praxis, die jetzt in einem eigens dafür gebauten Theater aufgeführt wurde, nicht um der Disziplin willen, sondern als Touristenattraktion. Die Römer plünderten Griechenland auf der Suche nach Sklaven, Büchern und Kunstwerken. Die Beschäftigung hochgebildeter griechischer Sklaven war ein wesentliches Mittel, durch das römische Adlige „hellenisiert“ wurden.

Im Jahr 133 v. Chr., als Attalos III., der König von Pergamon, starb, ohne einen Erben zu hinterlassen, vermachte er sein Königreich den Römern. Er fürchtete nach seinem Tode einen Volksaufstand, und er wusste, dass die Römer Ruhe und Ordnung aufrechterhalten und seine Politik, die Adligen vor den Massen zu bevorzugen, fortführen würden. Die Römer hatten nunmehr nahezu das ganze Mittelmeerbecken erobert.

Der Dritte Punische Krieg (149–146 v. Chr.)

Inzwischen hatten die Römer zum letzten, vernichtenden Schlag gegen Karthago ausgeholt. Obwohl Karthago nach dem Zweiten Punischen Krieg des größten Teils seiner Streitkräfte und seines Reichs beraubt war, blieben manche Römer noch immer von der Furcht besessen, Karthago könne Rom eines Tages erneut bedrohen. Daher forderten römische Hardliner in der Mitte des 2. Jahrhunderts v. Chr., als Karthago sich wirtschaftlich erholte, die vollständige Zerstörung der Stadt.

Cato der Ältere

Der Führer dieser antikarthagischen Fraktion war der gestrenge ältere Cato. „Cato" war nicht der ursprüngliche Name dieses Römers, sondern ein Beiname, der so viel wie „weise" oder „erfahren" bedeutete. Der rothaarige, grauäugige Cato war ein altmodischer Römer, der große Strenge gegenüber Sklaven walten ließ. Cato verachtete Schwäche und Luxus und aß und arbeitete neben seinen eigenen Sklaven. Sein Vorbild war Manius Curius, der die Römer zum Sieg gegen die Samniten und gegen Pyrrhus geführt hatte, der aber sein eigenes kleines Landgut mit seiner Hände Arbeit bewirtschaftet und dessen Speiseplan hauptsächlich aus gekochten Rüben bestanden hatte. Cato bewunderte den bescheidenen Fabius und verachtete den extravaganten Scipio. Da er Einfachheit mit Tugend und Extravaganz mit Laster gleichsetzte, versetzte Cato der wachsende Einfluss, den griechische Kultur in Rom ausübte, in Alarmstimmung. Als er sich auf Latein an ein athenisches Publikum wandte, war er entsetzt ob der schieren Zahl der Wörter, die sein griechischer Übersetzter benötigte, um dieselben Gedanken auszudrücken. Er schloss daraus, dass die Griechen hauptsächlich heiße Luft produzierten und eher schlaue Redner als zupackende Pragmatiker waren. (Obwohl zu jener Zeit unter den hellenistischen Griechen wirklich ein blumiger Redestil in Mode war, hatte Cato vermutlich auch einen schlechten Übersetzer.)

Nachdem er im Jahr 184 v. Chr. Zensor geworden war, machte er sich daran, die römische Gesellschaft vom „extremen Luxus und der schlimmen Entartung des Zeitalters" zu säubern. Selbst Scipios Bruder schloss er aus dem Senat aus, weil er Trinkgelage veranstaltet hatte. Einen anderen Senator warf er hinaus, weil er in Anwesenheit seiner Tochter seine Frau umarmt hatte. Er besteuerte Luxusartikel hoch, ließ die Leitungen, mit denen Leute gratis Wasser aus der öffentlichen Wasserversorgung entnommen hatten, durchtrennen und Häuser abreißen, die auf öffentlichem Grund errichtet worden waren.

Als ein unversöhnlicher Gegner Karthagos schloss Cato jede Senatsrede, unabhängig vom Thema, mit dem Refrain: „Karthago muss zerstört werden." Eines Tages brachte er einen Korb großer nordafrikanischer Feigen in den Senatssaal, um den Senatoren zu zeigen, wie im Wortsinn die Früchte einer römischen Eroberung Karthagos aussähen.

Der Krieg

149 v. Chr. ging der Wunsch der Extremisten in Erfüllung. Rom legte den Karthagern eine Reihe unerfüllbarer Forderungen vor, darunter die, dass alle Karthager die Stadt verlassen und wenigstens zehn Meilen landeinwärts siedeln sollten, eine Maßnahme, welche die karthagische Wirtschaft zerstören musste. Als die Karthager ablehnten, belagerten die Römer, darunter Scipio Aemilianus, die Stadt. Obwohl oft am Rand der Hungersnot stehend, fochten die Karthager drei Jahre lang einen heroischen Kampf.

Als die Römer die Stadt im Jahr 146 v. Chr. einnahmen, töteten sie alle männlichen Karthager und verkauften alle Frauen und Kinder in die Sklaverei. Die Römer machten sodann alle Gebäude dem Erdboden gleich. Obwohl die Sage, dass die Römer mit dem Pflug über die Stadt gingen und Salz auf den Boden streuten, damit dort viele Jahre lang nichts mehr wuchs, vermutlich falsch ist, verboten die Römer doch die Wiederbesiedlung Karthagos für ein Vierteljahrhundert (Julius Caesar errichtete die Stadt später neu). Rom annektierte das verbliebene karthagische Staatsgebiet. Ironischerweise war der ältere Cato im ersten Jahr des Dritten Punischen Krieges gestorben. Er erlebte nicht mehr, wie der Feind vernichtet wurde.

Die Wirkungen der römischen Expansion in Übersee

Die erste Phase der römischen Expansion, die schrittweise Eroberung Italiens, hatte die überragende Bedeutung der Plebs für das Heer offenbart und damit dazu beigetragen, eine republikanische Staatsform hervorzubringen. Die rasche Eroberung des Mittelmeerbeckens durch Rom hingegen trug dazu bei, eben diese Republik zu zerstören. Dadurch, dass sie die ohnehin schon großen Disparitäten zwischen Arm und Reich weiter verschärfte, mündete die römische Expansion in Klassenkampf, der seinerseits Chaos und Gewalt hervorbrachte, die den Kaisern den Weg ebneten.

Der Niedergang der Volksversammlung

Die neuerliche römische Expansion stärkte die Stellung der Reichen und erschütterte jene der Armen. Die unvermittelte großräumige Erweiterung des römischen Staatsgebiets verwandelte Rom von einem Dorf in den Mittelpunkt eines Weltreichs, der eine Schar auswärtiger und interner Bittsteller beherbergte. Die Stadt hatte zur Mitte des 2. Jahrhunderts v. Chr. schätzungsweise 750000 Einwohner. Unter solchen Umständen wurde es für den Durchschnittsrömer schwierig, an politischen Entscheidungen mitzuwirken, selbst in dem geringen Umfang, in dem es zuvor möglich gewesen war. Die Volksversammlungen wurden viel zu groß, um die zügigen Entscheidungen fällen zu können, nach denen ein Weltreich verlangte. Deshalb wuchs dem Senat und den Prokonsuln, die er ernannte, um die Provinzen zu verwalten, große Macht zu. Die Angehörigen der Nobilität hatten selbstverständlich stets die Oberhand behalten, aber die einfachen Leute verloren nun das Bisschen Einfluss, dass sie einst besessen hatten.

Ungleichheit

Stetig steigende Zahlen einfacher Leute verloren ihr Land und wurden die Klienten von *nobiles*. Indem sie nach Rom zogen, waren sie gezwungen, die politischen Interessen ihres Patrons zu unterstützen, um ihren Lebensunterhalt zu verdienen. Zwischen 233 und 133 v. Chr. stellten nur 26 Familien der Nobilität drei Viertel der Konsuln. Nicht mehr als zehn Familien stellten die Hälfte. Einige *nobiles* verfügten über aus Klienten rekrutierte Privatarmeen.

Wie wurden die einfachen Leute von ihren Höfen vertrieben und in die römische Klientel gezwungen? Erstens hatte der lange Kriegsdienst in Übersee viele Soldaten gezwungen, ihre Höfe zu vernachlässigen. Zweitens hatten Hannibals Soldaten zahlreiche Höfe zerstört. Und drittens konnten die Kleinbauern nicht mit den Unmengen an Feldfrüchten konkurrieren, welche die Adligen auf ihren Plantagen (den Latifundien) produzierten. Der Senat verkaufte – zu einem relativ günstigen Preis – diese Plantagen in den eroberten Gebieten an *nobiles* und ebenso das Heer der Sklaven, das hauptsächlich aus Kriegsgefangenen bestand. Der Senat verkaufte das Land in großen Parzellen, so dass nur die Reichen es sich leisten konnten. Der Senat „verpachtete“ außerdem einen Teil des Landes an Angehörige der Nobilität, und als die reichen Pächter das Land als ihr Eigentum betrachteten – und Häuser und Familiengräber darauf anlegten und es für die Mitgiften ihrer Töchter nutzten –, unternahm der Senat nichts, um solchen Ansprüchen zu widersprechen. Einige Eigentümer von Latifundien nutzten neue Techniken des Landbaus zu ihrem Vorteil und pflanzten Wein und Oliven an, während andere fortfuhren, Getreide anzubauen und Schafe und Rinder zu züchten. Die Kleinbauern konnten mit den die Preise drückenden Großproduzenten nicht konkurrieren. Die wirksame Kombination von Vernachlässigung, Vermögensschaden und sinkenden Erzeugerpreisen zwang viele Veteranen dazu, ihre Höfe an Angehörige der Nobilität zu verkaufen, nach Rom zu ziehen und Klienten der *nobiles* zu werden. Die, die sich an den Kriegen in Übersee bereichert hatten, beuteten nun jene aus, die in Armut abgesunken waren.

Der „Punische Fluch“

Rom litt an einem allgemeinen moralischen Niedergang, den viele Beobachter dem „Punischen Fluch“ zuschrieben, weil der unglaubliche Reichtum, der den Niedergang beschleunigte, eine mittelbare Folge der römischen Eroberung Karthagos war. Neu entdeckter Luxus erschütterte traditionelle römische Werte wie Sparsamkeit, Disziplin, Anstand und Respekt für das Gesetz, jene Werte, auf denen sich die Republik gründete. Angehörige der Nobilität strebten rücksichtslos nach Profit. Stimmenkauf und Wahlmanipulation griffen um sich. Die deprimierende Armut und das Wohnumfeld der einfachen Leute machten sie ebenso grausam und bequem. Die neue Schicht von Händlern, Geldverleihern, Steuereintreibern und staatlichen Auftragsnehmern, die durch das rapide Wachstum des Reiches nach oben getragen wurde, erwies sich als gleichermaßen korrupt. Die aus einfachen Verhältnissen stammenden Reichen wurden *equites* genannt, Mitglieder des Ritterstands, weil sie es sich leisten konnten, ein Pferd zu unterhalten und in der Reiterei zu dienen.

Römische Prokonsuln und Steuereintreiber plünderten schamlos ihre Provinzen aus, für Rom wie für sich selbst. Den wachsamen Augen des Senats entrückt und größtenteils der einheimischen Kultur gegenüber unwissend, entwanden die unterbezahlten und überarbeiteten Prokonsuln den hilflosen Bewohnern ihrer Provinzen so viel Geld wie irgend möglich. Ein Prokonsul erklärte, er müsse drei Vermögen aus seiner Provinz herausziehen – eines, um die Schulden zu bezahlen, die er angehäuft hatte zur Bestechung der Senatoren, damit er seine Position bekäme, eines, um die Geschworenen seines Korruptionsverfahrens zu bestechen, und ein drittes Vermögen für den Rest seines Lebens.

Die Römer behandelten ihre Sklaven schlecht. Als Folge kam es zu Sklavenaufständen in den Jahren 139, 134–131 und 104–101 v. Chr. Der größte Sklavenaufstand ereignete sich 73–71 v. Chr., als der thrakische Gladiator Spartacus, der als Soldat in den römischen Hilfstruppen gedient hatte, 70000 Sklaven anführte. Das Sklavenheer besiegte fünf verschiedene römische Armeen und plünderte weite Teile Italiens, bevor die Aufständischen schließlich in Lucanien niedergeworfen und ihr Anführer getötet wurden. Die Römer kreuzigten 6000 der Aufständischen und säumten die Via

Appia, Roms bedeutendste Überlandstraße, mit ihren verwesenden Leichnamen.

Die Bodenreformbewegung der Gracchen

Tiberius Gracchus

133 v. Chr. wurde Tiberius Sempronius Gracchus, ein Enkel des Scipio Africanus, im Alter von 29 Jahren zum Volkstribun gewählt. Tiberius erkannte, dass die wachsende Ungleichheit zwischen Arm und Reich traditionelle römische Werte und damit die Republik selbst bedrohte. Er entschied, dass die einzige Möglichkeit, Rom seine alten Werte zurückzugeben, die Wiederherstellung des Rückgrats der römischen Republik war, des Kleinbauerntums. Entsprechend schlug Tiberius vor, dass die Tributskomitien ein (niemals durchgesetztes) Gesetz aus dem Jahr 367 v. Chr. wieder in Kraft setzen sollten, das die Begrenzung der Besitzgröße auf öffentlichem Land (Land, das der Senat verpachtete) auf ca. 120 Hektar pro Person vorsah. (In ferner Vergangenheit hatten, wegen der primitiven Bewirtschaftungstechnik, 120 Hektar als großer Besitz gegolten.) Während diese 120-Hektar-Parzelle dann ins Eigentum des Pächters übergehen sollte, sollte das überschüssige Land konfisziert und den Landlosen zugewiesen werden, die eine geringe Pacht an das Gut zu zahlen hätten. Der gemäßigte Vorschlag des Tiberius sah sogar eine Entschädigung für das überschüssige Land vor, das die Adligen abzugeben hätten, Land, das eigentlich gar nicht ihnen gehörte. Tiberius erklärte: „Die wilden Tiere, die Italien durchstreifen, haben ihre Höhlen und Löcher, um darin Schutz zu suchen, aber die Männer, die für unser Land kämpfen und fallen, genießen Luft und Licht, die für alle da sind, und sonst nichts. Es ist ihr Schicksal, mit ihren Frauen und Kindern umherzuziehen, obdach- und heimatlos, über das Antlitz der Erde. [...] Die Wahrheit ist, dass sie kämpfen und sterben, um den Reichtum und Luxus der anderen zu schützen, und obwohl man sie Herren der Welt nennt, haben sie nicht eine einzige Scholle Land, die die ihre wäre." Slogans, die auf jede Säulenhalle, jedes Monument und jede Mauer der Stadt gekritzelt wurden, drängten Tiberius, mit seiner Landverteilung Ernst zu machen.

Die Tributskomitien verabschiedeten das Gesetz, aber der Senat bestach den Volkstribun Marcus Octavius (einen Vorfahren des Augustus), damit er sein Veto einlege. Von seinem ursprünglichen Zweck entfremdet, die aristokratischen Senatsbeschlüsse zu hemmen, wurde das tribunizische Vetorecht nun dazu benutzt, den Volkswillen zu blockieren.

Aufgebracht reagierte Tiberius, indem er ein zweites Gesetz durchbrachte, das keine Kompensationsklausel vorsah. Er drängte Octavius, entweder seine Position zu überdenken oder um der Gerechtigkeit und der

Republik willen zurückzutreten. Octavius schien beeindruckt, lehnte aber ab. Tiberius überzeugte sodann die Tributskomitien davon, Octavius abzusetzen und das Gesetz erneut zu verabschieden. Die Absetzung eines Volkstribunen war ohne Präzedenzfall, aber Tiberius argumentierte, das Volk könne jeden Amtsträger, den es ins Amt gewählt habe, auch absetzen. Der Senat, der die Finanzen kontrollierte, lehnte es indes ab, ausreichende Mittel für die Durchsetzung des Landverteilungsgesetzes zur Verfügung zu stellen. Tiberius war entschieden, das neue Gesetz durchzusetzen, und versuchte den Senat zu umgehen, indem er Geldmittel verwendete, die Attalos III. von Pergamon Rom vermacht hatte.

In Verletzung eines fast geheiligten Grundsatzes, der zwei aufeinander folgende Amtszeiten ausschloss, bewarb sich Tiberius um die Wiederwahl als Volkstribun. Er sprach von der Notwendigkeit, die Dauer des Kriegsdienstes zu verringern (sie betrug nahezu 30 Jahre) und dem Volk die Macht zu geben, Berufungsklagen von den patrizisch dominierten Geschworenengerichten zu verhandeln.

Am Wahltag gegen Ende des Jahres 132 v.Chr. ging ein Mob aus Senatoren und ihren Klienten auf Tiberius los, aus Furcht, Tiberius könne nach der Königswürde greifen wollen, und knüppelte ihn und 300 seiner Gefolgsleute zu Tode. Die Senatoren warfen alle Leichen in den Tiber und versagten ihnen so eine angemessene Bestattung. Weitere Anhänger wurden verbannt oder ohne Gerichtsverfahren hingerichtet. Der traditionelle römische Respekt vor dem Gesetz war im Begriff, korrupter, verfassungsfeindlicher Willkür zu weichen.

Gaius Gracchus

Gaius Sempronius Gracchus, der um neun Jahre jüngere Bruder des Tiberius, wurde für das Jahr 123 v.Chr. zum Volkstribun gewählt. So viele Leute strömten aus dem Rest Italiens nach Rom, um Gaius ihre Unterstützung zu geben, dass es nicht genug Herbergen für sie gab. Gaius war ein leidenschaftlicher Redner, in scharfem Gegensatz zu Tiberius, der eine fast stoische Ruhe besessen hatte. Gaius befahl sogar einem seiner Sklaven, jedesmal wenn ihn während einer Rede Leidenschaft überkam, auf einem Musikinstrument einen zarten Ton anzuschlagen. Sobald er den Ton hörte, fand Gaius zu seiner Fassung zurück.

Gaius versprach, als Volkstribun Tiberius' Ackergesetz durchzusetzen und römische Kolonien in Tarent, Capua und Karthago zu gründen, Orte, die Rom entvölkert hatte. Gaius sorgte für die Unterstützung des Ritterstandes, indem er Ritter in besondere Geschworenengerichte berief, die gegen Prokonsuln wegen Korruption verhandelten, und indem er ihnen Verträge für ihre Steuerpacht-Gesellschaften zuschanzte. Diese privaten Gesellschaften, die für Rom Steuern in den Provinzen eintrieben, durften überschüssige Steuern als Gewinn verbuchen. (Kein Wunder, dass die Steuereintreiber die meistgehassten Figuren im Neuen Testament waren.) Gaius beugte auch Hungerrevolten vor und verhinderte Lebensmittelverknappung, indem er die Tributskomitien dazu veranlasste, Getreide aufzukaufen und es in Speichern lagern zu lassen. Die Lebensmittel sollten an die Armen zu Preisen verkauft werden, die sich leicht unter Marktniveau bewegten. (Politiker verwandelten diese Maßnahme zur Preisstabilisierung später in ein Almosen, das sie zum persönlichen Vorteil manipulierten.) Die Adligen hassten diese Maßnahme, weil sie fürchteten, sie könne die Lebensmittelabhängigkeit der Armen von ihnen mildern und damit die Patron-Klienten-Beziehung erschüttern. Gaius erfreute die Armen und vergrätzte sich die Reichen auch dadurch, dass er Gratisplätze bei den Gladiatorenspielen anbot. (Die Adligen vermieteten Plätze an die Armen.) Gaius bewegte die Tributskomitien dazu, darauf zu beharren, dass niemand unter 17 zum Heer eingezogen werden konnte und dass Kleidung an Soldaten ausgegeben wurde. Er förderte den Bau von Straßen, zum Vorteil der Landbevölkerung.

Aber Gaius verlor die Unterstützung des römischen Proletariats dadurch, dass er die Verleihung des vollen Bürgerrechts an Roms latinische Bundesgenossen vertrat und das „Latinische Recht“ an die übrigen italischen Bundesgenossen. Als erster Schritt zum vollen Bürgerrecht schloss das Latinische Recht die Verleihung des römischen Bürgerrechts an die führenden Bürger eines auswärtigen Volkes ein. In der Furcht, dass sie die Kontrolle über die Tributskomitien an Nichtrömer verlieren würden, wachten die armen Bürger Roms eifersüchtig über ihr privilegiertes Bürgerrecht. Dadurch, dass er an Unterstützung unter den Armen verlor, und durch Wahlbetrug erlitt Gaius gegen Ende des Jahres 122 v. Chr. eine Niederlage bei seiner Kanditatur um eine dritte Amtszeit.

Gaius' Niederlage mündete in kleinere Scharmützel zwischen den Parteien, die dem Senat einen Vorwand lieferten, zu Anfang des Jahres 121 v. Chr. das Kriegsrecht auszurufen. Der Senat befahl den italischen Bundesgenossen, die Gaius unterstützten, die Stadt zu verlassen, und hetzte zum Mord an Gaius selbst. Dessen Anhänger erwiesen sich als feige: Statt ihm zu helfen, den Häschern zu entkommen, riefen sie ihm lediglich zu, schneller zu laufen. In dem Wissen, dass der Konsul Opimius als Belohnung für Gaius' Ermordung versprochen hatte, seinen Kopf mit Gold aufzuwiegen, entnahm der Mörder listig das Gehirn und füllte den Schädel mit geschmolzenem Blei, wodurch er dessen Gewicht auf nahezu 18 Pfund erhöhte. 3000 der Anhänger des Gaius wurden festgenommen und hingerichtet. Die Leichen der Opfer wurden in den Tiber geworfen, ihr Vermögen eingezogen, ihren Witwen sogar verboten, öffentlich zu trauern.

Dadurch, dass die Römer es nicht fertig brachten, Gaius' Bürgerrechtsgesetz umzusetzen, und sie den italischen Bundesgenossen gegenüber zunehmend schroffer wurden, kam es schließlich zum Aufstand der Italiker (90–88 v. Chr.). Nachdem sie loyal die Schrecken und Härten von 200 Jahren unausgesetzten Krieges für Rom durchstanden hatten, waren viele Italiker aufgebracht wegen Roms Weigerung, ihnen das volle Bürgerrecht zu gewähren. Die Italiker fürchteten, dass ihr Land enteignet werden könnte, um Platz für römische Veteranen zu schaffen, solange sie kein Wahlrecht besaßen. Nach diesem „Bundesgenossenkrieg" war Rom gezwungen, das volle Bürgerrecht allen Italikern südlich des Po zuzugestehen. Jene nördlich des Po, meist Gallier, erhielten das Latinische Recht.

Der erste römische Bürgerkrieg: Marius gegen Sulla

Rom war zunehmend zwischen zwei Parteien gespalten, den Optimaten, welche die Anghörigen der Nobilität begünstigten, und den Popularen, die es mit den Armen hielten. (Auch die Führer der Popularen freilich waren im allgemeinen reich.) Diese Spaltung führte zu drei blutigen Bürgerkriegen in Rom.

Marius

107 v. Chr. durchlitt Rom eine schwere Krise. Ein grausamer und korrupter numidischer König namens Jugurtha (der Enkel des Masinissa) führte einen Krieg gegen seinen Bruder, bei dem es um die Herrschaft über ganz Numidien ging und der im Widerspruch gegen eine Abmachung mit den Römern stand. Soldaten unter Jugurtha ermordeten (obwohl vielleicht nicht auf seinen Befehl) sogar römische Kaufleute, die seinen Bruder unterstützt hatten. Auch weil Jugurtha einige Senatoren bestochen hatte, weigerte sich der Senat anfangs, Maßnahmen gegen ihn zu ergreifen. (Dem römischen Historiker Sallust zufolge ließ Jugurtha über Rom die berühmte Bemerkung fallen: „Hier steht eine Stadt zum Verkauf, und ihre Tage sind gezählt, wenn sie einen Käufer findet.")

In Wut über den Senat schickten die Tributskommitien den Konsul Gaius Marius, einen Ritter, nach Nordafrika, um Jugurtha das Handwerk zu legen. Es war das erste Mal, dass die Volksversammlung einem Feldherrn ein Kommando gab, eine Befugnis, die traditionell dem Senat vorbehalten war. Als eingefleischter Soldat aus der Landstadt Arpinum sagte Marius über die *nobiles*: „Sie nennen mich vulgär und unzivilisiert, weil ich kein elegantes Dinner zu veranstalten weiß und keine Schauspieler an meinem Tisch habe oder einen Koch halte, der mich mehr gekostet hat als mein Gutsverwalter. All dies zuzugeben, meine Mitbürger, bin ich stolz."

Er gab auch seinem Stolz Ausdruck, nicht griechische Literatur studiert zu haben.

Im Jahr 106 v.Chr. besiegte Marius das Heer des Jugurtha. Nachdem sie ihn durch den Verrat eines treulosen Bundesgenossen gefangen genommen hatten, ließen die Römer Jugurtha verhungern. In den Jahren 102 und 101 v.Chr. krönte Marius seinen Triumph mit der erfolgreichen Verteidigung Italiens gegen zwei große germanische Stämme, von denen einer ein paar Jahre zuvor ein ganzes römisches Heer aufgerieben und 80000 Soldaten getötet hatte.

Das Heer des Marius bestand aus landlosen Bürgern (er ignorierte den Zensus für den Kriegsdienst), die er persönlich mit Speeren ausgerüstet hatte, die beim Aufprall zerbrachen, so dass der Feind sie nicht zurückwerfen konnte. Marius machte das Heer auch dadurch mobiler, dass er die Soldaten ihr eigenes Schanzwerkzeug und andere Ausrüstungsgegenstände tragen ließ, statt sich auf einen verwundbaren Tross zu verlassen. Marius wandelte das römische Heer von einer Miliz, die von Rom ausgerüstet wurde und ihm gegenüber loyal war, in ein Berufsheer um, das vom Feldherrn ausgerüstet wurde und ihm gegenüber loyal war. Er nutzte die Androhung bewaffneter Gewalt, um die Opposition des Senats gegen die Zuweisung nordafrikanischen Landes an seine Truppen zu brechen – ein Vorgehen, dass in den frühen Tagen der Republik unbekannt war. Schließlich aber ließ Marius die Gelegenheit verstreichen, Rom im Handstreich zu nehmen. Er begnügte sich damit, zwischen 105 und 100 v.Chr. sechsmal in Folge zum Konsul gewählt worden zu sein, obwohl das römische Recht eigentlich nicht vorsah, dass Konsuln ihr Amt in zwei aufeinander folgenden Amtszeiten versahen.

Sulla

88 v.Chr. stachelte König Mithridates VI. von Pontos (im nordöstlichen Kleinasien) Griechenland und Kleinasien, die beide von korrupten Prokonsuln, Steuereintreibern und Geldverleihern bedrängt wurden, zum Aufstand gegen Rom an. Mithridates metzelte 80000 italische Männer, Frauen und Kinder nieder, die in seinem Herrschaftsgebiet lebten. Sowohl der Senat wie auch die Volksversammlung beanspruchten die höchste Autorität, um den Aufstand niederzuwerfen, und beide wählten ihren eigenen Feldherrn. Während die Tributskomitien Marius wählten, bestimmte der Senat Lucius Cornelius Sulla, der einst als Quaestor des Marius gedient hatte, aber nun sein Widersacher war.

Nachdem er damit gescheitert war, Marius, der sich nach Nordafrika geflüchtet hatte, aufzuspüren und zu töten, setzte Sulla Segel in Richtung Osten. Marius kehrte in Sullas Abwesenheit sogleich nach Rom zurück und ließ seine Soldaten plündern und morden und sogar ein paar Optimaten hinrichten, darunter einen Konsul. Nach erfolgter Niederwerfung des Mithridates (86–85 v. Chr.) kehrte Sulla nach Rom zurück, um das Heer des Marius, das durch den Pleuritis-Tod seines Führers geschwächt war, zu vernichten. Tausende von Römern starben im Bürgerkrieg, darunter viele Senatoren; der Senat war von seiner normalen Stärke von 300 Mitgliedern auf 150 geschrumpft.

82 v. Chr. ernannte der Senat den siegreichen Sulla zum Diktator auf unbestimmte Zeit, ein weiterer verfassungswidriger Akt, und übertrug ihm die Aufgabe, das politische Gefüge Roms zu überarbeiten. Sulla übertrug praktisch alle Regierungsaufgaben an den Senat und entmachtete die Volksversammlung und die Volkstribune. Er schloss die Ritter von den Geschworenengerichten aus, wodurch er faktisch die gesamte Judikative dem Senat zurückgab. Um Volksführern den Boden zu entziehen, untersagte er, dass Männer dasselbe Amt innerhalb von zehn Jahren zweimal innehaben konnten. Er schwächte die Stellung des Volkes, indem er es seiner Führer dadurch beraubte, dass er Volkstribunen verbot, für höhere Ämter zu kandidieren, und ihr Vetorecht beschnitt.

Schlimmer noch, Sulla „proskribierte" (führte auf Hinrichtungslisten) seine eigenen Feinde und die seiner Freunde. Seine Soldaten töteten dreißig- bis fünfzigtausend Menschen, so viele, dass selbst der Senat ihn bekniete einzuhalten. Unter den Opfern waren 40 Senatoren (Popularen) und 1600 Ritter, deren Besitz Sulla einziehen und unter seinen 120000 Soldaten aufteilen ließ. Tatsächlich dürften manche Römer nur ihres Besitzes wegen getötet worden sein. Sulla vergrößerte den Senat von 150 auf 600 Mitglieder, wobei er ihn mit seinen eigenen Anhängern füllte.

Aber Sulla war nicht persönlich ehrgeizig. Er wollte Rom lediglich „säubern", indem er dem Senat wieder zu seiner dominierenden Stellung verhalf. 81 v. Chr. verzichtete er aus freien Stücken auf seine Macht. Nachdem er 80–79 v. Chr. als Konsul gedient hatte, zog er sich auf sein Landgut zurück, wo er friedlich starb (78 v. Chr.). Wenn Rom einer dauerhaften Diktatur entronnen war, so nur deshalb, weil Marius und Sulla noch immer Skrupel besaßen, unverhüllt nach der Macht zu greifen. Rom sollte in der Zukunft nicht so viel Glück haben.

Der zweite römische Bürgerkrieg: Pompejus gegen Caesar

Die Eroberungen des Pompejus

Der erste Bürgerkrieg hatte die Entwicklung hin zu Parteibildung und persönlichem Ehrgeiz beschleunigt. 70 v. Chr. und wieder 67 v. Chr. wurden Gnaeus Pompejus und Marcus Licinius Crassus zu Konsuln gewählt (zum Teil dank Stimmenkauf), obwohl Pompejus noch nicht das gesetzliche

Mindestalter für diese Position erreicht hatte. Obwohl sie Sulla während seiner Diktatur unterstützt hatten, gewannen Pompejus und Crassus dadurch die Gunst der Massen, dass sie fast alle von Sullas Gesetzen wieder abschafften. Sie verminderten das senatorische Gewicht in Geschworenengerichten auf ein Drittel und stellten die tribunizische Gewalt wieder her.

67 v. Chr. gaben die Tributskomitien Pompejus, Einwänden des Senats zum Trotz, eine zeitweilige diktatorische Gewalt, um das Mittelmeer von Piraten zu säubern, die deshalb überhand nahmen, weil der Senat die Flotte vernachlässigte. Mit einer Armada von fast 1000 Schiffen eroberten oder plünderten die Piraten annähernd 400 Städte. Mit seinem methodischen Vorgehen säuberte Pompejus das Meer in drei Monaten von den Piraten und setzte so der Bedrohung von Roms Getreidenachschub ein Ende.

Als Teil seiner Bemühungen, einen erneuten Aufstand des Mithridates niederzuschlagen, brachte Pompejus sodann vier Jahre damit zu, die Reste des Seleukidenreichs zu erobern, die Syrien, Armenien, Phönizien, Pontos und Kilikien (das südöstliche Kleinasien) umfassten. Er eroberte außerdem Iudaea (Israel), ein autonomes Königreich, das sich ein Jahrhundert zuvor erfolgreich gegen die Seleukiden erhoben hatte. Tausende Juden warfen sich vor Pompejus zu Boden und baten ihn, den Großen Tempel in Jerusalem nicht durch seine Anwesenheit zu entweihen, da kein Heide den Tempel betreten konnte, ohne ihn zu entweihen. Diese Vorstellung überzeugte Pompejus nur davon, dass der Tempel große Reichtümer enthalten müsse. Er verschaffte sich also Zutritt und drang sogar ins Allerheiligste ein, die innerste Cella. Der römische Historiker Tacitus bemerkte später: „Es ist eine wohlbekannte Tatsache, dass er kein Kultbild fand, keine Statue, keine symbolische Darstellung der Gottheit; das Ganze war eine nackte Halle; das Heiligtum war schmucklos und einfach." Als ein verblüffter Pompejus aus dem Tempel hervortrat, rief er voll Erstaunen aus: „Er ist leer, da ist nichts als Dunkelheit!" Die Reaktion des Pompejus ist typisch für das römische Unverständnis den Juden gegenüber und ihrer Verehrung eines unsichtbaren, allmächtigen Gottes. Gleichwohl vergrößerten die Eroberungen des Pompejus erheblich den Reichtum und die Macht sowohl Roms wie seiner selbst.

Das Erste Triumvirat

Als Pompejus im Jahr 62 v. Chr. nach Rom zurückkehrte, lehnte es der Senat ab, seinen Soldaten das Land zuzuweisen, das er für sie beantragt hatte. Pompejus hatte den Fehler begangen, sein Heer zu rasch aufzulösen, wodurch er sich des Druckmittels gegen den Senat selbst beraubt hatte. In seiner Verzweiflung bildete Pompejus nun im Jahr 60 v. Chr. das, was Historiker das Erste Triumvirat nennen, ein Bündnis mit Crassus und Julius Caesar.

Berühmt geworden durch die Niederwerfung des Spartacus-Aufstands, war Crassus, mit ein wenig Unterstützung von Pompejus, der zweitreichste Mann in Rom (Pompejus war der reichste, nachdem er von seinen östlichen Eroberungen zurückgekehrt war). Crassus hatte sein gewaltiges Vermögen teils dadurch aufgehäuft, dass er die Besitztümer von Sullas Opfern zum Freundschaftspreis erworben hatte, teils dadurch, dass er andere Häuser zu noch viel günstigeren Preisen während der Brände aufkaufte, die die aus Holz errichtete Stadt immer wieder heimsuchten. Wo immer ein Feuer ausbrach, verhandelten die Sklaven des Crassus mit den Nachbarn des Geschädigten. Sobald das Feuer ihren Häusern näher rückte, verkauften die verzweifelten Nachbarn ihre Häuser für ein Butterbrot. Sobald die Agenten des Crassus die Häuser für ihn aufgekauft hatten, machte sich seine eigens dafür ausgebildete Feuerwehr, die in der Nähe gewartet hatte, daran, den Brand zu löschen. Eine öffentliche Feuerwehr gab es noch nicht.

Obwohl Angehöriger einer der ältesten Adelsfamilien Roms, verschaffte sich Julius Caesar einen Ruf als Liebling der Massen. (Als Neffe des Marius war Caesar, der hernach die Tochter eines Bundesgenossen des Marius geheiratet hatte, als junger Mann nur knapp den sullanischen Proskriptionen entronnen.) Hochgewachsen, blond, schlank und ein Epileptiker, besaß Caesar ein offenes Gesicht und lebhafte, dunkelbraune Augen. Obwohl er fast kahl war, versuchte er dies zu verbergen, indem er seine dünnen Haarsträhnen nach vorne kämmte (ein „Trick", der zu keiner Zeit etwas brachte). Er schätzte den Luxus und erwarb sich einen Ruf als Frauenheld, der selbst vor Affären mit den Ehefrauen seiner Mit-Triumvirn nicht zurückschreckte. Seine Feinde beschuldigten ihn obendrein, er habe eine Affäre mit König Nikodemos von Bithynien gehabt, um sich seine Patronage zu sichern. Ein politischer Gegner nannte Caesar „die Königin von Bithynien [...], die einst mit einem Monarchen schlafen wollte und nun selbst einer sein möchte". Als Caesar seine Schulden bei Nikodemus vor dem Senat auflistete, bemerkte Cicero, ihn unterbrechend: „Genug davon, bitte! Wir alle wissen, was er dir gab und was du im Gegenzug gegeben hast." Caesar hatte mit Crassus zum ersten Mal 65 v. Chr. geschäftlich zu tun, als er sich von ihm große Summen lieh, Geld, das er nutzte, um die Gunst der Massen dadurch zu gewinnen, dass er prächtige Gladiatorenspiele ausrichtete.

Das Triumvirat sicherte Caesar 59 v. Chr. seine Wahl zum Konsul. Als Caesars Kollege sich als wenig kooperativ erwies, bedrohte Caesar ihn so brutal, dass er für den Rest des Jahres zu Hause blieb und Caesar im Prinzip allein amtieren ließ. Caesar ließ auch den jüngeren Cato einmal mit

Gewalt aus dem Senatssaal schaffen, um seine Dauerrede abzuwürgen. Caesar erwies sich seinen Mit-Triumvirn gegenüber für ihre Unterstützung bei der Erlangung des Konsulats erkenntlich, indem er für Gesetze sorgte, die den ritterlichen Gefolgsleuten des Crassus ihre Steuern erließen und den Veteranen des Pompejus Land zuwiesen. Caesar forderte nun den Prokonsulat über die Gallia Cisalpina (Norditalien), Gallia Transalpina (Südfrankreich) und Illyria. Er erhielt ihn, während Crassus ein Kommando im Osten antrat und Pompejus in Abwesenheit den Oberbefehl in Spanien erhielt, der ihm gestattete, in Rom zu bleiben.

53 v. Chr. fiel Crassus bei dem Versuch, das Partherreich zu erobern, einen Nachfolgerstaat des Perserreichs östlich des Euphrat. Crassus war ungeschickterweise in offenes Gelände östlich des Euphrat vorgedrungen, wo die Parther unter ihrem Feldherrn Suren die Römer umzingelten und sie mit unzähligen Pfeilen beschossen, wobei von 1000 Kamelen ständig Nachschub herangeschafft wurde. Da er keinen Nachtangriff auf den Feind riskieren wollte, ließ Crassus 4000 Verwundete im Stich und flüchtete im Schutz der Dunkelheit nach Carrhae. In Ermangelung von Vorräten war Crassus gezwungen zu verhandeln. Die Parther töteten ihn, nachdem er verraten wurde, unter der Parlamentärsflagge. Zehntausende seiner Soldaten wanderten in Gefangenschaft. Zum Glück für die römische Stellung in Syrien ließ Vorodes, der parthische König, Suren wenig später als potentiellen Rivalen hinrichten.

Caesars Eroberungen

Caesar, der als junger Mann gejammert hatte, weil er in dem Alter, da Alexander der Große bereits ein Weltreich erobert hatte, noch nichts Gleichwertiges vollbracht habe, brachte nun neun Jahre damit zu, das restliche Gallien zu unterwerfen (das heutige Frankreich, Belgien, die südlichen Niederlande, Deutschland westlich des Rheins und den größten Teil der Schweiz). Er war einer der größten Feldherren der Weltgeschichte. Caesar sorgte stets für eine genaue Erkundung und sandte auf dem Höhepunkt des Gefechts grundsätzlich die Pferde fort, auch sein eigenes, um seine Soldaten wissen zu lassen, dass es ohne Sieg kein Entkommen gebe. Er versah die Waffen seiner Soldaten mit Gold und Silber, damit sie sich, mit einem solchen Wert in ihren Händen, vorsahen, im Kampf nicht entwaffnet zu werden. Gewöhnlich eher nachlässig, bestand er auf strikter Disziplin, wann immer der Feind in der Nähe war. Er legte Wert darauf, mit allen seinen Zenturionen persönlich bekannt zu sein, ihren Rat zu hören und treue Dienste zu belohnen. Caesar selbst war seinen Truppen gegenüber so anhänglich, dass er sich einmal, als der Feind diese umzingelt hatte, gar als Gallier verkleidete, um zu ihnen zu gelangen. Caesars Anhänglichkeit seinen Soldaten gegenüber, die er „Kameraden“ nannte, wurde lediglich von deren Treue ihm gegenüber übertroffen. Caesars Legionen meuterten niemals während des Gallischen Kriegs, ein eindrucksvoller Beleg ihrer Treue, dem kein anderes Heer der Epoche gleichkam.

57 v.Chr. vernichtete Caesar die Helvetier bei Bibracte, schlug den Germanen Ariovist im Elsass und die Nervier am Fluss Sabis. 55 v.Chr. und wieder im folgenden Jahr machten Stürme, die den lebenswichtigen Nachschub und das Übersetzen der Reiterschwadronen behinderten, Caesars Bemühungen zunichte, das auch von keltischen Stämmen bewohnte Britannien zu besetzen. Caesar schlug sodann eine Reihe von Aufständen unter den gallischen Stämmen in Frankreich nieder.

Schauplatz von Caesars größtem Sieg im Gallischen Krieg war im Jahr 52 v.Chr. Alesia (beim heutigen Dijon), ein Sieg, der dem gallischen Widerstand das Genick brach. Während er eine uneinnehmbare gallische Stadt belagerte, die sich auf dem Gipfel eines Hügels befand und mit 80000 Galliern bemannt war, war Caesar selbst von einer noch größeren Streitmacht eingeschlossen. Er wies seine Soldaten an, einen doppelten Belagerungsring zu errichten, wovon allein der innere Ring über 15 km Durchmesser hatte. Caesar selbst bezog einen guten Beobachtungsposten, von dem er verfolgte, was in allen Teilen des Schlachtfelds vorging, und Verstärkungen dorthin beorderte, wo sie benötigt wurden. Die glänzend ersonnenen Belagerungsvorkehrungen gestatteten es Caesar, die Belagerung Alesias aufrechtzuerhalten und gleichzeitig das große gallische Heer auf Abstand zu halten, das sein eigenes umzingelte. Die Nahrungsknappheit in Alesia wurde so katastrophal, dass ein gallischer Anführer ernsthaft vorschlug, man solle all jene aufessen, die zu jung oder zu alt zum Kämpfen seien. Als die Gallier zu beiden Seiten der Römer zugleich einen Nachtangriff unternahmen, fielen viele von ihnen in verborgene Gruben, während andere sich die Leiber an zugespitzten Stangen aufrissen. Dennoch hätten die Gallier mit ihrem Plan, die Römer an ihrer schwächsten Stelle anzugreifen, beinahe Erfolg gehabt. Nur Caesars rechtzeitige Maßnahmen zur Verstärkung hielten sie davon ab, die römischen Reihen zu durchbrechen. Caesar unternahm sodann einen Ausbruch und rieb die größere Streitmacht auf, wobei er die Überlebenden auf allen Vieren nach Hause schickte. Er erzwang so die Kapitulation der kleineren Streitmacht in Alesia. Plutarch schätzte, dass Caesars Legionen während des Gallischen Krieges nicht weniger als eine Million Menschen töteten und eine weitere Million versklavten.

Indem er Gallien eroberte und ausplünderte, erwarb sich Caesar ein Vermögen, das er benutzte, um römische Amtsträger zu bestechen und sich das römische Volk gewogen zu machen. In Vorbereitung seiner neuerlichen Bewerbung um den Konsulat hielt Caesar seinen Namen in der Öffentlichkeit wach, indem er seine *Kommentare über den Gallischen Krieg* publizierte, ein Erinnerungswerk, das Caesar über sich selbst in der dritten Person schrieb, um so den Eindruck von Objektivität zu vermitteln. Caesars *Gallischer Krieg*, eine unserer Hauptquellen über die frühen gallischen und germanischen Stämme, ist stilistisch so vorzüglich, das er noch immer als Einstiegslektüre im Lateinunterricht Verwendung findet. Seine einfache aber ohne Wiederholungen auskommende Prosa ist so frei von Umgangssprache wie sie frei ist von Pedanterie. Selbst Cicero, dessen Stil weit blumiger war, bewunderte Caesars klare, elegante Sprache und bemerkte über seine Sätze: „Sie sind wie nackte Figuren, aufrecht und schön, frei von allem Zierrat, als ob man ein Gewand entfernt hätte." Cicero hielt Caesar auch für einen großen Redner und nannte seinen rednerischen Stil „so elegant wie klar, großartig sogar und in einer Weise edel".

Bürgerkrieg

Aber Pompejus und der Senat waren eifersüchtig auf Caesars Siege. Der Tod Julias, Caesars Tochter und geliebte Ehefrau des Pompejus, 54 v. Chr. und der Tod des gemeinsamen Verbündeten Crassus im folgenden Jahr hatten triftige Gründe für die Zusammenarbeit zwischen den ehemaligen Triumvirn beseitigt.

49 v. Chr. wurden zwei Feinde Caesars mit stillschweigender Billigung des Pompejus zu Konsuln gewählt. Der Senat befahl nun, Caesar solle sein Heer auflösen und nach Rom zurückkehren. Ein Volkstribun legte gegen den Befehl sein Veto ein, wurde aber aus dem Senatssaal herausgeworfen, eine Verletzung der tribunizischen *sacrosanctitas*. Als Caesar sich gegen den Senatsbeschluss sträubte, machte der Senat einen Rückzieher und stimmte mit überwältigender Mehrheit (370 zu 22 Stimmen) für einen Kompromissvorschlag, der vorsah, dass sowohl Caesar wie Pompejus ihre Heere auflösen sollten, doch legte nun ein anderer Tribun sein Veto ein. Caesar schlug sogar vor, alle bis auf zwei Legionen aufzulösen und das Kommando über Gallia Cisalpina und Illyria aufzugeben. Pompejus war bereit, diesen Kompromiss zu akzeptieren, aber die Konsuln lehnten ab.

Caesar fürchtete um sein Leben, falls er sein Heer auflöste, den einzigen Schutz gegen seine Feinde, und überquerte deshalb mit dem Heer den Grenzfluss Rubikon. Ihm war klar, dass dieser Akt gleichbedeutend mit einer Kriegserklärung an den Senat war (daher der Ausdruck „den Rubikon überschreiten" für eine Handlung, die unumkehrbar ist). Zwar zögerte Caesar am Fluss, erklärte aber dann: „Der Würfel ist gefallen!", und stürzte die Republik in einen weiteren Bürgerkrieg.

Pompejus und der größte Teil des Senats setzten sich nach Osten ab. Nachdem er die großen Verbände von Pompejus' Legaten in Spanien besiegt hatte, überquerte Caesar die Adria, um Pompejus selbst zu stellen. Er belagerte dessen Heer bei Dyrrachium (in Epirus), aber die Streitmacht des Pompejus konnte ausbrechen und tötete 1000 von Caesars Männern. Caesar meinte, Pompejus hätte den Bürgerkrieg für sich entscheiden können, wenn er Caesars Heer nach der Schlacht verfolgt und vernichtet hätte. Pompejus aber gestattete Caesar aus Furcht vor einem Hinterhalt die Flucht nach Osten.

Die Schlacht von Pharsalos

Caesar konnte nun seine Truppen reorganisieren, ihre Moral wieder aufrichten und im Jahr 48 v. Chr. eine entscheidende Stellung bei Pharsalos in Thessalien errichten. Laut Caesars eigenem, zugegebenermaßen subjektivem Bericht waren Pompejus' überoptimistische Offiziere „schon dabei, offen Belohnungen und Priesterschaften unter sich aufzuteilen und die Konsulate für die folgenden Jahre zu vergeben, während manche die Häuser und das Vermögen von Leuten in Caesars Lager für sich beanspruchten. [...] Sie dachten nicht darüber nach, wie sie siegen könnten, sondern nur, wie der Sieg auszubeuten sei."

Wenn das stimmt, dann unterschätzten Pompejus' Offiziere Caesars Legionen bei weitem. Wenn Caesars Soldaten auch im Verhältnis eins zu zwei unterlegen waren (22000 zu 47000), so waren sie doch erfahrener und loyaler als jene des Pompejus. Viele erboten sich, ohne Sold zu dienen; keiner desertierte, obwohl Caesar jedem Zenturio, der wünschte, sich Pompejus anzuschließen, freistellte es zu tun. Als schließlich Nahrung und Nachschub knapp wurden, aßen Caesars stramme Kerle Gras und veranlassten so Pompejus zu dem Ausruf: „Ich kämpfe gegen wilde Tiere!"

Als Pompejus mit seinem linken Flügel, mit Reitern und Bogenschützen, angriff, brachte Caesar frische, sorgfältig ausgewählte Verstärkungseinheiten zum Einsatz, um ihnen entgegenzutreten. Es gelang ihnen, Pompejus' linken Flügel einzuschließen und niederzukämpfen, wodurch sie seine Flanke umfassten und die Auflösung seines gesamten Heeres einleiteten. Caesar hatte seine Fußsoldaten unterwiesen, mit ihren Lanzen in die Gesichter von Pompejus' Reitern zu stoßen, anstatt sie zu schleudern. Wie Caesar erwartet hatte, schreckten die stattlichen, unerfahrenen jungen Reiter vor Gesichtsverletzungen zurück. 6000 von Pompejus' Soldaten fanden in der Schlacht den Tod; der Rest kapitulierte. Der als großmütig bekannte Caesar ließ es nicht zu, dass ein einziger Soldat, der sich ergeben hatte, getötet wurde. Seinem Heer rief er zu: „Verschont eure Mitrömer!" Beim Anblick der gefallenen Optimaten rief er aus: „Sie haben es nicht anders gewollt!"

Pompejus entkam nach Ägypten. Um Caesar zu gefallen, ermordeten ägyptische Amtsträger Pompejus durch Verrat und sandten seinen Kopf an Caesar. Doch Caesar klagte bei dem Anblick und befahl, dass die Mörder getötet werden sollten. Er schäkerte danach mit Kleopatra VII., der makedonischen Königin Ägyptens, die sich bei ihrer ersten Begegnung selbst in einem Teppich zu ihm geschmuggelt hatte, aus dem sie nackt hervorkam.

Caesar besiegte die Reste von Pompejus' versprengtem Heer erst im Jahr 45 v. Chr. Als die Niederlage seines republikanischen Heeres in Nordafrika besiegelt war, stürzte sich Cato der Jüngere, der Urenkel Catos des Älteren, in Utica in sein Schwert. Nachdem Caesar eine Revolte in Pontos niedergeschlagen hatte, feierte er einen Triumph. Einer der geschmückten Wagen im Triumphzug trug eine Aufschrift, die lautete: „Veni, Vidi, Vici" („Ich kam, sah und siegte").

Caesars Herrschaft

Von 48 bis 44 v. Chr. war Caesar zuerst inoffiziell, dann offiziell römischer Diktator. Er war großzügig im Vergeben – was in der Rückschau mehr als klug war –, ernannte sogar einige seiner früheren Gegner zu hohen Amtsträgern und restaurierte die Pompejus-Statue, die einige von Caesars radikaleren Anhängern niedergerissen hatten. Zudem zerschlug Caesar die Straßenbanden, welche die Stadt lähmten. Er reduzierte die Schuldenlast durch eine effizientere Verwaltung. Er baute große Teile der Stadt wieder auf. Er verringerte durch ein öffentliches Bauprogramm und durch einen Erlass, dass wenigstens ein Drittel der Arbeiter in den Latifundien freie Männer sein mussten, die Zahl der Arbeitslosen von 320000 auf 150000. Zudem errichtete er in Italien und in den Provinzen Kolonien für seine Veteranen und für 80000 arme Römer und erfüllte so den Traum der Gracchen. Caesar tilgte auch die Zinslast auf Schulden, die sich während des jüngsten Bürgerkriegs aufgehäuft hatten, einer Zeit der Inflation. Er plante eine öffentliche Bibliothek. Als *pontifex maximus* (oberster Priester) führte er den „Julianischen Kalender" mit 365 vollen Tagen und einem Vierteltag ein, jenen Kalender, der in Europa in Gebrauch blieb, bis Papst Gregor XIII. ihn 1582 modifizierte (indem er einen Schalttag alle 200 Jahre tilgte). Caesar stellte auch die Ordnung in den Provinzen wieder her. Er entfernte zahlreiche inkompetente oder korrupte Prokonsuln aus ihren Ämtern und stieß sie aus dem Senat aus. Mit einem Federstrich dehnte Caesar das römische Bürgerrecht zum ersten Mal auf zahlreiche Nichtitaliker aus, namentlich auf die Menschen in der Gallia Cisalpina und die Häuptlinge im transalpinischen Gallien. Er gewährte sogar einigen Galliern Zutritt zum Senat und beschleunigte so die Romanisierung Galliens. Rom begann, sein Reich mehr als Gemeinschaft und weniger als Objekt der Ausbeutung wahrzunehmen.

Caesars Ermordung

Aber Caesars Anmaßung beleidigte einige Angehörige der Nobilität. Mit der Zustimmung eines furchtsamen Senats stellte er Statuen von sich selbst neben denen der alten Könige auf. Er trug ein fast schon königliches Gewand, saß im Senatssaal auf einem goldenen Thron und ermächtigte den Senat, den Monat Quintilis nach ihm selbst zu benennen (Juli). Eine Statue stellte ihn mit einem Globus zu seinen Füßen dar. Wenn die Senatoren zu ihm kamen, um ihm ihre Aufwartung zu machen, blieb er sitzen, wie ein Patron, der seine Klienten empfing. Schließlich unternahm einer von Caesars Handlangern, Marcus Antonius, den Versuch, Caesar auf einer Feier krönen zu lassen. Obwohl Caesar die Krone dreimal ablehnte, ließ der Vorfall die Bedenken einiger Senatoren wachsen, die glaubten, Caesar prüfe das Terrain für eine Rückkehr zur Monarchie.

Obwohl der Senat im Februar 44 v. Chr. zustimmte, die Diktatur von anfänglich zehn Jahren auf Lebenszeit zu verlängern, begannen einige Senatoren, konspirativ Caesars Ermordung zu planen. Einen Monat später stach eine Gruppe von Verschwörern um Marcus Junius Brutus und seinen Schwager Gaius Cassius Longinus Caesar mit Dolchen zu Tode – ausgerechnet im Pompejustheater, wo Caesar eine Senatssitzung einberufen hatte. Die Senatoren stachen mit solcher Inbrunst auf Caesar ein, dass sie sich gegenseitig Wunden beibrachten und einander mit Caesars Blut besudelten. Brutus stach ihm vermutlich in die Leistengegend. Caesar starb zu Füßen der Pompejus-Statue, sein Körper war von Wunden übersät.

Caesar hatte oft eine Leibwache abgelehnt, mit der Bemerkung, es sei besser, irgendwann einmal zu sterben, als in beständiger Furcht vor dem Tod zu leben. In der Hand von Caesars Leiche fand sich eine detaillierte Warnung vor dem Attentat, die ihm ein Bekannter des Brutus und seiner Freunde übergeben hatte. Caesar hatte verschiedene Male versucht, den Zettel zu lesen, wurde aber immer wieder von Bittstellern unterbrochen. Er war 55 Jahre alt und plante einen Feldzug gegen die Parther, als er starb.

Cassius war ein Prätor, der sich dadurch ausgezeichnet hatte, dass er eine parthische Invasion Syriens zurückgeschlagen hatte (51 v. Chr.). Brutus war ein Nachfahre des legendären Lucius Brutus, der den König Tarquinius aus Rom vertrieben hatte (und vermutlich seine eigenen Söhne deshalb getötet hatte, weil sie sich verschworen, um Tarquinius wieder einzusetzen). Brutus vergötterte seinen Onkel, den republikanischen Märtyrer Cato den Jüngeren, und heiratete sogar dessen Tochter Porcia. Obwohl Brutus im Bürgerkrieg auf Seiten des Pompejus gestanden hatte (ungeachtet der Tatsache, dass Pompejus seinen Vater hatte hinrichten lassen), weil er meinte, Pompejus würde eher die Republik wieder herstellen, hatte sich der siegreiche Caesar mit Brutus angefreundet. Ein Gerücht besagte sogar, dass Brutus in Wirklichkeit Caesars Sohn sei, was aber vermutlich nicht stimmte. (Als Brutus geboren wurde, war Caesar kaum 15 Jahre alt. Caesar hatte allerdings eine Liebschaft mit der Mutter des Brutus, Servilia, als Brutus 22 war. Dieses Missverständnis ist vermutlich dafür verantwortlich, dass der römische Historiker Sueton Caesar als letzte Worte in den Mund legte: „Und du, mein Sohn?“ Shakespeare ersetzte dies später durch das plausiblere: „Et tu, Brute?“)

Man sagte, Brutus, der stoische Republikaner, habe gehandelt, weil er die Diktatur gehasst habe, und der hitzige Cassius, weil er den Diktator gehasst habe. Während Caesars Anhänger Kronen auf seine Statuen gesetzt hatten, um das Volk zu ermutigen, ihn zum König zu machen, hatten die Mitrepublikaner des Brutus ihm Botschaften auf seinen Schreibtisch gekritzelt, die ihn jeden Tag an seine Familienpflicht erinnern sollten, gegen die Monarchie zu opponieren. Nichts bewegte einen Römer so sehr wie der Appell an Familientraditionen.

Caesars Tod stürzte Rom ins Chaos, das in einen dritten römischen Bürgerkrieg mündete. Dieser blutige Krieg indes sollte mit dem Aufstieg des ersten römischen Kaisers enden, Caesars Großneffen Augustus.

Caesars Vermächtnis

Caesars Eroberung Galliens dehnte die römische Zivilisation nach Nordeuropa aus. Die Römer waren so erfolgreich darin, Gallien zu romanisieren, dass Frankreich im Mittelalter eine führende Rolle bei der Bewahrung der klassischen Zivilisation spielen konnte. Obwohl die germanischen Franken Frankreich im 5. Jahrhundert n. Chr. eroberten, blieb es eine lateinisch geprägte Nation, wie es seine Sprache bis auf den heutigen Tag widerspiegelt.

Während Caesars Eroberungen ihn zum Gegenstand der Nachahmung kommender Feldherren machten, wurde er durch seine Schlüsselrolle beim Fall der römischen Republik zur größten Unperson unter modernen Republikanern. In einem berühmt gewordenen Teil von Patrick Henrys *Stamp Act Speech* (1765) vergleicht Henry König Georg III. mit Caesar: „Caesar hatte seinen Brutus, Karl I. seinen Cromwell und Georg III. [Rufe werden laut: „Verrat!“] könnte von ihrem Beispiel profitieren.“ 1771 verglich John Adams den Konservativen Thomas Hutchinson, den neuen königlichen Gouverneur von Massachusetts, mit Caesar: „Caesar wurde zum ewigen Diktator, indem er die römische Republik zerstörte; Hutchinson, indem er ein System von Korruption und Tyrannei duldet und unterstützt, das ihn selbst zum Gouverneur gemacht hat.“ Beide, Adams und Thomas

Jefferson, verglichen Alexander Hamilton mit Caesar. Adams schrieb: „Als Burr Hamilton erschoss, war es nicht ein Brutus, der Caesar im Senatssaal tötete, sondern er sollte getötet werden, bevor er den Rubikon überschritt." Obwohl Hamiltons Bezüge auf Caesar in seiner Korrespondenz einmütig negativ sind, behauptete Jefferson, Hamilton habe ihm einmal gesagt: „Der größte Mann, der je gelebt hat, war Julius Caesar." Ausgerechnet Hamilton implizierte in einem Brief an Washington, dass er ihn für einen Caesar hielt: „Man hat gut beobachtet, dass Cato der Konservative war und Caesar der Liberale seiner Zeit. Dieser widerstand stets, jener schmeichelte grundsätzlich den Verrücktheiten des Volkes. Dennoch ging dieser mit der Republik zugrunde, während jener sie zerstörte." Einen Monat später schrieb Hamilton einen Aufsatz für die *Gazette of the United States*, in dem er mit Blick auf Jefferson bemerkte: „Aber es gibt immer ein erstes Mal, wenn Charaktere, die auf kunstvolle Verschleierung bedacht sind, enttarnt werden; wenn der Schleier des Stoizismus von der Stirn des Epikureers fällt; wenn die schmucklose Garbe quäkerhafter Einfachheit von der verborgenen Begierde gerissen wird; wenn der Caesar, der bescheiden das ihm dargebrachte Diadem ablehnt, als der Caesar erscheint, der den Putz kaiserlicher Herrschaft zurückweist, aber begierig nach ihrem Wesen greift."

Diese sich wiederholenden Versuche, den jeweiligen politischen Gegner als Caesar zu brandmarken – als gerissenes, ehrgeiziges Individuum, das danach strebt, die Republik umzustürzen –, endeten keineswegs mit der Generation der Gründerväter. Als Andrew Jackson Geldmittel von der Nationalbank abzog, um sie zu zerstören, ein Vorgehen, das viele als verfassungswidrig ansahen, verglich Henry Clay Jacksons Handeln mit Caesars Eintreten in die römische Schatzkammer, das Schwert in der Hand, um die Geldmittel einzutreiben, die er brauchte, um seinen Feldzug gegen Pompejus zu organisieren. Die Versuche der Liberalen, Jackson als neuen Caesar zu brandmarken, waren so zahlreich und so leidenschaftlich, dass eine Zeitung den ersten Mordversuch an einem amerikanischen Präsidenten der überhitzten Debatte zuschrieb. Während der geistesgestörte Anstreicher Richard Lawrence sicherlich eher aus persönlichen Motiven handelte (Wahn, der vielleicht dadurch verursacht worden war, dass er zu viel Bleifarbe eingeatmet hatte) als aus Neigung zu liberaler Rhetorik, als er versuchte, Jackson zu erschießen, hatten die Liberalen Caesars anhaltende Nützlichkeit als den führenden Angstgegner für Republikaner aller Couleur deutlich demonstriert.

9 Cicero

Staatsmann, Philosoph und Märtyrer der Republik

Vielleicht die einflussreichste Persönlichkeit der klassischen Antike war ein römischer Staatsmann, Redner, Essayist und Philosoph namens Cicero. Cicero, der als Märtyrer der Republik und als einer der größten Redner der Weltgeschichte gilt, wurde über die Jahrhunderte zum Vorbild für viele abendländische Staatsmänner. Seine wohlgesetzten Reden und Schriften über Volkssouveränität, Naturrecht und die Mischverfassung enthalten jene Schlüsselgedanken, die den Kern abendländischer Zivilisation ausmachen.

Ciceros Verteidigung der Republik

Die Catilinarische Verschwörung

Als Sohn eines Ritters aus der Landstadt Arpinum, der Heimat des Marius, war Marcus Tullius Cicero (106–43 v. Chr.) niemals vollständig anerkannt, weder bei der überheblichen Senatsaristokratie noch bei den demagogischen Führern der Masse, die er verachtete. Dennoch wurde Cicero 63 v. Chr. einer der wenigen Ritter, die es zum Konsul brachten. Kaum hatte er sein Amt angetreten, während Pompejus und sein Heer weit weg waren, um im östlichen Mittelmeerraum zu kämpfen, war Cicero mit einer Rebellion konfrontiert, die von einem korrupten, hochverschuldeten Adligen namens Lucius Sergius Catilina angeführt wurde, der soeben zum zweiten Mal in Folge mit seiner Bewerbung um den Konsulat durchgefallen war. Catilina hatte sich verschworen, die Konsuln zu töten, die Macht an sich zu reißen und die Unterstützung des Volkes dadurch zu gewinnen, dass er die Schulden tilgte und eine Landverteilung vornahm.

Als entschiedener Anwalt der Republik handelte Cicero rasch, um Catilinas Plan zu vereiteln. Catilina floh nordwärts nach Etrurien, während Cicero ihn in einer Serie berühmt gewordener Reden anklagte. 62 v. Chr. besiegte und tötete ein römisches Heer Catilina bei Pistoria. Catilinas Mitverschwörer wurden in Rom hingerichtet.

Cicero und Caesar

Zwei Jahre später baten Caesar, Pompejus und Crassus Cicero, sich ihrem Bündnis anzuschließen, weil sie sein berühmtes rhetorisches Talent schätzten. Obwohl die Mitgliedschaft in einem so mächtigen Kartell Cicero große finanzielle und politische Vorteile eingebracht hätte, lehnte er das Bündnis aus Treue zur Republik ab. Obwohl Cicero im Bürgerkrieg zehn Jahre später die Partei des Pompejus ergriff, weil er glaubte, Pompejus würde am ehesten die Republik wiederherstellen, und obwohl Ciceros feiger Bruder und Neffe ihn für ihre eigene Entscheidung, für Pompejus Partei zu ergreifen, verantwortlich machten, schonte der siegreiche Caesar Ciceros Leben.

Die Fehler der Mörder

Die Mörder des Julius Caesar begingen zwei Fehler. Zum Ersten entschieden sie auf Drängen von Brutus, Caesars Hauptstellvertreter, Marcus Antonius, nicht zu töten. Obwohl einige Römer Antonius dafür verachteten, dass er übermäßig trank (während einer Senatssitzung hatte er sich übergeben müssen, nachdem er die ganze Nacht hindurch gezecht hatte) und ein Frauenheld war, verehrten ihn seine Soldaten, weil er Seite an Seite mit ihnen aß und schlief. Er hatte Caesars linken Flügel bei Pharsalos befehligt und sich bewährt. Cicero klagte mit Blick auf Caesars Ermordung: „Diese Tat wurde mit dem Mut von Männern und der politischen Weitsicht von Kindern ausgeführt. Jeder hätte erkennen müssen, dass ein Thronerbe bereit stand."

Zum Zweiten gewährten die Mörder Caesar ein Staatsbegräbnis, bei dem Antonius sein Testament verlas. Das Volk war zu Tränen gerührt, als es erfuhr, dass Caesar jedem römischen Bürger 75 Drachmen vermacht und einen seiner Gärten öffentlicher Nutzung zugänglich gemacht hatte. Als Caesars blutbesudelter Leichnam über das Forum getragen wurde, riss der Mob, von Trauer zur Raserei getrieben, sogar einen Mann namens Cinna in Stücke, weil man ihn irrtümlich für einen Caesarmörder hielt, der denselben Namen trug. Der Mob versuchte nun, die Häuser von Brutus und Cassius niederzubrennen. Die Mörder waren gezwungen, aus Rom zu flüchten. Viele glaubten, ein Komet, der sieben Tage lang leuchtete, sei Caesars Seele.

Das Zweite Triumvirat

Caesars wichtigste Gefolgsleute, Antonius, Marcus Aemilius Lepidus und Octavian, legten schließlich ihre Differenzen bei und bildeten das Zweite Triumvirat. Lepidus war Prokonsul von Spanien. Octavian, der soeben von der militärischen Ausbildung in Illyrien heimgekehrt war, war Caesars Großneffe und (wie das Testament offenbarte) Adoptivsohn. Caesar hatte keinen legitimen Sohn als Erben, und seine einzige Tochter war kinderlos gestorben. Mit dem ihn auszeichnenden Weitblick hatte Caesar mehr Potential in dem 18-Jährigen gesehen als Antonius; Antonius mokierte sich, er sei „nur ein Junge, der alles seinem Namen verdankte".

Die Triumvirn metzelten alle Gegner nieder, darunter 300 Senatoren und 2000 Ritter, zogen ihr Vermögen ein und verteilten es unter ihren Anhängern. Man schätzte sogar, dass ein Viertel des italischen Bodens als Ergebnis der Proskriptionen des Zweiten Triumvirats den Besitzer wechselte.

Ciceros Tod

Unter den prominentesten Opfern des Triumvirats war Cicero. Die Triumvirn befahlen Ciceros Hinrichtung (43 v. Chr.). Er versuchte, über See zu entkommen, aber schlechtes Wetter und Seekrankheit zwangen ihn unweit seines Landhauses bei Formiae zurück an Land. Dort wurde er getötet, nachdem er seinen Sklaven befohlen hatte, ihn zurückzulassen und sich selbst in Sicherheit zu bringen.

Antonius ordnete an, Ciceros Kopf und Hände über der Rednertribüne auf dem Forum anzunageln, wo Cicero vierzehn Reden gegen ihn gehalten hatte, die – in Anlehnung an die berühmten Reden des Demosthenes gegen Philipp II. von Makedonien – gemeinhin als *Philippische Reden* bezeichnet werden. Plutarch zufolge sahen die entsetzten Römer in den abstoßenden Überresten „weniger das Gesicht Ciceros als vielmehr die Seele des Antonius“. Oktavian gab seine Zustimmung zu dem Mord, nannte Cicero aber später, als Kaiser Augustus, „einen eloquenten und gelehrten Mann und einen echten Patrioten“. Livius fügte, mit Blick auf Cicero, hinzu: „Wenn man seine Fehler gegen seine Verdienste abwägt, war er ein großer Mann, großmütig, erinnernswert; um seinen Ruhm zu besingen, würde es einen Cicero als Lobredner erfordern.“

Ciceros Leistungen

Cicero trug mehr als jeder andere Römer dazu bei, die lateinische Sprache zu einem geschmeidigen und differenzierten Ausdrucksmittel zu machen. Annähernd zwei Jahrtausende lang las jeder gebildete Europäer und Amerikaner Cicero. Cicero versetzte Zeitgenossen wie moderne Leser mit der Eloquenz seiner 106 Reden, seiner 900 erhaltenen Briefe und seiner zahlreichen politischen und philosphischen Essays in Erstaunen. Sein majestätischer Stil, seine ausgewogenen Sätze und seine rhythmischen Kadenzen beherrschten die lateinische Prosa so sehr, dass der angesehene Rhetor Quintilian sagte, Cicero sei „der Name, nicht eines Mannes, sondern der Redegewandtheit selbst“.

Cicero war unangefochtener Meister der drei rhetorischen Disziplinen: abwägend, apodiktisch, forensisch – Reden für den Senatssaal, die Leichenhalle und den Gerichtssaal. Seine rhetorischen Texte forderten sorgfältige Beachtung aller Aspekte der öffentlichen Rede: Pflege der Stimmbänder, Kontrolle der Atmung, Stimmmodulation, Körperhaltung, Ausdruck, Bewegung der Augenbrauen, Mimik, Drapierung der Toga, Ausschreiten und Tränendrüsen. Er betonte aber auch die Hohlheit einer Redekunst, der Kenntnis und Sinn fehlen. Cicero, der eine mittlere Position zwischen dem nüchternen attischen Stil, den Thukydides im Griechischen und Sallust im Lateinischen berühmt gemacht hatten, und dem wortreichen asiatischen Stil gefunden hatte, komponierte Reden, die üppig waren, ohne redundant zu sein. Indem er seinen Wortschatz variierte und jedes Wort seinem spezifischen Bedeutungsinhalt nach auswählte, vermied er sinnlose Synonyme. Der Rhythmus seiner Sätze war natürlich, nicht das künstliche Produkt überflüssiger Wörter oder unkonventioneller Wortstellung. Der Römer Longinus schrieb später: „Cicero reicht und rollt über das gesamte Feld, wie ein sprechender Brand; das Feuer, das in ihm brennt, üppig und dauerhaft, verteilt er nach seinem Willen, bald hierhin, bald dorthin, und nährt es schubweise mit Brennstoff." Seine Reden waren so überzeugend, dass er als Konsul die Massen davon überzeugen konnte, gegen Schuldenerlass und Landverteilung zu stimmen.

Wie späterhin Mark Twain oder Winston Churchill wurde Cicero für seinen Humor so berühmt, dass selbst Aphorismen anderer oft ihm zugeschrieben wurden. (Gleichwohl war Caesar, Cicero zufolge, scharfsinnig genug, um, als er seine klugen Bemerkungen sammelte, Ciceros Aphorismen von denjenigen zu trennen, die ihm fälschlich zugeschrieben wurden.) Obwohl Ciceros Humor vor Gericht unverzichtbar war, häufig, um die Geschworenen von der juristischen Schwäche seiner Argumentation abzulenken, trug ihm sein beißender Witz viele Feinde ein. Als ein hochnäsiger Adliger sich mokierte: „Wer ist dein Vater?", antwortete Cicero: „Ich kann dir kaum dieselbe Frage stellen, weil deine Mutter es fast unmöglich gemacht hat, die Antwort herauszufinden." Als Crassus sagte, kein Mitglied seiner Familie sei je älter als 60 geworden, und dann, zu sich selbst gewandt, fragte: „Was könnte ich gemeint haben, als ich das sagte?", entgegnete Cicero, er müsse wohl versucht haben, Beifall zu erregen. Als ein junger Mann, der angeklagt war, seinem Vater ein Stück vergifteten Kuchens gereicht zu haben, ärgerlich sagte, er werde Cicero „ein Stück von meiner Meinung sagen", da antwortete Cicero: „Ich würde das einem Stück von deinem Kuchen vorziehen." Als der Demagoge Clodius von einem Geschworenengericht, das er zuvor bestochen hatte, von der Anklage des Ehebruchs freigesprochen wurde und Cicero, der der Ankläger war, sagte, das Gericht habe seinen Beweisen keinen Glauben geschenkt, da entgegnete Cicero: „Du wirst sehen, dass 25 von ihnen meinem Wort geglaubt haben, weil sie gegen dich gestimmt haben, und dass die anderen 30 dem deinen nicht geglaubt haben, weil sie erst für deinen Freispruch gestimmt haben, als sie dein Geld in Händen hielten." Als er später Volkstribun war, ließ Clodius Cicero verbannen und seine Landhäuser zerstören.

Ciceros Reden, Briefe und Essays, von denen zahlreiche von seinem treuen Sekretär, Freigelassenen und Freund Marcus Tullius Tiro für die postume Veröffentlichung gesammelt wurden, haben mehr Licht auf die Probleme und Nöte der späten römischen Republik geworfen als jede andere historische Quelle. Sie offenbaren die Stärken und Schwächen des römischen Adels, einer Gruppe, die kultiviert, stolz, patriotisch, hochpolitisiert, eitel und selbstsüchtig war. Vielleicht stammte das größte Kompliment, das man Cicero machen konnte, von seiner Nemesis, Julius Caesar, der erklärte, Ciceros Leistung sei größer als seine eigene: „Es ist besser, die Grenzen des römischen Geistes erweitert zu haben, als jene des Römischen Reiches."

Ciceros *Über die Pflichten* (44 v. Chr.), verfasst, nachdem der Sturz der Republik ihn aus der Politik vertrieben hatte, waren sein Schwanengesang über das Leben, das angemessene Verhalten und die Pflichten des öffentlichen Lebens. Ciceros ominöse Warnung nahm den Fall vieler späterer Republiken vorweg: „Die Bataillone, die den Staat bedrohen, sind stärker als jene, die ihn beschützen; es kostet nämlich nur ein Kopfnicken, die Tollkühnen und die Verzweifelten in Bewegung zu setzen – und sie können auch aus eigener Initiative gegen den Staat mobil machen. Die stabilen Elemente [der Gesellschaft] stehen langsamer auf [...]. Im allerletzten Moment werden sie zu verspätetem Handeln getrieben durch die schiere Bedrängnis der Situation." Cicero sah das Schrecknis der Tyrannei nicht nur in der mit ihr verbundenen Zerstörung der Freiheit, sondern ebenso in ihrer verderblichen Wirkung auf die Moral. Er betrachtete *Über die Pflichten* als sein Manifest und sein Meisterstück.

Ciceros elegante Prosa rückte die griechischen Lehrsätze der Volkssouveränität, der Mischverfassung und des Naturrechts in den Mittelpunkt abendländischen Denkens. Obwohl Cicero nicht ausdrücklich die Idee der Volkssouveränität diskutierte, setzen seine Schriften doch voraus, dass keine Staatsform – ob Monarchie, Aristokratie, Demokratie oder Mischverfassung – legitim war, wenn nicht das Volk seine Zustimmung gab. (Selbst bei den späteren kaiserlichen Erlassen ging man davon aus, sie hätten Gesetzeskraft nicht nur deshalb, weil der Kaiser es so wollte, sondern weil das Volk stillschweigend sein Einverständnis zu dieser Form der Gesetzgebung gab.) Außerdem hatte Ciceros *Staat* (51 v. Chr.) den Erfolg Roms der vorgeblichen Mischverfassung der Republik zugeschrieben.

Cicero, der gleichermaßen Philosoph, Staatsmann und politischer Denker war, half, die Schlüsselidee des Naturrechts populär zu machen. Obwohl Cicero zu den verschiedenen philosophischen Fragen in eklektischer

Manier sehr unterschiedliche Ansichten hatte, war er in der Frage des Naturrechts hauptsächlich Stoiker. Er betrachtete das Universum „als Gemeinwesen, dessen Glieder Götter wie Menschen sind". Naturrecht wurde nicht von den Göttern weitergegeben, sondern war der Kitt, der sie im großen Organismus des Universums mit den Menschen verband. Menschen erkannten das Naturrecht durch eine Kombination aus Verstand und Erkenntnis. Mit Blick auf das Verhältnis zwischen Natur und Mensch schrieb er:

„Es ist wahr, dass sie ihm einen Verstand gab, der fähig ist, Tugend zu empfangen, und ihm mit seiner Geburt und ohne Unterweisung einige vage Ahnungen der größten Wahrheiten mitgab und so nun einmal die Grundlagen für Bildung schuf und in die Anlagen, die der Verstand bereits hatte, das einpflanzte, was man die Keime der Tugend nennen könnte. Aber von der Tugend selbst lieferte sie nur die Grundmauern, nichts mehr. Deshalb ist es unsere Aufgabe (und wenn ich sage ‚unsere', dann meine ich, dass es die Aufgabe der Kunst ist), diese bloßen Anfänge zu erweitern, indem wir die Entwicklungsmöglichkeiten erkunden, die in ihnen liegen, bis das, was wir suchen, vollständig verwirklicht ist."

Über das Naturrecht schrieb Cicero:

„Dieses Recht, meine Herren, steht nicht geschrieben, sondern ist angeborenes Recht. Nicht die Gelehrten haben es uns beigebracht; wir haben es nicht von unseren Ahnen empfangen; wir haben es nicht den Büchern entnommen; es ist von der Natur hergeleitet und in unsichtbaren Buchstaben auf unseren Rahmen geprägt. Es wurde nicht durch Bildung vermittelt, sondern in unserem Innersten geschmiedet. Es ist ein Diktat des Instinkts [...]. Es kann nicht jetzt ein Recht geben und morgen ein anderes; sondern dasselbe, ewige, unabänderliche Gesetz umspannt alle Nationen, zu jeder Zeit, unter einem gemeinsamen Herrn und Meister aller Dinge."

Cicero benutzt die zwei Analogien von Funken und Samen, um seine Position zu verdeutlichen. An einem Punkt bemerkt er, dass die Menschen alle Funken seien, die zeitweise von der großen Flamme (der zweiten Seele) getrennt seien, aber ein Funke kann durch eine schlechte Erziehung gelöscht werden. Bei einer anderen Gelegenheit führt er aus, die Samen der Tugend seien offenbar in der sozialen Natur der Menschen, in ihrem „Herdeninstinkt". (Beide Analogien unterscheiden sich in gewissem Sinn: Aus einem Samen eine voll ausgewachsene Pflanze zu machen, erfordert in der Regel mehr bewussten Einsatz als eine Flamme am Leben zu erhalten.) Wie die meisten heidnisch-antiken Philosophen hatte Cicero ein optimistisches Bild von der Natur und deshalb auch von der menschlichen Natur: „Großherzigkeit, Heldenmut, Höflichkeit, Gerechtigkeit und Großzügigkeit sind weitaus mehr in Übereinstimmung mit der Natur als

Selbstsucht. [...] Unsere Natur treibt uns dazu, das zu suchen, was moralisch richtig ist." Jene, die gegen das Naturrecht verstießen, würden bestraft, nicht durch die „Strafen, die das Recht schafft, denn diesen entgehen sie oft", sondern durch „ihre eigene Entartung". Der Lohn der Tugend sei Selbstachtung und die Achtung der anderen: „Der Ruf und die Ehre, die man genießt, wenn man gut ist, sind zu wertvoll, um überhaupt auf dem Altar von irgendetwas geopfert zu werden."

Ciceros philosophische Traktate, die er spät verfasste, als er über den Tod seiner Tochter Tullia wie der römischen Republik selbst trauerte, hielten die Notwendigkeit fest, das Alter geduldig zu ertragen, und bekundeten Zuversicht in die Existenz eines Jenseits: „Große Taten werden nicht von Stärke oder Geschwindigkeit oder Kondition vollbracht; sie sind die Ergebnisse von Gedanken, Charakter und Urteil. Und solche Eigenschaften schwinden nicht etwa mit dem Alter, sie wachsen [...]. Wenn irgendein Gott mir die Macht gäbe, meine fortgeschrittenen Jahre zu tilgen, zum Knabenalter zurückzukehren und wieder in der Wiege zu schaukeln, ich würde standhaft ablehnen. Nun, da mein Rennen gelaufen ist, habe ich kein Verlangen mehr, vom Ziel zum Start zurückzukehren!" Die großartige Natur des menschlichen Verstands überzeugte ihn, dass er „nicht sterblich sein kann". Er setzte hinzu: „Nur nachdem die Befreiung von allen körperlichen Beimischungen sie rein und unbefleckt gemacht hat, können Seelen ins Stadium wirklicher Weisheit eintreten [...]. Ich freue mich, die Persönlichkeiten zu treffen, von denen ich gehört, gelesen und geschrieben habe [...]. Ich verlasse eher eine Herberge als ein Heim [...]. Wenn sich mir der Tod naht, fühle ich mich wie ein Mann, der sich nach einer langen Seereise dem Hafen nähert: Land scheint in Sicht."

Obwohl Ciceros philosophische Ideen kaum originell zu nennen sind – er gab selbst zu: „Ich liefere nur die Worte, und sie gehen mir niemals aus!" –, ist doch das „Liefern der Worte" wenigstens ebenso entscheidend für die Verbreitung einer Philosophie wie das Liefern der Ideen. In Ciceros Fall bedeutete das Liefern der Worte die Schaffung eines völlig neuen lateinischen Wortschatzes, der den Fachausdrücken der griechischen Philosophie Leben verleihen konnte.

Ciceros einziges literarisches Missgeschick waren seine Gedichte, die so schlecht waren, dass sie ganzen Generationen von Literaturwissenschaftlern Freude bereiteten. Tacitus meinte, die Verse, die Caesar und Brutus geschrieben hatten, seien nicht besser als die Ciceros, hätten aber das Glück, dass weniger Menschen von ihrer Existenz wüssten. Der römische Satiriker Juvenal schrieb, dass, wäre Ciceros Prosa von derselben Güte wie seine Dichtung gewesen, er niemals der Rache des Antonius zum Opfer gefallen wäre.

Ciceros Vermächtnis

Cicero war so einflussreich, dass die spätrepublikanische Periode manchmal als „ciceronisches Zeitalter“ bezeichnet wird. Seine Schriften beeinflussten die frühen Kirchenväter des Christentums. Ambrosius benutzte Ciceros *Über die Pflichten* als Vorbild für ein bedeutendes Handbuch über christliche Ethik. Hieronymus las so viel Cicero, dass er glaubte, Gott habe ihn einmal gefragt: „Was bist du?“ Als er geantwortet habe: „Ein Christ“, habe Gott erwidert: „Nein, du bist kein Christ, sondern ein Ciceronianer.“ Mit Gewissensbissen habe Hieronymus geschworen, nie wieder ein weltliches Buch zu lesen. Doch die Schriften des Hieronymus offenbarten weiterhin den Einfluss Ciceros, in Stil wie Inhalt. Als er damit aufgezogen wurde, antwortete er, sein Versprechen habe sich auf die Zukunft bezogen; es sei unmöglich, das zu vergessen, was er bereits gelernt habe. In den *Bekenntnissen* behauptete Augustinus, es sei Ciceros *Hortensius* gewesen, der ihn zur Tugend bekehrt habe.

Frühmittelalterliche Christen schätzten Cicero so sehr, dass Papst Gregor der Große damit drohte, seine Schriften zu verbrennen, weil ihre Anmut junge Männer von den Heiligen Schriften ablenke. Boethius schrieb einen Kommentar zu Cicero. Der ehrwürdige Beda stellte Sammlungen von Ciceros berühmten Aussprüchen zusammen. Alkuin, der führende Kopf der „Karolingischen Renaissance“, nahm sich Zeit, das Werk des Römers zu lesen, und Einhard, der berühmte Biograph Karls des Großen, zitierte aus Ciceros *Tusculanen*. Dante benutzte *Über die Pflichten* 1,13 als Grundlage für seine Klassifizierung der Sünden im Inferno. Der Dichter tröstete sich über den Tod Beatrices mit Ciceros Essay *Über die Freundschaft*, der sich mit dem Leben im Jenseits auseinander setzte.

Petrarca, der „Vater der Renaissance“, schätzte die Musikalität von Ciceros Schriften. Er las Cicero bereits als kleines Kind. Seine Wertschätzung für den Römer behinderte sein Studium der Rechte so sehr, dass sein Vater seine gesamte Cicero-Sammlung verbrannte. Als er jedoch die Tränen seines Sohns bemerkte, rettete Petrarcas Vater eines von Ciceros rhetorischen Werken aus den Flammen. Sobald Petrarca volljährig war, schmiss er sein Jurastudium hin und begann Ciceros Werke von neuem zu sammeln und zu lesen. Der detektivische Spürsinn, mit dem er alle Werke Ciceros, deren er habhaft werden konnte, sammelte, rettete vermutlich einige der weniger bekannten Schriften vor dem Vergessenwerden. Petrarca war eine Schlüsselfigur für den endgültigen Sieg des klassischen Lateins, das Cicero repräsentierte, über das weniger elegante Latein der Scholastiker, das im Mittelalter aufgekommen war.

Einige weniger bekannte Persönlichkeiten der italienischen Renaissance widmeten sich dem Studium des ciceronischen Lateins gar mit solchem Eifer, dass sie es ablehnten, Wörter zu gebrauchen, die Cicero nicht selbst benutzt hatte. Dieser lächerliche Purismus musste unweigerlich Verwirrung heraufbeschwören, sobald neue Manuskripte auftauchten. Die Eiferer hatten offensichtlich Ciceros Bemerkung in *Vom Wesen der Götter* vergessen: „Bei Diskussionen sollte man sich weniger an den Autoritäten orientieren als am Verstand. Die Autorität derjenigen, die von Berufs wegen lehren, ist nur allzu oft eine Hürde für ihre Schüler; denn sie unterlassen es, von ihrem eigenen Urteilsvermögen Gebrauch zu machen, sondern akzeptieren das, wovon sie wissen, dass jemand, den sie respektieren, ihm zustimmt."

Obwohl Erasmus von Rotterdam, der große katholische Reformator, die sklavische Cicero-Verehrung verachtete, bewunderte auch er den Römer. Erasmus gab seine eigene Ausgabe der *Tusculanen* heraus und schrieb in der Einleitung: „Gewiss habe ich Cicero niemals mehr verehrt als jetzt."

Erasmus' protestantischer Gegenspieler Martin Luther war der gleichen Ansicht und nannte Cicero „einen weisen, gelehrten Mann, der viel litt und viel erreichte". Luther setzte hinzu: „Ich hoffe, unser Herrgott wird ihm und seinesgleichen gnädig sein."

Moderne Staatsphilosophen leiteten von Ciceros Idee des Naturrechts die Grundlage für die Grundrechte ab, die demokratische Gemeinwesen vom Rest der Welt abheben. John Locke empfahl das Cicero-Studium für Redekunst, Briefstil und Moral.

Die Deisten des 18. Jahrhunderts machten von Ciceros Hauptargumenten für die Existenz Gottes – die gefühlsmäßige Bindung der Menschen an ihn und die Weltordnung – Gebrauch und leiteten aus ihnen ihre Ablehnung göttlicher Offenbarung her. Besonders Voltaire schätzte Ciceros Schrift *Über die Wahrsagung*, die sich gegen den Aberglauben von Magie und Augurentum wandte. Friedrich der Große, der auf seinen Feldzügen Ciceros Werke mit sich herumschleppte, ordnete ihre Übersetzung ins Deutsche an. Ciceros Schreibstil beeinflusste Montesquieu und Edward Gibbon.

Redner des 18. und 19. Jahrhunderts, die ideologisch von Edmund Burke bis Robespierre reichten, lasen und bewunderten seine Reden. Die amerikanischen Redner vor dem Bürgerkrieg (das „Große Triumvirat") Daniel Webster, Henry Clay und John C. Calhoun waren Cicero-Verehrer.

Ciceros Charakter, oder besser: die idealisierte Version davon, wurde das Vorbild des künftigen abendländischen Staatsmannes. Gemeinsam mit Sokrates und Demosthenes wurde Cicero die Personifikation des Staatsmanns, der kurzfristige Popularität, die man nur durch Laster erringen kann, für dauerhaften Ruhm opferte, den man nur durch Tugend erwerben kann.

John Adams zum Beispiel machte Cicero sein ganzes Leben lang zum Abgott. Im Herbst 1758 rühmte sich Adams damit, dass das Recht, der Beruf seiner Wahl, ein „Feld [war], in dem Demosthenes, Cicero und andere vor mir Großes geleistet haben!". Im selben Winter gestand er das Vergnügen, das es ihm bereitete, Ciceros Reden laut zu lesen: „Die Süße und Eleganz ihres Klangs, die Harmonie der Zahlen bereiten Freude genug, um sich damit selbst dann zu belohnen, wenn man nichts von der Bedeutung versteht. Obendrein halte ich es für eine edle Übung. Es trainiert meine Lungen, hebt meinen Geist, öffnet meine Poren, regt die Durchblutung an und trägt damit zu meiner Gesundheit bei." Nach einem Familienzwist einige Tage später verließ Adams „den Raum und nahm Tullius mit herauf, um mich zu sammeln". 1774 drängte Adams einen ehrgeizigen Politiker, sich Cicero zum Vorbild zu nehmen. Er schrieb, mit Blick auf Ciceros Amtszeit als Quästor in Lilybaeum auf Sizilien: „Er erhielt dieses Amt nicht so, wie die Leute es heute tun, als Geschenk oder als Pfründe, sondern als Treuhänder der Allgemeinheit, und er betrachtete das Ganze als Theater, in dem die Augen der Welt auf ihm ruhten." Als es in Rom einen Kornmangel gab, so fügte Adams hinzu, habe Cicero es vermocht, die Stadt zu ernähren, ohne seine eigene Provinz zu übervorteilen.

Als Adams, einer der größten Redner seiner Epoche, vor dem *Continental Congress* am 1. Juli 1776 aufstand, um John Dickinsons Behauptung, die amerikanische Unabhängigkeitserklärung sei voreilig, zu widerlegen, dachte der Neuengländer an Cicero. Er hielt in seinem Tagebuch fest: „Ich hob mit den Worten an, es sei das erste Mal in meinem Leben, dass ich die Gaben und die Redegewandtheit der antiken Redner herbeigewünscht hätte, denn ich sei sicher, dass niemand von ihnen jemals vor einer Entscheidung von größerer Wichtigkeit stand, für sein Land und die Welt."

Adams' Bewunderung für Cicero überdauerte den Amerikanischen Unabhängigkeitskrieg. Adams verbrachte den Sommer 1796, einige Monate, bevor er die Präsidentschaft antrat, damit, die Schriften des römischen Staatsmanns erneut zu lesen. 1803 zitierte Adams Cicero, den wahren Staatsdiener im Auge: „So ein Mann wird sich selbst ganz dem Staat verschreiben und wird nicht nach Macht und Reichtum streben [...]. Er wird streng das befolgen, was Recht und gerecht ist, und, falls er diese Tugenden bewahren kann, obwohl er viele kränken und sich viele Feinde schaffen wird, wird er eher sterben, als seine Prinzipien zu verraten." Niemand repräsentierte diese Moral besser als Adams selbst. In den 1760er Jahren hatte er den lukrativen und prestigereichen Posten eines Hofrichters der Admiralität abgelehnt, weil er die britischen Gerichte, die keine Geschworenen kannten, für verfassungswidrig hielt. 1770 hatte er seine Popularität geopfert, um britische Soldaten zu verteidigen, die wegen Mordes beim Massaker von Boston angeklagt waren. Als Präsident hatte er Frieden mit dem Frankreich Napoleons geschlossen und Thomas Jefferson auf Kosten seiner eigenen Wiederwahl die Ehre des Kaufs von Louisiana überlassen. Obwohl kein anderer Gründervater so sehr nach Popularität strebte, opferte sie doch keiner so konsequent einem strengen Ethikkanon. Es ist kaum abwegig anzunehmen, dass Adams, wenn er seine schmerzlichen Entscheidungen traf, Trost dabei fand, die Opferdienste des antiken Staatsmanns zu bedenken und den ewigen Ruhm, den er sich durch sie erworben hatte.

Adams gab seiner Bewunderung für Cicero auch in den Briefen seiner letzten Jahre Ausdruck. 1805 schrieb er:

„Die bestbekannte Epoche der Weltgeschichte ist jene zwischen Marius und dem Tod Ciceros, und das verdanken wir allein Ciceros Briefen und Reden. Durch sie nehmen wir die wirkliche Natur des Zeitalters und die Leidenschaft der Schauspieler auf der Bühne wahr. Cicero, Cato und Brutus waren die einzigen drei, in denen man wirklichen Patriotismus erkennen kann [...]. Cicero hatte die größten Fähigkeiten und die unwandelbarste, klügste und hartnäckigste Anhänglichkeit der Republik gegenüber."

1809 schüttete Adams sein Herz in einem weiteren Brief aus:

„Niemand wird je panegyrische Romanzen schreiben oder schmeichelnde Reden halten, um mich in leuchtenden Farben der Nachwelt zu schildern. Nicht einmal in naturgetreuen Farben. Auf alles, bis auf das Letzte, kann ich getrost verzichten. Dennoch werde ich nicht völlig unbetrauert sterben. Cicero wurde von allen Seiten verunglimpft, verleumdet und beleidigt – von Caesars Partei, Catilinas Leuten, den Myrmidonen des Clodius, ja, und auch von Pompejus und dem Senat. Er wurde abwechselnd von allen Seiten und Parteien verfolgt und gefoltert, und das nur seines besonders tugendhaften und ruhmreichen Handelns wegen. In seiner Pein und im Bewusstsein seiner eigenen Verdienste und Integrität wurde er zu jenen Rechtfertigungen getrieben, die man als Eitelkeit bezeichnet hat. Statt sie als Eitelkeit zu tadeln, halte ich sie für die untrüglichsten Bekundungen seiner Unschuld und Reinheit. Er erklärt, dass alle Ehren ihm gleichgültig sind, weil er weiß, dass es nicht in der Macht seines Landes steht, ihn in irgendeinem Verhältnis zu seinen Diensten zu belohnen.

Getrieben und verletzt und aufgebracht wie ich bin, erröte ich nicht, dem Römer nachzueifern."

Adams war nur allzu erfolgreich bei seinem lebenslangen Versuch, Cicero nachzueifern. Seine Integrität, die ihren überzeugendsten Ausdruck in seiner Weigerung fand, Parteipatronage zu unterstützen, machte ihn bei beiden Parteien unbeliebt; und seine Entgegnungen auf Kritik waren oft von derselben Gereiztheit und Eitelkeit wie jene des Römers. Der einzige Unterschied zwischen Cicero und Adams war, dass Cicero, den keine christlichen Vorstellungen von Demut beeinflussten, nichts Anstößiges an seiner Eitelkeit fand. Vielmehr mag Cicero, als ein Mann, der aus dem Ritterstand aufgestiegen war, ein „neuer Mann", der in einen traditionell der Nobilität vorbehaltenen Raum vorstieß – anders als Adams, der von großbürgerlicher Herkunft war –, es sogar für nötig erachtet haben, die Römer auf seine Leistungen aufmerksam zu machen. Vielleicht brüstete sich Cicero deshalb immer nur seiner Verdienste an Rom, niemals seiner unerreichten Eloquenz, der Eigenschaft, für die er allgemein bewundert wurde.

Andere Gründerväter verklärten Cicero ebenfalls. James Wilson zitierte den römischen Staatsmann öfter als jeden anderen Schriftsteller in seinen Vorlesungen, die er vor Jura-Studenten am College of Philadelphia (heute die University of Pennsylvania) hielt. Wilson begeisterte sich: „Die Rechtsprechung Roms zierte und bereicherte der außerordentliche Genius eines Cicero, der, wie die Hand des Midas, alles in Gold verwandelte." Er nannte Ciceros *Über die Pflichten* „ein Werk, das dem menschlichen Verstand und dem menschlichen Herzen zur Ehre gereicht." Ähnlich erzählte John Marshall, der sein Porträt von George Washington in seiner berühmten fünfbändigen Biographie des ersten Präsidenten Cicero nachempfand, seinen Enkeln, dass *Über die Pflichten* „unter den wertvollsten Traktaten lateinischer Sprache ist, ein heilsamer Dialog über die Pflichten und Eigenschaften, die einem republikanischen Gentleman gut anstehen". Benjamin Rush und Thomas Paine führten Cicero wiederholt an, wenn es um Naturrecht ging. Benjamin Franklin zitierte Cicero häufig mit Blick auf die Bedeutung harter Arbeit und Tugend.

Es war nicht die Originalität seiner Gedanken, die aus Cicero den einflussreichsten aller antiken Menschen machte. Eher waren es die Originalität des Ausdrucks und sein Märtyrertod, die Cicero den Staatsmännern der abendländischen Geschichte so nachahmenswert machten.

10 Augustus
Begründer des römischen Kaiserreichs

Obwohl die Römer den größten Teil ihres Territoriums in den Tagen der Republik eroberten, wird der Begriff „Römisches Reich“ häufig benutzt, um die Epoche, in der Kaiser über Rom herrschten, zu bezeichnen (27 v. Chr.–476 n. Chr.). Der erste dieser Kaiser war Augustus. Augustus verwaltete das Reich so milde und tüchtig, dass es ihm gelang, das römische Volk durch die Monarchie wieder zu versöhnen. Es ist keine Übertreibung festzustellen, dass Ordnung, Frieden und Wohlstand, die Augustus im Reich nach drei blutigen Bürgerkriegen wiederherstellte, die griechisch-römische Antike vor der Auslöschung bewahrten. Andererseits machte der Erfolg des Augustus die Bahn frei für Despoten wie Caligula, Nero und andere wahnsinnige Caesaren.

Der dritte römische Bürgerkrieg: Antonius gegen Octavian (Augustus)

Die Schlacht von Philippi

42 v. Chr. standen sich die beiden größten Heere der römischen Geschichte gegenüber. Das Heer des Zweiten Triumvirats besiegte das republikanische Heer von Brutus und Cassius in zwei Schlachten bei Philippi in Makedonien. In der ersten Schlacht rieb Brutus die Streitmacht des Antonius auf, während Octavians Heer (Octavian war zu krank, um selbst zugegen zu sein) das Heer des Cassius schlug. In Unkenntnis von Brutus' Erfolg und im Glauben, alles sei verloren, beging Cassius Selbstmord. Er stürzte sich in dasselbe Schwert, mit dem er Caesar erstochen hatte. Brutus nannte Cassius „den letzten Römer“. In dieser ersten Schlacht verlor das Triumvirat doppelt so viele Soldaten wie der Gegner (16000 zu 8000).

In der zweiten Schlacht aber ließen sich die Soldaten des Cassius, die durch den Tod ihres energischen Anführers demoralisiert waren, leicht besiegen und bewirkten so auch die Niederlage von Brutus' Streitmacht. Als einer von Brutus' Adjutanten ihn bekniete, sich nicht das Leben zu nehmen und unter Tränen forderte: „Wir müssen entkommen“, antwortete der Stoiker: „Ja, wir müssen entkommen, aber diesmal mit unseren Händen, nicht unseren Füßen.“ Er befahl einem seiner Diener, das Schwert zu halten, während er sich hineinstürzte. Seine Frau Porcia erdrosselte sich selbst.

Wie die meisten der republikanischen Märtyrer Roms war Brutus kaum der Heilige, den die Legende aus ihm machte. In seinem Geiz hatte er einst einem Beauftragten befohlen, wenn nötig mit Gewalt ein Darlehen von der Stadt Salamis auf Zypern einzutreiben. Brutus verlangte von den Stadtbewohnern 48 Prozent Zinsen, obschon der maximale in den Provinzen erlaubte Zinssatz nur bei 12 Prozent lag.

Was immer aber Brutus' Fehler waren, er war klug genug, um vorherzusehen, dass Octavian und Antonius bald übereinander herfallen würden. Der Senat vergöttlichte Julius Caesar und bescherte so seinem Adoptivsohn Octavian zusätzliches Prestige, der bereits Vorteil daraus gezogen hatte, dass er die Verteilung von Caesars Erbe ans römische Volk überwacht hatte.

Antonius gegen Octavian

Das Triumvirat beherrschte Rom in einer faktischen Diktatur. 40 v. Chr. teilte man formell das Reich unter sich auf. Octavian erhielt den Westen außer Nordafrika, das an Lepidus fiel, Marcus Antonius den Osten. Zur selben Zeit heiratete Antonius Octavia, Octavians Schwester, um das Bündnis zwischen beiden zu zementieren. Octavian verstieß Lepidus im Jahr 36 v. Chr. aus dem Triumvirat, aber dessen Versuch, Sizilien von Octavian zu erobern, scheiterte, als die meisten seiner Soldaten zu Octavian überliefen.

Auf den ersten Blick schien es, als behielte Antonius die Oberhand über Octavian, weil er Ägypten kontrollierte, die wichtigste Provinz Roms. Aber Octavians Kontrolle über Italien erlaubte es ihm, die wichtigsten Leute in Rom mit seiner Begabung für Verwaltung zu beeindrucken.

Antonius besiegelte nun sein eigenes Schicksal, indem er sich in Kleopatra verliebte. Obwohl nicht besonders schön, war Kleopatra intelligent, gebildet (sie beherrschte zahlreiche Sprachen) und charmant. Das Paar machte sich einen Spaß daraus, als Sklaven verkleidet durch Alexandria zu spazieren und sich über Leute lustig zu machen. (Weil die meisten Bürger nicht vermuteten, dass es sich bei diesem Paar um die Herrscher Ägyptens handelte, wurde Antonius mehrfach geschlagen.) Das Paar feierte prächtige Parties, auf denen Kleopatra als Isis verkleidet erschien und Antonius als Bacchus.

Als Antonius einen formellen Scheidungsbrief an Octavia sandte, die eine freundliche und tugendhafte Frau war und vom römischen Volk sehr geliebt wurde, nutzte Octavian diesen Vorfall als Vorwand für die Kriegserklärung an Antonius. Er nahm das Testament des Antonius von den Vestalinnen an sich und ließ es öffentlich verlesen. In seinem Testament hatte

Antonius seine Söhne von Kleopatra zu seinen Erben eingesetzt und erklärte sogar, sie würden das Partherreich erben, das noch nicht einmal erobert worden war. Die Römer waren erbost bei der Aussicht, von Leuten regiert zu werden, die nur halbe Römer waren. Das Volk fand auch heraus, dass das Testament des Antonius die Kontrolle über drei römische Gebiete an Kleopatra abtrat. Schließlich erklärte das Testament, dass, sollte Antonius in Rom sterben, sein Leichnam zu Kleopatra nach Alexandria geschickt werden solle. Der durchtriebene Octavian schlug aus der römischen Fremdenfeindlichkeit Kapital und behauptete, Antonius werde die Hauptstadt des Reiches nach Alexandria verlegen. Für Propagandazwecke erklärte Octavian Kleopatra, nicht Antonius, den Krieg und behauptete, Antonius handele unter einer Art Fluch, der von dieser bösen, orientalischen Frau über ihn verhängt sei. Gleichwohl brachte Octavians schamloses Vorgehen, das Testament von den Vestalinnen zu rauben, einige Römer gegen ihn auf. Ein Drittel der Senatoren und beide Konsuln verbanden ihr Schicksal mit dem des Antonius.

Die Schlacht von Actium

31 v. Chr. vernichtete Octavians Flotte bei Actium in Griechenland unter dem Kommando des Marcus Vipsanius Agrippa – eines tüchtigen Admirals niederer Abstammung, der aus dem Nichts eine Flotte aufgebaut und ausgebildet hatte – drei Viertel der Flotte des Antonius. Obwohl Octavian nur über 400 Schiffe verfügte, gegen die 500 des Antonius, waren seine Fahrzeuge manövrierfähiger und mit besseren Ruderern bemannt. Auf dem Höhepunkt der Schlacht leiteten das Zentrum und der linke Flügel des Antonius, vielleicht durch ein Feindmanöver aufgeschreckt, den Rückzug ein und zwangen so Antonius, Kleopatra ein Signal zu geben, sie solle mit der Kriegskasse flüchten. Antonius folgte ihrem Geschwader mit 40 eigenen Schiffen und überließ die Reste seiner Flotte Vernichtung und Gefangennahme.

Als Agrippa die peloponnesischen Stützpunkte des Antonius eroberte und damit dessen Heer in Nordgriechenland von der Versorgung abschnitt, kapitulierten seine 130000 von Malaria geplagten und von ihrem Befehlshaber im Stich gelassenen Soldaten. Octavian hatte Antonius in Ägypten in die Ecke getrieben. Als Antonius von einem Gerücht hörte, Kleopatra habe Selbstmord begangen, erdolchte sich der 53-jährige Soldat mit einem Stich in den Bauch. Er lebte noch lange genug, um in Kleopatras Armen zu sterben.

Die 39-jährige Kleopatra, die Letzte der ptolemäischen Herrscher in Ägypten, beging 30 v. Chr. Selbstmord, nachdem Octavian sie besiegt und die Stadt Alexandria eingenommen hatte. Plutarch zufolge wählte sie den Tod durch einen Schlangenbiss, weil ihr die zahlreichen Experimente, die sie an verurteilten Gefangenen habe durchführen lassen, den Eindruck vermittelt hätten, es sei die schmerzloseste Art zu sterben. Die Geschichte könnte einen wahren Kern haben, doch war die Schlange auch das Symboltier des ägyptischen Sonnengottes, und ihr Bildnis umgab die Krone Ägyptens, um das königliche Geschlecht zu schützen. Kleopatra könnte die Schlange gewählt haben, weil sie den Sonnengott repräsentierte, der seine Tochter Isis vor der Demütigung rettete. Jedenfalls schmuggelte man die Schlange in einem Feigenkorb zu ihr.

Octavian gab der Vollendung des Mausoleums, mit dessen Bau Antonius und Kleopatra begonnen hatten, seinen Segen und gestattete die Beisetzung der beiden in einem gemeinsamen Grab. Octavia, stets tugendhaft, nahm es auf sich, die drei Kinder großzuziehen, die ihr treuloser Ehegatte mit Kleopatra gezeugt hatte, und ebenso die Kinder aus einer früheren Ehe des Antonius. Aber Octavian tötete Caesarion, Kleopatras Sohn von Julius Caesar, dessen möglicher Anspruch auf die Erbschaft Caesars ihn zu einem gefährlichen Widersacher machte.

Octavian annektierte Ägypten und unterstellte es seiner persönlichen Herrschaft, die erste Regelung dieser Art in der römischen Geschichte. Säuberungsoperationen gegen die Verbündeten des Antonius dauerten bis 27 v. Chr. an. Octavian kehrte mit so viel Gold nach Rom zurück, dass der Zinssatz sogleich von 12 auf 4 Prozent fiel.

Nach einem vollen Jahrhundert des Chaos und der Anarchie, in dem sich die römische Republik als unfähig erwiesen hatte, auch nur den Anschein von Ruhe und Ordnung aufrechtzuerhalten, war Rom nun endgültig reif für die Herrschaft eines Kaisers.

Die neue Herrschaftsordnung

Als Octavian nach seinem Sieg triumphierend nach Rom zurückkehrte, erklärte er vor dem Senat, die Republik sei wiederhergestellt. Natürlich war das eine bloße Farce. Jedermann wusste, dass Octavian nach der Alleinherrschaft strebte und dass diese auf seiner Eigenschaft als *imperator* beruhte, des Oberbefehlshabers des Heeres, dessen Soldaten ihm einen Treueid leisteten. Der Senat fürchtete Octavians Macht und mehr noch die ewigen Bürgerkriege, die Rom beinahe zerstört hatten; deshalb überhäufte er Octavian mit Belohnungen, Ehrungen und Titeln. Der berühmteste dieser Titel war Augustus (der Erlauchte), ein Titel, der bis dato den Göttern vorbehalten war. Der Monat Sextilis wurde in August umbenannt, um des Monats zu gedenken, in dem Octavian Alexandria betreten und damit den Bürgerkrieg beendet hatte. Ein weiterer Titel war (seit 2 v. Chr.) *pater patriae* (Vater des Vaterlands). Er selbst nannte sich *princeps civitatis*

(Erster Bürger), ein Titel, der in der Republik verdienten Staatsmännern verliehen worden war. Deshalb bezeichnen Historiker die Herrschaft des Augustus und seiner Nachfolger häufig als „Prinzipat".

Im Gegenzug für die Ehrungen, die der Senat ihm verliehen hatte, übertrug Augustus die meisten der gesetzgeberischen und rechtlichen Befugnisse von den Volksversammlungen und den Gerichtshöfen auf den Senat. Auch dies war eine Farce, weil Augustus' Kontrolle über Berufungen in den Senat und die Furcht der Senatoren vor dem Heer aus dem Gremium den verlängerten Arm des Kaisers gemacht hatten, dessen Autorität allein vom Wohlwollen des Kaisers abhing. 23 v. Chr. gewährte das Volk Augustus die tribunizische Gewalt und verlieh ihm damit auch den Nimbus eines „Beschützers des Volkes" sowie die Befugnis, gegen Senatsbeschlüsse sein Veto einzulegen. 19 v. Chr. wurde seine konsularische Gewalt, welche die Befugnis umfasste, den Senat einzuberufen und seine Tagesordnung festzulegen, auf Lebenszeit verlängert. Augustus kontrollierte die äußeren Provinzen direkt, durch das Heer und die *legati*, die er ernannte, um sie zu verwalten, und er kontrollierte die inneren Provinzen indirekt, durch seine Befugnis, die Prokonsuln abzulehnen, die der Senat ernannte. Er besaß auch die Macht, Verträge abzuschließen, und die Befugnis, in die Angelegenheiten der senatorischen Provinzen einzugreifen. Er konnte sich, wann immer er wollte, aus der Staatskasse bedienen wie auch aus dem großen Vermögen, das er während der Bürgerkriege angehäuft hatte. (Freilich steuerte er aus seinem eigenen Vermögen erhebliche Summen zum Fonds für entlassene Veteranen bei und leistete einige andere Aufwendungen für das Reich, so dass er vergleichsweise arm war, als er starb.) Nach 12 v. Chr. fungierte er als *pontifex maximus* (oberster Priester). Obwohl Augustus sich hütete, sich in Rom als Gott darzustellen, ließ er es zu, von fremden Völkern in den Provinzen kultisch verehrt zu werden, weil es sie der römischen Macht gefügiger machte.

Vielleicht die wichtigste Machtquelle des Augustus aber war seine eigene Demut. Anders als sein Großonkel und Adoptivvater Julius Caesar vermied Augustus stets den Eindruck von Überheblichkeit. Selbst während er im Begriff war, eine Macht zu konsolidieren, von der selbst Könige nicht zu träumen wagten, vermied Augustus vorsichtig jeden Anschein der Monarchie. Ihm war bewusst, dass die republikanische Tradition den Römern in Jahrhunderten einen tiefen Hass gegen das Wort „König" eingeflößt hatte, obwohl die Römer aller Schichten nach der Stabilität dürsteten, welche die Alleinherrschaft brachte. Augustus' Bescheidenheit und Großmut, die sich mit der Fiktion einer wiederhergestellten Republik trafen, besänftigten die ermatteten Römer.

Die Leistungen des Augustus (27 v. Chr.–14 n. Chr.)

Friede und Wohlstand
Die Herrschaft des Augustus kennzeichnete nie zuvor gekannter Friede und Wohlstand. Während seiner Herrschaft wurden die Tore des Janus-Tempels, die nur in Zeiten tiefen Friedens geschlossen wurden, dreimal geschlossen. Die Tore waren in den Jahrhunderten vor Augustus nur zweimal geschlossen worden.

Der Friede und der Bau dauerhafter Straßen quer durch das Reich ermöglichten Fernhandel und Reisen in großem Stil. Das Wachstum des Handels schuf Wohlstand. Händler sandten allein 120 Schiffe pro Jahr über das Rote Meer nach Indien, um ihre Keramik und andere Güter gegen indische Gewürze, Juwelen und Elfenbein sowie chinesische Seide zu tauschen. Augustus ließ den Wohlstand auch dadurch anwachsen, dass er ein wirksames Währungssystem schuf, das durch fortgeschrittenen Bergbau möglich wurde und durch lokales Kleingeld ergänzt wurde. Gold- und Silbermünzen wurden in Lugdunum (Lyon) geprägt, während die senatorische Münze in Rom Kupfer- und Bronzemünzen herstellte. Die Bilder auf römischen Münzen änderten sich häufig und erlaubten es den Kaisern, ihre jüngsten Leistungen zur Schau zu stellen oder den Provinzen ihre designierten Nachfolger vorzustellen.

Während der wenigen Kriegsperioden in Augustus' 41-jähriger Herrschaft schoben seine Feldherren die Nordostgrenze des Reiches bis zur Donau vor. Augustus schuf ein Berufsheer mit 28 Legionen, die an den Grenzen stationiert waren, und hielt es in der Regel erfolgreich aus der Politik heraus. Das Heer erwies sich als romanisierender Faktor ersten Ranges. Städte sprossen um die Legionslager (z. B. Köln, Mainz und Baden), weil römische Soldaten sich mit einheimischen Frauen vermählten, sich auf den Gütern, die sie als Abfindung erhielten, niederließen und lokale Honoratioren wurden. Nach 25-jähriger Dienstzeit erhielten Nichtrömer, die in den Hilfstruppen gedient hatten, eine doppelte Bronzetafel, *diploma* (Doppeltafel) genannt, die ihnen das volle Bürgerrecht gewährte. Augustus unterhielt außerdem Flotten im gesamten Mittelmeer, um Truppen zu transportieren und die Piraterie kurzzuhalten.

Effiziente Verwaltung
Augustus reduzierte auch die Zahl der Senatoren von 900 auf 600 und gestaltete so die Senatsarbeit effizienter. Er ernannte ehrbare und tüchtige Legaten, welche die äußeren Provinzen verwalteten. Mit viel Respekt für lokale Kulturen legten die Legaten den Akzent auf die Autonomie der Provinzen und lokale Selbstverwaltung. Dieser Pluralismus war eine der weitsichtigsten Strategien Roms. Er ermöglichte es den Römern, ein gigantisches Imperium mit unzähligen ethnischen Gruppen mit einem Mini-

mum an Aufständen zusammenzuhalten sowie eine ineffiziente zentrale Bürokratie zu vermeiden und damit die Steuern auf einem akzeptablen Niveau zu halten.

Augustus begründete einen regelmäßigen Zensus, um Veränderungen der Bevölkerung, des Wohlstands und der Ressourcen jeder Provinz zu beobachten, was ihm ermöglichte, die Steuerlast von jenen Provinzen zu nehmen, die am wenigsten zum Zahlen in der Lage waren. Das meiste von dem, was in den Provinzen erwirtschaftet wurde, verblieb dort, um die Kosten der lokalen Verwaltung abzudecken; wenige Provinzen erbrachten einen Überschuss für Rom. Augustus reduzierte das durch private Steuereinnehmer einzutreibende Steueraufkommen und ernannte Ritter wie Senatoren für Posten in der Finanzverwaltung, für Statthalterschaften kleiner Provinzen und für den Befehl über Heere und die Prätorianergarde, die 9000 Mann umfassende Palastwache.

Augusuts baute in Rom ein neues Forum, um die Überlastung des alten zu mindern. Es war kleiner als ursprünglich geplant, weil er es nicht über sich brachte, die Eigentümer jener Häuser, die man hätte abreißen müssen, zu enteignen. Ferner reinigte er den Tiber von Müll, um die Schiffbarkeit zu verbessern und Fluten vorzubeugen.

Augustus kann als einer der begabtesten und energischsten Verwalter der Weltgeschichte gelten. Einmal gab er seinem Erstaunen Ausdruck, dass Alexander der Große so viel Energie und Aufmerksamkeit auf die Eroberung seines Reiches verwandt hatte und so wenig darauf, es angemessen zu verwalten.

Religion und Moral

Augustus baute 82 Tempel, die während der Bürgerkriege zerstört worden waren, wieder auf und erweckte alte Priesterschaften und religiöse Feste zu neuem Leben. Er hielt sich an altrömische Sparsamkeit und lebte in einem bescheidenen Haus auf dem Palatin (das Wort „Palast“ stammt von den großzügigeren Gebäuden, die später dort errichtet wurden), er aß maßvoll und kleidete sich in die einfachen Gewänder, die seine weibliche Verwandtschaft herstellte. Er verbannte wegen seiner eher lustbetonten Gedichte und im Zusammenhang mit einem mysteriösen Skandal, in den vielleicht Augustus' freizügige Tochter Julia verwickelt war, den Dichter Ovid und zugleich auch seine eigene Tochter wegen Ehebruchs. Besorgt ob des Verfalls traditioneller römischer Werte und aus Furcht vor Entvölkerung erließ er Gesetze, welche die Zeugung legitimer Kinder belohnten und Ehebruch, Ehe- und Kinderlosigkeit unter Strafe stellten.

Augustus als Patron: Vergil

Augustus gab der langfristigen Dichterpatronage seines Ratgebers Gaius Cilnius Maecenas entschiedene Unterstützung von offizieller Seite. Einer der von Maecenas unterstützten Dichter war Vergil (Publius Vergilius Maro, 70–19 v. Chr.), der unbestrittene Meister lateinischer Dichtung. Vergils *Eklogen* (ca. 42–37 v. Chr.) und *Georgica* (36–29 v. Chr.) ließen das Hirtenmotiv wieder aufleben, ein Motiv, dem zuerst Hesiod und später die alexandrinischen Dichter ihre Aufmerksamkeit geschenkt hatten. Beunruhigt dadurch, dass Kleinbauern ihre Höfe verließen und in die Städte wanderten (in einigen Fällen wurden sie mit Gewalt von ihren Bauernstellen vertrieben, um Platz für die Veteranen der Bürgerkriege zu machen), beschrieb Vergil den ländlichen Lebensstil als den glücklichsten und tugendhaftesten: „Pallas [Athena] kann ihre Städte behalten, aber bitte lasst die Wälder vor allem anderen dir und mir gefallen."

Die *Eklogen* bestehen aus zehn kurzen, melodischen, rätselhaften, unaufdringlichen Gedichten. Schauplatz ist eine Mischung aus Arkadien, Sizilien und Norditalien; vor allem entsteht er aber aus Vergils eigener phantasievollen Schöpfung und existiert nirgends in der wirklichen Welt. Vergil wirft ein behutsames, zauberhaftes Licht auf das Landleben, gemildert durch das scherzhafte Geplänkel liebenswerter Hirten. Seine vierte Ekloge, die er verfasst, als der spätere Augustus und Antonius noch Verbündete waren (40 v. Chr.), gab dem verbreiteten Glauben Ausdruck, ein Retter werde erscheinen, der die Welt von ihren zahlreichen Missständen befreien werde. Der Gedanke, dass Vergil glaubte, der Retter werde das Kind von Antonius und Octavia sein, der Schwester des Augustus, ist verworfen worden; die Sache bleibt rätselhaft. Die frühen Christen glaubten später, als sie Vergils Anspielung auf „die Jungfrau", ein göttliches Kind, das die Welt in Frieden regieren werde, auf die „Annullierung" der Sünde und auf die Zerstörung „der Schlange" bemerkten, der Heilige Geist habe dem Dichter eine Vision der Geburt Jesu eingegeben.

Die *Georgica* preisen Schönheit, Mühen und Lohn des Landlebens. Der Hof ist ein Ort, der auf halbem Weg zwischen den Extremen der rohen Wildnis und der verderbten Stadt liegt. In dieser Dichtung, einer der einflussreichsten der abendländischen Literatur, offenbart Vergil wahres Genie. Sein Problem war ein äußerst schwieriges: Wie ein großes Gedicht schreiben, das auch ein Handbuch praktischer Ratschläge für Bauern sein sollte? Vergil meisterte die Aufgabe dank der unglaublichen Intensität seiner Beschreibungen und durch die liebenswürdige Art, mit der er jeder Facette der Natur menschliche Regungen zuwies. Statt zu schreiben: „Pflanze deine Saat nicht zu früh", warnt Vergil den Bauern, nie „zu früh dem widerstrebenden Boden die Hoffnung eines ganzen Jahres an[zu]vertrauen". Er beendet das zweite Buch der *Georgica* mit einem schönen Vers: „Jetzt haben wir einen Ritt über viele Meilen zurückgelegt; Zeit, die dampfenden Hälse unserer Pferde auszuspannen." Unter Vergils gewandten Händen wird selbst ein Sturm wunderschön. In seiner lebendigen

Phantasie fühlen Flüsse Boote auf ihrem Rücken, Ameisen legen Nahrung fürs Alter beiseite, Bienen lassen sich zu „Massenausschreitungen" hinreißen, die „Endivie genießt den Bach, in dem sie trinkt", grüne Flussufer „erstrahlen in Petersilie" und ein Stier, der den Wettkampf um eine junge Kuh verliert, klagt über „verlorene Liebe" und geht „ins Exil", womit er „sein sicheres, ererbtes Königreich verlässt". Dem Dichter gelingt es sogar, Spannung in die sonst banale Anweisung zu bringen, die Pferche sauber zu halten: „Häufig lauert neben vernachlässigten Pferchen die Viper, die vor dem Tageslicht zurückschreckt, oder eine Natter, Fluch des Viehs, die es liebt, Zuflucht in dunklen Gebäuden zu suchen und die Herde mit Gift zu meucheln." Seine Beschreibung eines gefallenen Ochsen, Opfer einer tödlichen Seuche, ist eigentümlich bewegend: „Traurig geht der Pflüger, den Kameraden abzuschirren, der seinen Bruder beweint, und er lässt den Pflug im Boden zurück, unverrichteter Arbeit. Kein Schatten hoch gewachsener Bäume, keine köstliche Wiese kann das Tier wieder zum Leben erwecken."

Die *Georgica* geben Ratschläge für den Ackerbau, das Anpflanzen und die Pflege von Bäumen, die Viehzucht und die Haltung von Bienen. Einige der Ratschläge sind recht brauchbar. So rät Vergil zum Fruchtwechsel über 1700 Jahre, bevor dieser die moderne landwirtschaftliche Revolution auslöste. (Gleichwohl verstand Vergil wenig von Bienen. Als einer von den „toten weißen Männern" [*dead white men* – nach US-amerikanischem Verständnis die Potenzierung des politisch Unkorrekten, Anm. d. Übers.] und Anwalt des Patriarchats glaubte er, Bienen würden von „Königen" statt Königinnen geführt und pries sie für ihre sexuelle Abstinenz. Offensichtlich glaubte er die Mär, dass der Bienennachwuchs nicht durch Kopulation gezeugt, sondern von Blumen gesammelt werde, die ihn auf rätselhafte Weise hervorbrächten. Mit anderen Worten, Vergil war nicht der Richtige, um Kindern Vorträge über „die Vögel und die Bienen" zu halten.")

In den *Georgica* ruft Vergil seine Mitrömer dazu auf, die Gemeinschaft nach einem Jahrhundert des Bürgerkriegs durch Rückkehr an den Pflug wieder aufzubauen:

„Überglücklich die Bauern, wenn sie ihrer eigensten Güter inne würden! Denn ihnen lässt fern vom Lärme der Waffen Leben in Fülle gedeihn die allgerechte, die Erde. Wenn auch kein Prachtbau, stolzen Portals, aus allen Gemächern morgens die Grußbeflissnen entlässt in wogendem Strome, wenn kein staunender Blick an schildpattschimmernden Pfosten hängt noch an golddurchwirktem Gewand und an kostbaren Vasen, wenn man auch weiße Wolle nicht färbt mit phönizischem Purpur, nicht durch Narde verdirbt die Kraft des lauteren Öles: aber sorglose Ruhe und Leben in redlicher Einfalt, reich an mancherlei Gut, aber Muße in weiten Gefilden,

Grotten und quellfrische Seen und kühle, waldige Täler, Kuhgemuhe und Schlummers Genuss im Schatten der Bäume, *das* fehlt nicht. Da gibt es Schluchten und Lager des Wildes und eine anspruchslose, mit Ausdauer schaffende Jugend, Opfer den Göttern und Ehrfucht dem Alter! Hier in den Bauern ließ noch Gerechtigkeit, eh sie entschwand, die äußersten Spuren."[1]

Das Hirtenmotiv war natürlich ebenso sehr eine Klammer der antiken Geschichte wie der klassischen Literatur. Antike Geschichtsschreiber hielten Sparta und das republikanische Rom nicht nur deshalb für Vorbilder, weil sie eine Mischverfassung besessen hatten, sondern auch, weil sie Agrargesellschaften waren. Griechische und römische Historiker schrieben den Triumph Spartas und Roms über ihre sittlich verderbten, Handel treibenden Gegner ebenso sehr ihren bäuerlichen Tugenden wie ihrer Staatsform zu.

Vergil pries die mythische Vergangenheit der italischen Landschaft, ihre an Olivenbäumen rankenden Weinstöcke, ihren ewigen Frühling und ihre Freiheit von schädlichen Pflanzen und Tieren: „Sei gegrüßt, große Mutter der Ernten, Land des Saturn, mächtige Mutter der Menschen; zu deiner Ehre künde ich von der Kunst der Viehzucht, die seit alter Zeit dein Ruhm ist; ich wage es, den heiligen Frühling zu lüften, und durch römische Städte singe ich das Lied, das einst sang Hesiod den Griechen [...]. Ich werde der Erste sein, wenn's mir beschieden ist, die Musen im Triumph vom griechischen Helikon ins Land meiner Geburt zu führen."

Vergil zeichnete auch ein realistisches Bild von den hohen Kosten und der Eigendynamik des Bürgerkriegs: „Keine angemessene Ehre wartet auf den Pflug. Die Felder, des Bauern beraubt, liegen brach und in der Schmiede wird aus der gebogenen Pflugschar ein gerades, hartes Schwert [...]. Unseliger Krieg wütet. Wie auf einer Rennbahn: Barrieren runter, heraus mit den Wagen, mit wachsendem Tempo von Wendemarke zu Wendemarke, und ein Fahrer, der vergeblich an den Zügeln zieht, wird mitgerissen von den Pferden und dem führerlosen Wagen, der außer Kontrolle geraten ist."

Vergils größtes Meisterwerk war die *Aeneis* (29–19 v.Chr.), ein Epos, das Homers *Ilias* und *Odyssee* nachempfunden ist. Das Epos erzählt die Geschichte des Trojaners Aeneas, welcher der Zerstörung Trojas durch die Griechen entkam und nach Italien zog, wo seine Nachkommen Rom gründeten. Die *Aeneis* hat praktisch Roms Mission zum Gegenstand, die Welt zu erobern und zu „zivilisieren". Die Sibylle von Cumae (die römische Version des Orakels von Delphi) führt Aeneas, der soeben in Italien ange-

[1] Vergil, Landleben. Catalepton. Bucolica. Georgica, hrsg. v. Johannes und Maria Götte, Zürich 1995, 138–141.

kommen ist, in die Unterwelt, wo sein Vater Anchises ihm den künftigen Ruhm Roms enthüllt. Nach seiner Rückkehr auf die Erde besucht Aeneas sogar die Stelle, wo seine Nachkommen, Romulus und Remus, einst Rom gründen sollten. Der Gott Vulcanus gibt ihm einen Schild, der mit Ornamenten graviert ist, die eine weitere Vorschau auf Roms großartige Sendung liefern. Eine Darstellung der Schlacht von Actium, wo Augustus Antonius und Kleopatra besiegen sollte, bildet den Mittelpunkt des Schildes. Für Vergil stand der Sieg des Augustus für den Sieg der Zivilisation über die Barbarei des Orients. Die letzten vier Bücher der *Aeneis* handeln von Kriegen zwischen den trojanischen Einwanderen des Aeneas und den latinischen Stämmen, Kriege, die durch Aeneas' Eheschließung mit Lavinia, einer latinischen Prinzessin, ein Ende finden. Die *Aeneis* ist eine Odyssee (ein Reiseabenteuer in Epos-Form), der eine Ilias (ein Kriegsepos) folgt.

Obwohl Aeneas ein Soldat ist wie Achill und Anführer einer Gruppe von Reisenden wie Odysseus, hebt sich sein Aufgehen im Dienst an der Allgemeinheit doch vom Individualismus der griechischen Helden ab. Sein Beiname ist „der Fromme". Aeneas nimmt sowohl seine Hausgötter wie auch seinen betagten Vater mit nach Italien. Seine Reisen bieten ihm mehr als einmal die Gelegenheit, sein hartes Schicksal gegen ein bequemes Leben in einer Stadt einzutauschen. Die größte derartige Versuchung begegnet ihm im alten Karthago. Die Göttin Venus (die Mutter des Aeneas) lässt die Königin Dido von Karthago sich in ihn verlieben und ihm eine dauerhafte Heimstatt anbieten. Aeneas bleibt ein Jahr in Karthago, bis Jupiter Merkur sendet, um ihn an seine Pflicht zu erinnern. Der pflichtbewusste Aeneas folgt stoisch, wiewohl mit gebrochenem Herzen, dem Ratschluss des Schicksals, der seinen eigenen Begehrlichkeiten entgegensteht. Aeneas verlässt die verzweifelte Dido, die Selbstmord verübt, nachdem sie den Fluch ewiger Feindschaft zwischen ihren und den Nachkommen des Aeneas beschworen hat. Sie ruft aus Karthago heraus: „Verfolge seinen Samen mit Hass für alle Zeit. Lass keine Freundschaft und keine Waffenruhe zwischen den Völkern sein."

Obwohl man den Mythos von Dido und Aeneas benutzen könnte, die Zerstörung Karthagos durch Rom zu rechtfertigen, indem man sie mit einer Aura der Unvermeidlichkeit umgibt, zeigt Vergils Epos doch ungewöhnliche Sympathie für die meisten der von Aeneas besiegten Feinde – tragische Figuren, die verzweifelt gegen den majestätischen Strom der römischen Geschichte anschwimmen. Am Ende des Werkes aber zögert Aeneas, bevor er schließlich Turnus, seinen latinischen Rivalen und König der Rutuler, tötet; das Schicksal einer Stadt, die erst noch gegründet werden musste, zwang den edlen Aeneas, jene zu verlassen oder zu vernichten, die er am liebsten verschont hätte. (Historischer Abstand von einem besiegten Gegner, sei es nun Troja für die Griechen, Karthago für die Römer oder das England Georgs III. für die Amerikaner, schafft häufig eine gewisse Großzügigkeit, die nicht weniger aufgeklärt ist, nur weil sie spät kommt.) Mit Blick auf die Römer lässt Vergil Jupiter verkünden: „Ihnen setze ich keine Grenzen, in Raum oder Zeit, ich schenke ihnen ein Reich ohne Ende." Er fügt hinzu, Roms Schicksal sei es, „die ganze Welt unter die Herrschaft des Rechts zu bringen".

Obwohl Vergil massivem Druck durch Maecenas ausgesetzt war, ein Epos über Augustus zu schreiben, hatte der Dichter rasch begriffen, dass Zeitgeschichte so gut wie nie den passenden Rahmen für ein Epos abgibt. Wenn Vertrautheit auch nicht unbedingt Verachtung hervorbringt, so stört sie doch die Aura der Großartigkeit, die der epischen Form innewohnt. Außerdem bot die Schlacht von Actium, der Moment des Triumphes für Augustus, wenig Stoff für einen heroischen Kampf; natürlich hatte Augustus nicht, wie Achill oder Hektor, Hunderte mit seinen eigenen Händen getötet. Aus Augustus die Hauptperson eines Epos zu machen, hätte bedeutet, das Epos zur Farce werden zu lassen. Außerdem wäre, mit Augustus als Gegenstand des Epos, kein Raum geblieben für Mitgefühl mit seinen besiegten Gegnern, was ein Gutteil des Pathos zunichte gemacht hätte, des tragischen Elements, das aus der *Aeneis* ein Meisterwerk macht. Gerade weil wir den Schmerz der verlassenen Dido und der geschlagenen Latiner spüren, können wir den menschlichen Verlust ermessen, der mit Roms schicksalhaftem Erfolg verbunden war. Vergils geniale Lösung des Problems, wie er Augustus zum Mittelpunkt der *Aeneis* machen konnte, ohne ihn Hauptfigur sein zu lassen, war vielleicht die einzige Möglichkeit, der Dichtung dauerhaften Ruhm zu verleihen. Sie bestand darin, die anrührende Geschichte des Aeneas dazu zu nutzen, die römische Geschichte als Fortschritt darzustellen, der in Augustus kulminierte. Vergil präsentiert die Schlacht von Actium weise als Bild auf einem Schild statt als Erzählung. Der wirkliche Mittelpunkt der *Aeneis* ist weder Augustus noch Aeneas, es ist Rom.

Schließlich dient das Epos noch einem anderen Zweck: die unlängst in den Bürgerverband aufgenommenen Italiker mit Rom zu versöhnen. Jupiter und Juno einigen sich, die Trauer der Latiner über ihre Niederlage dadurch zu mildern, dass sie die Italiker selbst zur Quelle von Roms künftiger Stärke machen: „Italische Kraft wird Rom groß machen." So schließen sich die besiegten Italiker der Seite des Siegers an und söhnen sich selbst mit der römischen Mission aus, indem sie sich an ihr beteiligen. So schrieb es der Dichter aus der Gallia Cisalpina, jener Region Italiens, deren Bewohner zuletzt in den römischen Bürgerverband aufgenommen wurden.

Kurz vor seinem Tod wies Vergil seine Freunde an, die *Aeneis* zu verbrennen, vielleicht weil einige über das Werk verstreute Verse unvollendet geblieben waren. Zum Glück für die abendländische Literatur befahl

Augustus, dass das fast vollendete Werk nicht verbrannt, sondern veröffentlicht werden sollte.

Die *Aeneis* beeinflusste als eines der höchstgepriesenen Gedichte der abendländischen Geschichte Dante Alighieri, Geoffrey Chaucer, John Milton, Alfred Lord Tennyson und viele andere Dichter. Dantes *Göttliche Komödie* und Miltons *Verlorenes Paradies* waren beide der *Aeneis* nachempfunden. Dante nahm sogar Vergil, um all das zu personifizieren, was an der heidnischen Welt weise und gut war, indem er ihm die Rolle des Erzählers im *Inferno* und im *Purgatorio* zuwies, den ersten beiden Teilen der *Göttlichen Komödie*.

Augustus als Patron: Horaz

Der zweitgrößte Dichter der augusteischen Zeit war Horaz (Quintus Horatius Flaccus, 65–8 v. Chr.), gebürtig aus Süditalien. Der Vater des Horaz, ein früherer Sklave und Eintreiber von Auktionserlösen, opferte viel, um seinem Sohn eine vorzügliche Ausbildung in Rom und Athen zu garantieren. Obwohl Augustus und Antonius den Besitz des Horaz konfiszierten, weil er mit Brutus bei Philippi gekämpft hatte, stellte Maecenas, auf Empfehlung Vergils, sicher, dass Horaz die Unterstützung des großzügigen Augustus erhielt und damit auch ein berühmtes Gut im Sabinerland.

Die *Epoden* des Horaz (ca. 41–31 v. Chr.) wandten sich gegen sozialen Missbrauch und priesen das Landleben, wenn auch manchmal mit fühlbar ironischem Unterton:

„Glücklich ist der, der fern von Geschäften wie das Menschengeschlecht der Vorzeit das väterliche Feld mit seinen Stieren pflügt und frei von allem Wucher ist […], den Marktplatz meidet und der Bürger stolze Schwellen, der Leute mit mehr Macht. […] Bald mag er unter einer alten Eiche liegen, bald im dichten Gras. Es strömt indessen zwischen hohen Ufern der Bach dahin, es klagen in den Wäldern Vögel und das Laub rauscht mit den fließenden Wassern um die Wette, was zu sanftem Schlaf einlädt. Doch wenn die Winterzeit des Donnergottes Jupiter Regen und Schneegestöber bringt, treibt er entweder von da und dort mit einer großen Meute wilde Eber in die aufgestellten Netze oder spannt mit der glatten Stellgabel weitmaschiges Vogelgarn als eine Falle für die gefräßigen Drosseln. […] Wenn aber gar eine brave Frau zu ihrem Teil fürs Haus und für die süßen Kinder sorgt, […] wenn sie den heiligen Herd mit trockenem Holz bestückt, bevor ihr müder Mann nach Hause kommt, das muntere Kleinvieh in die Hürden aus Weidenruten sperrt und seine prallen Euter leert und jungen Wein aus süßem Fasse zapft und ganz aus Eigenem ein Mahl bereitet […], bei solchem Schmause, welche Lust ist’s da, die wohlgenährten Schafe zu sehn, wie sie nach Hause eilen, zu sehn, wie die erschöpften Stiere den umgedrehten Pflug am müden Nacken nach sich ziehen, und die im

Haus geborenen Sklaven, das Gesinde eines reichen Hofs, gelagert um die Larenbilder, die im Widerschein des Feuers glänzen."[2]

Aber der mit allen Wassern gewaschene Dichter konnte nicht widerstehen hinzuzusetzen: „So sagt Alfius, ein Geldverleiher, als er im Begriff ist, Bauer zu werden", womit er den Leser über die Ernsthaftigkeit des Bildes im Zweifel lässt. (Thomas Jefferson hatte im Sinn, eine gekürzte Fassung dieser Passage als Inschrift an einem kleinen Tempel im griechischen Stil anzubringen, den er auf seiner Grabstätte zu bauen hoffte. Natürlich ließ Jefferson, als glühender Anhänger der Landwirtschaft und des Landlebens, den ironischen Schluss des Gedichts aus.)

In seinen frühen Versen, die Horaz vor dem Triumph des Augustus verfasste, beklagte er auch die zerstörerische Wirkung von Roms Bürgerkriegen:

„Wohin, wohin, Verruchte, stürzt ihr, oder warum legt sich in eure Rechte der Griff des eben weggesteckten Schwerts? Ist auf dem Land und über Neptuns Reich zu wenig Latinerblut vergossen worden, nicht darum, dass des neidischen Karthago stolze Burgen der Römer niederbrennt, auch nicht, dass der noch unbezwungene Britannier die Heilige Straße hinab in Ketten schreitet, sondern darum, dass nach dem Herzenswunsch der Parther durch eigene Hand diese Stadt zugrunde geht? [...] So ist es: Ein bitteres Schicksal treibt die Römer um und das Verbrechen eines Brudermords, seit auf die Erde des schuldlosen Remus den Enkeln unheilvolles Blut floss. Nicht einmal Hannibal, verflucht von unseren Ahnen, bezwang es. Wir, ein ruchloses Geschlecht aus fluchbeladenem Blut, werden es vernichten, und wilde Tiere werden die Stätte wieder in Besitz nehmen."[3]

Horaz schrieb auch über das Leid der Liebe. An den rätselhaften Mann, der das Objekt seiner Liebe gestohlen hatte, richtete er die bitteren Verse: „Und du, wer immer du bist, der du glücklich und stolz in meinem Unglück watest, obwohl du vielleicht reich bist an Vieh und Land [...] und deine Schönheit die des Nireus überstrahlt, aber ach, du wirst beklagen, wie sie ihre Gunst auf einen andern überträgt, und ich werde dann als Letzter lachen."

Die *Satiren* des Horaz (35–30 v.Chr.), eine Sammlung von in Hexametern verfassten und doch im Plauderton daherkommenden Gedichten, wiesen Reichtum und Macht zurück und betonten, wie nötig Heiterkeit sei. Die Gedichte machen sich, in gemeiner und genialer Weise, über vertraute soziale Prototypen lustig und offenbaren jene bemerkenswerte

[2] Q. Horatius Flaccus, Oden und Epoden, hrsg. u. übers. v. Gerhard Fink, Düsseldorf/Zürich 2002, 272–277.

[3] Ebd., 288f.; 306f.

Vielfalt an Themen und Stimmlagen, die das Markenzeichen des Horaz werden sollte.

Von Alkaios, Sappho und den hellenistischen Dichtern beeinflusst, waren die *Oden* (ca. 23–13 v. Chr.) bemerkenswert lakonisch. Alfred Lord Tennyson nannte seine Verse einmal „Juwelen, die fünf Wörter lang sind und auf dem ausgestreckten Zeigefinger auf alle Zeit funkeln werden“. Mehr als ein Drittel der Gedichte hat Freundschaft zum Gegenstand. Manche der Verse wenden sich sogar direkt an Freunde, bieten Rat und Aufmunterung. Ein weiteres Drittel handelt, auf distanzierte, charmante und ironische Art, von den Irrungen der Liebe, von der menschlichen Natur und der Landschaft. Horaz erklärte: „Dreimal glücklich das Paar, das nicht durch Streit zerrissen ist, sondern durch ein Band ungebrochener Liebe zusammengehalten wird, das nur der Tod zerreißt.“ Er lasse andere Epen über Helden schreiben, während er selbst über das epische Ringen zwischen den Geschlechtern schreibe: „Vorlaut wie stets, ob ich verliebt bin oder frei, singe ich von Banketten und Kämpfen gieriger Mädchen mit schön gepflegten Nägeln mit den jungen Männern.“ Eine kleine Gruppe von Oden rühmt Augustus als Dank für den Frieden, der keinen Preis hat. (Dennoch zeigt Horaz auch echte Wertschätzung für Kleopatra, die gestürzte Gegnerin des Augustus: „Dem Tod geweiht, war sie wirklich tapfer. Sie war keine fügsame Frau, sondern verachtete es wahrhaftig, entthront auf den Schiffen ihres Feindes fortgebracht zu werden zu einem anmaßenden Triumphzug.“) Sich schmerzlich des nahenden Todes bewusst, kostete Horaz das Leben bis zur Neige aus: „Der blasse Tod klopft unparteiisch an die Türen von Schuppen und Herrenhäusern [...]. Sei klug, entkorke den Wein, spüle deine langgehegten Hoffnungen herunter. Das Leben verebbt, sage ich – genieße den Tag und gebe nichts auf den nächsten [...]. Glücklich der Mann, und glücklich er allein, der das Heute sein Eigen nennen kann; derjenige, der mit fester Stimme sagen kann: ‚Morgen, verrichte dein schmutziges Werk, denn ich habe heute gelebt‘.

Die *Episteln* (ca. 20 v. Chr.) des Horaz, die einflussreiche Literaturkritik enthalten (besonders in der *Ars Poetica*, einer Epistel über die Kunst der Dichtung), offenbaren einen liebenswürdigen, toleranten, humanen, realistischen und selbstkritischen Menschen. Gegen die Literaturkritiker, denen nur archaische Verse gefielen, wandte er ein: „Stell dir vor, die Griechen hätten alles Neue so sehr abgelehnt, wie wir es tun, was wäre dann alt? Und was hätten die Leute zu lesen und mit Freude durchzublättern, jeder nach seinem Geschmack?“ Er beschrieb den Kritiker als „Schleifstein, der den Stahl schärft, aber am Schneiden keinen Anteil hat.“

Horaz wurde neben Maecenas, seinem Freund und Patron, auf dem Esquilin in Rom begraben. Seine Gedichte behaupteten, wie jene Vergils, einen Ehrenplatz in der römischen Bildung und beeinflussten seither zahllose Generationen von Dichtern.

Augustus als Patron: Livius

Augustus förderte auch Livius (Titus Livius, 59 v.Chr.–17 n.Chr.), einen der größten römischen Geschichtsschreiber. Livius schrieb seine *Römische Geschichte* seit 26 v.Chr. über einen Zeitraum von ungefähr 30 Jahren. Die *Geschichte*, ein Prosaepos in 142 „Büchern" (ein antikes „Buch" entsprach ungefähr einem unserer Kapitel), von denen 35 erhalten sind, zeichnete die römische Vergangenheit von der Gründung der Stadt bis 9 v.Chr. nach.

Livius' Geschichte war ausgesprochen patriotisch. Wie R. H. Barrow schrieb: „[Bei Livius] ist Rom die Heldin, welche die Römer zu heldenhaften Taten anspornt, um ihre Mission zu erfüllen. Vergil und Livius machten die Sprache vollkommen, um den Römer in seinem ganzen Edelmut zu zeigen, im Handeln wie im Charakter." Livius selbst notierte voll Stolz: „Wenn irgendein Volk das Privileg verdient, eine göttliche Abstammung einzufordern, dann sind wir es." Livius schrieb Roms Erfolg seinen traditionellen Werten zu: „Ich hoffe, meine Leidenschaft für Roms Vergangenheit hat nicht mein Urteil getrübt; denn ich glaube ernsthaft, dass kein Land jemals großartiger, unverdorbener oder reicher an guten Bürgern und Taten war als unseres; keines ist so viele Jahrhunderte frei gewesen von den Lastern der Habgier und des Luxus; nirgends haben Sparsamkeit und Einfachheit so lange ihren guten Klang bewahrt."

Obwohl die Teile seiner Geschichte, welche die eigene Zeit des Livius betreffen, verloren sind, machte er in anderen Passagen hinreichend deutlich, dass er, obwohl er das republikanische Zeitalter über alles bewunderte, Augustus dankbar dafür war, dass er Ruhe und Ordnung wiederhergestellt hatte. (Das augusteische Rom gestattete nicht nur das Lob der Republik, sondern ermunterte ausdrücklich dazu, da Augustus ja für sich in Anspruch nahm, die Republik wiederhergestellt zu haben.) Livius griff auch die Furcht des Augustus vor moralischem Niedergang auf: „Die Macht eines Reichsvolks schaufelt sich ihr eigenes Grab [...]. Auf unsere alten Tage hat uns Reichtum gierig gemacht, und Maßlosigkeit hat uns dahin gebracht, dass wir uns, durch alle Arten sinnlichen Übermaßes, wenn man so will, in den Tod verliebt haben, individuell wie kollektiv." (In unseren Tagen hat Papst Johannes Paul II. den wohlhabenden, modernen Westen eine Gesellschaft genannt, „die todesverliebt ist". Entlieh er den Satz bei Livius?) Livius sprach vom „Sinken der Fundamente der Moral, als man zuließ, dass die alten Lehren in Vergessenheit gerieten", und dann vom „Todesstoß für das ganze Gebäude und der dunklen Morgenröte unserer heutigen Zeit, da wir weder unsere Laster ertragen können noch die Medizin zu ihrer Heilung". Er setzte hinzu: „Das Studium der Geschichte ist die beste Medizin für einen kranken Geist; denn in der Geschichte findet man die unendliche Vielfalt des menschlichen Erfahrungsschatzes ausgebreitet und für jedermann sichtbar; und darin findet man für sich und für sein Land Beispiele wie Mahnungen, Gutes, das man sich zum Vorbild nehmen kann, und Übles, durch und durch verfault, das man meiden sollte."

Livius schrieb mit staunenswerter Begabung und Anmut in einem Stil, der für seine Flüssigkeit und Farbigkeit berühmt ist. Und doch halten die meisten modernen Historiker sein Werk für solide und glaubwürdig – abgesehen von den ersten zehn Büchern, die mit Aeneas beginnen und eher mythologisch als im strengen Sinn historisch sind.

Die Niederlagen des Augustus

Der Verlust der Legionen des Varus

Nach der Verbannung seiner eigenen Tochter war der größte Sorgenquell für Augustus der Verlust dreier römischer Legionen unter Publius Quinctilius Varus 9 n. Chr. im Teutoburger Wald. Die Römer standen im Begriff, Germanien zu erobern, als eine Gruppe germanischer Stämme unter Hermann dem Cherusker sie in einen Hinterhalt lockte und das Heer des Varus besiegte. Hermann hatte unter dem Namen Arminius im römischen Heer als Angehöriger der Hilfstruppen gedient und war für seine Dienste sogar mit dem römischen Bürgerrecht und ritterlichem Rang ausgezeichnet worden. Varus war, als seine Legionen in den Hinterhalt gerieten, ausgerückt, um eine Revolte zu unterdrücken, die germanische Verschwörer erfunden hatten. Er beging Selbstmord, als die Schlacht verloren war. Augustus erklärte den Jahrestag zum nationalen Trauertag. Er schlug mit seinem Kopf gegen eine Tür und rief aus: „Quinctilius Varus, gib mir meine Legionen zurück!" Die römische Unfähigkeit, die germanischen Stämme zu unterwerfen, erlaubte es diesen Stämmen, Rom 400 Jahre später zu erobern.

Tiberius (14–37 n. Chr.)

Aber vielleicht stellt gerade der größte Erfolg des Augustus als Herrscher auch seine größte Niederlage dar. Allenfalls war seine Herrschaft ein zweischneidiges Schwert für Rom: Indem er das römische Volk dafür gewann, unter einem Kaiser zu leben, ebnete Augustus den Weg für Tiberius, Caligula, Nero und ihresgleichen.

Als Augustus im Jahr 14 n. Chr. starb, gab es keine Nachfolgefrage. Alle männlichen Angehörigen waren verstorben, einige von ihnen unter recht merkwürdigen Umständen – alle, bis auf einen. Ein widerstrebender Augustus war deshalb gezwungen, seinen Stiefsohn Tiberius als Sohn und Nachfolger zu adoptieren, den Sohn seiner dritten Frau Livia Drusilla aus früherer Ehe. Tacitus mutmaßt, Livia habe in langer Folge einen nach dem anderen vergiftet, um die Thronnachfolge ihres Sohns zu garantieren. Unter den Augustus-Erben, die unerwartet starben, waren sein Neffe Marcellus (23 v.Chr.), sein Lieblingsfeldherr und Schwiegersohn Marcus Agrippa (12 v.Chr.) und seine Enkel Lucius (2 n.Chr.) und Gaius (4 n.Chr.). Tacitus deutet sogar an, Livia habe auch Augustus selbst vergiftet, um eine Aussöhnung zwischen ihm und Agrippa Postumus zu verhindern, seinem letzten verbliebenen Enkel, den Augustus verbannt hatte, eine Aussöhnung, welche der Thronfolge des Tiberius hätte gefährlich werden können. (Wenn Livia Gift benutzt hatte, um den Thron für ihren Sohn zu sichern, nutzte es ihr wenig. Als Tiberius Kaiser geworden war, beklagte er sich, seine Mutter versuche, als Mitkaiserin zu regieren, annullierte Titel, die der Senat ihr übertragen hatte, hielt sich von ihrem Begräbnis fern und legte sein Veto gegen ihre Vergöttlichung ein.)

Tiberius war 55 Jahre alt, als er den Thron bestieg, und hatte sich als Feldherr und Verwalter ausgezeichnet, im Vorderen Orient, in Germanien und auf dem Balkan. Er trat seine Herrschaft als milder und tüchtiger Herrscher an, ähnlich Augustus. Er ernannte fähige Statthalter für die Provinzen und hielt den Etat ausgeglichen. Er machte es sich zur Gewohnheit, Neujahrsgaben, die er erhielt, mit Geschenken des vierfachen Wertes zu vergelten – bis sein Haus mit Geschenken überflutet wurde und er die Praxis aufgab.

Aber Tiberius war mürrisch, melancholisch und unsicher. Von einer Hautkrankheit geplagt, die sein Gesicht mit Narben übersät hatte, verfiel er zunehmend dem Verfolgungswahn und witterte überall Verschwörungen gegen sich. Tiberius erklärte sogar, die Stellung des Kaisers zu bekleiden sei „wie einen Wolf an den Ohren festzuhalten" – weder sei es sicher, sie zu behalten, noch sie aufzugeben (ein Satz, den später Thomas Jefferson auf die amerikanische Sklaverei bezog).

Tiberius' Verfolgungswahn nahm solche Ausmaße an, dass er die letzten elf Jahre seines Lebens auf Capraea (Capri) verbrachte, einer Insel, die nur einen Strand zum Landen hatte und deren restliche Küsten steile Klippen waren, die von tiefem Wasser umgeben waren. Eines Tages erklomm ein stolzer Fischer, in der Hoffnung, die Gunst des Kaisers zu erlangen, eine Klippe, um dem Kaiser eine riesige Seebarbe zu präsentieren, die er an diesem Tag gefangen hatte. Als der Fischer auf der Klippe erschien und auf Tiberius zukam, geriet der Kaiser in Panik und befahl verärgert seinen Wachen, das Gesicht des Fischers mit der Seebarbe abzureiben, wodurch es gehäutet wurde. Als der Mann unter Schmerzen rief: „Zum Glück habe ich Caesar nicht den großen Krebs gebracht, den ich auch gefangen habe!", ließ Tiberius den Krebs holen und den Fischer auch damit abreiben.

Während sich Tiberius vor potentiellen Mördern (und, nach einem Bericht, lästigen kleinen Jungen) auf Capraea versteckte, verfiel seine Verwaltung unter der grausamen und anmaßenden Leitung Sejans (Lucius Aelius Seianus), des Prätorianerpräfekten. Sejan konzentrierte seine Prätorianer, die Augustus klugerweise über verschiedene Städte in ganz Italien verstreut gehalten hatten, in einem einzigen Lager in Rom.

Als Tiberius im Jahr 31 Verdacht schöpfte, da Sejan tatsächlich eine Verschwörung gegen den Kaiser plante, befahl er Macro, einem der Untergebenen des Sejan, ihn wegen Verrats festzunehmen. Sejan wurde im Gefängnis erwürgt, seinen Körper riss der Mob in Stücke, und Macro übernahm seinen Posten. Auch Sejans Familie und Anhänger wurden getötet.

Nachdem sein Verfolgungswahn durch Sejans Verschwörung Nahrung erhalten hatte, ließ Tiberius weitere Bürger hinrichten, darunter selbst Kinder. Da die römische Tradition das Erwürgen von Jungfrauen verbot, vergewaltigten die Henker kleine Mädchen, bevor sie sie töteten. Denunzianten wurden mit einem Viertel des konfiszierten Vermögens der Personen, die sie angezeigt hatten, belohnt, und dem Wort eines Denunzianten schenkte man fast immer Glauben. Viele Opfer begingen lieber Selbstmord, statt sich der Farce eines von Tiberius' Schauprozessen auszusetzen. Niemand durfte die Opfer beklagen (eine alte Frau wurde hingerichtet, weil sie öffentlich ihren Sohn betrauert hatte). Den Opfern verweigerte man eine angemessene Bestattung, ihre Leichen wurden an Haken zum Tiber hinabgeschleift und in den Fluss geworfen. Zwei weniger bedeutende Dichter bezahlten für ihre Kritik an Tiberius mit dem Leben. Ein Geschichtsschreiber wurde hingerichtet, seine Geschichte öffentlich verbrannt, weil er Brutus und Cassius „die letzten Römer“ genannt hatte, was Tiberius als Aufforderung zum Herrschermord deutete.

Einige Römer bemerkten, die Grausamkeit des Tiberius habe sogar seinen Tod überdauert. An dem Tag, als Tiberius starb (37 n. Chr.), sollten einige Personen hingerichtet werden. Selbst als die Nachricht von seinem Tod eintraf, wagte es keiner seiner eingeschüchterten und verschreckten Amtsträger, die Verantwortung für eine Rücknahme der Hinrichtungen zu übernehmen. Also fuhr man mit den Hinrichtungen fort. Die Menschen waren so aufgebracht, dass sie versuchten, der Leiche des Kaisers habhaft zu werden und sie in den Tiber zu werfen, wobei sie riefen: „Tiberius in den Tiber!“ Aber die Prätorianer beschützten seinen Leichnam, der eingeäschert wurde und die angemessenen Ehren erhielt.

Caligula (37–41 n. Chr.)

Die Römer atmeten auf, als der Großneffe und Adoptivsohn des Tiberius, Gaius, ihm nachfolgte. Gaius' biologischer Vater (der Neffe des Tiberius), Germanicus, ein stattlicher, mutiger, warmherziger und frommer Feldherr, war der beliebteste Mann in Rom gewesen. Es waren die Soldaten des

Germanicus, die dem kleinen Gaius den Spitznamen Caligula (Stiefelchen) gegeben hatten, weil er die Miniaturversion einer römischen Soldatenuniform trug, während er mit seinem Vater und dem Heer herumreiste. (Unglücklicherweise verwöhnten die Soldaten das Kind und trugen so möglicherweise zu seinem Größenwahn bei.) Das römische Volk war voll Freude bei der Aussicht, von „einem Sohn des Germanicus" regiert zu werden.

Zuerst schien sich die Zuversicht zu bestätigen. Noch nicht 25-jährig, als er den Thron bestieg, ließ Caligula die politischen Gefangenen des Tiberius frei und gab jenen, deren Häuser durch Feuer zerstört worden waren, finanzielle Hilfe. Dann aber scheint Caligula dem Wahn verfallen zu sein, vielleicht als Folge einer schweren Erkrankung, die ihn befiel, als er gerade sechs Monate regierte. Er begann darauf zu bestehen, dass die Römer ihn als Gott verehren sollten. (Der Senat hatte formell Caesar und Augustus unter die Staatsgötter erhoben, freilich erst nach ihrem Tod.) Man hörte, wie sich Caligula laut mit Jupiter unterhielt, dem höchsten römischen Gott, und ihn sogar herumkommandierte. Er ließ alle Statuen von Göttern und Göttinnen in Rom köpfen und ihre Köpfe durch seinen eigenen ersetzen. Er heiratete eine Schwester und pflegte auf Festen inzestuösen Verkehr. Zu solchen Anlässen musterte er auch die Ehefrauen aller Anwesenden sorgfältig und wählte eine zum Geschlechtsverkehr aus. Hernach kehrte er zurück und kommentierte mit Kennermiene ihre Qualitäten. Er ließ höchste Amtsträger, angetan mit ihrer Toga, neben seinem Wagen Meilen im Laufschritt zurücklegen. Zu seinem Vergnügen ließ er bei Gladiatorenspielen schwächliche alte Männer gegen ebenso schwächliche alte Tiere antreten oder Menschen mit Behinderungen gegeneinander. Als sich Fleisch für die wilden Tiere als zu kostspielig erwies, ließ er Strafgefangene verfüttern. Als die Menge beim Wagenrennen die Mannschaft anfeuerte, gegen die er war, rief er: „Ich wünschte, ihr Römer hättet alle nur einen Hals!" Auf einem Gelage brach er plötzlich in Gelächter aus. Als sich die Konsuln neben ihn setzten und höflich fragten, ob er den Scherz mit ihnen teile, antwortete er: „Mir kam gerade in den Sinn, dass es mich nur ein Kopfnicken kostet, und eure Kehlen werden auf der Stelle durchtrennt sein!" Er schenkte seinem Lieblingspferd ein juwelenbesetztes Halsband, ein bezugsfertiges Haus, Sklaven, eine Marmorstatue, welche die nahe Senatskurie überstrahlte, und Soldaten, um absolute Stille um den Stall zu gewährleisten, während das Pferd schlief. Er plante sogar, das Pferd zum Konsul zu ernennen. Als jemand, dessen Haupthaar sich allmählich lichtete, hasste er den Anblick stattlicher Männer mit voller Haarpracht und befahl häufig, dass man ihre Hinterköpfe rasiere. Er kleidete sich oft als Frau (manchmal als Venus) und schnitt schreckliche Grimassen vor dem Spiegel. Einmal beorderte er drei Senatoren, die halbtot vor Angst waren, um Mitternacht in den Palast. Man eskortierte sie zu einer Bühne, auf der plötzlich, in merkwürdiger Kleidung, Caligula erschien und zur Begleitung von Flötenspiel anfing zu singen und zu tanzen. Dann ging er fort und ließ die Senatoren noch verblüffter und entsetzter zurück als bei ihrer Ankunft. Er plante auch eine Invasion Britanniens, um zu erreichen, was Caesar versagt geblieben war. Es fehlte ihm aber der Mut, den eine militärische Operation erforderte. Er ließ die Soldaten an der französischen Küste Halt machen und befahl ihnen, Muscheln zu sammeln, die er dann nach Rom mitnahm, als „Beute aus dem Ozean".

Ihn verdrossen die langen Stunden der Verwaltungsarbeit, die sein Amt erforderte, Arbeit, die seiner Meinung nach unter der Würde eines Gottes war. Caligula widmete seine Zeit lieber aufwendiger Unterhaltung. Nachdem er die prallvolle Staatskasse, die der sparsame Tiberius hinterlassen hatte, mit dem Bau von Palästen und anderen, häufig absurden Großprojekten geleert hatte, zwang Caligula viele Senatoren, ihn zum Erben einzusetzen, und tötete sie dann. Er bedrängte andere, auf Auktionen, auf denen die Möblierung des Palastes versteigert wurde, lächerliche Summen zu bieten, die sie nicht zahlen konnten. Alles und jeder wurde besteuert. Caligula richtete auch ein Staatsbordell ein, in dem selbst Knaben und verheiratete Frauen arbeiten mussten.

Einige Römer schöpften den Verdacht, dass Tiberius mit Caligulas Billigung von Macro umgebracht worden war, dem Präfekt der Prätorianergarde. Einem Bericht nach hatte Caligula, als Tiberius in Ohnmacht gefallen war, fälschlich angenommen, er sei tot. Caligula nahm sogleich den kaiserlichen Ring von seinem Finger und nahm die Glückwünsche einer Gruppe von senatorischen Schmeichlern entgegen. Als jemand ausrief, der Kaiser sei wieder zum Leben erwacht, suchten die Schmeichler in Panik das Weite und ließen Caligula, starr vor Schreck, zurück. An dieser Stelle griff rettend Macro ein, indem er Tiberius mit einem Kissen erstickte. So gewann Macro die Gunst Caligulas, obwohl niemand sie je lange besaß. Caligula befahl denn auch später Macros Hinrichtung. Wenn dieser Bericht vom Tod des Tiberius zutreffend ist, dann wäre sein Tod ein Akt höherer Gerechtigkeit, weil der verbitterte Tiberius Caligula als eine Art grausamen Witzes über Rom, das er hasste, zu seinem Erben gemacht hatte. Er ätzte: „Ich nähre eine Viper für das römische Volk."

41 n. Chr. töteten Offiziere seiner eigenen Prätorianergarde Caligula. In einer scherzhaften Bemerkung hatte er zwei ihrer Befehlshaber beschuldigt, sie planten eine Verschwörung gegen ihn. Aus Furcht hatten die Kommandeure begonnen, sich ernsthaft gegen ihn zu verschwören. Einer der Offiziere, ausgerechnet ein Nachfahre des Cassius, Caesars Mörder, war umso eifriger, den Kaiser zu töten, weil Caligula ihn mehrfach beleidigt hatte, indem er ihm Parolen gegeben hatte, die ihn lächerlich mach-

ten. Die Offiziere und ihre Mitverschwörer töteten Caligula, als er die Palatinischen Spiele gegen Mittag verließ. Sie töteten ihn mit 31 Messerstichen, acht Wunden mehr, als Caesar empfangen hatte. Caligulas Leibwache traf zu spät ein und tötete einige Mörder und ein paar unschuldige Senatoren. Als sie im Palast umherstöberten, fanden sie Claudius, den 50-jährigen Onkel Caligulas (den Bruder des Germanicus) und letztes überlebendes Mitglied der kaiserlichen Familie, zitternd hinter Vorhängen verborgen. Sie riefen ihn zum Kaiser aus.

Claudius (41–54 n. Chr.)

Weil er lahm war und einen Sprachfehler, eine Neigung zum Sabbern und ein nervöses Zucken im Gesicht hatte, hielt man Claudius lange für schwachsinnig. (Wie viele Völker heute setzten die Römer körperliche Behinderungen mit geistiger Unzulänglichkeit gleich und brachten beide mit einem göttlichen Fluch in Verbindung. Die Römer schätzten physische Stärke an Männern über alles.) Selbst der gutherzige alte Augustus hatte bei den Spielen nicht neben Claudius sitzen wollen. Caligula hatte seinen Onkel Claudius in seiner Palastumgebung gehalten, damit er ihm als Hofnarr diene. Einmal befahl er, man solle ihn in voller Montur in den Rhein werfen. Ausgerechnet die verbreitete Ansicht, Claudius sei schwachsinnig, könnte ihn vor den zahlreichen Hinrichtungen und Morden, welche die übrigen Männer des julisch-claudischen Hauses hingerafft hatten, gerettet und ihm so gewissermaßen erlaubt haben, Kaiser durch Zuspätkommen zu werden.

Nach der Ermordung Caligulas rief die Prätorianergarde Claudius gegen den Wunsch vieler Senatoren aus, die die Republik wiederherstellen wollten. Offensichtlich waren die Senatoren bereit, von einem Verrückten regiert zu werden, aber nicht von einem Schwachsinnigen. Die Soldaten der Prätorianergarde aber, die den lukrativen und komfortablen Schutz der Kaiser dem Kampf gegen Barbaren an der Grenze vorzogen, brauchten einen Kaiser, den sie bewachen konnten. Der durchschnittliche Prätorianer empfing dreimal so viel Sold wie ein gemeiner Soldat.

Nero (54–68 n. Chr.)

Die recht tüchtige Verwaltung des Reiches durch Claudius, die auch die Eroberung des südlichen Britannien brachte, gelangte an ihr Ende, als seine vierte Frau, Agrippina die Jüngere – die auch seine Nichte war, die Tochter des Germanicus –, sein Pilzgericht vergiftete (54 n. Chr.), so dass Nero, ihr Sohn aus früherer Ehe, Kaiser werden konnte. Neros Vater war Gnaeus Domitius Ahenobarbus. Ahenobarbus war nach allgemeiner Auffassung so grausam, dass er einmal mit Absicht seine Pferde peitschte und dann einen Jungen überfuhr und tötete, während er durch ein Dorf kam.

Er drückte auch das Auge eines Ritters aus, der ihn auf dem Forum kritisiert hatte. Wenigstens aber war er hellsichtig und ehrlich: So erklärte er einmal, jedes Kind, das ihm und Agrippina geboren werde, müsse unweigerlich ein abscheuliches Wesen haben und zur öffentlichen Gefahr werden.

Claudius hatte Nero adoptiert und ihn so bei der Thronnachfolge seinem eigenen Sohn Britannicus vorgezogen, der fast vier Jahre jünger war. Wie viele Kaiser, die nicht eine unübersehbare Zahl von Menschen umgebracht hatten, wurde Claudius später vergöttlicht, was Nero zu dem Scherz veranlasste, Pilze seien „die Speise der Götter".

Bei seiner Thronbesteigung war Nero erst 16 Jahre (gibt es etwas Furchtbareres als einen Teenager, der Kaiser wird?); er vergiftete Britannicus innerhalb eines Jahres und ließ ihn ohne Trauerfeier bestatten. (Vermutlich ist nichts an der Geschichte, Nero sei in seiner Frühphase als Kaiser so weichherzig gewesen, dass er geweint habe, wenn er ein Todesurteil habe unterzeichnen müssen, und gesagt: „Ich wünschte, ich hätte nie schreiben gelernt.") Nero versuchte sodann, seine übermächtige Mutter zu vergiften, vermutlich aus Ärger über ihre Opposition gegen seine zweite Ehe. Aber jedesmal bekam Agrippina von seinen Versuchen Wind und nahm das bereitgehaltene Gegengift. Nero ließ nun ihre Schlafzimmerdecke einstürzen, aber sie erfuhr auch davon. So ließ er das Schiff, mit dem sie auf der Adria segelt, präparieren, so dass es auf hoher See auseinanderfiel. Die Mannschaft ertrank, aber sie schwamm ans Ufer. In Unkenntnis dessen, dass die Katastrophe das Ergebnis eines Mordanschlags war, rief eine von Agrippinas verängstigten Freundinnen aus: „Helft mir! Ich bin Agrippina, Mutter des Kaisers!" Als sie dies hörten, zertrümmerten einige Seeleute, die in die Verschwörung eingeweiht waren, der Frau mit einer Stange und mit allem, was irgend greifbar war, den Schädel und töteten sie.

Schließlich ging Nero im Jahr 59 n. Chr. den direkten Weg. Er klagte Agrippina des Verrats an und ließ sie von zwei Soldaten umbringen. Einer schlug ihr mit einer Keule auf den Kopf. Als der andere ansetzte, sie zu durchbohren, rief sie: „Hier!", und deutete auf den Leib, der einen so undankbaren Sohn getragen hatte. Neros einziger Kommentar beim Anblick seiner toten Mutter war, sie habe eine hübsche Figur. Einige Römer glaubten, es sei zu Inzest zwischen den beiden gekommen, ausgehend von Agrippina, die hoffte, so ihren heranwachsenden Sohn unter Kontrolle halten zu können.

Nero tötete ihres Geldes wegen auch seine Tante, ließ seine erste Frau unter der falschen Beschuldigung des Ehebruchs hinrichten, trat seine schwangere zweite Frau zu Tode, weil sie sich beschwerte, wenn er spät von den Wagenrennen heimkehrte, und tötete den Ehemann seiner dritten Frau, um sie zu heiraten. Er ertränkte sogar seinen Stiefsohn, einen Knaben, dafür, dass er Kaiser spielte.

Aber Nero wurde vielleicht am meisten für seine berüchtigten Konzerte gehasst, auf denen er die Leier spielte und sang. Bei den Konzerten bestand absolute Anwesenheitspflicht, und niemand durfte sie aus irgendeinem Grund verlassen, bevor sie geendet hatten, obwohl Nero bisweilen stundenlang sang. Bei seinem ersten Konzert ignorierte Nero sogar ein Erdbeben, welches das gesamte Theater erzittern ließ, und sang bis zum bitteren Ende. Frauen gebaren bei einigen von Neros Darbietungen im Konzertsaal. Andere simulierten ihren Tod, um herausgetragen zu werden. Einige Männer sprangen sogar von der Rückwand und riskierten in ihrer Verzweiflung Invalidität oder Tod, nur um Neros Katzenmusik zu entkommen. Es überraschte kaum, dass er mit allen Arten unverdienter Musikpreise überhäuft wurde, und doch blickte er so voll Neid auf alle, die vor ihm die Auszeichnungen gewonnen hatten, dass er ihre Statuen niederreißen und in öffentliche Bedürfnisanstalten stürzen ließ, womit er ohne Frage diejenigen überraschte, die diese Einrichtungen gerade benutzten. Zu Neros Verteidigung muss man sagen, dass er sich ein Verdienst um die Künste erwarb, das für seine Vergehen gegen die Musik entschädigte: Er vertrieb alle Mimen aus Rom – Schauspieler waren damals nicht sehr angesehen.

Nero durchstreifte häufig verkleidet Roms Straßen bei Nacht, griff Leute an und beging Diebstähle. Weil er verkleidet war, wurde er einmal von einem Senator fast zu Tode geschlagen, dessen Frau er bei einem dieser Abenteuer belästigt hatte. Auch vergewaltigte er eine Vestalin. Er hielt sich einen kastrierten Jüngling und nahm ihn in einer Hochzeitszeremonie zur Braut, womit er die Römer zu dem Scherz herausforderte, die Welt sei ein besserer Ort, hätte Neros Vater sich eine solche Braut genommen. Nero trug niemals dieselben Kleider zweimal und er reiste mit einem riesigen Wagentross, den mit Silber beschlagene Maultiere zogen.

64 n. Chr. brannten zwei Drittel von Rom bei einem Feuer nieder, das sechs Tage lang wütete. Entgegen einer weit verbreiteten Annahme konnte Nero nicht Geige spielen, während Rom brannte, weil dieses Instrument erst viele Jahrhunderte später erfunden wurde. Der Mythos hatte seinen Ursprung vermutlich in dem nicht weniger dubiosen zeitgenössischen Gerücht, er habe vom Turm des Maecenas den Flammen zugeschaut und dabei sein armseliges selbstverfasstes Gedicht „Die Plünderung Trojas“ rezitiert. In Wirklichkeit war Nero in Antium, als das Feuer ausbrach. Zurück nach Rom eilend, stellte er Übergangsquartiere und günstige Nahrungsmittel für die Opfer des Feuers zur Verfügung. Aber Nero beschuldigte auch die Christen fälschlich, das Feuer gelegt zu haben, und ließ sie auf grässliche Weise hinrichten.

Da er unzufrieden mit dem bescheidenen Heim des Augustus war, ließ er sich einen riesigen, prunkvollen Palast bauen, die sogenannte Domus

Aurea (Goldenes Haus). Umgeben von Seen und mit Gold, Edelsteinen und Elfenbein vollgestopft, hatte der Palast auch eine 40 Meter hohe Statue Neros als Sonnengott vorzuweisen, versteckte Parfümduschen und eine Drehkuppel, die auf die unter ihr Tafelnden Blumen herabregnen ließ. Als der gigantische Palast vollendet wurde, kommentierte Nero trocken: „Gut, endlich kann ich wie ein Mensch leben!"

Der protzige Palast nährte Gerüchte, Nero selbst habe Rom niederbrennen lassen, um es zu seinem eigenen Ruhm wieder aufzubauen und in „Neropolis" umzubenennen. Einige Römer behaupteten steif und fest, in der Nacht des Feuers Männer gesehen zu haben, die angaben, auf Befehl zu handeln, Fackeln warfen und andere davon abhielten, das Feuer zu löschen.

Die Extravaganz Neros und seiner Freunde machte Steuererhöhungen, Geldentwertung und das quasi-institutionalisierte Schröpfen reicher Opfer unumgänglich. Nero sagte einem Amtsträger: „Du weißt, was ich brauche! Lass uns zusehen, dass niemandem etwas bleibt." Er plünderte sogar Tempel und schmolz ihre Kultbilder ein.

Als Nero andeutete, er plane, alle Senatoren umzubringen, gewann ihre Furcht schließlich die Oberhand über ihre Feigheit. 65 n. Chr. verschworen sich der Senat, die Prätorianergarde, einige hohe Militärs und vielleicht sogar Neros ehemaliger Erzieher, der stoische Philosoph Seneca, gegen den Kaiser. Als die Verschwörung aufflog, zwang Nero viele der Verschwörer, auch Seneca, Selbstmord zu verüben. Nero beleidigte die Opfer häufig noch, indem er über ihre Gesichter spottete, wenn ihm ihre Köpfe gebracht wurden. Während er den Kopf eines Opfers in seinen Händen hielt und sein Gesicht anstarrte, sagte er: „Wie konnte ich Angst vor einem Mann mit solch einer langen Nase haben?" Die Meinungsfreiheit war unter Nero derart eingeschränkt, dass Plinius der Ältere sich entschied, ein Wörterbuch zusammenzustellen, denn das sei die einzige Art Literatur, die ihm nicht die Hinrichtung einbringen werde.

67 n. Chr. legte Nero seine Spielzeugwagen aus Elfenbein beiseite und entschloss sich, am olympischen Wagenrennen teilzunehmen, obwohl er kein Athlet, sondern bloß ein verweichlichter Mann mit sorgfältig blondiertem Haar und Koteletten war. Die Olympischen Spiele waren nicht für dieses Jahr angesetzt, aber sie wurden dennoch abgehalten, so dass der Kaiser teilnehmen konnte. Obwohl Nero vom Wagen fiel und das Rennen niemals beendete, verliehen ihm die Kampfrichter klugerweise den Siegespreis. Für ihre unorthodoxe Auslegung der Regeln erhielten die Kampfrichter das römische Bürgerrecht und Bargeld. Nero gewann bei der Olympiade in jenem Jahr 1808 erste Preise, darunter viele für Wettkämpfe, bei denen er gar nicht antrat.

68 n. Chr. erhoben sich römische Heere in Gallien, Spanien, Armenien, Britannien und Judaea. (Als Nero von der ersten Revolte in Gallien hörte,

war er nur deshalb zornig, weil der aufständische Befehlshaber ihn einen schlechten Leierspieler genannt hatte.) Zahlreiche Heere marschierten nun auf Rom zu. Nero versuchte, ein loyales Heer aufzustellen, aber kein Freiwilliger meldete sich. Selbst seine Kammerdienerinnen machten sich mit dem Bettzeug aus dem Staub. Auf eine seiner Statuen kritzelte jemand einen Kommentar zu seinen erschwindelten Siegen in einer Reihe musischer und athletischer Wettkämpfe: „Dies ist einmal ein wirklicher Wettkampf, und du wirst verlieren!" Nachdem der Senat Nero zum Tod durch Pfählen verurteilt hatte, seufzte er: „Was für einen Künstler verliert die Welt!", und durchstach sich die Kehle.

Das Vermächtnis des Augustus

Obwohl die milde und tüchtige Verwaltung des Augustus ausschlaggebend dafür war, dass die Römer eine monarchische Verfassung akzeptierten und so einen Caligula und Nero möglich machte, wäre ohne ihn, bei einer Fortsetzung der Bürgerkriege wohl die griechisch-römische Zivilisation ausgelöscht worden. Frieden, Wohlstand und Ordnung, die er in Rom wiederherstellte, in einem Reich, das zutiefst erschöpft und demoralisiert war durch ein volles Jahrhundert des Chaos und der Anarchie, waren wesentlich für das Überleben dieses Reiches und damit für die Form, welche die abendländische Zivilisation schließlich annahm.

11 Paulus von Tarsos
Christlicher Wanderprediger

Obwohl Saulus-Paulus von Tarsos ein Jude war, der Griechisch schrieb, war er auch ein römischer Bürger. Paulus' römisches Bürgerrecht macht ihn nicht nur zu einem der zwölf Griechen und Römer, die Gegenstand dieses Buches sind, er dient auch als ideales Beispiel für die ungewöhnliche Bereitschaft der Römer, fremde Völker mit unterschiedlichen Kulturen in ihr Reich zu integrieren. Außer Jesus selbst war niemand entscheidender als Paulus für das Überleben des Christentums und seinen Siegeszug im Römischen Reich. Seine Predigten für die Heiden, die um das Dogma der Erlösung durch den Glauben kreisten, gestatteten es der neuen Religion, sich rasch in dem riesigen Reich auszubreiten. Außerdem machen seine Briefe an verschiedene christliche Kirchen und Einzelpersonen einen nennenswerten Teil des Neuen Testaments aus, wo sie die christliche Theologie kommenden Generationen vermittelten.

Die hebräischen Propheten und der Messias

Die hebräischen Propheten (ca. 850–500 v.Chr.) sprachen häufig vom Kommen eines Messias, der die Welt in ein goldenes Zeitalter des Friedens und des Wohlstands führen werde. Im späten 6. Jahrhundert v.Chr. prophezeite Jesaja:

„Doch aus dem Baumstumpf Isais wächst ein Reis hervor, ein junger Trieb aus seinen Wurzeln bringt Frucht. Der Geist des Herrn lässt sich nieder auf ihm: der Geist der Weisheit und der Einsicht […]. Er richtet die Hilflosen gerecht und entscheidet für die Armen des Landes, wie es recht ist […]. Dann wohnt der Wolf beim Lamm, der Panther liegt beim Böcklein […]. An jenem Tag wird es der Spross aus der Isais sein, der dasteht als Zeichen für die Nationen; die Völker suchen ihn auf; sein Wohnsitz ist prächtig […] So spricht Gott, der Herr: Seht her, ich lege einen Grundstein in Zion, einen harten und kostbaren Eckstein" (Jesaja 11:1–2, 4, 6, 10; 28:16).

Mit einem noch berühmteren Wort, das nun am Gebäude der Vereinten Nationen prangt, prophezeit Micha mit Blick auf das Goldene Zeitalter, das der Messias bringen werde: „Dann schmieden sie Pflugscharen aus ihren Schwertern und Winzermesser aus ihren Lanzen. Man zieht nicht das Schwert, Volk gegen Volk, und übt nicht mehr für den Krieg" (Micha

4:3). Micha sagte außerdem vorher, der Messias werde in Bethlehem geboren.

Vielleicht der einflussreichste der messianischen Texte aber war Jesajas Diskussion des „Dieners" in Kapitel 53. Mit Bezug auf Gottes Versprechen an Abraham: „Durch dich sollen alle Geschlechter der Erde Segen erlangen" (Genesis 12:3), verkündigte Jesaja die Ankunft eines „Knechts", der für die Sünden anderer leiden werde. Das Werk des Knechts werde weit über Israel hinausreichen. Obwohl er unschuldig eingekerkert, verurteilt und getötet werde, werde er nicht in Bitterkeit oder Selbstmitleid aufschreien, sondern freiwillig die Sünden der anderen auf sich nehmen und so gefügig wie das Lamm zur Schlachtbank gehen. Jesaja spielte sogar darauf an, der Knecht werde wiederauferstehen, ein Gedanke, welcher der jüdischen Theologie völlig fremd war. Über 500 Jahre später begann Jesus sein geistliches Wirken in Nazareth, indem er diesen Text las und erregt verkündete: „Heute hat sich das Schriftwort, das ihr eben gehört habt, erfüllt" (Lukas 4:21).

Nicht weniger bedeutsam für die Geburt des Christentums war Jeremias' Prophezeiung eines „neuen Bundes" zwischen Gott und dem Volk der Hebräer (Jeremia 31:31–34), der die Vergebung der Sünden brachte und eher auf einer Besserung des Herzens beruhte als auf der leeren Befolgung jener Gesetze, die man auf den Steintafeln im Großen Tempel fand. Paulus und andere Christen schrieben später, der neue Bund habe sich mit Jesus erfüllt, auf der Grundlage von Jesu Wort beim Abendmahl: „Das ist mein Blut, das Blut des Bundes" (Matthäus 26:27). Jeremias erklärte, der neue Bund müsse den Bundesschluss zwischen Gott und dem Volk der Hebräer vom Berg Sinai ersetzen, der seinerseits an die Stelle des ursprünglichen, privaten Bundesschlusses zwischen Gott und Abraham getreten war.

Die Christen sollten später behaupten, dass die Juden Jesus als ihren Messias abgelehnt hätten, weil sie nicht verstehen wollten, dass der mächtige Messias und der leidende Diener ein und dieselbe Person waren und dass der Messias *zweimal* kommen sollte. Jesus der Messias war zuerst als der demütige, leidende Knecht gekommen, der für die Sünden der Menschen starb, aber er würde zurückkehren als der mächtige Messias, der richten und über die Welt herrschen sollte.

Jesus

Jesus von Nazareth wurde vermutlich in oder vor dem Jahr geboren, das unsere ungenaue mittelalterliche Zeitrechnung 4 v. Chr. nennt. Er wurde während der Herrschaft des Königs Herodes des Großen geboren, der, wie Historiker heute meinen, 4 v. Chr. starb. Wegen der biblischen Beschreibung der Hirten, die über ihre Herden wachten, darf man bezweifeln, dass Jesus im Winter geboren wurde. Der 25. Dezember, den man erst seit dem 4. Jahrhundert n. Chr. als Weihnachten feierte, war der Geburtstag des Mithras, des Gottes einer konkurrierenden Religion. (Es bereitet Schwierigkeiten, Menschen zu einer neuen Religion zu bekehren, wenn man ihnen verbietet, ihre traditionellen Feiertage zu behalten.) Der Titel „Christus" stammt vom griechischen *Christos* (der Gesalbte) und ist eine ungefähre Übersetzung des hebräischen *Messias*.

Nach drei Jahren des Predigens wurde Jesus zwischen 28 und 30 n. Chr. gekreuzigt. Die Geldverleiher und die Pharisäer, eine Sekte frommer Juden, die Jesus angegriffen hatte, beredeten den Sanhedrin, den Rat, der für die inneren Angelegenheiten zuständig war, ihn zu verhaften. Die Mitglieder des Sanhedrin waren entsetzt angesichts der Blasphemie, als die sie Jesu Behauptung der eigenen Göttlichkeit ansahen, besaßen aber nicht die Befugnis, ihn hinrichten zu lassen. Deshalb überantwortete der Sanhedrin Jesus dem römischen Prokurator Pontius Pilatus zur Kreuzigung. Die meisten Juden glaubten, der Messias werde ein militärischer Anführer wie König David, nicht ein Gott gleichkommendes Wesen sein, das Sünden vergeben kann, wie Jesus es häufig tat. Der Sanhedrin behauptete, Jesus habe sich selbst zum „König der Juden" ausgerufen, ein Kapitalverbrechen. Pilatus ordnete widerstrebend die Kreuzigung an.

Die Anhänger Jesu behaupteten, er sei von den Toten auferstanden und ihnen durch seine Himmelfahrt erschienen. Er habe versprochen, eines Tages zurückzukehren, über die Menschheit zu richten und in Frieden und Gerechtigkeit zu herrschen, zunächst für einen Zeitraum von 1000 Jahren, dann für die Ewigkeit.

Paulus (ca. 1–67 n. Chr.)

Wäre nicht der Apostel Paulus gewesen, das Christentum wäre vermutlich untergegangen. Seine Familie, die reich genug war, um das römische Bürgerrecht zu erwerben, stammte aus der Stadt Gischala in Galiläa, war aber nach Tarsos im südöstlichen Kleinasien gezogen. Nachdem er das Zeltmacherhandwerk von seinem Vater erlernt hatte, hatte Paulus, ein intelligenter und aufgeweckter Knabe, eine rabbinische Ausbildung bei Gamaliel I. begonnen, einem der größten Rabbis jener Tage. Ein Bericht aus dem 2. Jahrhundert beschrieb Paul als klein und kahlköpfig, mit krummen Beinen und einer Hakennase, aber auch als jemanden, der das „Gesicht eines Engels" hatte.

Wie die meisten Juden und wie seine Mitpharisäer sah Paulus in den Christen zunächst Gotteslästerer. Er wurde sogar einer ihrer Hauptverfolger. Paulus inhaftierte Christen im Namen des Hohepriesters und votierte für ihre Hinrichtung. Die Juden, die Stephanus, den ersten christlichen Märtyrer, steinigten, legten ihre Mäntel auf die Füße des Paulus, damit er darauf aufpasse, und er nickte wohlgefällig. Sein Lehrer Gamaliel indes widersetzte sich der Christenverfolgung mit der Begründung, wenn sie nicht von Gott kämen, würde nichts aus ihren Lehren werden, wenn sie hingegen von Gott kämen, sollte man sich ihnen nicht entgegenstellen.

Auf der Straße nach Damaskus, wo Paulus beabsichtigte, jüdischen Offiziellen bei der Entdeckung und Verhaftung von Christen zu helfen, begegnete ihm eine Erscheinung Jesu, der ihn fragte: „Warum verfolgst du mich?“ Nach seiner dramatischen Bekehrung zum Christentum lebte Paulus drei Jahre lang in der Wüste, wo er betete, über die Bedeutung seiner Vision meditierte und eine neue theologische Weltsicht erdachte, die auf einer Neuinterpretation des Alten Testaments gründete.

Paulus kehrte sodann nach Damaskus zurück, wo er mit seinen christlichen Predigten Aufruhr entfesselte. Seine ehemaligen jüdischen Verbündeten wollten nun seinen Tod. Sie bewachten jeden Tag die Stadttore, um ihn bei seinem Versuch zu fassen, aus der Stadt zu entkommen. Aber eines Nachts ließen ihn seine alten christlichen Feinde, die nun seine Schüler waren, in einem großen Korb durch eine Öffnung in der Stadtmauer hinab.

Paul reiste nach Jerusalem, wo seine Predigten bei den jüdischen Notabeln mit gleichem Ungestüm aufgenommen wurden. Er kehrte nach Tarsos zurück, wo er fünf oder sechs Jahre Zelte machte. Dann verbrachte er ein Jahr als Priester in der wachsenden Gemeinde von Antiochia.

Entgegen den erzürnten Forderungen einiger Judenchristen, die glaubten, die Lehren Jesu seien nur für Juden bestimmt, begann Paulus zu den Heiden Kleinasiens und Griechenlands zu predigen. Ausgerechnet der Frieden, den Rom gewährleistete, und seine Straßen erleichterten Paulus seine Mission erheblich.

Der Entscheidung des Paulus, das Christentum zu den Heiden zu tragen, kam Schlüsselbedeutung zu, weil die Religion in Judäa niemals zur Blüte gelangte. Entscheidend für seinen Erfolg, Heiden zu bekehren, war seine Betonung des Dogmas der Erlösung durch den Glauben statt durch die Befolgung des mosaischen Gesetzes. Hätten die Heiden sich der schmerzhaften Erwachsenenbeschneidung unterziehen und die verschiedenen jüdischen Speisebeschränkungen einhalten müssen, es wären wohl nur wenige Christen geworden.

Paulus legte dar, dass der Tod Jesu, womit er für die Sünden der Menschen gebüßt hatte, die Menschheit vom Joch des mosaischen Gesetzes befreit und dem einfachen Glauben neue Bedeutung eingehaucht habe. Der Vertrag zwischen Gott und den Menschen habe sich geändert. Gott fordere nicht länger die Befolgung eines komplizierten und nervtötenden Systems von Vorschriften und Ritualen. Er verlange einzig den Glauben an Jesus. Das mosaische Gesetz habe seinen Zweck als Leitfaden erfüllt, nicht nur, weil es ein ethisches Ideal vermittelte, sondern auch, weil es die angeborene Sündhaftigkeit der Menschen durch ihre Unfähigkeit, es einzuhalten, erwiesen hätte. So habe es auch die Notwendigkeit eines Erlösers unter Beweis gestellt. Mit seiner Kreuzigung sei Christus, der frei von Sünde gewesen sei, selbst Sünde geworden und habe sich selbst als Opfer dargeboten, so dass jeder, der an ihn glaube, schuldlos vor Gott treten könne. Durch Adams Ungehorsam sei die Sünde in die Welt gelangt und habe mit sich den Tod gebracht; durch Christi Gehorsam sei die Gnade in die Welt gekommen und habe mit sich die Gabe des ewigen Lebens gebracht. Während es für Judenchristen völlig in Ordnung sei, so wie Paulus selbst auch weiterhin das mosaische Gesetz zu befolgen, seien Heiden gewiss nicht dazu gezwungen. Ihr Glaube an Jesus solle den Heiligen Geist sie beseelen lassen. Er lasse sie die ethischen Lehren Jesu befolgen, die mehr als ausreichend seien.

Petrus, der erste Jünger Jesu, war einverstanden, dass Heiden Zutritt zur Kirche haben sollten, solange sie auf das Essen von Opferfleisch verzichteten und sich des außerehelichen Geschlechtsverkehrs enthielten. Er überzeugte eine Synode christlicher Führer, seinen Standpunkt zu tragen.

Von ungefähr 46 bis 58 n. Chr. bereiste Paulus den gesamten östlichen Mittelmeerraum und predigte das Evangelium. Alles in allem reiste Paulus über 20000 Kilometer, meist zu Fuß, durch unwegsames Gelände, manchmal des Nachts. Auf seiner ersten Missionsreise wurde Paulus in Lystra fast von einem jüdischen Mob zu Tode gesteinigt. Obwohl man ihn tot glaubte und auf einem Müllhaufen zurückließ, betrat der entschlossene Missionar noch am selben Abend die Stadt. Auf seiner zweiten Reise wurde Paulus in Philippi mit Ruten geschlagen. In seinen letzten Lebensjahren zog er sich Malaria oder eine ähnliche Krankheit zu und büßte einen Teil seines Sehvermögens ein. Paulus reagierte mit Gelassenheit auf jede Drangsal: „Ich bin überzeugt, dass die Leiden der gegenwärtigen Zeit nichts bedeuten im Vergleich zu der Herrlichkeit, die an uns offenbar werden wird“ (Römer 8:18).

In jeder Stadt begann Paulus damit, in der örtlichen Synagoge zu lehren, wurde aber meist von den jüdischen Gemeindevorstehern belästigt, manchmal geschlagen, gesteinigt oder eingekerkert. Paulus ging dann hinaus zu den Heiden der Stadt, bei denen er meist erfolgreicher war. Auf seiner ersten Reise bekehrte Paulus sogar Sergius Paulus, den römischen Prokonsul von Zypern. Zu dieser Zeit begann Paulus, ermuntert durch seine Erfolge bei den Heiden, seinen griechisch-römischen Namen Paulus zu benutzen. Dennoch standen auch einige Heiden, wie die Kultbildverkäufer in Ephesus, seiner Missionstätigkeit so feindselig wie die jüdischen Notabeln gegenüber.

Um 58 n. Chr. verhafteten römische Soldaten Paulus, während er sich in Jerusalem aufhielt, nachdem ihn eine Gruppe aufgebrachter Juden beim Tempel erblickt hatte. Während des Aufruhrs wurde Paulus heftig geschlagen und beinahe gelyncht. Der Prokurator Felix, der Nachfolger des Pontius Pilatus, ließ ihn zwei Jahre lang in Caesarea gefangen halten und lehnte es ab, Paulus zu entlassen, weil er die Reaktion der Juden fürchtete. Porcius Festus, der Nachfolger des Felix, verzögerte seine Freilassung aus demselben Grund.

Paulus begriff, dass er nicht freikommen würde, und verlangte, vor einen kaiserlichen Gerichtshof nach Rom gebracht zu werden, ein Privileg, das ihm sein Status als römischer Bürger garantierte. Zweifellos erleichtert, dass ihm die Angelegenheit aus der Hand genommen wurde, antwortete Festus: „Du hast Caesar angerufen, zu Caesar sollst du gehen."

Nach einer beschwerlichen Reise, während der er wegen Schiffbruchs drei Monate lang auf der Insel Malta festsaß, wurde Paulus in Rom weitere zwei Jahre unter Hausarrest gehalten. Währenddessen lag er in den Handschellen eines römischen Soldaten, durfte aber Besucher empfangen. So gelang es ihm, die römische Kirche aufzubauen. Nach seiner Freilassung predigte Paulus in der Hauptstadt und anderswo.

Um 67 n. Chr. wurde Paulus, vielleicht im Rahmen von Neros Kampagne gegen die Christen, erneut verhaftet. Diesmal schlief er allein auf dem kalten, dunklen Fußboden des mamertinischen Kerkers. Wegen seines römischen Bürgerrechts von der Kreuzigung ausgenommen, wurde Paulus enthauptet. Während er auf seine Hinrichtung wartete, schrieb er: „Denn ich werde nunmehr geopfert, und die Zeit meines Aufbruchs ist nahe. Ich habe den guten Kampf gekämpft, den Lauf vollendet, die Treue gehalten. Schon jetzt liegt für mich der Kranz der Gerechtigkeit bereit, den mir der Herr, der gerechte Richter, an jenem Tag geben wird, aber nicht nur mir, sondern allen, die sehnsüchtig auf sein Erscheinen warten [...]. Ihm sei die Ehre in alle Ewigkeit. Amen" (2 Timotheus 4:6–8, 18).

Der Triumph des Christentums

Die Arbeit, die Paulus geleistet hatte, trug Früchte. Um die Mitte des 3. Jahrhunderts war das Christentum die am schnellsten wachsende Religionsgemeinschaft im Römischen Reich. Es hatte sich von seiner ursprünglichen Bastion in Judäa über Syrien, Kleinasien, Griechenland, Italien, Frankreich, Britannien, Nordafrika und Spanien und sogar über die Reichsgrenzen hinaus nach Armenien und Äthiopien ausgebreitet.

Im Jahr 313 verkehrte das Mailänder Edikt Konstantins des Großen zweieinhalb Jahrhunderte römischer Politik in ihr Gegenteil, indem es den Christen in der gesamten römischen Welt Toleranz zugestand. Konstantin war der erste christliche Kaiser, obwohl er die Taufe erst auf seinem Totenbett empfing. Konstantin berichtete, er und seine Soldaten hätten ein Kreuz in der Mittagssonne gesehen, in dem die Worte standen: „In diesem Zeichen wirst du siegen." In derselben Nacht habe er geträumt, Christus habe ihn besucht, dasselbe Symbol getragen und ihm befohlen, es als Feldzeichen im Krieg gegen Maxentius zu benutzen. Am nächsten Tag verließ Konstantins Widersacher im Kampf um den Thron die Festung Rom und griff Konstantin mit überlegenen Kräften bei der Milvischen Brücke an.

Konstantins Sieg (312) änderte den Lauf der Weltgeschichte. Der christliche Kaiser verteilte immense Summen an die Kirche und befreite sie von der Steuer. Er ließ prachtvolle Kirchen bauen, machte den Sonntag (den christlichen Sabbat, den Tag von Jesu Wiederauferstehung) zum Feiertag, befreite den Klerus von Steuern und Militärdienst, nahm die augusteische Gesetzgebung zurück, die Ehe- und Kinderlosigkeit bestrafte (zum Vorteil des christlichen Zölibats), räumte Bürgern das Recht ein, gegen die Urteile ziviler und militärischer Gerichtshöfe bei christlichen Bischöfen Berufung einzulegen, und übertrug den christlichen Gemeinden Mittel, um Witwen und Waisen zu unterstützen. Er nahm christliche Bischöfe in seine Heereseinheiten auf, der erste Beleg für Militärgeistliche. Die Helme, Schilde und Feldzeichen seiner Soldaten trugen das Kreuz als Emblem. Er verbot das Aufstellen seines Bildes in heidnischen Tempeln, und Medaillen zeigten ihn im Gestus christlicher Hingabe. Er verbot die Kreuzigung und Gladiatorenspiele, zwei Arten, auf die Christen hingerichtet worden waren, obwohl die Gladiatorenspiele noch für nahezu ein Jahrhundert fortgeführt wurden. Im Jahrhundert nach Konstantin half die kaiserliche Schirmherrschaft, die Zahl der Christen von ca. 5 auf 30 Millionen zu erhöhen.

Im Jahr 392 erklärte der Kaiser Theodosius I. das Christentum zur Staatsreligion. Theodosius hielt das Heidentum für Dämonenverehrung und verbot heidnische Opferhandlungen und die Verehrung von Kultbildern. Er schloss einige heidnische Tempel und ließ andere in christliche Kirchen umwandeln. Der Kaiser unterband auch die Olympischen Spiele, die seit eh und je als Feste für die heidnischen Götter gedient hatten und deren Nacktheit einige Christen beleidigt hatte. Obwohl der Kaiser Heiden nicht von Schulen, dem Heer, dem Senat und nicht einmal dem Palast ausschloss, besiegelte das Verbot öffentlichen Kultes das Schicksal einer bereits darniederliegenden Religion. Nur drei Jahrzehnte nach dem Tod des Theodosius war das Heidentum praktisch ausgestorben.

Weitere Gründe für den Aufstieg des Christentums

Während die Botschaft der Erlösung durch den Glauben, die Paulus an die Heiden richtete, entscheidend war für das Überleben und den schließlichen Triumph des Christentums, gab es viele weitere Gründe für den Aufstieg dieser Religion. Ähnlichkeiten wie Unterschiede zwischen dem Christentum und seinen Konkurrenten trugen letztlich zu seinem Triumph bei.

Das Christentum schlug eine Saite bei den zahlreichen Untertanen Roms an, die einer Form heidnisch-antiker Philosophie nahe standen, besonders dem Stoizismus. Anders als die traditionelle römische Religion verdichteten Christentum wie Stoizismus Göttlichkeit in einer einzigen, machtvollen Einheit (im Fall der Stoiker in der Weltseele), eine Idee, die in einer Zeit der Spaltung, Unsicherheit und Ohnmacht Sicherheit vermittelte. Im 2. Jahrhundert waren selbst die meisten Heiden zu der Auffassung gelangt, dass die griechisch-römischen Götter kaum mehr seien als die vermittelnden Geister eines universellen Prinzips.

Christen und Stoiker (sowie die Anhänger von Mithras und Isis) teilten auch den Glauben an die Unsterblichkeit der Seele. Dies bedeutete Trost in einer Zeit wie der Spätantike, als Barbarenstürme, blutige Bürgerkriege, Despotismus und wiederholte Seuchen die Lebenserwartung erheblich verkürzten.

Viele frühe Christen glaubten auch an eine Art Vorsehung, vergleichbar dem stoischen Schicksal, ein wichtiger Quell des Trostes. Zu einer Zeit, da Tag für Tag guten Menschen schreckliche Dinge zustießen, war der Gedanke ein Trost, dass solche Leiden integraler Bestandteil eines großen Ganzen waren.

Wie die Stoiker legten die Christen Wert auf spirituelle Gleichheit, während zugleich drückende Steuerlast und Hyperinflation das Reich verarmen ließen, die Mittelschicht zerstörten und die Gerichte ihrerseits zunehmend die Reichen gegenüber den Armen bevorzugten. Während die meisten zeitgenössischen Religionen die soziale Hierarchie reflektierten, saßen in christlichen Kirchen Senatoren Seite an Seite mit Handwerkern, Sklaven, ehemaligen Kriminellen und anderen Ausgestoßenen. Jesus selbst war der Sohn eines Zimmermanns gewesen, und Paulus hatte notiert: „Es gibt nicht mehr Juden und Griechen, nicht Sklaven und Freie, nicht Mann und Frau; denn ihr alle seid ‚einer' in Christus Jesus" (Galater 3:28). Obwohl allmählich eine Hierarchie in der frühen Kirche entstand, konnten begabte Arme in ihr aufsteigen.

Der christliche Glaube an spirituelle Gleichheit erhöhte den Reiz der Religion für entwurzelte Massen großer Städte wie Rom, Antiochia und Alexandria – also für solche, die der römischen Gesellschaft am stärksten entfremdet waren und neuen Ideen gegenüber am offensten. Das Christentum war besonders populär in der unteren Mittelschicht und bei den freien Armen, mithin bei denen, die etwas zu verlieren hatten und im Begriff standen, es zu verlieren.

Das Christentum war auch bei Frauen populär, die durchgängig die Mehrheit in den frühen Kirchengemeinden stellten. Christliche Frauen aus der Senatsaristokratie brachten die neue Religion nur allzu gerne ihren einflussreichen Gatten nahe, weil ihre Lehren sogar noch über den Gleichheitsanspruch der Stoiker hinausgingen und besagten, dass in Gottes Augen die Frauen den Männern gleichstünden, dass Männer ihre Frauen mit Respekt behandeln sollten und dass Ehebruch für einen Mann eine ebenso große Sünde sei wie für eine Frau. Im scharfen Gegensatz zu klassischen Biographen, die sich ausschließlich auf politische und militärische Aspekte konzentrierten, Felder, von denen die Frauen ausgeschlossen waren, nahmen christliche Autoren weibliche Heilige in ihre Hagiographien auf.

Auch Sklaven wurden vom Gleichheitsideal des Christentums angesprochen. Die Schätze der christlichen Kirchen wurden häufig benutzt, um die Freilassung von kriegsgefangenen Sklaven zu finanzieren (deren Zahl beträchtlich war). Verschiedene freigelassene Sklaven wurden Bischöfe. Die Kirche widersprach römischem Recht, indem sie Eheschließungen zwischen Freien und Sklaven anerkannte. Konstantin verbot die Trennung von Sklavenfamilien durch Verkauf eines Mitglieds. Obwohl die Anschuldigung des Aelius Aristides, dass „Christen ihre Ruchlosigkeit auch dadurch offenbaren, dass sie, wie man es von ihnen erwartet, keinen Respekt vor ihren Vorgesetzten haben", mehr als nur ein wenig übertrieben war, gab sie doch der Empörung heidnischer Senatoren angesichts des größeren Ausmaßes an Gleichheit unter frühen Christen Ausdruck.

Obwohl die Verwandtschaft des Christentums mit dem Stoizismus und anderen Formen des klassischen Idealismus für seinen Aufstieg wichtig war, waren doch die Unterschiede ebenso bedeutsam. Der christliche Glaube gründete auf einer historischen Persönlichkeit. Während Stoizismus, Neuplatonismus und viele andere philosophische Richtungen der Zeit für viele Menschen zu abstrakt waren, war Grundlage des Christentums ein Mensch aus Fleisch und Blut, der geliebt, gelitten und den Tod in Kauf genommen hatte. Christliche Theologen wie Justinus der Märtyrer zeichneten Jesus als Brücke, die Platons Welt der Ideen mit seiner Welt der Sinne verband, das Spirituelle mit dem Materiellen.

Natürlich schuf auch die Doppelnatur Jesu als Mensch und Gott ihre theologischen Probleme. Für manche stand die Heilige Dreifaltigkeit Gottes, Jesu und des Heiligen Geistes im Widerspruch zum Monotheismus der Hebräer. 325 hielt ein Bischofskonzil in Nicaea in Kleinasien gegen die Lehre des Arius an der Dreifaltigkeit fest. Arius' Lehre, nach der Jesus wie der Heilige Geist Geschöpfe Gottes seien und sich in ihrer Substanz von ihm unterschieden, widersprach dem Wort des Evangelisten Johannes über Jesus: „Am Anfang war das Wort, und das Wort war bei Gott, und das Wort war Gott [...]. Und das Wort ist Fleisch geworden und hat unter uns gewohnt“ (Johannes 1:1, 14). Das Konzil erklärte Jesus und den Heiligen Geist zu gleichrangigen Gliedern der Dreifaltigkeit und von derselben Substanz wie Gott. 381 bestätigte und verstärkte ein weiteres Konzil in Konstantinopel den Glauben von Nicaea. Obwohl die arianische Lehre als Häresie verteufelt wurde, kehrte sie im Laufe der abendländischen Geschichte mehrfach zurück. Andere Christen, darunter viele Gnostiker, nahmen die Dreifaltigkeit von der anderen Seite aus unter Beschuss, indem sie viele der menschlichen Züge Jesu abschwächten oder bestritten, eine Häresie, die ein Konzil in Chalkedon 451 verdammte.

Aber viele frühe Gläubige zog das Christentum durch seine Kombination von Humanität und Göttlichkeit an, die in Jesus verkörpert war. Die Dreifaltigkeit schien die drei größten Äußerungen der Liebe Gottes zu den Menschen zu versinnbildlichen: Schöpfung, Erlösung und Erkenntnis. Während Christus mit seinem Leben Gott der Welt sichtbar gemacht hatte, machte der Heilige Geist, der in den Herzen einzelner Gläubiger wohnte, Gott in den Jahrhunderten nach Jesu Tod und Wiederauferstehung sichtbar.

Frühe Christen erregten Mitgefühl und Faszination mit ihrer Bereitschaft, ja Begierde, für ihren Glauben Verfolgung und Tod auf sich zu nehmen, eine Eigenschaft, die in der Überzeugung wurzelte, dass eine weitaus bessere und dauerhafte Welt sie erwarte. Nero, der die Christen als gefährliche Verräter ansah, deren Angriff auf die römische Religion einen heimlichen Angriff auf den römischen Staat selbst darstellte, beschuldigte die Christen 64 n. Chr., den Brand, dem Rom zum Opfer fiel, gelegt zu haben. Er richtete Frauen und Kinder ebenso wie Männer hin. Obwohl die „fünf guten Kaiser“ des 2. Jahrhunderts ihren Prokonsuln auftrugen, Christen nicht ausfindig zu machen und zu verhaften, wiesen sie sie an, jene zu töten, die beschuldigt und verurteilt wurden, Christen zu sein. 177 wurden die gesamten Christengemeinden von Lyon und Vienne zu Tode gefoltert. Die Kaiser Decius (249–251), Valerian (257–258), Diocletian (303–305), Galerius (305–311) und Maximinus Daia (311–313) veranlassten sogar noch blutigere Christenverfolgungen. Soldaten brannten eine ganze christliche Stadt in Phrygien nieder. Kirchen wurden zerstört, Bücher verbrannt, Christen eingekerkert, verstümmelt, geschlagen, gefoltert, ertränkt, gebrandmarkt, enthauptet, gehenkt, zu Tode hungern gelassen. Diocletian ließ, in der erklärten Absicht, dem Christentum den Garaus zu machen, alle Christen, deren er habhaft wurde, ausfindig machen, verhaften und töten. Maximinus Daia bot sogar Städten, die ihre Bereitschaft erklärten, die Christen zu verfolgen, Steuerbefreiung an.

Der Mut der Christen inmitten von Verfolgung änderte die Meinung der Heiden über sie. Anfangs hatten die meisten Heiden die Christen gefürchtet und verachtet. Sie hielten das Christentum für einen emporgekommenen Kult verwirrter und abtrünniger Juden, Sklaven und sonstigen Pöbels, der einen gekreuzigten Kriminellen verehrte, Verrat plante (auf Geheimtreffen, wo sie den Sturz des Römischen Reiches predigten und das Erscheinen eines neuen Königs), Orgien veranstaltete und Kindermord trieb (warum sonst wurden die Treffen im Geheimen und im Schutz der Dunkelheit abgehalten?) und die Einheit und Sicherheit des Staates dadurch bedrohte, dass er Familien spaltete und die Verehrung der Götter ablehnte (die damit antworteten, dass sie Dürrekatastrophen sandten). Andere beschuldigten die Christen, sich ihres Besitzes zu bemächtigen. Dennoch waren viele Römer, die in ihrer Breite in religiösen Dingen erfahren waren, über die Christenverfolgungen entsetzt. Selbst Tacitus, der die Christen verachtete, beklagte ihre Behandlung durch Nero. Er bemerkte, dass die Taktik des Kaisers, die Christen zum Sündenbock zu machen, sich gegen ihn gekehrt habe: „Ihr Tod wurde zur Farce. Angetan mit den Häuten wilder Tiere, wurden sie von Hunden in Stücke gerissen, gekreuzigt oder in lebende Fackeln verwandelt, die man nach Einbruch der Dunkelheit entzündete [...]. Nero bot seine Wachen für das Spektakel auf und bot Vorstellungen im Circus dar [...]. Obwohl sie als Christen Schuld trugen und die gnadenlose Strafe verdienten, wurden sie bemitleidet. Denn man gewann den Eindruck, dass sie der Brutalität eines Einzelnen geopfert wurden und nicht im Interesse der Allgemeinheit.“ Selbst führende Stoiker und neuplatonische Kritiker des Christentums wie Epiktet, Marcus Aurelius, Galen und Celsus beeindruckte der Mut der Christen. Obwohl er gehört hatte, die Christen seien Kanibalen, überzeugte ihr Mut den Heiden Justinus den Märtyrer davon, dass sie übernatürliche Kräfte besäßen. Er konvertierte zum Christentum und wurde einer seiner Führer. Tertullian, ein bekehrter Nordafrikaner, fasste die Wirkung der Verfolgung zusammen: „Je mehr wir von euch niedergemäht werden, desto mehr werden wir uns vermehren. Das Blut der Christen ist eine fruchtbare Saat!“ Oder mit den Worten des Historikers E. R. Dodds: „Man betrachtete das Christentum [...] als eine Sache, die es wert ist zu leben, weil sie es wert war, zu sterben [...]. Wir wissen aus rezenten Erfahrungen mit politischem Märtyrertum, dass das Blut der Märtyrer wirklich die Saat der Kirche ist, vorausgesetzt, die Saat fällt auf fruchtbaren Boden und wird nicht zu reichlich ausgesät. Aber heidnische Märtyrer unter christlicher Herrschaft gab es vergleichsweise wenig – nicht weil das Christentum toleranter gewesen wäre, sondern weil das Heidentum zu diesem Zeitpunkt zu armselig war, um noch ein Menschenleben wert zu sein.“

Tüchtige Führungspersönlichkeiten unter den Christen zogen überdies zahlreiche Gläubige an. Hieronymus von Dalmatien (340–420) schrieb eine vorzügliche Geschichte der frühen Kirche. Er verbrachte 18 Jahre in der Einkehr in Bethlehem damit, das Alte Testament und die Evangelien ins Lateinische zu übersetzten, ein wichtiges Werkzeug, um bekehrungswillige Römer anzuziehen. Die *Vulgata*, die sich überwiegend auf das Werk des Hieronymus zurückführen lässt, wurde für über ein Jahrtausend zur Standardbibel. Die 154 Briefe des Hieronymus, die er über einen Zeitraum von 50 Jahren schrieb, offenbaren einen erstaunlichen Wissenshorizont und bemerkenswertes satirisches Talent.

Ambrosius (340–397), ein früherer Statthalter von Ligurien und Bischof von Mailand, war ein organisatorisches und administratives Genie, Berater von Kaisern und ein Mann von Überzeugung und Mut. 390 gewann er den Respekt von Christen und Nichtchristen dadurch, dass er den Kaiser Theodosius I. exkommunizierte, nachdem er in Vergeltung eines Mordes an ein paar römischen Offizieren Tausende Einwohner von Thessalonike massakriert hatte. Ambrosius lehnte es nicht nur ab, eine Messe in Anwesenheit des Theodosius zu zelebrieren, bevor dieser öffentlich Reue gezeigt hatte, sondern er verwehrte dem Kaiser höchstselbst den Zutritt zur Kathedrale. Ambrosius versetzte seine Gemeinde auch dadurch in Ekstase, dass er die Psalmen zum Klang neuartiger östlicher Melodien sang. Der durch Ambrosius zum Christentum konvertierte Augustinus, der bedeutendste Intellektuelle des spätrömischen Reiches, wird Gegenstand des nächsten (und letzten) Kapitels sein.

Die Christen waren wohlorganisiert. Um 50 n.Chr. bestanden einige lokale Gemeinden unter *Diakonen* (die, die dienen), die Almosen sammelten und verteilten, und *Presbytern* (Älteste, die Vorläufer der Priester), die religiösen Unterricht erteilten und Disziplin hielten. Sobald Städte mehr als eine Kirche hatten, versammelten sich die Gemeinden einer Diözese unter *Episkopoi* (Bischöfen), ein Muster, das der römischen Zivilverwaltung nachempfunden war. Anfangs wählten die Laien jeder Diözese ihren eigenen Bischof, obwohl wenigstens drei Bischöfe aus benachbarten Diözesen zustimmen mussten, ihn zu weihen.

Im 4. Jahrhundert hatten die Bischöfe, die ihr Amt auf Lebenszeit innehatten, die Kontrolle über den Wahlvorgang übernommen. Als Nachfolger der Apostel schrieb man ihnen die Macht zu, „Sünden zu binden und zu lösen" und folglich das Abendmahl denen zu verweigern, die sich ethisch oder dogmatisch auf Abwegen befanden. Sie konnten Diakone und Presbyter ernennen und absetzen sowie Mitglieder ihrer Gemeinde exkommunizieren, was gleichbedeutend mit einer Verurteilung war.

Bis zum 11. Jahrhundert waren Bischöfe weitgehend unabhängig von der formellen Autorität, wenn auch nicht dem beträchtlichen Einfluss des Bischofs von Rom – des „Papstes" (von *papa*) –, obwohl das Erfordernis einer Zentralisierung nach dem Kollaps des Reiches Leo I. (440–461) dazu ermunterte, das Dogma der Nachfolge Petri zu propagieren. Dieses Dogma, das zuerst von Clemens um 100 verkündet wurde, legt fest, dass dem Bischof von Rom die rechtmäßige Führung der Kirche gebühre, in dessen Funktion als Erbe des heiligen Petrus, den Jesus „den Fels, auf dem ich meine Kirche baue", genannt hatte. Die Lehre hatte im 4. Jahrhundert an Brisanz gewonnen, als einige Christen meinten, die Kontroverse um Arius verlange nach vermehrter Vereinheitlichung der kirchlichen Lehre durch Zentralisierung der Autorität.

Das Christentum gründete weiterhin auf einer sprachlich hochsuggestiven Schrift. Die Bücher des Neuen Testaments entstanden zwischen 50 und 100 n. Chr. Gegen Ende des 2. Jahrhunderts hatte sich der neutestamentliche Kanon allmählich gegen verschiedene rivalisierende Werke durchgesetzt, ein Auswahlprozess, der auf dem Alter der Bücher beruhte und auf dem Grad, zu dem sie mit dem harmonierten, was man für die Lehren von Jesu ersten Jüngern hielt. Die Evangelien des Matthäus und des Johannes wurden ausgewählt, weil sie zwei der Apostel Jesu gewesen waren, die Evangelien des Markus und des Lukas, weil sie unter Paulus gearbeitet hatten. Der Historiker Henry Chadwick bemerkte: „Wirklich erstaunlich ist, dass ein so hohes Maß an Übereinstimmung so rasch erzielt wurde." Im Jahr 367 ordnete Athanasius, der Bischof von Alexandria, an, 27 Bücher des Neuen Testaments anzuerkennen, und keines mehr. Konzilien bestätigten seine Liste 393 und 397. Entgegen modernen Spekulationen, die das Gegenteil behaupten, lautete das Fazit des Historikers Paul K. Conkin: „Es scheint nun nahezu sicher (vollständige Gewissheit kann man in diesen Fragen nie erzielen), dass drei und vielleicht sogar alle vier Evangelien vor 100 n. Chr. geschrieben wurden, dass die Kirchen sie frühzeitig als authentisch akzeptierten, dass die überlieferten und kritisch verglichenen Texte den Originalen ziemlich nahe kamen, dass die Verfasser vermutlich direkt von den Aposteln beeinflusst wurden […] und dass andere frühe, konkurrierende, hauptsächlich gnostisch beeinflusste Evangelien im streng wissenschaftlichen Sinn weit weniger Glaubwürdigkeit besaßen."

Das Neue Testament war einfach gestrickt und doch tiefsinnig. In einfachem, aber kräftigem Griechisch verfasst, war es eines der wenigen Werke, die nicht von Aristokraten für Aristokraten geschrieben waren. Das Neue Testament war einfach genug gehalten, dass die Analphabeten in den Gemeinden es leicht verstehen konnten, wenn es von den lesekundigen Mitgliedern vorgelesen wurde. Dennoch war seine Weisheit tiefgründig genug, um Intellektuelle wie Augustinus zu beschäftigen, der über das Neue Testament schrieb: „Obwohl es jedermann leicht zugänglich ist, verbirgt es doch seine großartige Rätselhaftigkeit unter einem tieferen

Sinn; während es durch klare Sprache und einfachen Stil jedermann anspricht, beschäftigt es dennoch das aufmerksame Studium jener, die geistig nicht minderbemittelt sind.“ Eine der interessantesten Passagen aus den *Bekenntnissen* des Augustinus ist sein Bericht darüber, wie er anfangs die Schriften als minderwertig im Vergleich zu den Werken eines Cicero oder anderer klassischer Autoren hielt, eine Einstellung, von der er behauptete, dass sie mehr über seine eigene Überheblichkeit und Torheit – seinen Unwillen, vom demütigen Jesus zu lernen – aussage als über die Bibel. Wie die meisten eingebildeten Intellektuellen hatte Augustinus angenommen, dass Bücher genau in dem Maße tiefsinnig seien, wie ihr Stil sie der breiten Masse unzugänglich mache. Bei näherem Hinsehen jedoch hatte er herausgefunden, dass die Heilige Schrift alle Wahrheiten der klassischen Philosophen enthielt, ohne ihre Fehler zu begehen – und das noch mit dem zusätzlichen Nutzen der Erlösung, die nur Jesus bringen konnte. Mit Blick auf die klassische Literatur fasste Augustinus zusammen:

„Jene Seiten zeigen nicht die Selbstbeherrschung der Frömmigkeit, die Tränen der Beichte, dein Opfer, einen verwirrten Geist, ein reuiges und demütiges Herz, die Erlösung eines Volkes, die verheißene Stadt, die Verheißung des Heiligen Geistes oder den Kelch unserer Erlösung [...]. Es ist eine Sache, von einem bewaldeten Berggipfel das Land des Friedens zu sehen und nicht den Weg dahin zu finden und vergeblich über unwegsames Land zu streifen [...] und es ist eine ganz andere Sache, auf dem Weg zu bleiben, der dorthin führt und den die Sorge des himmlischen Herrn sicher macht.“

Klassische Texte hatten Augustinus die Schönheit der Tugend gezeigt und ihm eine Vision des Friedens eröffnet, hatten ihn damit aber nur frustriert, weil er unfähig war, diese Segnungen zu erreichen. Es war die einfache, aber tiefsinnige Heilige Schrift, die törichte Intellektuelle so gering achteten, die ihm den Weg zur Erlösung offenbart hatte.

Die sorgfältig gewählten Gleichnisse Jesu waren besonders geeignet, die ganze Bedeutung der Liebe Gottes einer antiken Menge von Bauern und Hirten zu erschließen. Jesus erklärte die Notwendigkeit seines eigenen Todes folgendermaßen:

„Wenn einer von euch hundert Schafe hat und eines davon verliert, lässt er dann nicht die neunundneunzig in der Steppe zurück und geht dem verlorenen nach, bis er es findet? Und wenn er es gefunden hat, nimmt er es voll Freude auf die Schultern, und wenn er nach Hause kommt, ruft er seine Freunde und Nachbarn zusammen und sagt zu ihnen: Freut euch mit mir; ich habe mein Schaf wiedergefunden, das verloren war. Ich sage euch: Ebenso wird auch im Himmel mehr Freude herrschen über einen einzigen Sünder, der umkehrt, als über neunundneunzig Gerechte, die es nicht nötig haben umzukehren“ (Lukas 15:4–7).

Angefüllt mit solchen Schätzen eroberte das Neue Testament das Römische Reich.

Vielleicht am wichtigsten war, dass das Christentum die erste Religion war, die Liebe in ihren Mittelpunkt stellte. Während ältere Religionen Liebe wohl in ihrer Theologie hatten, hatte keine andere sie zum zentralen Gebot für ihre Gläubigen gemacht. Jesus zufolge ließen sich die Zehn Gebote in zwei Sätzen zusammenfassen: Liebe Gott mit ganzem Herzen, ganzer Seele und ganzem Verstand, und liebe deinen Nächsten wie dich selbst (Matthäus 22:37–39).

Liebe ist das einzige Thema, das wie ein roter Faden jedes Buch des Neuen Testaments durchzieht. In einem berühmten Abschnitt erklärt Jesus: „Denn Gott hat die Welt so sehr geliebt, dass er seinen einzigen Sohn hingab, damit jeder, der an ihn glaubt, nicht zugrunde geht" (Johannes 3:16). Johannes schreibt auch: „Wer nicht liebt, hat Gott nicht erkannt; denn Gott ist die Liebe [...]. Liebe Brüder, weil Gott uns so sehr geliebt hat, müssen auch wir einander lieben" (1 Johannes 4:8, 11). Paulus schrieb: „Denn ich bin gewiss: Weder Tod noch Leben, weder Engel noch Mächte, weder Gegenwärtiges noch Zukünftiges, weder Gewalten der Höhe oder Tiefe noch irgendeine andere Kreatur können uns scheiden von der Liebe Gottes, die in Christus Jesus ist, unserem Herrn" (Römer 8:38). Paulus fügte hinzu: „Die Gebote [...] sind in dem einen Satz zusammengefasst: ‚Du sollst deinen Nächsten lieben wie dich selbst.' Die Liebe tut dem Nächsten nichts Böses. Also ist die Liebe die Erfüllung des Gesetzes" (Römer 13:9–10). Er schrieb auch:

„Wenn ich in den Sprachen der Menschen und Engel redete, hätte aber die Liebe nicht, wäre ich dröhnendes Erz oder eine lärmende Pauke. Und wenn ich prophetisch reden könnte und alle Geheimnisse wüsste und alle Erkenntnis hätte; wenn ich alle Glaubenskraft besäße und Berge damit versetzen könnte, hätte aber die Liebe nicht, wäre ich nichts. Und wenn ich meine ganze Habe verschenkte, und wenn ich meinen Leib dem Feuer übergäbe, hätte aber die Liebe nicht, nützte es mir nichts. Die Liebe ist langmütig, die Liebe ist gütig. Sie ereifert sich nicht, sie prahlt nicht, sie bläht sich nicht auf. Sie handelt nicht ungehörig, sucht nicht ihren Vorteil, lässt sich nicht zum Zorn reizen, trägt das Böse nicht nach. Sie freut sich nicht über das Unrecht, sondern freut sich an der Wahrheit [...]. Für jetzt bleiben Glaube, Hoffnung, Liebe, diese drei; doch am größten unter ihnen ist die Liebe" (1 Korinther 13:1–6, 13).

Augustinus schrieb: „Lasst sie alle das Zeichen des Kreuzes tragen, lasst sie alle Amen sagen, Halleluja singen, lasst sie alle sich taufen, zur Kirche gehen und Basiliken errichten – es gibt nichts, was die Kinder Gottes so vom Teufel unterscheidet wie die Liebe allein." Als schönes und universelles Gefühl erwies sich die Liebe als ideale Grundlage für eine Religion – und nicht nur in der grausamen Zeit des spätrömischen Reiches.

Das Christentum besaß einen Sinn für Warmherzigkeit und Wohlwollen, der den kalten Pflichtenkatalogen des Stoizismus und anderer philosophischer Richtungen des Altertums nicht eigen war. Obwohl das christliche Gebot, den Nächsten zu lieben, weitaus schwieriger zu befolgen war als die antike Verpflichtung, einfach die Schädigung anderer zu vermeiden, war es emotional weitaus erfüllender. Muster antiker Tugend waren in vielerlei Hinsicht bewundernswürdige Typen: ehrlich, hart arbeitend und selbstdiszipliniert – Männer von eherner Integrität, fast gottgleich nach dem Maßstab ihrer Zeit. Aber es gab wenig an ihnen, was das Herz ergriff. Die antike Ethik war Gerechtigkeit, nicht Liebe oder Gnade. Männer wie Cato der Ältere würden anderen jederzeit das ihnen Zukommende geben. Aber sie würden nicht lächeln, während sie es taten, und sie würden nicht ein Quentchen mehr geben. Und man konnte sicher sein, dass sie auf ihrem Anteil bestehen würden und ihn, falls nötig, mit rechtschaffener Grausamkeit verteidigen würden.

Zum Christentum überzutreten hingegen bedeutete, sich einer Familie anzuschließen, die physische, wirtschaftliche und emotionale Unterstützung in einer außerordentlich bedrückenden Zeit gab. Die frühen Christen teilten ihr Vermögen großzügig mit Witwen, Waisen, Alten, Arbeitslosen, Invaliden und Kranken. Sie setzten ihr Leben aufs Spiel, um für Opfer von Seuchen und anderen Naturkatastrophen zu sorgen, während die Heiden flüchteten. Sie lösten einander bei barbarischen Menschenräubern aus, teilten ihr Brot in Hungersnöten und besuchten Gefangene und Bergarbeiter, die bemitleidenswertesten aller Sklaven. Eine Gruppe von Christen in Rom verkaufte sich sogar selbst in die Sklaverei, um das Geld aufzubringen, um ihre Brüder aus der Gefangenschaft freizukaufen. Sie sorgten für Armenbegräbnisse und gewährten Reisenden Obdach. Selbst der ihnen feindliche Kaiser Julian, den die Christen „den Abtrünnigen“ nannten, klagte: „Diese gottlosen Galiläer nähren nicht nur ihre eigenen Armen, sondern auch andere, während wir unsere eigenen vernachlässigen.“ Der christliche Gemeinsinn, den gemeinschaftliche Rituale, ein gemeinsamer Lebensstil und die gemeinsame Bedrohung durch Verfolgung bekräftigten, gab Christen eine Identität, die vermutlich wichtiger war als die materielle Sicherheit, welche die Mitgliedschaft in der christlichen Kirche bot. Tertullian sagte: „Wir teilen alles außer unsere Frauen“ – im Gegensatz zur übrigen römischen Gesellschaft, so scherzte er, wo die meisten nichts anderes teilten.

Während die ethischen Grundsätze des Christentums und der antiken Philosophie ähnlich waren, wichen sie in einigen signifikanten Punkten voneinander ab, und die christlichen und heidnisch-antiken Vorstellungen über den Zweck ethischen Verhaltens unterschieden sich sogar markant. Der Historiker Forrest McDonald erklärt den Unterschied zwischen einem „Religionsmenschen“ und einem „Ehrenmann“ (in unserem Zusammenhang einem orthodoxen Christen und einem heidnischen Philosophen) folgendermaßen: „Der eine hält Laster für ein Vergehen gegen das göttliche Wesen, der andere als etwas unter seiner Würde.“ Für den heidnischen Philosphen (den Ehrenmann) wurde Tugend in diesem Leben belohnt durch Selbstachtung und die Achtung der anderen. Der Christ hingegen (der Religionsmensch) erstrebte seine Belohnung ausschließlich im Jenseits, erwartete in der Nachfolge Christi in dieser sündhaften Welt nur Verfolgung und hielt die Ehrsucht für ein Laster. Im Christentum ersetzte die Suche nach dem Paradies die heidnische Suche nach Ehre und Ruhm.

Die Christen unterschieden sich von den heidnischen Philosophen noch deutlicher dadurch, dass sie Demut priesen. Während Griechen und Römer Eitelkeit niemals für ein Laster hielten und klassische Helden wie Odysseus an Eitelkeit kaum zu überbieten waren, hielten Christen Stolz für die größte Sünde, eine Art Gotteslästerung. Eitelkeit stand auch mit dem christlichen Dogma von der Bedeutungslosigkeit des Erfolgs in dieser Welt in Konflikt, verglichen mit der überragenden Bedeutung, die das ewige Jenseits besaß. Das Christentum lehrte, Gott habe nicht allein sich selbst erniedrigt, indem er ein Mensch wurde, sondern sogar den niederen Stand eines Zimmermannssohns angenommen. Mit welchem Recht konnten also einfache Menschen eitel sein? In der Bergpredigt verkündete Jesus: „Selig sind die, die keine Gewalt anwenden; denn sie werden das Land erben“ (Matthäus 5:5). Paulus gebot: „Sei daher nicht überheblich, sondern fürchte dich!“ (Römer 11:20). Augustinus schloss: „Und deshalb ist Demut besonders empfehlenswert für den Gottesstaat, weil sie in dieser Welt ruht und besonders an der Person Christi, des Königs, deutlich wird, während das entgegengesetzte Laster des Stolzes, nach dem Zeugnis der Heiligen Schrift, besonders seinen Gegner, den Teufel, beherrscht.“ Augustinus legte dar, dass heidnische Tugend dadurch, dass sie in unziemlicher Weise die Anerkennung der eigenen Sündhaftigkeit und die Bitte um göttlichen Beistand durch Selbstlob und den Beifall der anderen ersetzte, selbst ein Laster werden könne, eine stolze Form der Selbstliebe. Wie die Juden waren die Christen entsetzt über die heidnische Vorstellung, die Götter unterschieden sich von den Menschen allein durch ihre größere Macht und ihre Unsterblichkeit. Die Heiden, die in Ermangelung jeglicher Lehre von Erbsünde und mit den überlieferten Geschichten von egoistischen, zweitrangigen Göttern aufgewachsen waren, behaupteten: „Der Mensch ist ein sterblicher Gott und Gott ein unsterblicher Mensch.“ Während die jüdisch-christliche Tradition einen wesentlich größeren Abstand zwischen dem Wesen Gottes und jenem der Menschen postulierte als die heidnische Tradition, propagierte sie einen erheblich kleineren Abstand in Gefühlsfragen, da der jüdisch-christliche Gott, anders als die egoistischen Götter der Griechen, die Menschheit liebte.

Aber gläubige Christen (darunter der Verfasser, um der Wahrheit die Ehre zu geben) wären unbefriedigt mit dieser ausschließlichen Betonung rein diesseitiger Ursachen für den Aufstieg des Christentums. Gläubige Christen bestehen darauf, dass diese großartige Bewegung hauptsächlich das Werk des Heiligen Geistes ist, der die menschlichen Herzen rührt. Christen glauben, dass, seitdem der Heilige Geist zum ersten Mal zu Pfingsten den Aposteln erschienen ist und als Menschen aus verschiedenen Ländern die Apostel mit großer Redegewandtheit – jeder in seiner eigenen Sprache – vernahmen, der Heilige Geist als Wächter über die Kirche zu wirken begann, bis zur Wiederkehr des Messias.

Das Vermächtnis des Paulus

Das Christentum hat einen so großen Einfluss auf die abendländische Kultur, dass es tief ins Wertesystem und Verhalten selbst jener Menschen eingebettet bleibt, die nicht mehr an seine Lehren glauben. Obwohl Christen in der Praxis häufig versagt haben (in manchen Fällen extrem versagt haben), die hohen Ideale, die im Mittelpunkt ihrer Religion stehen, auch zu leben, haben diese Ideale doch fast sicher die abendländische Gesellschaft menschlicher gemacht, als sie es sonst wäre. Obwohl manche Historiker das Christentum als Ursache von Kreuzzügen, Inquisition, Pogromen und Hexenjagden brandmarken, kann keine dieser entsetzlichen Entartungen des Christentums sich auf einen einzigen Vers des Neuen Testaments berufen. Im Gegenteil, Jesus wies seine Schüler an: „Liebt eure Feinde und betet für die, die euch verfolgen“ (Matthäus 5:44).

Obwohl die Beiträge des Christentums zur Geschichte des Abendlands zu vielfältig sind, um hier aufgezählt zu werden, sind der Amerikanische Unabhängigkeitskrieg und die Abschaffung der Sklaverei zwei der bedeutendsten. Die *Große Erweckung* (ca. 1730–1760), eine protestantische Erneuerungsbewegung, war so schicksalhaft für den Unabhängigkeitskrieg wie die antike Demokratie. Viele der Soldaten, welche die Reihen der Bundesarmee und der Milizen der Einzelstaaten füllten, hatten keinen Zugang zu der klassischen Bildung, welche die wohlhabenderen Gründerväter auszeichnete. Aber sie hörten regelmäßig Predigten, welche die Notwendigkeit betonten, der moralischen Verderbtheit der Briten zu entrinnen und eine neue Nation zu bilden, die als „Stadt auf dem Hügel“, als Modell für die Welt fungieren solle (den Begriff benutzte zuerst Jesus in der Bergpredigt – „Ihr seid das Licht der Welt. Eine Stadt, die auf einem Berg liegt, kann nicht verborgen bleiben“ [Matthäus 5:14] –, bevor ihn

John Winthrop übernahm, um die frühen puritanischen Siedler mit einem Gefühl der Mission zu erfüllen). Obwohl Thomas Jeffersons eigene Theologie unorthodox war, erkannte er an, dass die vorrevolutionären Predigten sich „wie ein Elektroschock" durch Virginia verbreiteten. Inspiriert von der Erneuerungsidee der Großen Erweckung, waren die amerikanischen Kleriker unter den ersten und glühendsten Vorkämpfern der amerikanischen Unabhängigkeit.

Während Gläubige fast aller Religionsgemeinschaften früher oder später Sklaven hielten, war es eine Gruppe britischer und amerikanischer evangelischer Christen, welche die Bewegung anführten, die zur Beendigung der Sklaverei im modernen Westen führte. Der erste große Sieg der Abolitionisten (Gegner der Sklaverei) ereignete sich, als das britische Parlament die Sklaverei in allen britischen Besitzungen untersagte (1833). Diese Errungenschaft war das Ergebnis herkulischer Anstrengungen von William Wilberforce und anderen Protestanten. In den Vereinigten Staaten brachte die Zweite Große Erweckung eine ganze Riege von Abolitionisten hervor, darunter William Lloyd Garrison, Theodore Weld, Lewis Tappan, Sarah Grimke und Herriet Beecher Stowe. Obwohl sie anfangs selbst in den Nordstaaten so unpopulär waren, dass sie dauernd mit Gewaltanwendung bedroht wurden, blieben diese Protestanten standhaft und sammelten allmählich so viel Unterstützung für ihre Sache, dass Abraham Lincoln, obwohl er den Bürgerkrieg ausfocht, um die Union zu retten, im Stande war, die Befreiungserklärung als eine Maßnahme ins Auge zu fassen, die der Union Einigkeit und nicht Zwietracht bescheren würde.

Wenn Paulus von Tarsos das Christentum nicht zu den Heiden gebracht hätte, hätte es nicht überlebt, um seine Schlüsselrolle in der abendländischen Geschichte zu spielen. Die Freiheit vieler, vielleicht aller Amerikaner hätte niemals gesichert werden können, und die umstrittene, aber wichtige Rolle der Nation als „Stadt auf dem Hügel" – die, in jüngster Zeit, in der Verbreitung der Demokratie über weite Teile der Welt gipfelte – hätte unbesetzt bleiben müssen.

Augustinus
Christlicher Theologe

12

Augustinus war römischer Bürger aus der Stadt Hippo Regius (jetzt Bona) in Nordafrika und der größte Theologe der frühen christlichen Kirche. Augustinus' größter theologischer Traktat *Über den Gottesstaat* half nicht nur dem Christentum, eine möglicherweise verhängnisvolle Krise zur Zeit seiner Publikation zu überwinden, er machte Augustinus auch für ein halbes Jahrtausend zum maßgeblichen christlichen Theologen. Ferner übte Augustinus' Schrifttum einen bedeutenden Einfluss auf die protestantischen Reformatoren des 16. Jahrhunderts aus. Seine zutiefst persönlichen *Bekenntnisse* bleiben ein Klassiker der abendländischen Literatur.

Der Niedergang des Römischen Reiches

Politischer Niedergang

Augustinus' Beitrag zum Erfolg des Christentums bleibt unverständlich ohne einen Blick auf den Niedergang des Römischen Reiches – ein Prozess, der schon anderthalb Jahrhunderte vor ihm eingesetzt hatte. Einige unkonventionelle Theorien haben unlängst die Ansicht vertreten, dass die römische Zivilisation durch Krankheit ausgelöscht wurde, wegen Bleivergiftung (Bleirohre wurden für die Wasserleitungen benutzt) oder wegen einer Abkühlung des Weltklimas, die Hungersnot zur Folge hatte. Obwohl es oft schwer ist, in einer so schwerkranken Gesellschaft wie der des späten Römischen Reiches Ursache und Wirkung auseinander zu halten, scheint das Leiden, das am Ende dem Reich den Garaus machte, politischer Natur gewesen zu sein. Die permanente Kriegführung zwischen rivalisierenden, nach dem Thron strebenden Feldherren höhlte die römische Wirtschaft und den Patriotismus aus, welche die wichtigste Quelle gewesen waren, aus der die Römer ihre Stärke geschöpft hatten.

Zur Zeit des Kaisers Commodus (Lucius Aelius Aurelius Commodus, 180–192) setzte der Verfall des Römischen Reiches ein. Commodus war der Sohn des tugendhaften Marcus Aurelius, teilte jedoch nicht viele Charakterzüge mit seinem Vater. (Ein Römer schrieb über Marcus Aurelius: „Er fügte seinem Land nur einen Schaden zu – er hatte einen Sohn.") Commodus behandelte seine Untertanen brutal und ermordete viele von ihnen, um anschließend ihren Besitz zu beschlagnahmen. Er liebte es, als

Gladiator aufzutreten und mit dem Speer und mit Pfeil und Bogen Hunderte von wilden Tieren und Menschen in der Arena zu töten. Wie Caligula verlangte Commodus, dass seine Untertanen ihn als Gott verehrten und wie Caligula wurde er anschließend von seinem eigenen Prätorianerpräfekten ermordet – unter Beihilfe von Commodus' Maitresse und einem Berufsringer. Die Maitresse vergiftete seinen Wein, während der Ringkämpfer, um auf Nummer sicher zu gehen, in das Schlafzimmer des Kaisers eindrang und ihn strangulierte.

Nach Commodus' Ermordung wurde der tugendhafte Pertinax (Publius Helvius Pertinax, 192), der ein Freund des Marcus Aurelius gewesen war, Kaiser. Seine Herrschaft dauerte nur 86 Tage. Als die Prätorianergarde gegen ihn marschierte, ging er den Wachen entgegen, um sie an den heiligen Eid zu erinnern, den sie ihm geschworen hatten. Für einen Moment beugten sie beschämt den Kopf. Jemand hob dann sein Schwert und führte den ersten Hieb gegen den Kaiser. Die anderen zogen nach. Nach seiner Ermordung wurde sein Kopf auf einer Lanze herumgetragen. Da es keinen sich von selbst anbietenden Nachfolger gab, offerierte die Prätorianergarde das Reich dem Meistbietenden. Didius Julianus gewann die Auktion, ein entsetzlicher Bürgerkrieg folgte jedoch darauf.

Der nordafrikanische Feldherr Lucius Septimius Severus (193–211) behauptete sich in diesem Bürgerkrieg, indem er seinen Rivalen schmeichelte und sie dann verriet sowie seinem Heer in Dalmatien als Bestechung doppelt so viel wie Julianus der Garde bezahlte. Sobald er die Macht hatte, reorganisierte Severus die Prätorianergarde und übertrug die Kontrolle über die Finanzen, die Provinzen und das Recht seinem Prätorianerpräfekten. Obwohl Severus die Stärke des Heeres dramatisch erhöhte, gelang es ihm nicht, auch seine Wirksamkeit zu erhöhen. Die schottischen Stämme hatten leichtes Spiel, die unter einem schlechten Stern stehende Eroberung ihrer Heimat abzuwehren. Als er in York (in Nordengland) war, fasste Severus die herrschende Philosophie der Kaiser des 3. Jahrhunderts für die Nachwelt zusammen: „Sorgt für das Heer, und alle anderen werden für sich selbst sorgen."

Obwohl Severus Marcus Aurelius dafür kritisiert hatte, dass er seinem nichtswürdigen Sohn erlaubt hatte, Kaiser zu werden, machte Severus selbst denselben Fehler mit seinem Sohn Caracalla (211–217). Caracallas wirklicher Name war Marcus Aurelius Antoninus; Caracalla war ein Spitzname, der von der keltischen Bezeichnung für ein langes Gewand abgeleitet war, das er in Rom einführte. Im Gegensatz zu den meisten Kaisern, die idealisierte Bildnisse von sich selbst bestellten, ließ Caracalla seine Künstler ihn als grimmigen Menschen darstellen, um seinem Ruf als unbarmherziger und grausamer Herrscher Geltung zu verleihen. Nachdem er seinen jüngeren Bruder, mit dem er die Herrschaft teilte, hinterrücks ermordet und Tausende Anhänger seines Bruders niedergemetzelt hatte, führte er den Staatsbankrott herbei, um das Heer zu bestechen – eine doppelte Torheit, die einen Soldaten nicht davon abhielt, ihn zu ermorden.

Marcus Opelius Macrinus (217–218), Caracallas Verwandter und Nachfolger, wurde vom Heer, nicht vom Senat, zum Kaiser gewählt, und vom halbwüchsigen Antoninus (218–222), der sich seinen Vater Caracalla zum Vorbild nahm, besiegt und entthront. Antoninus kleidete sich wie ein Perserkönig; er hüllte sich in wallende Seidengewänder, die mit Gold bestickt und mit Edelsteinen verziert waren. Er trug ferner eine Tiara, Wimperntusche und Make-up. Er nahm den Namen „Heliogabalus" an, nach dem Sonnengott, den er zu seinem Schutzgott erkoren hatte. Die Wissenschaft des Vergnügens war die einzige, die Heliogabalus pflegte. Die Prätorianer, von denen Heliogabalus einige hingerichtet hatte, ermordeten ihn und warfen seinen Leichnam in den Tiber.

Heliogabalus' Cousin Alexander Severus (222–235) wurde als 17-Jähriger Kaiser, jedoch führte in Wirklichkeit Alexanders Großmutter Mammea, unterstützt durch einen Rat aus 16 Senatoren, während der frühen Jahre seiner Herrschaft die Regentschaft. 235 tötete ihn das Heer aus Unzufriedenheit über Alexanders Entscheidung, die Alemannen zu bestechen, einen germanischen Stamm, gegen den die Römer am Rhein kämpften.

In den 49 Jahren zwischen Alexanders Tod, dem letzten Kaiser der severischen Dynastie, und der Herrschaft Diocletians gab es 26 Kaiser, von denen ein Einziger eines natürlichen Todes starb. Fast alle diese Kaiser erlitten einen gewaltsamen Tod durch genau die Soldaten, die sie auf den Thron gesetzt hatten. Es gab kein geeignetes System der Thronfolge, und „Kasernenkaiser" (Feldherren) terrorisierten das Volk. Teile Galliens und Syriens nutzten das Chaos aus und trennten sich zeitweise mit Erfolg vom Reich. Selbst im späten 3. und im 4. Jahrhundert, als die dynastische Erbfolge stabiler war, machte permanenter Krieg zwischen rivalisierenden Feldherren und deren Heeren es Rom unmöglich, sich gegen einfallende Stämme zu verteidigen.

Wirtschaftlicher Niedergang

Die Unfähigkeit der Kaiser, das Heer im Griff zu halten, steuerte das Ihre zur wirtschaftlichen Krise des späten Reiches bei. Die Kaiser mussten oft dem Volk außergewöhnlich hohe Steuern auferlegen, um die immer höheren Bestechungssummen zu zahlen, die nötig waren, um das Heer und seine Feldherren zufrieden zu halten, obwohl keine Summe jemals hoch genug war, um die unendlichen Usurpationen abzuwenden. Als 212 Caracalla verfügte, dass jeder freie Mann im Römischen Reich ab sofort ein Bürger war, war sein Ziel hauptsächlich, den neuen Bürgern die Erbschaftssteuer abzupressen (eine nur für Bürger bestimmte Steuer), die der

Kaiser sogleich verdoppelte. Über diese offizielle Steuer hinaus gab es eine inoffizielle Abgabe: Korrupte Beamte verlangten oft Schutzgelder von den Bürgern. Der Historiker Edward Gibbon schrieb: „Die römische Herrschaft schien ihren Feinden von Tag zu Tag weniger Furcht erregend und ihren Untertanen hassenswerter. Die Steuern vervielfachten sich mit der öffentlichen Not; die Wirtschaft wurde vernachlässigt, je wichtiger sie wurde; und die Ungerechtigkeit der Reichen verlagerte die ungleiche Last von den Wohlhabenden auf das Volk [...]. Sie [das Volk] schworen der Bezeichnung römische Bürger ab und verabscheuten sie, die früher den Ehrgeiz der Menschheit angestachelt hatte."

Als selbst die hohen Steuern sich als unzureichend erwiesen, die erforderlichen Einnahmen zu beschaffen, werteten die Kaiser (Severus als Erster) die Währung ab, eine Form der Besteuerung durch Inflation. Die daraus erwachsende Hyperinflation ließ die Menschen Silber horten, was zur weiteren Entwertung der Währung führte, die ihrerseits die Inflation anheizte. Um das 5. Jahrhundert bestanden Roms „Silbermünzen" aus weniger als 2% Silber; die Reichsregierung weigerte sich, das eigene Geld als Steuergelder anzunehmen, und verlangte stattdessen Zahlung in Naturalien. Die Waren wurden an die Soldaten als „Sondervergütungen" verteilt, da die Inflation ihren Sold dezimiert hatte. Die Hyperinflation schreckte von jeder Form wirtschaftlicher Tätigkeit ab und verursachte einen Rückgang der Bevölkerung in den westlichen Städten: Mitglieder der mittleren und unteren Schichten waren gezwungen, auf große Landgüter zu ziehen, um dort Leibeigene (*coloni*) der Adligen zu werden.

Im Gegensatz zu einer verbreiteten Ansicht setzte der Feudalismus nicht erst im Mittelalter ein, sondern bereits im späten Römischen Reich (obwohl der Zusammenbruch des Reiches ihn verschärfte, weil jedes Gebiet nun noch stärker zu militärischer und wirtschaftlicher Selbstversorgung gezwungen war). Am Anfang des 4. Jahrhunderts nötigte der Kaiser Diocletian die Söhne der Handwerker, in derselben Stadt zu bleiben und denselben Beruf wie ihre Väter auszuüben, als Teil eines Versuchs, das Steueraufkommen zu sichern. Kurz danach erklärte Konstantin, weder Kolonen noch ihre Kinder dürften ihre Scholle verlassen. Binnen kurzer Zeit durfte auch keine Tochter oder kein Sohn außerhalb der Zunft heiraten. Obwohl die Kaiser diese Edikte nicht immer durchsetzen konnten, bezeichneten sie doch die Anfänge des mittelalterlichen Feudalsystems.

Natürlich trugen noch andere Faktoren zum wirtschaftlichen Zusammenbruch Roms bei. Das Ende der territorialen Expansion behinderte die Neuerschließung von Reichtümern und Märkten und hemmte so das wirtschaftliche Wachstum. Rom brachte ferner nur wenige technologische Verbesserungen im Bereich des Gewerbes, des Transports und der Landwirtschaft hervor. Haupttransportmittel auf dem Lande blieb der kleine Ochsenkarren, der die Menge der zu transportierenden Güter begrenzte. Einige Straßen wurden dem Verfall überlassen. Die Verschlechterung des Landtransports trug dazu bei, dass Binnenprovinzen immer isolierter und primitiver wurden. (Selbst in den besten Zeiten war es allgemein billiger gewesen, Güter von einer Ecke des Mittelmeers zur anderen per Schiff zu transportieren, als sie nur 100 km mit Karren ins Landesinnere zu befördern.) Als der Gütertransport unzuverlässiger wurde, setzten große Landgüter immer mehr auf Selbstversorgung, beschränkten damit den Handel und schadeten den Städten. Grundbesitzer, die früher in der Stadt lebten, verließen die Städte, um sich endgültig auf ihrem Landgut niederzulassen. Mit wenigen Ausnahmen verfiel die allgemeine Qualität des Handwerks.

Da sie über reichlich vorhandene Arbeitskräfte verfügten, hatten die Großgrundbesitzer kaum das Bedürfnis, landwirtschaftliche Technologien und Techniken zu verbessern. Man glaubte sogar lange Zeit, dass Arbeit sparende Maßnahmen schlecht für die Gesellschaft seien, weil sie Beschäftigungslose auf dumme Gedanken kommen ließen. Als ein Ingenieur angeboten hatte, einige Säulen zu ermäßigtem Preis unter Benutzung eines Arbeit sparenden Gerätes, das er erfunden hatte, bis zum Kapitol hinaufzubefördern, bezahlte ihn der Kaiser Vespasian (68–79), lehnte jedoch sein Angebot ab mit der Erklärung: „Ich muss immer sicherstellen, dass die Arbeiter genug verdienen, um Nahrung für sich zu kaufen." Wie die meisten Römer betrachtete der Kaiser Arbeitslosigkeit als unvermeidliche Folge rationalisierender Technologie.

Der psychologische Niedergang

Das Chaos, die Zerstörung und die Inflation, die Folgen des Bürgerkriegs waren, höhlten traditionelle Werte der römischen Gesellschaft wie Selbstvertrauen und Patriotismus aus. Viele Römer verabschiedeten sich vom Heer und aus der Politik. Im Großen und Ganzen widmeten sie sich der Religion als Trost. Die Kulte des römischen Bacchus (Dionysos), des persischen (ursprünglich indischen) Mithras, der phrygischen Kybele und der ägyptischen Isis gewannen innerhalb des Reiches zahlreiche Anhänger.

Wie die anderen Religionen zog auch das Christentum Nutzen aus der psychologischen Krise. Die christliche Religion trug jedoch auch dazu bei, das Reich zugrunde zu richten, indem sie viele intelligente und dringend benötigte Römer von einer führenden politischen Tätigkeit in einen Lebensstil zog, der sich der Askese und dem Leben nach dem Tod verschrieben hatte. (Das Christentum mag auch die wirtschaftliche Krise verschlimmert haben; ein Großteil des privaten und Teile des öffentlichen Vermögens fielen in der Spätantike an die Kirche, die von den Steuern befreit war, die für die Finanzierung der militärischen Verteidigung nötig waren, und deren Klerus keinen Militärdienst leistete. Einige heidnische Senatoren schlossen sich sogar, um dem Kriegsdienst zu entrinnen, der Kirche an und wurden Bischöfe.) In den Worten Peter Browns: „Der vielleicht wesentlichste Grund für das Scheitern der Zentralregierung in den Jahren zwischen 380 und 420 war, dass die zwei Hauptgruppen der lateinischen Welt – die Senatsaristokratie und die katholische Kirche – ihr Schicksal von dem des römischen Heeres, das sie verteidigte, abkoppelten." Während die demoralisierten Senatoren sich, so gut sie konnten, von dem zusammenbrechenden Reich abwandten, blickte die Kirche über dieses Leben hinaus auf das nächste.

Die Krise wirkte auch auf die römische Kunst. Die äußerliche, materielle Welt wurde nicht mehr als Ursprung von Schönheit und Wahrheit, sondern von Verwirrung und Täuschung betrachtet. Die Römer richteten sich innerlich auf die geistige Welt. Porträtbüsten stellten nunmehr Menschen mit einem in die Ferne gerichteten Blick dar, als ob sie über diese Welt hinaus in die Ewigkeit schauten. Spätrömische Kunst wurde weniger realistisch und abstrakter. Das individuelle Detail wich in der Darstellung zurück zugunsten der allgemeinen Typen, da Künstler sich auf die Schilderung universeller, abstrakter Wahrheiten konzentrierten.

Der militärische Niedergang

Diese politische, wirtschaftliche und psychologische Krise beschwor eine militärische Krise herauf, die sich als verhängnisvoll für das Reich erwies. Das Fehlen von Selbstvertrauen und Patriotismus, welche stets die Grundlage des militärischen Erfolgs der Römer ausgemacht hatten, führte dazu, dass sich die Kaiser immer mehr auf fremdstämmige Legionäre und Söldner verließen – ein typisches Indiz für eine Macht im Niedergang. Römische Soldaten der späten Kaiserzeit waren so undiszipliniert, dass sie sich manchmal weigerten, Panzer und Helme oder schwere Waffen zu tragen, und sobald sie dazu gezwungen wurden, desertierten sie. In einigen Fällen schnitten Römer sich den eigenen Daumen ab, um den Militärdienst zu umgehen. Gibbon schrieb: „Die Rekrutierung der Barbaren für die römischen Heere wurde von Tag zu Tag allgegenwärtiger, unerlässlicher und verhängnisvoller." Obwohl schon frühere Kaiser fremdstämmige Legionäre und Söldner beschäftigt hatten, machten Nichtrömer (hauptsächlich germanische Stammeskrieger) bis ins 3. Jahrhundert nicht die Mehrheit des römischen Heeres aus. Die Fremden waren allgemein weniger loyal und zuverlässig als die römischen Bürger. Sie kämpften nicht wie die früheren römischen Soldaten um das eigene Land oder darum, ein Ideal zu verteidigen.

Als Folge der psychologischen Krise erlitten die Römer eine Reihe militärischer Katastrophen. Nachdem sie die Parther niedergeworfen hatten, besiegten 231 die Perser das römische Heer und versetzten den östlichen

Teil des Reiches in Angst und Schrecken. 251 überquerten die germanischen Goten die Donau und drangen nach Dakien (Rumänien) ein, besiegten ein römisches Heer, terrorisierten den Balkan, bedrohten Italien und brachten durch Piraterie den Handel im östlichen Mittelmeer zu einem abrupten Stillstand. Vom Erfolg der Goten beflügelt, erhielten die römischen Piraten Zulauf und behinderten den Handel noch stärker. 267–268 plünderten die Heruler, ein germanischer Stamm aus Südrussland, die Küsten des Schwarzen Meeres und der Ägäis und brannten Ephesos und Athen nieder. Die Athener drängten sich nun um die Akropolis, wie ihre Vorfahren in Griechenlands Dunklem Zeitalter vor über tausend Jahren. Die Perser und Germanen hatten Roms Schwächen offenbart, das Reich hielt sich jedoch noch zwei Jahrhunderte aufrecht, bis eine noch verhängnisvollere Bedrohung heraufzog.

Zwei Kaisern, der eine ein Christenverfolger, der andere ein zum Christentum Bekehrter, gelang es, den Niedergang des kränkelnden Reiches etwas zu verzögern. Diocletian (Gaius Aurelius Valerius Diocletianus, 284–305) stammte aus Dalmatien und kam aus bescheidenen Verhältnissen. Er bereiste persönlich das Reich auf der Suche nach guten Feldherren und wie Marcus Aurelius kämpfte er an allen Grenzen. Er teilte das römische Heer in bewegliche und ortsfeste Einheiten und errichtete von Ägypten bis Persien eine Kette mit Vorräten gut versorgter Heerlager. Er lancierte ferner einen Feldzug gegen das Christentum und andere Rivalen der traditionellen römischen Religion: ein verzweifelter Versuch, das, was er für die größte Brutstätte des Patriotismus hielt, die römische Religion, wieder zum Leben zu erwecken.

Diocletian teilte das Reich in vier Präfekturen, von denen jede entweder von einem der zwei Oberkaiser (*Augusti*) oder von seinem *Caesar*, einem Juniorkaiser und designierten Nachfolger des jeweiligen Augustus, regiert wurde. Jeder der *Tetrarchen* (die Augusti und ihre Caesares) sollte seinen Amtssitz nahe der Grenze einrichten – in Nikomedia (im Nordwesten Kleinasiens), Mailand (Norditalien), Sirmium (an der Donau) und Trier (am Rhein). Die Stadt Rom, die von den bedrohten Grenzen des Reiches zu weit entfernt lag, hörte auf, administratives Zentrum zu sein. Diocletian besuchte Rom während seiner Herrschaft nur einmal. Er selbst übernahm die Herrschaft über den westlichen Teil des Reiches und bestellte Maximian, seinen Lieblingsfeldherrn, zum Kaiser des östlichen Teils.

Diocletians Teilung des Reiches verschlechterte die Wirtschaftslage. Vier luxuriöse neue Höfe traten an die Stelle des einen. Steuern wuchsen in die Höhe, und die Inflation verschärfte sich. Diocletians Höchstpreis- und Höchstlohnedikt (301), das unter Androhung der Todesstrafe durchgesetzt wurde, musste aufgegeben werden, weil es nur dazu diente, einen

Schwarzmarkt zu schaffen (oder manchmal sogar jede Handelstätigkeit unterband). Sein Erlass, nach dem Stadtratsmitglieder selbst die Steuern bezahlen mussten, die sie von ihren Gemeinden nicht einziehen konnten, begünstigte Härte bei der Steuererhebung und schreckte von der Teilhabe an der Regierung noch mehr ab; die Wohlhabenden nutzten jedes ihnen zur Verfügung stehende Mittel, um dem Dienst in den Stadträten zu entkommen. Die niederen Schichten betrachteten immer mehr die Zentralregierung als Unterdrücker, der alles, was sie produzierten, beschlagnahmte und ihnen nichts übrig ließ.

Die Fiktion der Senatorenherrschaft, die von den frühen Kaisern propagiert wurde, war gänzlich verschwunden, da die späteren Kaiser darauf bestanden, *dominus* (Herr) genannt zu werden; ein Wort, das früher verwendet wurde, um den Herrn im Unterschied zu seinen Sklaven zu bezeichnen. Diocletian nahm den Titel „Jovius" („Jupitergleicher") an, trug ein Diadem nach persischem Brauch und hielt Eunuchen, eine orientalische Institution, die frühere römische Kaiser mit Abscheu betrachtet hatten. Selbst die Stadt Rom, die inspirierende Heldin der Vergangenheit, die des höchsten Opfers wert war, wurde nunmehr als schäbige, alte Hexe angesehen, die kaum mehr der Achtung wert war.

312 schlug Konstantin (312–337) Maxentius, den Sohn des Maximian, bei der Milvischen Brücke vor Rom und wurde dadurch Kaiser der Westhälfte Roms; 324 schlug Konstantin Licinius und wurde Alleinherrscher des Römischen Reiches. In Anerkennung des Reichtums und der Bedeutung der Osthälfte verlegte Konstantin 330 die Reichshauptstadt in die griechische Stadt Byzantion, die er in Nova Roma (Neues Rom) umbenannte und die später als Konstantinopel bekannt wurde. Konstantinopels Lage an den Dardanellen erlaubte dem Kaiser, Kriege an der Donau- und der Euphratfront gleichzeitig zu führen. Die riesigen Unkosten, die dadurch entstanden, dass die Stadt in eine des Römischen Reiches würdige Hauptstadt verwandelt werden musste, drückten jedoch schwer auf die Schatzkammer.

372 überquerten die Hunnen, ein großer nomadischer Stamm von vorzüglichen Reitern, dessen Herkunftsgebiet Zentralasien gewesen war, die Wolga im heutigen Russland und warfen die Ostgoten der Ukraine nieder, indem sie ihre Felder und Dörfer in Brand setzten. Die wilden Hunnen lebten in Wagen, trugen Pelzkappen und Ziegenlederhosen, schossen mit Pfeilen, die mit Knochenspitzen versehen waren, und aßen, schliefen und meditierten zu Pferde. Die überlebenden Ostgoten wurden gezwungen, sich den marodierenden Hunnen als Alliierte anzuschließen.

Teile der terrorisierten Westgoten erhielten sodann die Erlaubnis Roms, die Donau zu überschreiten und sich in Thrakien niederzulassen. Statt in Allianz mit den Westgoten Krieg gegen die Hunnen zu führen, beuteten die Römer die ausgehungerten Westgoten aus, indem sie ihnen Hunde zu absurden Preisen als Nahrung verkauften. Einige Westgoten mussten ihre Kinder in die Sklaverei verkaufen, um zu überleben. Die normalerweise toleranten Römer unternahmen niemals einen ernsthaften Versuch, die Germanen zu integrieren; sie nannten sie Barbaren, als die sie auch viele andere Völker ansahen. Das war ein Fehler, weil die germanischen Stämme im Begriff waren, die eigene relative Macht und die relative Schwäche Roms zu erkennen.

Die Westgoten erhoben sich schließlich und verwüsteten mit Hilfe der Ostgoten und einiger Römer große Teile des Balkans. Der Kaiser Valens wurde 378 getötet und verlor zwei Drittel seines Heeres bei Adrianopel, als er versuchte, den Aufstand der Westgoten niederzuschlagen. Theodosius I. (378–395), Valens' Nachfolger, war gezwungen, die Einwanderung weiterer Westgoten ins Reich hinzunehmen und sie als Teil des römischen Heeres anzuerkennen.

Nach dem Tod des Theodosius 395 besetzten unter der Führung Alarichs die Westgoten das Illyricum und plünderten Griechenland praktisch ohne Widerstand. Die römischen Soldaten, die zu spät geschickt wurden, um sie zu bekämpfen, nahmen den Griechen alles weg, was die Goten noch übrig gelassen hatten. Römische Bürger fragten sich allmählich, wer nun wirklich die Barbaren waren. Die Römer beschwichtigten Alarich für einige Zeit, indem sie seine Kontrolle über das östliche Illyricum anerkannten.

410 belagerten Alarich und die Westgoten Rom, wodurch eine so schlimme Hungersnot ausbrach, dass es Gerüchte über Kannibalismus gab. Alarich verlangte alles, was es an Gold, Silber und Seidentuchen innerhalb der Stadt gab. Als man ihn fragte, „Was willst du uns übrig lassen?", höhnte er: „Euer Leben!" Als seine Forderungen zurückgewiesen wurden, gelangte Alarich durch ein Stadttor, das ihm um Mitternacht von Sklaven und Dienern geöffnet wurde, in die Stadt. Die Westgoten ermordeten und versklavten viele Römer, gingen jedoch nach nur sechs Tagen fort, um Süditalien zu plündern.

Die abendländische Welt war schockiert. Fremde Eroberer hatten, seitdem die Gallier acht Jahrhunderte zuvor einen Teil der Stadt erobert hatten, Rom nicht mehr betreten. Alarich starb im selben Jahr, sein Nachfolger schuf jedoch in Südgallien und Spanien ein ansehnliches Königreich für die Westgoten, das anzuerkennen die Römer 419 gezwungen waren.

In den 420er Jahren wurde den germanischen Angeln und Sachsen erlaubt, sich in Britannien anzusiedeln; nur zwei Jahrzehnte später rebellierten sie und eroberten die Provinz. Ebenfalls in den 420er Jahren überquerten die Alemannen und die Franken den Rhein und siedelten in Gallien.

In den 430er Jahren eroberten die Vandalen, ein germanischer Stamm, der schon Teile Spaniens unterworfen hatte, den größten Teil Nordafrikas. Sie zerstörten Städte und folterten Menschen, um ihre verborgenen Schätze ausfindig zu machen.

447 plünderten Attila und seine Hunnen, die inzwischen ein Reich geschaffen hatten, das von der Ostsee bis zur Donau reichte, das Illyricum. Nur der Mangel an Belagerungsrüstung und an Erfahrung hinderte sie, Konstantinopel zu erobern. Der östliche Kaiser Theodosius II. war gezwungen, den Hunnen Land südlich der Donau abzutreten und ihnen Tribut zu zahlen.

452 plünderten die Hunnen Mailand und drangen gegen Rom vor. Von vielen Römern die „Geißel Gottes" genannt, hatte Attila seinen eigenen Bruder 445 ermordet, um Alleinherrscher über das Hunnenreich zu werden. In wallende Gewänder gekleidet, ging Papst Leo I. dem Hunnenführer entgegen. Dem Papst gelang es, Attila zu überreden, von Rom abzuziehen; Attila hatte große Ehrfurcht vor Geistlichen jeglicher Religion. Einer Kirchenlegende nach zeigten sich Attila die Erscheinungen Peters und Pauls und bedrohten ihn mit dem Tod, falls er auf die Bitte des Papstes nicht eingehe. Einige Historiker behaupten, die Geschlechtskrankheiten, die in Attilas Heer überhand nahmen, hätten eine Hauptrolle bei seiner Entscheidung gespielt abzureisen.

Auf jeden Fall war Attilas Entscheidung, Rom den Rücken zu kehren, kurzlebig. Er war im Begriff, einen anderen Einfall nach Italien zu planen, als er an einer geplatzten Arterie starb (453). Sogleich nach Attilas Tod brach das Hunnenreich an inneren Konflikten zusammen. Jahrhundertelang scheinen die Hunnen auf Führerpersönlichkeiten fixiert gewesen zu sein: unbesiegbar, wenn gut geführt, ansonsten aber nicht besonders Furcht erregend. Einige Hunnen schlossen sich den Römern an, andere der wachsenden Zahl der das Reich plündernden Stämme.

455 überquerten die Vandalen von Nordafrika aus das Mittelmeer und plünderten Rom; sie fegten fast alles weg, was an Reichtum, ob öffentlich oder privat, noch übrig geblieben war. Unter den Beutestücken befanden sich auch die Menora (der siebenarmige Kerzenleuchter) und andere Gegenstände, welche die Römer vier Jahrhunderte zuvor aus dem Großen Tempel Jerusalems fortgeschleppt hatten. Die Vandalen versklavten auch viele Gefangene und trennten dadurch oft Familien. Deogratias, der christliche Bischof Karthagos, erkaufte mit dem Gold und Silber seiner Kirche die Freiheit einiger der Gefangenen.

Frühjahr für Frühjahr brachen seither die Vandalen, begleitet von römischen Piraten, mit einer riesigen Flotte von Karthago aus auf, um einen anderen Teil des Reiches zu plündern (etwa die Küsten Spaniens, Italiens, des Illyricums und Griechenlands). Als der Lotse ihn fragte, welchen Kurs er einschlagen solle, antwortete Geiserich, der Vandalenführer: „Lass es die Winde entscheiden; sie werden uns an die schuldhafte Küste bringen, deren Bewohner die Strafe Gottes provoziert haben.“ Gibbon bemerkte trocken: „Wenn Geiserich selbst sich aber zu genaueren Befehlen herabließ, schätzte er die Reichsten als die größten Verbrecher ein.“

Das üblicherweise für den Fall Roms festgesetzte Datum ist das Jahr 476. In diesem Jahr forderte Odoaker, der herulische Führer des römischen Heeres (inzwischen bestand ein Großteil des Heeres aus Germanen), dass ein Drittel Italiens als Belohnung für ihre Dienste an seine Soldaten verteilt werden solle. Als Orestes, der als Regent für seinen jungen Sohn Romulus Augustulus fungierte, ablehnte, ließ Odoaker den Schein der römischen Herrschaft fallen und nahm von der Stadt Besitz. Orestes wurde hingerichtet, Romulus in eine Villa bei Neapel ins Exil geschickt. So begann Rom mit einem Romulus und endete mit einem anderen.

Nur das Westreich fiel. Das wohlhabendere, volkreichere und geographisch sicherere Ostreich bestand weiter, obwohl durch die arabischen Eroberungen des 7. Jahrhunderts stark verkleinert, bis die Türken es 1453 besiegten. Konstantinopel (das heutige Istanbul), die Hauptstadt dieses Byzantinischen Reiches, blieb eine der größten, prachtvollsten und gelehrtesten Städte der Welt.

Die Leistungen des Augustinus

Es geschah vor dem Hintergrund eines sich im rapiden Niedergang befindenden Reiches, dass Augustinus von Hippo (354–430) zum größten Denker der Spätantike und der frühen Kirche wurde. Augustinus war der Sohn einer christlichen Mutter und eines heidnischen Vaters. Er hatte den Manichäismus kennen gelernt, als er in Karthago Rhetorik studierte, und war selbst neun Jahre lang Manichäer, bevor er sich 387 zum orthodoxen Christentum bekehren ließ. Nach Mani benannt, dem im 3. Jahrhundert lebenden mesopotamischen Begründer dieser Glaubensrichtung, war der Manichäismus eine Kombination aus Zoroastrismus und gnostischem Christentum und verbreitete sich westlich bis ins Römische Reich und östlich bis vor die Tore Chinas. Der Manichäismus stellte sich das Leben als einen ununterbrochenen Kampf zwischen Gut und Böse vor. Gott sei ein wohlwollendes Wesen, dessen begrenzte Macht es von jeglicher Verantwortung für das Üble in der Welt losspreche. Obwohl die menschlichen Seelen Erzeugnis dieses guten Gottes seien, seien ihre Körper, die sie vom Guten abbrächten, Früchte Satans. Diese Sicht unterschied sich vom Christentum, einer Religion, die den Körper als eine gute Schöpfung Gottes betrachtete, die aber durch Adams Sündenfall verdorben worden war, und Satan nicht auf dieselbe Stufe wie Gott stellte. Die Christen betrachteten Gott als Schöpfer des gesamten Universums und Satan einfach als einen gefallenen Engel – gewissermaßen einen verärgerten Angestellten.

Als er Bischof von Hippo Regius im heutigen Tunesien war, schrieb Augustinus die *Bekenntnisse* (397–401). In Psalmenform verfasst und an Gott gerichtet, beginnt dieses zutiefst persönliche Buch mit einer Erzählung des früheren sündhaften Lebens des Augustinus, berichtet von seiner Bekehrung zum Christentum mit 32 Jahren und endet mit einer Reihe leidenschaftlicher philosophischer Überlegungen. Augustinus' melancholische Selbstkritik, belebt durch seinen hervorragenden Stil und seine Begabung für die Metapher, markierte einen gründlichen Bruch mit der klassischen Vergangenheit und begründete eine neue literarische Tradition des Christentums. In einer Sprache, die sich wegen ihrer Kombination aus Vernunft und Leidenschaft ungewöhnlich ausnimmt, verspottete er die Konventionen der zeitgenössischen Bekehrungsliteratur dadurch, dass er Bekehrung nur als den Anfang einer mühevollen Reise und nicht als Allheilmittel gegen die Sorgen auf der Erde beschrieb.

Augustinus' beißende Selbstanklage stellte nicht weniger als eine Anklage gegen die klassische Welt und gegen die Menschheit im Allgemeinen dar. Augustinus rügte sich selbst dafür, dass er für einen Teil seines Lebens nach allen vergänglichen und im Grunde unbefriedigenden Vergnügungen der materiellen Welt gestrebt hatte – Sex, Prestige, Reichtum, sogar nach selbstgefälligem Intellektualismus – statt nach dem dauerhaften und erfüllenden Vergnügen des Geistes. Er hatte die römische Rotlichtszene besucht, hatte ein illegitimes Kind mit einer Maitresse gezeugt („ein Abkommen zu geschlechtlichem Liebestausch, dem Nachkommenschaft auch wider Wunsch und Willen entspross, obzwar sie, einmal geboren, sich doch Liebe zu verschaffen weiß") und war von Ehrgeiz nach Reichtum besessen. Als Rhetoriklehrer („Wortschwallhändler") strebte er nach Berühmtheit, hatte dem lächerlichen Aberglauben der Manichäer gefrönt, sich von Astrologen beraten lassen (deren Prophezeiungen durch Zufall ein paarmal eingetroffen waren) und sein Talent verschwendet, indem er dem eitlen Lob einer sich Selbsttäuschungen hingebenden intellektuellen Elite nachgestrebt hatte. Da er die eigene frühere Eitelkeit an den Wissenschaftlern seiner Zeit beobachtete, schrieb Augustinus:

„Durch gottlosen Stolz, weit weg von dir und ohne dein großes Licht, sagen sie eine Sonnenfinsternis vorher, sehen aber die eigene Finsternis in der Gegenwart nicht – weil sie nicht gewissenhaft nach dem Ursprung ihrer Begabung suchen, mit der sie diese Dinge ausfindig machen. [...] Sie sagen viele wahre Dinge über die Schöpfung, doch suchen sie nicht mit Ehrfurcht nach der Wahrheit, dem Weltenschöpfer, und deshalb finden sie

sie auch nicht. Wenn sie aber diese Entdeckung machen, indem sie Gott kennen lernen, machen sie ihm keine Ehre oder sie bedanken sich nicht bei ihm wie bei einem Gott."

Es sei besser, von der intellektuellen Elite des Glaubens wegen als ignorant bezeichnet zu werden, als ihr Lob durch das Nacheifern ihrer Arroganz zu verdienen. Hatte Paulus nicht geschrieben: „Die Weisheit dieser Welt ist Torheit vor Gott" (1 Korinther 3:19)?

Augustinus schloss, dass obwohl die irdischen Vergnügungen gut und nötig seien (der Geschmack der Nahrung sei ein nötiger Anreiz zum Essen, so wie das Geschlechtsvergnügen ein Anreiz zur Zeugung sei), sie gerade ihre Annehmlichkeit ungeheuer anfällig für den Missbrauch mache. Man müsse stets wachsam sein, weil sie so schnell und einfach zum Selbstzweck werden könnten. Augustinus selbst sei durch Wollust so verdorben worden, dass er sich aus Furcht, sein Gebet könne erhört werden, sträubte, um Keuschheit zu bitten. Nachdem Augustinus vergebens versucht hatte, aus eigener Kraft Keuschheit zu erlangen, hörte er schließlich „die Stimme der Keuschheit". Sie raunte seiner gequälten Seele angesichts der keuschen Christen, die ihm oft begegneten, zu: „Kannst du nicht leben wie diese Männer und Frauen? Leben tatsächlich diese Männer und Frauen aus eigener Kraft, ohne den Herrn, ihren Gott? [...] Warum stehst du auf dir selbst und hast deshalb nichts unter deinen Füßen?" Überwältigt von der Erkenntnis, dass sein Streben, ohne göttliche Hilfe tugendhaft zu werden, eigentlich die größte seiner zahlreichen aus Stolz begangenen Sünden war, brach er aus „in einen Strom von Tränen" und rief Gott an, der Augustinus durch den Heiligen Geist heilte.

Augustinus veröffentlichte *Über den Gottesstaat* (413–426), sein größtes theologisches Werk, als Antwort auf die Zerstörung Roms durch die Westgoten 410. Die Heiden riefen, die Zerstörung der Stadt sei der Zorn der römischen Götter auf die Christen und andere gewesen, welche die alte Religion, das Heidentum, verlassen hätten. Im *Gottesstaat* machte Augustinus diese Theorie mit der Bemerkung lächerlich, dass auch andere Reiche ohne Hilfe der römischen Götter entstanden seien und das frühe Heidentum es auch nicht vermocht habe, ähnliche Katastrophen, von dem Fall Troias über die Zerstörung Roms durch die Gallier (390 v. Chr.) bis zu den blutigen Bürgerkriegen der spätrepublikanischen Zeit, zu verhindern. Indem er materielle Güter, wie Reiche, den Bösen wie den Guten gewähre, handele Gott rätselhaft, aber vermutlich beabsichtige er so zu zeigen, dass irdisches Hab und Gut nicht zu hoch geschätzt werden solle. Diejenigen, die irdische, veräußerliche Dinge wie Reichtum und Macht über ewige, unveräußerliche Dinge wie Glauben und Liebe stellten, seien dazu verurteilt, entweder jene Dinge ewig zu begehren oder ewig Angst zu haben, sie zu verlieren.

Augustinus tadelte die römischen Götter auch deshalb, weil sie ihren Anhängern die Unsterblichkeit verweigerten und sie versäumt hätten, die Römer mit einem moralischen Kodex auszustatten. Die römischen Götter seien in der Tat die Verkörperung der Laster, wie die Römer selbst zugeben müssten. Schließlich hatten die Römer, während sie die unmoralischen Taten der Götter ausführlich in ihren Dramen darlegten, es für einen Dramendichter als Kapitalverbrechen erachtet, irgendeinen Bürger auf derselben Bühne mit denselben Taten zu verleumden.

Augustinus bat das römische Volk dringend, seine unerschöpfliche Energie und geniale Schöpferkraft von der territorialen Eroberung auf die Suche nach geistigen Großtaten umzuleiten. Vielleicht in Anspielung auf Paulus' Feststellung: „Doch all das überwinden wir durch den, der uns geliebt hat“ (Römer 8:37), und auf die häufigen Verheißungen des Buches der Offenbarung nach Ehren für „denjenigen, der [die Sünde] besiegt“, schrieb Augustinus: „Diese ist eher die Religion, die eurer Wünsche wert ist, ihr großartigen Römer. [...] Nehmt nun das himmlische Land in Besitz, das einfach zu gewinnen ist und auf dem ihr wahrhaft und ewig herrschen werdet.“

Augustinus machte geltend, es gebe zwei Welten, den irdischen Staat und den Staat Gottes. Der finstere irdische Staat, von der Selbstliebe belebt, habe mit dem Sündenfall Adams und Evas seinen Anfang genommen, weg von Wahrheit und Einigkeit hin zu Lüge und Zwietracht. So wie die Seelen Adams und Evas durch die Sünde getrennt wurden, seien ihre Nachkommen voneinander durch Selbstsucht getrennt. Als Strafe für den störrischen Stolz der Menschen für den Versuch, das eigene Vergnügen zu sein, erfüllte Gott ihren Wunsch und überließ sie sich selbst. Seitdem seien die Menschen verdammt, im Körper zu sterben, so wie sie aus eigenem Willen im Geist gestorben waren, zum Tode verurteilt, weil sie das ewige Leben aufgegeben hatten. Die Strafe für die Auflehnung der Menschheit gegen Gott sei die Auflehnung ihres eigenen Körpers gegen ihre Seele, die Verwandlung des menschlichen Körpers von einem guten und treuen Diener in einen grausamen und unberechenbaren Herrscher. Der Baum, von dem Adam und Eva gegen des Gottesgebot gekostet hatten, werde Baum der Erkenntnis genannt, denn nur dadurch, dass sie von ihm aßen, lernten sie zum ersten Mal den wahren Wert des Lebens schätzen, das sie nun im Begriff waren zu verlieren.

Um den Schaden, den Adam und Eva angerichtet hatten, wieder gutzumachen, sei – von Gott entworfen – der leuchtende, himmlische Staat Gottes, der durch die Liebe Gottes beseelt sei, durch den Tod und die Wiederauferstehung Christi errichtet worden. Die Bürger beider Staaten, des irdischen und des göttlichen, bewohnten dieselbe Welt. In ihrer Blindheit schufen die Bürger des irdischen Staates Hader, indem sie miteinander um die begrenzten weltlichen Güter der materiellen Welt wetteiferten. Die einsichtigeren Bürger des Gottesstaates dagegen lebten miteinander in Harmonie und teilten die grenzenlosen Güter des Geistes. Seien jene durch ihre eigene Begierde nach Herrschaft versklavt, so seien diese wirklich frei. Schätzten jene die irdischen Dinge als Selbstzweck, so akzeptierten diese sie nur als lebensnotwendig während ihres kurzen „Aufenthalts auf Erden". Die gegensätzlichen Werte der zwei Staaten trennten sie unvermeidlich voneinander und führten oft zur Drangsalierung der Gerechten durch die weltlich Gesinnten. Während die weltlich Gesinnten jedoch bis zum Tage ihrer Vernichtung in der Sinnlosigkeit ihrer irdischen Existenz schwelgten, warteten auf die Gerechten Funktionen im wirklichen Reich der Liebe und Gerechtigkeit.

Augustinus sprach von den Erwählten Gottes als in dem irdischen Staat „wohnhaften Fremden", ein Zustand, den seine Leser gut verstanden. Die Erwählten seien entwurzelt und hätten während ihres Exils Heimweh nach dem Reich Gottes. Obwohl sie sich aus praktischen Gründen mit ihrem vorübergehenden Wohnort versöhnen müssten, fühlten sie sich darin niemals zu Hause.

Geschichte sei ein unendlicher Zyklus des Aufstiegs und Untergangs sinnloser Zivilisationen wie auch ein durch Gott angetriebener Fortschritt in Richtung einer jenseitigen Utopie. Augustinus versicherte seinen Lesern, dass Niedergang und Fall der Zivilisationen seit Adams Sündenfall natürliche Vorgänge im irdischen Staat seien und keine besondere Missbilligung Gottes bedeuteten. Nur der himmlische Gottesstaat sei für die Ewigkeit bestimmt. Introvertiert, intellektuell, phantasievoll und wortgewandt, entzückt Augustinus noch heute Leser aller Glaubensrichtungen.

Das Vermächtnis des Augustinus

Die unmittelbare Wirkung von Augustinus' *Gottesstaat* war entscheidend für das Überleben des Christentums. In einer Zeit, in der die Römer wohl hätten versucht sein können, dem Christentum die Schuld an der Plünderung Roms durch die Westgoten und dem allgemeinen Verfall der römischen Zivilisation zu geben, überzeugte Augustinus viele römische Intellektuelle davon, dass das Undenkbare, der Zusammenbruch des Römischen Reiches, eigentlich eine natürliche und unvermeidliche Angelegenheit sei. Die Loyalität dem weltlichen Reich gegenüber, das so viele Menschen während so vieler Jahrhunderte irrtümlicherweise als ewig angesehen hatten, ersetzte Augustinus durch die Treue zum geistigen Reich Gottes, das er als das einzige wahre, immer währende Reich darstellte. Der Gottesstaat, ein neues Jerusalem, ersetzte als Ideal das heidnische Rom,

Ewige Stadt genannt, auch dann, als Rom selbst im Begriff war, Sitz der christlichen Kirche zu werden.

Die Theologie des Augustinus beherrschte das gesamte Frühmittelalter. Jeffrey Burton Russell hat den Einfluss des Augustinus auf die mittelalterliche Theologie treffend zusammengefasst: „Die Philosophie und die Theologie hatten sich nach dem Tod des Augustinus auf sechshundert Jahre weitgehend der Weiterentwicklung seiner Gedankenwelt verschrieben." Erst im hohen Mittelalter, als die Scholastik Thomas von Aquins, eine Verbindung des Christentums mit aristotelischer Philosophie, in den Vordergrund rückte, wurde die Theologie Augustinus' verdrängt.

Augustinus' Einfluss auf Martin Luther, Johannes Calvin und andere protestantische Reformatoren war gleichermaßen groß. Luther, der seine religiöse Karriere als katholischer Mönch des Augustinerordens begann, behauptete, er habe seine Doktrin der Rechtfertigung durch Glauben nur den Psalmen, dem Apostel Paulus und den *Bekenntnissen* des Augustinus entnommen. Luther war beeindruckt davon, dass Augustinus, so wie der Psalmist und wie Paulus, keinerlei Hoffnung in sich selbst gefunden, sondern sich ausschließlich auf Gottes Verheißung auf Rettung verlassen hatte.

Die Katholiken zitierten jedoch weiterhin Passagen aus Augustinus – besonders diejenigen, welche die Autorität der kirchlichen Hierarchie anerkannten –, die eher zu ihrer eigenen Theologie als zu derjenigen der Protestanten passten. Die Schriften des Augustinus waren so reichhaltig, dass sie während der Reformation beide Seiten mit Munition versorgen konnten.

Das Christentum profitierte einerseits vom Chaos, der Gewalt und der Demoralisierung, die der Verfall des Reiches auslöste, und beschleunigte andererseits diesen Verfall, indem es einige seiner größten Denker, wie Augustinus, der Politik entzog und zur Jenseitsbetrachtung führte. Kaum hatte die Kirche jedoch ihre heidnische Rivalin, die klassische Philosophie, auseinander genommen, schon rettete sie diese und stellte ihre nützlichsten Elemente in den Dienst einer jüdischen Kosmologie, um so das theologische Fundament der abendländischen Kultur zu legen. In der vordersten Reihe dieser Bewegung standen Mönche, Menschen, die gerade durch den Akt des Rückzugs aus einer sterbenden Welt deren Zeugnisse verwahrten. Das aber ist eine andere Geschichte.

Auswahlbibliographie für interessierte Laien

Eine Fülle leicht zugänglicher Bücher über das alte Griechenland und Rom richtet sich an ein breites Publikum interessierter Laien. Einige davon sind: P. Barceló, Kleine griechische Geschichte, Darmstadt 2004; P. Barceló, Kleine römische Geschichte, Darmstadt 2005; R. H. Barrow, Die Römer, Stuttgart 1960; A. H. Borbein (Hrsg.), Das alte Griechenland. Kunst und Geschichte der Hellenen, Gütersloh 1995; M. Erler/A. Graeser (Hrsg.), Philosophen des Altertums. Von der Frühzeit bis zur Klassik, Darmstadt 2000; M. Erler/A. Graeser (Hrsg.), Philosophen des Altertums. Vom Hellenismus bis zur Spätantike, Darmstadt 2000; M. I. Finley, Die Griechen, München ^{2}1983; H.-J. Gehrke, Kleine Geschichte der Antike, München 1999; H. D. F. Kitto, Die Griechen, München 1978; J. Martin (Hrsg.), Das alte Rom, Geschichte und Kultur des Imperium Romanum, Gütersloh 1994.

Spezieller, aber gut lesbar sind auch: E. Baltrusch, Caesar und Pompeius, Darmstadt 2004 (Geschichte kompakt); Chr. Meier, Caesar, Berlin 1982 (Nachdruck 2004); A. Behmel, Themistokles, Sieger von Salamis und Herr von Magnesia. Die Anfänge der griechischen Klassik zwischen Marathon und Salamis, Stuttgart 1999; A. Cameron, Das späte Rom, München 1994; J. P. Halleth, Fathers and Daughters in Roman Society: Women and the Elite Family, Princeton 1984; V. D. Hanson, Carnage and Culture: Landmark Battles in the Rise of Western Power, New York 2001; V. Hösle, Platon interpretieren, Paderborn 2004; W. Huß, Karthago, München ^{3}2004; D. Kienast, Augustus. Prinzeps und Monarch, Darmstadt ^{3}1999; H. Schlange-Schöningen, Augustus, Darmstadt 2005 (Geschichte kompakt); J. Latacz, Homer. Der erste Dichter des Abendlands, Düsseldorf/Zürich ^{4}2003; Ch. Meier, Athen. Ein Neubeginn der Weltgeschichte, Berlin ^{2}1994; H. J. Nissen, Geschichte Altvorderasiens, München 1999; R. M. Ogilvie, Das frühe Rom und die Etrusker, München ^{3}1988; J. Rüpke, Die Religion der Römer, München 2001; U. Schall, Am Anfang war die Wölfin. Frauen im Alten Rom, Düsseldorf 1994; Ch. Schubert, Perikles, Darmstadt 1994; R. Schulz, Athen und Sparta, Darmstadt 2003; L. Schumacher, Sklaverei in der Antike. Alltag und Schicksal der Unfreien, München 2001; M. van Ackeren (Hrsg.), Platon verstehen. Themen und Perspektiven, Darmstadt 2004; C. Wells, Das Römische Reich, München ^{4}1994; K. W. Welwei, Sparta. Aufstieg und Niedergang einer antiken Großmacht, Stuttgart 2004.

Gut verständliche Literatur zum Aufstieg des Christentums schließt die folgenden Titel ein: P. Brown, Augustinus von Hippo. Eine Biographie, München 2000; H. v. Campenhausen, Lateinische Kirchenväter, Stuttgart 1960; H. Chadwick, Die Kirche in der antiken Welt, Berlin 1972; Th. Fuhrer, Augustinus, Darmstadt 2004; W. Geerlings (Hrsg.), Theologen der christlichen Antike, Darmstadt 2002; J. Martin, Spätantike und Völkerwanderung, München [4]2004.

Praktisch alle Klassiker der antiken Literatur sind in guten deutschen oder englischen Übersetzungen leicht zugänglich. Verwiesen sei auf die zahlreichen Titel der Tusculum-Reihe, auf die ein- und zweisprachigen Ausgaben in Reclams Universalbibliothek sowie auf die Loeb-Reihe mit vorzüglichen englischen Übersetzungen.